浙江省高校重大人文社科攻关计划青年重点项目
"职业教育服务民营经济的逻辑进路与模式研究"（2023QN135）
研究成果

职业教育服务民营经济的逻辑进路与模式研究

顾佳滨　徐森富　著

中国财经出版传媒集团
中国财政经济出版社
·北京·

图书在版编目（CIP）数据

职业教育服务民营经济的逻辑进路与模式研究／顾佳滨，徐森富著．－－北京：中国财政经济出版社，2024.6.
ISBN 978－7－5223－3274－1

Ⅰ.F121.23

中国国家版本馆 CIP 数据核字第 2024YA6488 号

责任编辑：樊　闽　谢承辰　　责任印制：张　健
封面设计：卜建辰　　　　　　责任校对：胡永立

职业教育服务民营经济的逻辑进路与模式研究
ZHIYE JIAOYU FUWU MINYING JINGJI DE
LUOJI JINLU YU MOSHI YANJIU

中国财政经济出版社 出版

URL：http：//www.cfeph.cn
E－mail：cfeph@ cfeph.cn

（版权所有　翻印必究）

社址：北京市海淀区阜成路甲 28 号　邮政编码：100142
营销中心电话：010－88191522
天猫网店：中国财政经济出版社旗舰店
网址：https：//zgczjjcbs.tmall.com
中煤（北京）印务有限公司印刷 各地新华书店经销
成品尺寸：170mm×240mm　16 开　20.75 印张　297 000 字
2024 年 6 月第 1 版　2024 年 6 月北京第 1 次印刷
定价：89.00 元
ISBN 978－7－5223－3274－1
（图书出现印装问题，本社负责调换，电话：010－88190548）
本社图书质量投诉电话：010－88190744
打击盗版举报热线：010－88191661　QQ：2242791300

前　言

长期以来，民营经济在稳定增长、促进创新、增加就业、改善民生等方面发挥了积极作用，已经成为我国经济制度的内在要素，是推动经济持续健康发展的重要力量。当前，民营经济在我国经济中的比重持续提升，已经成为推进中国式现代化的生力军，是高质量发展不可或缺的重要基础。在推动我国全面建成社会主义现代化强国、实现第二个百年奋斗目标的道路上，民营经济发挥着不可替代的作用。

众所周知，民营经济是浙江发展的金名片，是浙江经济的最大特色和优势。民营经济成为浙江发展的主力军、转型升级的排头兵、平稳发展的压舱石、创业创新的主战场。民营经济兴则浙江兴，民营经济强则浙江强，推动新时代民营经济新飞跃是推进共同富裕先行和省域现代化先行的题中应有之义。民营经济的高质量发展，需要一大批高素质的技术技能型人才支撑，急需职业教育的高质量供给。党的十八大以来，党中央、国务院出台一系列重大文件，持续推动民营经济发展壮大及职业教育高质量发展，各方面围绕中央精神的贯彻落实，也推出一系列政策举措，取得了良好效果。2020年12月，教育部以省部共建的形式，出台了《关于推进职业教育与民营经济融合发展 助力"活力温台"建设的意见》，旨在激发企业参与职业教育新动能、创新产教融合校企合作方式、提升技术技能人才培养能级，助推民营经济走上新台阶。当前，教育部正围绕"加快建设教育强国，办好人民满意的教育"，以"一体两翼五重点"为抓手，全面推进现代职业教育体系建设，出台了《关于加快推进现代职业教育体系建设改革重点任务的通知》，明确了11项现代职业教育体系建设改革重点任务。推进现代职业教育体系建设的根本是服务经济社会发展，职业教育作为与产业发展紧密相连的教育类型，其培养的人才直接服务于经济社会的发展。而民营经济作为中国经济的重要组成部分，其创新活力、市场敏感度和灵活性都赋予了它独特的优势。然而，随着市场竞争的日益激烈和技术的快速更新，民营经济在人才培养、技术创新、管理升级等方面面临着诸多挑战。面对这些挑战，如何从职业教育的角度破局？

课题组负责人，曾在浙江省内民营企业举办的高职院校任职多年，主要从事职业教育与民办教育相关研究，助力学校成功升格为浙江省首家民办职业本科大学。2021年，带着反哺家乡的情怀，调任台州科技职业学院工作。学校所处的台州市，是我国民营经济发祥地，民营资本活跃。2021年，台州被列为职业教育创新高地城市国家试点。台州始终牢记习近平总书记"再创民营经济新辉煌"的重要嘱托，以机制改革为重点、以职业教育和民营经济融合发展为特色、以一体协同发展为路径，坚持产教融合、产城共兴，奋力建设职业教育创新发展"窗口"城市，2022年，民营企业占全市企业数的99.57%，为城市贡献了86.2%的税收、80%的地区生产总值和90%以上的就业。浙江省第十五次党代会提出支持台州创建民营经济示范城市。当前，中国经济正处于由高速发展向高质量发展转变的关键时期，职业教育如何为民营经济转型升级提供高质量技能人才供给，是高职院校面临的一个亟须解决的问题。

作为一所地方性高职院校，学校围绕"高等职业教育与民营经济深度融合标杆校"建设目标，持续激活职业教育与民营经济融合发展新动能，在纵向贯通、横向融通、产教融合、科教融汇等重点领域和关键环节取得新的突破，学校对区域民营经济的贡献度显著提升。三年来，课题组在省部共建温台职教创新高地建设过程中，协助台州市教育局等相关政府部门，在全国地市级层面率先出台《关于推进职业院校混合所有制办学的实施意见》，组建14个职业教育集团、搭建20余个产业学院和产学研平台、开展混合所有制试点32个；参与了台州市《职业教育校企合作促进条例》《职技融通改革实施方案》《临港产业带职业教育发展规划》的起草与修订，为职业教育服务民营经济高质量发展提供智力支持。因此，课题组对职业教育与民营经济有着深刻的感情和独到的认识。

本书从职业教育的角度出发，深入分析职业教育与民营经济的关系，探讨职业教育服务民营经济的逻辑进路。同时，结合国内外相关理论和实践案例，总结提炼职业教育服务民营经济的有效模式，为相关决策者和实践者提供有益的参考和借鉴。在本书的编写过程中，我们力求做到逻辑清晰、内容翔实、案例生动，以期为读者呈现一本既有理论深度，又有实践指导意义的专著。我们相信，通过本书的阅读和学习，读者能够对职业教育服务民营经济的逻辑进路与模式有更深入的认识和理解，为推动我国职业教育和民营经济的融合发展贡献智慧和力量。

本书由台州科技职业学院、台州市教育局、浙江广厦建设职业技术大学研究团队共同完成。其中，台州科技职业学院徐森富、苏晓萍负责撰写第一章的内容，台州市教育局林鉴兵、郑琳负责第二章的部分内容，浙江广厦建设职业技术大学王兴负责第三章、第四章部分内容，台州科技职业学院顾佳滨负责剩余内容以及全书的统稿。

本书得以出版，首先要感谢浙江省高校重大人文社科攻关计划青年重点项目的资助。非常感谢台州科技职业学院邱士明、李大兴、徐森富等领导的大力支持，感谢我的同事蒋颖、岳宇航老师的支持，感谢台州市教育局林鉴兵、郑琳的全力支持，感谢浙江省职业教育研究院产教融合研究中心、浙江广厦建设职业技术大学项目团队的共同努力。我们得到了许多专家、学者和实践者的支持和帮助，本书引用了本领域其他专家同行的大量研究文献与成果，在此一并表示感谢！同时，我们也期待更多的同仁能够参与到这一课题的研究和探讨中来，共同推动职业教育和民营经济的融合发展。

限于作者能力和水平，书中难免会有一些不妥与疏漏之处，敬请各位专家批评指正。

顾佳滨

2024 年 5 月

目 录

绪论 ………………………………………………………………… 1
 第一节 职业教育服务民营经济发展的背景和意义 ……………… 2
 第二节 国内外研究的现状和趋势 ………………………………… 10
 第三节 国内职业教育与民营经济融合发展研究现状 …………… 19
 第四节 研究目标和研究内容 ……………………………………… 32

第一章 理论逻辑：职业教育服务民营经济的本质内涵 ……… 40
 第一节 职业教育服务经济发展的常用理论 …………………… 40
 第二节 职业教育服务民营经济的理论逻辑 …………………… 56
 第三节 职业教育服务民营经济的理论问题 …………………… 66

第二章 现实逻辑：职业教育服务民营经济的发展现状 ……… 82
 第一节 当前职业教育服务民营经济的现状 …………………… 82
 第二节 职业教育服务民营经济的机遇与挑战 ………………… 101
 第三节 职业教育服务民营经济发展的现实困境 ……………… 113

第三章 实践逻辑：职业教育服务民营经济的优化路径 ……… 126
 第一节 激活民营企业举办职业教育的办学主体优势 ………… 126
 第二节 民办高职院校发展的痛点、契机、方向 ……………… 141
 第三节 民办高职院校高质量发展的价值、机遇与路径 ……… 148
 第四节 民办职业本科教育高质量发展的优化路径 …………… 155

第五节　推动政府助力职业教育高质量发展 …………… 166
　　第六节　职业教育助力民营经济共富先行 ………………… 184

第四章　职业教育服务民营经济高质量发展的模式构建 …………… 195
　　第一节　宏观模式：国家政策演化下的体系变革 ……………… 195
　　第二节　中观模式：校企资源互动下的协同发展 ……………… 209
　　第三节　微观模式：内涵质量提升下的人才共育 ……………… 218

第五章　共融共生生态系统的构建与实践 …………………………… 233
　　第一节　增强职业教育适应性 ………………………………… 233
　　第二节　高等职业教育服务民营经济高质量发展的路径选择 …… 244
　　第三节　本科层次职业教育试点"浙江样板"建设的路径选择 …… 254
　　第四节　温台职业院校产业学院建设案例 …………………… 262
　　第五节　混合制产业学院建设的对策建议 …………………… 314

绪 论

在全面建设社会主义现代化国家新征程中,职业教育前途广阔、大有可为。要坚持党的领导,坚持正确办学方向,坚持立德树人,优化职业教育类型定位,深化产教融合、校企合作,深入推进育人方式、办学模式、管理体制、保障机制改革,稳步发展职业本科教育,建设一批高水平职业院校和专业,推动职普融通,增强职业教育适应性,加快构建现代职业教育体系,培养更多高素质技术技能人才、能工巧匠、大国工匠。各级党委和政府要加大制度创新、政策供给、投入力度,弘扬工匠精神,提高技术技能人才社会地位,为全面建设社会主义现代化国家、实现中华民族伟大复兴的中国梦提供有力人才和技能支撑。[①]

——习近平

民营经济是推进经济高质量发展、建设中国式现代化的重要主体,是我国经济发展不可或缺的力量。习近平总书记指出,"民营经济是我们党长期执政、团结带领全国人民实现'两个一百年'奋斗目标和中华民族伟大复兴中国梦的重要力量。"在全面推进强国建设、民族复兴的新征程上,民营经济必将肩负起国家发展的重任。民营经济的高质量发展,需要一大批高素质的技术技能型人才支撑,亟须职业教育的高质量供给。为此,教育部以省部共建的形式,选择民营经济较为发达的浙江温州、台州两地,开展国家职业教育改革创新高地建设试点,出台了《关于推进职业教育与民营经济融合发展 助力"活力温台"建设的意见》以制度创新推进职业教育与民营经济融合发展,目的就是要进一步激发企业参与职业教育新动能、创新产教融合校企合作方式、提升技术技能人才培养能级,助推民营经济走上新台阶。浙江作为民营经济大省和职业教育强省,迫切需要在新

---

① 教育部关于学习宣传贯彻习近平总书记重要指示和全国职业教育大会精神的通知[R]. 中华人民共和国教育部公报,2021(6):2-5.

时代职业教育改革发展中构建话语体系。

绪论部分旨在从职业教育是与民营经济结合最为紧密的类型特征出发，剖析职业教育服务民营经济发展的背景和时代意义，借鉴德国、澳大利亚、日本、新加坡等发达国家的职业教育发展模式，梳理国内学者的关于职业教育、民营经济、产教融合等相关研究综述，明确研究目标、研究内容、研究方法，并进行了相关概念鉴定，以便更好地把握我国职业教育服务民营经济高质量发展的逻辑进路，及其时代之需、现实之结与破解之策。

第一节　职业教育服务民营经济发展的背景和意义

一、中国特色现代职业教育体系建设之需

职业教育是社会经济发展和教育的纽带，是教育体系的重要组成部分，能够为经济发展、产业升级、技能传承、促进就业创业等方面奠定良好的基础。党的十八大以来，以习近平同志为核心的党中央对职业教育的重视程度前所未有，把职业教育的发展摆在了重中之重的位置，大力推行职业教育改革创新，结合中国国有经济和民营经济共荣共生的特有经济模式，构建职业教育资质框架，建设中国特色现代职业教育体系，为社会经济发展提供大量技术技能型人才。习近平总书记对职业教育工作也作出系列指示，明确了职业教育和基础教育类型不同，但目的相同，地位同等重要，并且在中国社会主义发展进程中，同样扮演着不可替代的角色，前途广阔、大有可为。在党的二十大报告中也明确："办好人民满意的教育，统筹推进职业教育、高等教育、继续教育协调创新，推进职普融通、产教融合、科教融汇，优化职业教育类型定位。"[①] 党的二十大为现代职业教育体系的构建锚定了方向，提供了理论依据和实践路径。职业教育作为类型教育，具备为企业培养技术技能型人才、为产业解忧纾困、助推产

---

① 李勇江. 论"职业教育高质量发展"与"办好人民满意的职业教育"的关系［N］. 教育科学，2023，39（4）：90－96.

业结构化迭代升级的职能定位。产教融合是职业教育体制改革创新的核心突破点，高质量发展的必由之路，通过产教融合能够让职业院校的学生学有所用，学以致用，能够增强职业院校的社会认可度，激发社会经济参与职业教育教学的活力，增强办学动力，提升教师教学成就感。

中国特色现代职业教育体系的构建，有助于形成更加完善的具备中国特色的社会主义职业教育资格框架，为社会经济增长提供强有力的技术技能人才根基。随着社会经济发展进入新时代，针对新的经济体制形势，对职业教育体系建设提出新的要求："民营经济作为新时代社会经济重要的增长点和核心动力，必然需要在建设中国特色现代职业教育体系的进程中，将民营经济列为关键词之一。"①

随着国家对职业教育的改革实践不断加强，政策法规的制度保障不断深入，我国现代职业教育体系的构建也在不断地革新。如果将近期职业教育改革发展之路分成三个阶段，第一个阶段的关键词是"提纲挈领"，2014年，国务院出台《关于加快发展现代职业教育的决定》，教育部等部门印发《现代职业教育体系建设规划（2014—2020年）》，其主要是突出职业教育将作为经济建设进程中发展的重要角色，要以建设中国特色现代职业教育体系为抓手，推动职业教育保良增质，高质量发展，突出职业教育的重要地位，增强社会认可度。第二个阶段的关键词是"指点迷津"，2018年，举办了全国教育大会，习近平总书记出席并作重要讲话，国务院结合习近平总书记的讲话内容和会议精神，提炼了"职业教育发展改革二十条建议"，简称"职教20条"，明确"职业教育与普通教育是两种不同教育类型，具有同等重要地位"。这一论断明确了我国"一体两翼"的现代教育体系，成为我国教育理论的重大创新。第三个阶段的关键词是"循序渐进"，2021年，党中央、国务院召开全国职业教育大会，提出："建设技能型社会的理念和战略，加快构建面向全体人民、贯穿全生命周期、服务全产业链的职业教育体系，加快建设国家重视技能、社会崇尚技能、人人学习技能、人人拥有技能的技能型社会。"② 这三个阶段，层层递进，明

---

① 沈中彦. 中国式职业教育现代化的演进逻辑，基本经验与时代特征［N］. 职业技术教育，2023，44（1）：14-20.

② 刘晓. 面向技能型社会的职业教育转型：体系重塑与治理策略［N］. 高等工程教育研究，2024，（1）：158-163.

确了职业教育的发展方向，这在更广阔的视野上对职业教育发展提出了更高层次的要求，推动职业教育与社会经济共荣共生，培育更多层次不同类型的技术技能型人才。

中国特色职业教育体系的建设必然与经济发展相辅相成，需要为经济发展培养不同层次、不同类型的高素质技术技能型人才，技能人才是经济发展的重要支撑。习近平总书记在党的二十大报告中强调："教育、科技、人才是全面建设社会主义现代化国家的基础性、战略性支撑"①。随着社会经济的不断发展，经济结构不断迭代，产业也在不断转型升级，对技术技能型人才的数量和质量也在不断提高。特别突出的产业有：装备制造类高精尖企业、人工智能数字化产业、新能源汽车及其配套产业，这些产业既保留有传统产业的生产结构，又要结合新工艺、新技术进行企业转型和升级，在研发技术的竞争行列中，单靠企业自身难以快速提升技术技能型人才的水平，因此需要与职业院校深度合作，借鉴德国双元制的创新人才培养模式，让技能从企业中来，到企业中去，根据企业需要，职业院校根据企业实际需求提供个性化的人才培养方案，为企业培养出既具备工作能力又拥有自主创新能力的人才，同时将"立德树人"融入课程体系中，实现技术传承和技术创新。

职业教育作为技术技能型人才培养的源头，其高质量发展必然和民营经济的发展紧密相连，相辅相成。在此背景下，国家出台了一系列支持职业教育和民营经济发展的政策法规，包括《国家职业教育改革实施方案》《关于推进职业教育与民营经济融合发展助力"活力温台"建设的意见》等。这些政策法规明确了职业教育的重要地位和作用，提出了促进职业教育与民营经济融合发展的具体措施和要求。在国家及各地区产业发展规划中，都将职业教育作为促进产业发展的重要手段。通过加强职业教育，提高劳动者技能水平，推动产业转型升级和高质量发展。也提出："加强民营经济与职业教育的融合发展，促进人才培养与市场需求的有效对接"②。同时出台了一系列支持职业教育和民营经济发展的财政政策，如金融补

---

① 王学东，马晓琨. 职业本科高校人才培养定位与体系建设 [J]. 教育与职业，2022（5）：21-27.

② 李青山. 推动职业院校与民营企业深度融合发展研究 [N]. 教育与职业，2022（24）：26-32.

贴、减免税收、混合所有股权制等。这些政策旨在鼓励企业参与职业教育、支持职业院校建设和发展,提高职业教育的质量和水平,为民营经济发展提供有力的人才支撑。在《职业教育法》中就明确提出:重点对于产教深度融合、校企紧密合作的职业院校,以及在助推职业院校提升技术技能型人才培养质量,帮助职业院校解决就业创业,实践实习机会的企业,按照相关规定给予奖励。对于成功认定为产教融合型企业,根据其发展需求,按照规定可以优先给予地方财政的贷款、解决企业用地等需求。落实关于教育附加税、资源税、城市维护建设税等税收减免政策。教育部职业教育与成人教育司作为全国职业教育的核心部门,根据职业教育的发展需求也印发了系列文件,为职业院校进行校企深度融合锚定了目标原则和实践举措。其中包括推动职业院校与企业深度合作、加强校企合作平台建设、促进产学研一体化等方面。强调了职业教育在助推民营经济发展中的重要作用。例如,教育部联合有关部门提出了"深化产教融合、校企合作,培养高素质技术技能人才"的要求,鼓励职业院校与企业紧密合作,共同培养适应市场需求的高素质技术技能人才。[1] 各地区结合自身实际情况,也制定了一系列地方性法规和政策文件,在此背景下,台州市作为民营经济的发源地,地方经济的增长和转型升级迫切需要进行产教融合、校企合作,制定了《台州市职业教育校企合作促进条例》,该文件通过立法的形式,明确了职业院校和企业进行合作的方式、路径和相关条件,为产教深度融合、科教融汇融通,培养不同层次技术技能人才,增强职业教育服务经济和社会发展能力提供了政策范本。进一步细化了职业教育与民营经济融合发展的政策和措施,为当地职业教育的开展和民营经济的发展提供了有力的政策支持。政策虹吸效应激发了企业参与职业教育的积极性,高效的合作方式有了互利共荣的发展依据,能够将职业院校的人才培养水平提升到新的层次,助推民营经济走上新台阶。但是,目前中国特色现代职业教育体系在服务民营经济中还有很多方面需要补足,在发展模式的构建中,考虑民营经济的因素较少,并未根据产业是国有还是民营的性质进行分层划类,未考虑到民营企业普遍存在规模小,数量多的问题,所以职

---

[1] 王兴,阚明坤.场域理论视域下职业本科发展的现实困境与实践路径[J].职业技术教育,2021,42(31).

业教育目前的发展模式与民营经济的融入还是不够紧密，存在模式上适应性不高的现象。需要进一步厘清职业教育服务民营经济发展的逻辑进路，形成模式经验，让技术技能型人才供给达到"市场导向"和"政府有限干预"之间的平衡，是职业教育和民营经济发展进程中的必然选择。因此，现阶段如何加强理论体系和实践路径研究，为职业教育服务民营经济发展提供实证经验和参考案例，已经成为现阶段国家职业教育改革过程中亟待解答的重要理论与实践问题。①

二、民营企业迭代升级技能人才供给之需

民营经济的高质量发展，是我国建设社会主义现代化强国的重要助推器，是中国经济发展，迈向第二个百年奋斗目标的重要影响因子。习近平总书记在党的二十大报告中指出："优化民营企业发展环境，依法保护民营企业产权和企业家权益，促进民营经济发展壮大。"同年，民营经济发展局应运而生，其设立目的在于更精准地制定支持政策，避免政出多门、相互抵牾。它的设立不仅体现了政府对民营经济的高度重视，更是为了在当前复杂多变的国内外经济形势下，推动民营企业更好地发展，为民营经济在社会主义市场经济的浪潮中设立安全堡垒，依法依规保护民营企业的合法权益，肃清影响民营经济发展的不利因素，构建具备中国特色的社会主义市场经济模式。在此背景下，最高法出台《关于优化法治环境 促进民营经济发展壮大的指导意见》，根据新时期民营经济发展的新需求，完善相关司法政策、严格审判监督。从中央到地方，不断推出各项为民营企业排忧解难的利好政策，让民营经济摆脱各种束缚，确保其在公平公正，合法合规的经营环境中蓬勃发展。与此同时，随着这些政策措施落地落细，民营经济发展出现了积极变化，总体上保持恢复向好态势。

民营经济的高质量发展，需要一大批高素质的技术技能型人才支撑，急需职业教育的高质量供给，需要和职业教育融合发展。首先，民营经济和职业教育的融合发展，可以促进人才培养与市场需求的有效对接。"在

---

① 李大兴、顾佳滨．高等职业教育服务民营经济高质量发展的路径选择［N］．中国职业技术教育，2022（10）：42–47．

市场经济发展形势迭代更新的背景下，人才需求是变量，而职业教育也需要根据市场的需求不断调整人才培养方案，以培养出符合企业一线实际需求的技术技能型人才。"[①] 通过与民营企业的合作，职业教育可以更好地了解市场需求和行业动态，及时调整课程设置和教学内容，提高人才培养质量和针对性。其次，民营经济和职业教育的融合发展，可以促进产学研一体化。产学研一体化是现代职业教育发展的重要方向之一，通过与民营企业的合作，可以更好地实现产学研一体化，民营企业可以为职业教育提供实践平台和技术支持，而职业教育则可以为民营企业提供人才支持和智力支持，实现互利共赢。再次，民营经济和职业教育的融合发展，可以促进教育资源的合理配置。由于职业教育资源相对分散，而民营经济具有灵活的市场机制和创新能力，可以提供更多的教育资源和实践机会，通过与民营企业的合作，职业教育可以更好地整合教育资源，提高资源利用效率和人才培养质量。民营企业通过职业院校进行技术技能型人才培养，能够缓解人力成本带来的发展压力，将更多精力和时间用于技术升级和创新，随着科学技术的不断发展，新技术、新工艺、新设备不断涌现，这对职业教育的技术技能人才培养提出了更高的要求。通过与民营企业的合作，职业教育可以更好地适应技术变革和市场变化，推动技术创新和产业升级。总之，民营经济和职业教育的融合发展具有重要意义和广阔前景，能够使职业院校的人才培养与市场需求保持高度一致，一线实际生产技术能够进入课堂，现场工程教学，与此同时也可以在此基础上进行生产工艺的优化和创新，将教育资源更大限度地优化。在实践中，需要政府、企业、学校和社会各方共同努力，加强合作，共同推动民营经济和职业教育的融合发展。

目前，不少民营企业面临着一些问题和困难，迫切需要针对新形势来完善职业教育体系，完善民营经济发展壮大的体制机制，提振民营经济预期和信心，进一步激发民营经济发展活力。已经明显具备市场竞争力的企业对于产教融合和校企合作参与性不高，社会对这种合作发展的方式不认可，固化地认为该模式很难做实做深。特别是在目前学历社会向技能型社

---

① 梁晨. 高质量建设市域产教联合体的理性审视、逻辑关联与实践方向 [N]. 教育与职业, 2023（20）：5-12.

会转型的进程中，企业拥有更大的选人用人裁量权，丧失了举办职业教育的内在动力。虽然有一些落地政策，但部分政策在实践落实方面很难执行，在职业教育服务区域经济的大背景下，各地区政策解读和执行力度也不同，很多职业院校和企业对于该模式仍处于观望状态。此外，职业院校和民营经济的合作涉及国有资产的管理范围，不单单是职业院校和企业的双方合作，还须满足国有资产管理条例，防止国有资产的流失，应详细落实国有资产的管理规定，对于合作过程的项目，进行评估审理，清扫政策障碍。目前对于已经参与产教融合和校企合作的企业并未得到政府相关政策的扶持，企业参与技术技能型人才培养的部分，未获得相应人才培养经费，学校层面对于合作方式也只能停留在政策加持背景下的留守阶段，对于办学经费的使用审批、教育附加费的税收减免决策权较低，导致职业教育与民营经济融合发展的道路坎坷。一方面是企业缺乏有效的合作机制和平台，另一方面是职业院校缺乏实质性的合作内容和成果，导致职业院校的整体人才培养与民营企业的契合度不高，在设置专业人才培养方案，构建技能培训课程体系，设置核心专业内容考虑面太广，与民营企业的实际需求存在一定的脱节。

三、职业院校服务区域经济高速发展之需

区域经济的发展离不开职业教育的有力支持，以推动民营经济实现跨越式的高质量发展，职业教育为民营经济提供强有力的技术技能型人才保障，特别是要结合区域经济支柱产业、普适性较强的技术岗位进行重点培养，提高人才培养内化率，帮助民营企业实现跨越式高质量发展。当前，企业的人力资源的质量决定着企业的市场竞争力，具备良好的人力资源能够抵挡转型创新和生产结构化调整对企业带来的冲击。"企业如果能够从职业院校获取优质的人力资源，必然能够缓解一线技术技能型人才缺乏的问题，便于促进民营企业产业结构的调整和升级。"[①] 职业教育作为类型教育，核心作用是服务于市场，适应于市场，其发展目标就是为社会主义市

---

① 吕东刚. 教育元宇宙何以赋能技能型人才培养：理论基点、现实堵点与实践进路［N］. 教育与职业，2023（30）：15-23.

场经济科学合理地培养各个层次、各个岗位所需的技术技能型人才。在开设专业，制定人才培养目标的时候要跟随市场需求，围绕具备发展潜力的行业，提前谋划人才培养计划，进行时间上的技术技能型人才培养的错位竞争，能够更有效地促进民营企业产业结构的调整和升级，增强企业竞争力，并且职业教育培养的人才具有实际操作能力，能够胜任企业一线技术岗位的工作，且具备一定建构新的工作世界的能力，能够有效地提高企业生产服务水平。同时，还能够为企业提供更多的人才储备，帮助企业实现技术创新和产业升级。所以，民营经济跨越式高质量发展需要职业教育的助力，这种助力主要表现在提供人才支撑、促进产业结构升级、增强企业竞争力和推动地方经济发展等方面。因此，在市域产教联合体的发展实践中，职业教育要和民营经济深度融合，共谋发展，充分发挥职业教育在区域经济发展中的重要作用。

温州和台州作为民营经济发达的地区，在职业教育改革创新的大背景下，被教育部和浙江省人民政府划为国家职业教育改革创新高地建设试点，在国家、省、市三级推动下，出台了《关于推进职业教育与民营经济融合发展助力"活力温台"建设的意见》，该文件的重要目的是在温州和台州两市进行体制改革创新，通过政策加持，实现民营经济和职业教育深度融合，促进民营经济深度参与职业教育办学教学，推进混合所有制发展改革实践。温州和台州民营经济发展久远，在区域经济中民营经济也是中坚力量，通过体制改革创新探索出可借鉴可推广的模式，辐射全国。作为改革先锋，没有可借鉴的模板，在现有的发展基础上，应当理顺职业教育与民营经济合作的路径，明晰合作的关键词，分析深度融合的壁垒，结合国家对于职业教育发展的相关政策文件，形成以政府为主要领导核心，企业深度参与职业教育发展全过程，职业院校要服务于企业，扎根于企业。"高效推进企业的发展，以点带面促进经济的高质量增长，用职教之力反哺社会，形成社会多元办学的格局，以制度创新推进温台职业教育与民营经济融合发展，助力打造'活力温台'，服务长三角一体化发展和浙江'重要窗口'建设。"[1]

---

① 林慎. 抢抓"活力温台"建设机遇 书写中职教育新篇章［N］. 温州日报，2021-06-04(01).

第二节　国内外研究的现状和趋势

一、国外职业教育与民营经济融合发展研究现状

（一）德国双元制模式

德国双元制职业教育模式是资本主义市场化经济中的成功案例，其中一元指的是职业院校，另一元指的是企业。这种模式的关键词是理论与实践，理论是服务于实践，强调"够用"即可，避免过多的理论阐述。学校和企业在培养学生方面，具有同等的身份和地位，教学知识是根据企业需求制定的，整个人才培养阶段也是阶梯式，入学后先在学校进行浅度的理实一体化教学，其中在学校和在企业的时间占比每个学校会有所不同，整体在学校的时间占比一般略少于在企业的时间。虽然学生学习地点不同，但是在学校的理论学习和企业的实践学习是结合起来的，在企业属于"边学边做"，学生在学习的同时也在产生经济效益，为企业工作的同时，也能够学到真实的技能。据统计，德国双元制模式下，企业培养学生进行技能学习产生的经济效益和培养费用比起来，处于盈余状态，类似于中国的古代学徒制。

在这种模式下，学生能够充分得到实习实践的机会，通过自己的实践能够感受到成就感，并取得实际成果。学校和企业学习场所的变化，也能够及时让学生查漏补缺，不会一直停留在一个状态止步不前，理论和实践可以结合。该模式的核心特点是"双元"，即学校和企业两个场所的结合，这种结合使学生能够同时接受理论知识和实践技能的培训，更好地理解和掌握所学知识，提高自身的职业素养和实践能力。其中，企业培训占据主导地位，学校教育起到辅助作用，企业有义务为学生提供实习岗位和培训机会。"在实习期间，学生需要接受企业内部的培训，学习实际操作技能和工作流程，这些培训通常由经验丰富的师傅进行指导，学生需要在实习期间遵守企业的规章制度和工作要求。"[①]

---

① 陈莹. 增强职业教育适应性：德国职业行动能力发展研究［N］. 清华大学教育研究，2023，44（5）：131-140.

绪 论

德国职业教育的主要目标是培养高素质的技能人才,以满足经济发展的需求。历经两次工业革命,通过双元制职业教育模式解决了产业迭代升级和劳动力不足的问题,这种模式不仅缩短了职业院校学生毕业后适应新的工作岗位的时间,还让学生能够根据自己的职业规划充分获得相应的教育资源。在企业得到充分的实践锻炼,在学校能够学习到被"筛选"的理论知识,这些知识与企业的实际需求紧密结合,提供符合企业需求的课程设置和教学内容。除此之外,还需要为学生提供必要的理论知识和通用技能培训,以帮助学生更好地适应企业实习和未来职业发展的需要,将理论知识和实践技能相结合,使学生能够在实践中学习和掌握理论知识,提高自身的职业素养和实践能力。这种模式避免了单纯的理论灌输或技能培训的不足,使学生能够更好地适应企业岗位,成为德国民营经济发展的重要支撑。

德国民营经济在发展过程中,积极与职业教育院校合作,为学生提供实习和就业机会,让学生在实践中应用理论知识和掌握职业技能。企业参与职业教育的过程,也是企业自身发展的过程。通过与学校的合作,企业能够及时了解和掌握市场需求和行业动态,调整自身的发展策略和产品结构,同时,企业还能够借助学校的资源和优势,提升员工的技能水平和综合素质,增强企业的市场竞争力。政府也在通过政策推动民营经济与职业教育的融合,通过《德国职业教育法》约束中小微企业,在进行相关人才培养的前提下,必须具备相应的资源和条件,法律明文规定,至少具备二至三年工作实践经验,才能进行职业教育相关的教学和培训,而且德国公民法律意识较强,在法律实施方面阻力较小,促使了德国双元制职业教育模式的有效实践。这种法律保障为民营企业和职业教育机构之间的合作提供了基础。其中,德国的行业组织在民营经济与职业教育的融合发展中扮演着重要的协调角色。这些行业组织通常会与政府、企业、学校等多方合作,制定职业标准、规范和课程设置等,并协调企业与学校之间的合作事宜,确保双方能够有效地对接和合作。政府提供资金支持,帮助民营企业建立实习基地,为学生提供实践机会,同时,政府还设立了一些奖励机制,如政府提供资金支持,帮助民营企业建立实习基地,为学生提供实践机会,设置"联邦职业教育奖",以表彰那些在职业教育领域取得突出成绩的企业和学校,这些政策措施有效地促进了民营企业和职业教育机构之间的合作。

德国双元制模式的本质在于，向年轻人提供职业培训，使其掌握职业能力，而不是简单地提供岗位培训。"它不仅注重基本从业能力、社会能力，而且特别强调综合职业能力的培养，更加注重的是综合职业能力。"[①] 该模式提升了职业院校的认可度，增加了企业的经济效益，并提升了其人力资本，学生能够通过职业教育学习到真正的工作技能，提高其就业竞争力和职业发展潜力，并且可以获得可观的报酬，使学生能够更好地适应未来的职业发展需求，在德国的企业中应用很广，近几年也被我国的一些企业借鉴或采用。

（二）澳大利亚 TAFE 模式

澳大利亚的职业技术教育学院模式和关键词是"以职业能力为本位"。该模式主要特点是学生将大约 4/5 的时间用在了企业实践上，1/5 的时间放在学校进行教学。该模式具有实用性强、灵活性高、教学质量高、覆盖面广等特点，涵盖了各个行业领域，包括工业、商业、社会服务等领域，能够满足不同学生的职业发展需求。课程设置和教学内容都是由学生进行自主选择，只需要修够相应学分即可完成学业，学生在学习过程中与产业界的紧密联系使其能够及时了解和掌握行业和企业的最新需求和趋势，从而能够提供更加实用和有效的教育和培训。非常注重所学即所用，根据自己的学习兴趣点和职业时间规划，选择最适合自己的课程和学习方式，受同专业其他学生学习选择的影响较小，这种学习方式非常灵活和自主。

"TAFE 模式以职业能力为本位、市场需求为导向，能够根据行业和企业的需求和趋势来设置课程和教学内容，及时更新和调整教学内容，以满足市场和学生的需求。"[②] 强调学生在实际工作中所需的知识和技能的培养，以帮助学生更好地适应行业和企业的需求，提高其就业竞争力和职业发展潜力。注重与行业和企业的合作，通过与企业的合作来提供学生实习、实践和就业的机会，同时也为教师提供实践经验和进修机会，实现校

---

① 杨蕊竹. 德国双元制高等教育制度变迁特征与启示 [N]. 中国高教研究, 2023 (10): 94 - 101.

② 袁李兰. 澳大利亚行业参与职业教育治理：背景、路径与经验 [N]. 高等职业教育探索, 2023, 22 (6): 72 - 80.

企双方的互利共赢。TAFE 模式能够保证教学质量和效果，拥有一支高素质的教师队伍和完善的教学设施和设备，通过科学合理的人才培养方案，严格把控人才培养的各个环节，保证学生通过自主学习，能够提升自己学习创新能力，提供灵活多样的学习方式和课程设置，以满足不同学生的职业发展需求。同时，TAFE 模式也注重可持续性发展，不断更新和改进课程和教学模式，以适应时代和社会的发展。

澳大利亚的民营经济是职业教育的重要推动力，随着民营经济的发展，企业对技能人才的需求不断增加，这为职业教育提供了广阔的发展空间。同时，民营企业对人才的需求和期望也会对职业教育产生影响，推动职业教育机构不断改进课程设置和教学内容，以更好地满足企业的需求。职业教育也为民营经济发展提供了重要的人才支持。职业教育机构通过与民营企业合作，通过引入市场机制，鼓励民营企业参与职业教育的办学过程。例如，通过公开招标、联合办学等方式，让民营企业参与职业教育的办学决策和资金投入，共同制订人才培养计划和课程设置，为学生提供实习机会。这样可以让学生更好地了解民营企业的工作环境和需求，同时也可以帮助民营企业吸引和培养人才，培养出更多符合企业需求的技能人才，这种技术技能型人才具备实践理论知识，在进行实践操作过程中往往具备更加全面的视野，建构新的工作世界的能力较强，能够为民营企业的发展提供有力支持。此外，职业教育机构还通过开展科研合作等方式，为民营企业提供技术支持和创新动力，这些合作可以促进双方之间的交流和沟通，分享经验和知识，推动技术进步和创新发展。以新南威尔士州为例，该州具备独立的职业教育发展模式，其中私人开设的职业培训机构起到了关键作用。这些机构与政府、行业和社区紧密合作，根据市场需求和行业趋势来设计和更新课程。商业与技术学院（Australian Institute of Business and Technology，AIBT）也提供一系列实用且与行业相关的职业教育课程，与当地行业领先企业合作，确保其课程与现代商业实践保持同步，还通过实习、实践项目和行业专家讲座等方式，为学生提供实际工作经验，帮助他们将理论知识应用于实践中。

（三）新加坡"教学工厂"模式

新加坡的职业教育资质框架类似我国提出的"厂中校，校中厂"的职教发展理念，将学校设计成"教学工厂"的样式，把企业搬进学校，将课堂搬进企业生产一线。在理实一体化教学过程中，也在完成企业工作任务，进行技术技能升级转化，将一线技术技能岗位所具备的知识理论、技术能力、创新能力和研发能力融合到一起，拓宽学生的学习视野，让学生在学习过程中解决企业一线的实际工作困难。跳过纯理论设想的阶段，直接进入真实工作情景，学生在学习的同时也是帮助企业，学校和企业在这个过程中都能受益。"教师与企业深度合作，共同研发项目，共同承担大型项目的解决方案和成功经验的分享，旨在为学生提供真实的教学案例，拓宽学生的发展空间和视野。"[①] 新加坡的"教学工厂"模式还有一个比较大的特点，是教师和企业员工之间是"无界化"的工作模式，各个行业之间也是如此，科研团队之间也都是各自完成自己相关领域的内容，每个团队成员共同参与研究计划的制订和实施，定期分享交流自己对于该领域的见解，不管你是企业的还是学校的，项目的解决方案和成功经验可供全校师生分享借鉴、学习交流。

总的来说，新加坡的职业教育模式注重与企业的合作，致力于为学生提供更贴近实际的学习环境和过程，注重团队合作能力，破解技术难题的能力较强。

新加坡的民营经济是职业教育发展的重要推动力。由于新加坡的劳动力市场相对较小，因此，民营经济的发展需要依靠大量的人才支持。"新加坡的职业教育机构通过与企业合作，提供实践经验和专业技能的培训，为民营经济的发展提供了重要的人才资源。新加坡的职业教育机构也注重与企业的合作，通过与企业合作开展项目和实习，为学生提供实践经验和专业技能的培训。"[②] 这种实践经验对于民营经济的发展非常重要，因为许多民营经济需要依靠创新和创业来推动发展，而且新加坡的职业教育体系能够充分利用国际化资源，积极开展国际合作与交流，为学生提供海外实习和留学机会，这种国际合作与交流不仅拓宽了学生的视野，也提高了他们的跨文化交流和合作能力，为新加坡的民营经济发展提供了有力的人才

---

① 徐巧云. 高职教育国际化发展的域外经验及启示——以新加坡为例［N］. 教育与职业，2023（21）：82－88.

② 任睿文，徐涵. 以新加坡为例谈职业教育高质量发展的路径选择［N］. 职业教育，2022（12）：66－72.

支持。其中，包括德国巴登能源、阿尔塔纳生物科技、印度 HCL 软件等，这些企业与新加坡的工艺教育学院（ITE）等职业教育机构合作，在校内与企业内建起实操基地，学生可以选择企业内的模拟岗位课程，教师或企业管理者则根据该岗位所需的技能进行专业授课。国内的合作也有很多，例如，新加坡南洋理工学院与新加坡航空合作，为该航空公司培训员工。这个合作项目包括为期 8 周的实习课程，以及由新加坡航空的工程师和南洋理工学院的讲师组成的讲师团进行培训，新加坡工艺教育学院与新加坡金融管理局合作，由金融管理局的官员和工艺教育学院的讲师组成的讲师团进行培训，不仅提高了学生的技能水平，也帮助他们更好地适应工作环境。

这些案例都表明了新加坡民营经济和职业教育之间的紧密联系和相互支持。通过这种合作模式，学生可以获得实践经验，提高自己的技能水平，同时也为企业提供了人才支持，推动了新加坡经济的发展。

（四）日本"官产学"模式

"日本的'官产学'模式是一种政府、产业和学术界之间的合作模式，旨在推动职业教育的发展并培养适应社会发展所需的优秀职业技能人才。"[①] 这种模式具有很强的官方主导特征，办学主体国家化，职业教育与地域发展紧密结合。政府、企业、科研学术等多方面群策群力，助推职业教育的科学规划布局，这种模式的实施机构财政来源主要来自政府，因此具有强烈的官方主导特征，这种模式还将职业教育与地域发展紧密结合，以更好地满足当地社会的需求。政府、企业、科研学术三个方面都有各自的职责和角色，政府负责制定政策和规划，提供资金和资源支持，以及监管和评估职业教育的发展。企业则通过与学校合作，提供实习和实践机会，以及参与课程设计和教学等方式来支持职业教育。科研学术界则通过开展研究，提供学术支持和指导等方式来推动职业教育的发展。这种"官产学"模式的优点在于可以相互补充、相互促进，实现资源共享和优势互补。同时，"这种模式还可以提高职业教育的质量和实用性，更好地满足

---

① 闫飞龙. 日本专门职大学创办动因、实践路径及启示［N］. 职业技术教育，2023，44（24）：75-80.

社会对人才的需求，提高国家的整体竞争力。"①

日本职业教育机构是企业作为办学的主体，企业会根据自身发展的需求，向职业培训机构下订单，或者通过自身进行培养。通常是与政府和科研机构合作，共同完成人才培养的全过程，学生在学校完成相应的理论知识和简单的职业技能学习，在企业接受实践培训和实习，获得实际工作经验和职业技能。学校与产业界合作，共同制订人才培养方案、开展实践教学和提供实习机会等，这种模式主要适用于大型企业或特定行业，通过内部培训和实习来培养员工的职业技能，旨在将职业教育与产业发展相结合，培养出职业适配度较高的技术技能型人才。从初中开始，学生就可以选择进入职业教育机构学习，职业高中的课程设置和教学内容与企业需求紧密相连，旨在培养学生独立解决企业一线技术难题的能力。

日本作为资本主义发达国家，随着经济增长从量的积累，到质的提升，日本政府逐渐放松了对经济的管制，鼓励民间资本进入各个领域，这就使得政府在经济发展进程中的地位被削弱，民营经济在经济增长中的话语权逐渐增强。同时，由于技术技能型人才的缺乏，导致日本经济发展对职业教育的依赖性增强，职业教育的认可度也逐渐被提高，其通过与企业合作，提供实践机会和就业指导，帮助学生掌握实际工作技能，这使职业教育机构培养出来的学生能够更好地适应企业的需求，提高就业率。其中丰田汽车公司与一些职业教育机构合作，共同开发了一套针对职业教育的培训课程，这套课程旨在帮助学生掌握汽车制造和维修方面的技能，并提供就业机会。富士通公司为了满足对 IT 人才的需求，与一些专门大学合作，共同开发了针对 IT 领域的培训课程，通过与大学的合作，富士通公司成功培养出了一批具备专业技能的 IT 人才，同时为大学提供了实践和就业机会。此外，日本的一些企业和职业高尔夫球手培养机构合作，这些机构又通过与俱乐部合作，提供实践机会和就业指导，帮助年轻球员提高技能并找到职业发展的机会，这也是日本职业高尔夫球手在世界范围内享有很高声誉的原因之一。

日本的民营经济和职业教育之间也面临一些挑战。例如，一些企业可

---

① 方晓田. 多元化与职业性：日本高等职业教育入学制度的特征与启示［N］. 广东技术师范大学学报，2023，44（2）.

能更倾向于招聘具备特定技能和经验的员工，而不是从零开始培训新人，这可能会导致一些职业教育机构毕业生的就业难度增加。此外，一些职业教育机构的教学质量和课程设置也需要进一步提高，以更好地满足企业的实际需求。

（五）美国 CBE 模式

"美国职业教育资质框架是基于能力基础构建的，汲取了加拿大、英国等国家的成功经验，其注重各种职业发展方向，重视学生以后的发展，学习更多更广泛的基础知识，能适应很多职业。"[1] 在进行专业人才培养方案制订的过程中，专家委员会是决策者，其主要由企业权威人士组成，根据相关能力归纳成典型工作任务，根据典型工作任务划分职业能力，明确具体的教学目标和相应的理论知识。学校的教师再根据人才培养方案进行组织培训，学习进修，归纳成相应的教学任务，从易到难进行教学设计。其主要的执行机构还是各个州的社区学院或者高中阶段的职业学校，其中社区学院是美国职业教育体系的特点之一，其运转机制可能因学校和地区而异，这些课程通常会包括各种理论知识和实践技能的培养，以确保学生能够满足职业要求。"专业委员会还会对教学质量进行评估和监督，以确保学生能够达到预期的学习效果。他们可能会通过考试、评估和观察等方式进行评估，并及时反馈给学校和教育部门。"[2] 随着行业发展和技术更新，专业委员会将不断更新课程和教学材料，以保持其与行业需求一致，会根据实际情况进行调整和改进，以确保学生能够获得最新的知识和技能，定期还会为学生、教师和学校提供咨询和支持服务。他们可以解答关于职业发展、教育规划和教学方面的问题，并提供必要的支持和指导。

美国职业教育与民营经济的关系受到市场需求的影响，需要根据行业发展趋势提前谋划，及时调整教育内容和培养方式，相互促进、互为补充，通过课堂教学和实习实训等多种方式，为学生提供了丰富的实践经

---

[1] 贾旻. 美国联邦、州、地方政府三级职业教育治理体系与运行机制[N]. 当代职业教育，2022（6）：91-101.

[2] 周英文. 美国非营利组织参与职业教育评价：动因、路径与特征[N]. 职教通讯，2023（8）：21-28.

验，使他们能够更好地适应市场需求，为民营经济的发展提供了必要的人才支持。而民营经济通过提供实践教学基地等方式，与社区学院合作，共同开展实践教学项目，为学生提供实习和就业机会，这种合作以行业为主导，行业组织在职业教育中发挥着重要作用，通过制定行业准入规范、核心技能标准范围、职业认定方式等，为社区学院的教育教学提供方向，确保教育内容与行业需求紧密相连，这种合作模式不仅为学生提供了实践经验，也为企业提供了人才支持。

此外，美国政府也通过立法等手段，为民营经济和职业教育的融合发展提供了法律依据。其中《卡尔·D·伯金斯法案》明确："符合条件的企业可以获得联邦政府的财政支持，与学校合作开展职业教育项目，为学校和企业提供税收优惠等支持，这种政策也为美国职业教育与民营经济的合作提供了必要的法律保障。"① 其中佐治亚大学与当地的医疗保健行业合作，提供专门的职业教育项目，为医疗机构培养专业人才，学校和医疗机构共同制订课程和教学计划，确保教育内容与行业需求紧密相连。同时，医疗机构为学生提供实习和就业机会，帮助他们将理论知识应用于实践中；洛杉矶县艺术学院与好莱坞电影产业合作，提供专门的职业教育项目，为电影行业培养人才，学校和电影制作公司共同开发课程和教材，提供实践教学和实习机会。同时，电影行业为学生提供就业机会，帮助他们将所学知识应用于实际工作中；北卡罗来纳州立大学与当地的服装行业合作，提供专门的职业教育项目，为服装企业培养人才，学校和服装企业共同制订课程和教学计划，确保教育内容与行业需求紧密相连。同时，服装企业为学生提供实习和就业机会，帮助他们将理论知识应用于实践中；威斯康星州立大学与当地的农业行业合作，提供专门的职业教育项目，为农业企业培养人才。学校和农业企业共同制订课程和教学计划，确保教育内容与行业需求紧密相连。同时，农业企业为学生提供实习和就业机会，帮助他们将理论知识应用于实践中。这些例子表明，美国职业教育与民营经济之间的合作是多种多样的，涉及各个行业领域。

---

① 宋歌. 美国职业教育与经济发展互促共进的经验述论［N］. 职教发展研究，2023（1）：11－18.

第三节　国内职业教育与民营经济融合发展研究现状

一、国内职业教育研究现状

党的十八大以来，我国职业教育的发展迎来质的改变，国家相关部门陆续出台多份政策文件，强调"现代职业教育理念""终身学习""终身教育"等理念，为职业教育的发展提供了政策支持。随着政府对职业教育的重视和投入的增加，职业学校的办学条件得到了显著改善。同时，随着社会对技术技能人才的需求越来越迫切，职业教育的吸引力也在逐步提高。在政策引导和市场机制的作用下，职业教育的办学格局更加优化，形成了多元化的办学模式。职业院校与企业开展了多方式多途径的合作，采用订单班、现代学徒制等模式，共享教育教学资源、实习实训工位，优劣势互补，将中国职业教育的人才培养质量逐步提高；一些职业学校注重实践教学，加强了与企业合作，提高了学生的实践能力和就业竞争力。社会对职业教育的认可度逐步提升，越来越多的学生和家长开始认识到职业教育的重要性和优势，选择报读职业院校的学生人数也在不断增加。

（一）国内职业教育体系构建研究

中国职业教育体系的构建受多方面因素的影响，由于我国特有的中国社会主义市场化经济背景，虽然可以借鉴国外的发展模式进行改革创新，但因市场经济结构和职业教育体系的差异，我国职业教育的发展模式也要根据市场人才需求进行改革演进。国内职业教育体系的构建是一个多层次、多维度的复杂过程，涉及政策制定、教育资源配置、教育模式创新等多个方面。其中政策在职业教育体系的构建中发挥着至关重要的作用，政府通过出台相关政策，明确职业教育的发展方向和目标，为职业教育提供制度保障，这些政策通常包括职业教育法律法规、发展规划、资金投入等方面，旨在构建完善的职业教育体系，提高职业教育的质量和效益。

目前，职业教育体系构建的核心是教育模式的创新，传统的职业教育模式往往重理论轻实践，难以适应现代经济社会的发展需求。因此，需要探索与实践相结合的教育模式，如产教融合、校企合作等，将职业教育与产业发展紧密结合，提高学生的实践能力和职业素养。其中，教育资源的配置是职业教育体系构建的基础，这包括师资、设施、教材等各个方面的投入。在师资方面，需要加强职业教育师资队伍建设，提高教师的专业素养和教学能力；在设施方面，需要完善职业教育实训基地建设，为学生提供实践锻炼的机会；在教材方面，需要开发适应职业教育需求的专业教材和教学资源。

在构建职业教育体系时，还需要考虑区域协调发展的问题。不同地区的经济发展水平和产业结构存在差异，对职业教育的需求也有所不同。因此，需要根据区域特点和发展需求，制定差异化的职业教育政策和发展规划，促进职业教育与区域经济的协调发展。需要建立完善的质量保障和评估机制。通过对职业教育机构、教学过程、学生成果等进行评估和监测，确保职业教育的质量和效益。同时，还需要建立职业教育信息服务平台，为职业教育提供数据支持和决策参考。

综上所述，国内职业教育体系的构建是一个系统工程，需要政府、教育机构、企业和社会各方共同努力。通过政策引领、资源配置、模式创新、质量保障和区域协调发展等方面的综合施策，推动职业教育体系不断完善和发展，为经济社会发展提供有力的人才支撑。

现阶段对我国职业教育资质框架的构建和体制的改革，必须因地制宜，结合区域经济发展特征，不断通过量化绩效考核，提高职业教育的办学质量，把增量变成增质，持续探讨混合所有制等产教融合和校企合作新模式，通过提升职业技能院校毕业生的人才培养质量，提升职业教育的社会认可度，形成具备中国特色的中国职业教育发展理念和模式。杨红玲（2020）在研究中提到："企业在进行职业教育人才培养中，找不到或找不准职能定位，归属感不高，对标产教融合和校企合作典型案例，因中国区域经济差异较大的因素，导致可借鉴性不强，改革创新阻力也较大。因此，职业院校应当不断深化产教融合，对接市场用人需求，提高合作的深度与广度。"① 刘义荣（2010）在研究论述中提到："职业教育和区域经济的互动关系是紧密的，经济特征和门类决定着职业教育的发展方向，间接影响职业院校的发展，其中民营经济作为区域经济的主体，目前和职业教育关联性较小，合作方式和关系不稳固。"② 高晟星（2022）在研究论述中提到："我国职业教育与民营经济的融合发展模式目前还在探索阶段，目前两者的关系已经从弱联系到协同共进的融合状态。"③ 可见，对于职业教育目前的发展模式与民营经济的融入还是不够紧密，在制定职业教育发展模式的过程中，考虑民营经济的因素较少。

（二）国内职业教育发展模式研究

目前，我国职业教育发展模式的研究正朝着多元化、创新化和国际化的方向发展。关于我国职业教育发展模式的研究，以下学者进行了探究。师鹏（2020）在研究中提到："目前我国职业教育的生均财政拨款较低，经费不足制约着其整体的发展，很多高职院校发展底蕴不足，随着高等教育的普及化程度提高，多数高职院校由中职院校合并或升级而来，师资力量和科研能力有'压缩饼干'的痕迹，并且目前高职院校学生规模庞大，进行体制改革并非一日之计。"④ 首先，职业教育正不断深化产教融合，推动专业设置与产业需求对接，实现教学与生产的无缝衔接，这种模式的转变旨在使职业教育更加紧密地与社会经济发展相结合，提高职业教育的针对性和实效性。其次，信息化技术的应用在职业教育中日益加强，创新教学方式和方法，提高教学质量和效率，数字化教学资源建设也得到了加强，为学生提供更加丰富、多样的学习体验。此外，国际化发展也在拓宽职业教育的视野，职业教育正加强与国际先进教育理念和模式的交流与合作，引进国际优质教育资源，提高职业教育的国际竞争力，这种国际化趋

---

① 杨红玲. 市场需求导向下职业教育产教融合育人机制的重构［N］. 职教论坛，2020，36 (10): 140－145.

② 刘义荣. 高等职业教育与区域民营经济的互动关系分析——以南通为例［N］. 中国职业技术教育，2010（3）：72－74.

③ 高晟星. 数字经济时代职业教育产教融合新内涵、演进与关键策略［N］. 中国职业技术教育，2022（13）：42－47.

④ 师鹏. 深化产教融合推进高职院校教育高质量发展［N］. 中国成人教育 2020（3）：34－36.

势有助于培养具有国际视野和跨文化交流能力的人才，为参与国际竞争提供有力支持。在研究方面，学者们对职业教育的发展模式进行了深入探讨，提出了多种改革实施方案。例如，推广"订单式"和"现代学徒制"人才培养模式，强化校企合作；加强师资队伍建设，提高教师教育教学水平和实践能力；建立健全就业指导服务体系，提高学生职业规划能力和就业竞争力等。

订单式人才培养模式是指企业根据自身的人才需求及规格向学校下达人才培养订单，学校接单后，在企业的主导和协作下按订单进行人才培养，在这种模式下，所培养的人才经企业验收合格后即被企业录用。最大特点是"三个协调"，即专业设置与企业需求相协调，技能训练与岗位要求相协调，培养目标与用人标准相协调。同时，其科学性、系统性的人才培养模式是实现人才培养过程中"三个协调"的有效保证。在订单式人才培养过程中，学校和企业会共同参与到学生的选拔、培养和管理中。学校会根据企业的需求，制订相应的教学计划和培养方案，确保学生具备企业所需的知识和技能。企业则提供实践机会和岗位指导，帮助学生更好地适应岗位需求。对于学生而言，订单式培养使他们提前明确了自己的就业单位，学习目标更明确，主动性和积极性更高。这种培养模式有利于他们形成职业素养，缩短进入用人单位的适应期，并更易受到用人单位的青睐。对于企业而言，订单式培养解决了企业用工难的问题，因为学校可以为企业输送理论知识和岗位技能兼备的高素质技能型人才。总的来说，订单式人才培养模式是一种有效的人才培养方式，能够实现学校、企业和学生的三方共赢。

现代学徒制是深化产教融合、校企合作，进一步完善校企合作育人机制，创新技术技能人才培养模式的教育改革举措。其核心在于通过学校与企业的深度合作，实现教师与师傅的联合传授，以技能培养为主，注重技能的传承与实际应用，在现代学徒制中，学生的身份具有双重性，既是学校的学生，又是企业的员工。这种双重身份使学生能更早地接触和适应职场环境，同时也为企业提供了稳定的人才储备。人才培养平台则由学校和企业共同搭建。双方共同制定课程标准，融入国家职业资格标准和行业企业技术标准，使学校与企业、教学内容与职业标准、教学过程与生产过程、学习环境与职业环境、校园文化与企业文化五个方面实现对接。这种对接不仅提高了教学的针对性和实用性，也为学生未来顺利进入职场打下了坚实的基础。在教学安排上，现代学徒制强调专业课教学的职业性和开放性，结合生产过程及岗位特点，采用"教学做合一"的方式，使学生在实践中学习，在学习中实践，实现知识的有效转化和应用。此外，现代学徒制还注重校企共同制订培养方案，根据企业对员工的需求，构建人才培养模式，制订人才培养方案，确定相应的教学内容和合作形式。学徒的学习是在企业中的实训和课堂上的学习有机结合，一般实行校企合作、半工半读、工学结合的形式。学徒毕业时，不仅能获得学历证书，还能获得职业资格证书，这极大提高了他们的就业竞争力。

综上所述，我国职业教育发展模式的研究正朝着更加多元化、创新化和国际化的方向发展，旨在培养更多高素质的技术技能人才，为经济社会发展提供有力支撑。

（三）国内职业教育产教融合研究

职业教育产教融合是近年来教育领域的研究热点之一，旨在通过学校与产业的深度融合，实现教育资源的优化配置，提高人才培养质量，促进经济社会发展。通过对职业教育产教融合的相关文献进行分析，探讨其理论基础、发展现状、存在问题及未来趋势发展。产教融合的理论基础主要源自劳动分工理论、人力资本理论和终身教育理论。劳动分工理论强调职业教育与产业发展的密切关联，认为教育应紧密对接社会经济结构的变化，培养符合产业发展需求的技能人才。人力资本理论则指出教育投资是提升个人及国家整体人力资本的关键途径，产教融合有助于提高人才培养的针对性和实效性。终身教育理论倡导学习与工作的整合，提倡教育机构与企业间的互动共生关系，以适应快速变化的知识经济时代对个体持续发展和创新能力的要求。

近年来，国家及相关职能部门颁布了大量推进高等职业教育产教融合的政策，为产教融合提供了制度保障。然而，在实际操作中，仍存在政策边界不清、主体责任不明、制度不完善、政策不落地等问题。同时，高职院校在产教融合方面也存在一些不足，如校企合作层次不深、合作形式单一、合作效果不明显等。主要分为以下几类：①校企合作不够深入。目前,部分高职院校与企业的合作仅停留在表面,缺乏深入的合作模式和机制,这导致学校无法及时了解企业的实际需求,企业在人才培养中的参与度也不高。②产教融合缺乏长效机制。由于缺乏有效的制度保障和政策支持,产教融合难以形成长效机制,这使得学校在推进产教融合时面临诸多困难,如资金短缺、师资力量不足等。③人才培养质量参差不齐。由于产教融合程度不一,各高职院校在人才培养质量上存在差异,一些学校的人才培养方案与市场需求脱节,导致毕业生就业竞争力不强。

深化产教融合,促进教学改革,是高等职业教育发展的必由之路。未来,高职院校将加强与企业的深度合作,推动教学改革,使教学内容更加贴近市场需求,提高人才培养质量,提升教师素质,推动技术创新,加大对教师的培训和培养力度,提升教师的专业素养和实践能力。同时,学校将加强技术创新,为产业界提供更多更好的技术支持,努力构建产教融合的长效机制,并加强与企业的沟通与合作,共同推动产业的升级和发展。在国际化的背景下,应拓展国际合作与交流,加强与国外职业教育机构的合作,借鉴国际先进经验,推动产教融合的发展。职业教育产教融合是提高人才培养质量、促进经济社会发展的重要途径,虽然目前仍存在一些问题,但随着政策的不断完善和学校的不断努力,相信未来产教融合将取得更加显著的成果。

二、国内民营经济研究现状

"党的十八大以来,以习近平同志为核心的党中央高度重视民营经济发展,多次重申坚持基本经济制度。"[1] 在迈向社会主义现代化进程中,民营经济要挑大梁,政府也将坚定不移地为民营经济的发展创造条件,引导民营经济参与国有企业的体制改革,极大地激发了各类经营主体活力。随着民营经济在国家经济发展中的地位和作用不断提升,很多学者开始对民营经济的发展理论进行研究,呈现出研究热度持续增加、研究领域不断拓展、研究方法不断创新、研究成果丰硕和实践应用价值高等

---

[1] 王霞. 新时代背景下民营经济高质量发展优化路径研究 [N]. 商展经济, 2023 (18): 38-41.

特点。不仅研究角度多样，研究内容也日益深入，涉及民营经济的各个方面。

（一）国内民营经济研究

民营经济是我国稳发展、拓新局的重要力量。面对复杂严峻的国际环境和国内经济下行的压力，我国民营企业发展韧性持续显现。近年来，民营企业凭借高质量的产品、灵活的商业模式等，表现出强劲的发展活力，在复杂多变的国际环境中稳住外贸基本盘、稳定国际市场份额、推动了高水平对外开放。同时，民营经济在推动我国国际合作和竞争新优势的培育上起到了关键作用，使我国由贸易大国向贸易强国迈进，通过技术革新和管理创新，不断优化出口结构，积极开拓国际市场，成为促进我国对外贸易转型升级的重要力量。民营经济的发展壮大，必将为高质量发展注入强劲动力，为社会主义现代化建设提供有力支撑。

目前国内民营经济研究领域不断拓展，不仅包括民营经济发展战略、民营经济政策、民营经济与社会发展等方面，还涉及民营经济与数字经济、民营经济与全球化等新兴领域。随着研究领域的拓展，国内民营经济研究方法也在不断创新。学者们开始采用多学科、跨学科的方法，如经济学、管理学、社会学等，对民营经济进行全方位、多角度的研究。同时，定量研究方法也得到了广泛应用，如数据分析、模型构建等。随着研究的不断深入和拓展，国内民营经济研究成果丰硕。不仅发表了大量的学术论文，还出版了一系列专著和报告。这些成果不仅为民营经济发展提供了理论支持，也为政府决策和企业经营提供了有益的参考，研究成果具有很高的实践应用价值。例如，在政策制定方面，研究成果可以为政府提供制定民营经济发展政策的参考；在企业经营方面，研究成果可以帮助企业了解市场和行业趋势，制定合理的发展战略。

鉴于我国的经济主体由国有经济和民营经济构成，在制定经济模式时，相对于资本主义国家，需要考虑的民营经济因素相对较为单一。植凤寅（2023）在研究论述中提到："中国民营经济的发展目前在国际化社会中，发展质量仍处于较低水平，具备强有力的国际竞争力的企业较少，具有较大的发展进步空间，在未来的中国经济发展进程中，民营经济需要增量的同时，通过增质来提升国际影响力，承担中国在迈向社会主义发达国家进程中的历史使命，需要通过深度改革和制度创新释放制度红利，为民营经济的蓬勃发展提供制度保障。"① 赵乾（2019）在研究中提到：民营经济解决了60%以上的人口就业问题，其蓬勃发展需要技术技能型人才作为支撑，必然需要职业教育在民营经济的发展中有效作为，需要进行劳动关系的重构，避免"绝对市场自由"和"绝对市场万能"两个极端。余闯（2023）在研究中提到：民营经济的发展需要大量的技术技能型人才支持，而技术技能型人才的培养也是民营经济发展的重要保障。同时，民营经济也可以为技术技能型人才提供更好的就业机会和发展空间。"高职教育作为培养技术技能型人才的重要途径，可以为民营经济提供大量的高素质人才，这些人才通过学习和实践，掌握了先进的生产技术和管理经验，能够为民营经济的发展提供强有力的支持。"② 随着民营经济的不断发展，企业对于技术技能型人才的需求也越来越高，这些人才不仅需要具备扎实的专业知识和技能，还需要具备创新意识和实践能力，能够适应市场变化和企业发展的需求。杨春学（2023）在研究论述中提到："民营经济具有发展不稳定，受经济波动影响大等特点，社会对于民营企业的信任度和社会认可度是偏低的，需要重塑信任网络。可见目前民营经济的人才供给模式构建，并未成型，有待深化。"③

（二）民营经济的区域协调发展研究

目前我国民营经济在区域协调发展中的地位和作用日益凸显，成为推动地方经济增长、优化资源配置、促进就业和创新的重要力量。随着新经济时代的到来，区域的发展出现不均衡的现象，在东部沿海地区，民营经济占比较高，发展迅速，对经济增长贡献显著。然而，在中西部地区，民营经济发展相对滞后，区域发展不平衡的现象仍然存在。此外，随着国内外经济环境的变化，民营经济面临着市场竞争加剧、成本压力上升等挑战。民营经济在不同区域之间存在显著的差异。东部地区由于地理位置优

---

① 植凤寅. 扶持民营经济发展的建行行动 [N]. 中国金融 2023（20）：47-48.
② 余闯. 高职教育与民营经济融合发展的逻辑与路向 [N]. 中国金融，2023（4）：95-101.
③ 杨春学. 多种所有制经济的共同发展：一种综合性的解释 [N]. 中国工业经济，2023（10）：5-22.

越、开放程度高，民营经济发展较为成熟，企业规模较大，产业集聚效应明显。而中西部地区则受限于资源禀赋、历史条件等因素，民营经济发展相对滞后，企业规模较小，产业结构相对单一。

政府在促进民营经济区域协调发展方面采取了一系列政策和措施，包括优化营商环境、加大财政金融支持力度、推动产业转型升级、加强区域合作等，这些政策和措施在一定程度上促进了民营经济的区域协调发展，但仍需进一步完善和落实。需要地区经济、社会、环境等方面协调共进，实现区域间经济的均衡、可持续发展，其中区域协调发展强调资源的合理配置、产业结构的优化升级、区域间的合作共赢。对于民营经济而言，实现区域协调发展有助于优化产业布局，提高整体竞争力，同时民营经济和区域的协调发展也面临着一些挑战和问题，因为影响民营经济区域协调发展的因素众多，包括政策环境、市场条件、资源禀赋、人力资源等。其中政策的连续性和稳定性对民营经济的发展至关重要；市场条件的成熟程度则决定了民营企业的竞争力和发展空间；资源禀赋的差异会影响民营经济的产业结构和发展方向；人力资源的丰富程度则决定了民营企业的创新能力和发展潜力等。因此，深入研究民营经济的区域协调发展具有重要的理论和实践意义。

在理论上，民营经济的灵活性和创新性使其能够快速适应市场变化，捕捉市场机遇。这种特点使得民营经济在推动区域协调发展方面具有天然优势。此外，民营经济的发展还能够促进城乡经济一体化，缩小地区间的发展差距，实现资源的均衡利用，从而增强社会的公平感和稳定性。因此，从理论层面来看，民营经济与区域协调发展之间存在相互促进的关系。国内外在促进民营经济区域协调发展方面积累了丰富的经验。如东部沿海地区通过发展产业集群、优化产业结构等措施，实现了民营经济的快速发展。中西部地区则通过加大基础设施建设、优化政策环境等措施，推动民营经济的跨越式发展。此外，国外在促进区域协调发展方面也提供了有益的借鉴，如加强区域合作、推动创新驱动发展等。在实践上，许多地区已经开始探索和实践民营经济与区域协调发展的新模式。例如，一些地区通过建立产业协作机制、加强政策协同、优化营商环境等方式，推动民营经济与区域经济的深度融合，这些实践不仅提升了民营经济的竞争力，也为区域经济的协调发展注入新的活力。展望未来，随着政策环境的不断优化和市场条件的不断成熟，我国民营经济区域协调发展将迎来更加广阔的前景和机遇。

(三) 民营经济的发展环境研究

区域民营经济发展环境分析涉及多个层面，包括政策环境、市场环境、法治环境、社会环境以及资源环境等。以下是对这些层面的深入探讨。

政策环境是区域民营经济发展的重要基石。政策环境为民营经济提供了稳定的预期和明确的发展方向，政府通过制定和实施一系列政策措施，为民营企业提供了清晰的发展目标和路径。这些政策不仅涉及税收优惠、融资支持等经济层面，还包括市场准入、行业规范等制度层面，为民营企业提供了明确的指导和支持。此外，政策环境有助于降低民营企业的经营成本和风险，政府通过减免税费、提供财政补贴等方式，直接减轻了民营企业的经济负担。同时，政府还通过加强市场监管、打击不正当竞争等行为，维护了市场秩序，降低了民营企业的经营风险。此外，政策环境还有助于提升民营企业的创新能力和市场竞争力，政府通过设立创新基金、推动产学研合作等方式，鼓励民营企业加大研发投入，提高自主创新能力。同时，政府还通过推广新技术、培育新业态等方式，帮助民营企业拓展市场、提升竞争力，有助于优化民营经济的发展环境，加强基础设施建设、完善公共服务体系等，为民营企业提供了更好的生产经营环境。政府还通过加强法治建设、保护民营企业合法权益等方式，为民营企业提供了更加公平、透明、可预期的营商环境。值得注意的是，政策环境对民营经济的帮助并非一蹴而就，需要政府、企业和社会各方共同努力。政府需要持续优化政策环境，提高政策执行力和透明度；企业需要积极适应政策变化，加强内部管理和创新；社会各方也需要加强合作，共同推动民营经济的健康发展。

市场环境对区域民营经济的发展至关重要。市场需求的多样性、竞争格局的演变以及产业链的协同合作，都直接影响着民营企业的生存和发展，在某些区域，市场发育成熟，产业链完善，为民营企业提供了良好的发展平台，而在一些欠发达地区，市场发育相对滞后，民营企业面临着更大的挑战。在市场环境中，法治环境起到了保障民营企业合法权益的关键作用，一个健全的法治环境能够为民营企业提供公平、透明、可预期的营商环境，降低运营风险，提高投资信心。在法治环境良好的地区，民营企业的权益得到有效保护，创新活力得到激发。相反，法治环境不佳的地区，民营企业可能面临权益受损、经营受阻等问题。此外，社会环境也对区域民营经济发展产生深远影响。包括政治环境、舆论环境等在内的社会因素，都可能影响民营企业的信心和发展动力。在政治稳定、舆论积极的地区，民营企业更愿意投入资源进行创新和发展。资源环境也是不可忽视的因素。地区的自然资源、人力资源和技术资源等，都直接影响着民营企业的生产成本和创新能力。在资源丰富的地区，民营企业可能更容易获得发展所需的各类资源。

综上所述，区域民营经济发展环境是一个复杂而多元的系统，涉及政策、市场、法治、社会以及资源等多个方面，各地应根据自身实际情况，制定有针对性的政策措施，优化发展环境，推动民营经济持续健康发展。同时，民营企业也应积极适应环境变化，提升自身竞争力，实现可持续发展。

三、研究综述

在世界范围内，职业教育改革发展呈现出不同的现状和特点。从发展阶段来看，各国职业教育的发展历程并不相同。一些国家已经进入了高级阶段，如德国、瑞士等国家，其职业教育体系已经相当成熟，包括中等职业教育、高等职业教育和成人职业教育等层次，建立了完善的职业教育法律法规和政策体系，形成了政府、行业、企业、学校、社会等多方参与的职业教育体系。而一些国家则处于初级阶段，如一些非洲和亚洲国家，其职业教育发展相对滞后，没有形成完善的职业教育资质框架，缺乏发展模式和法律依据，政府支持不足，社会认可度低，存在较大发展空间；从发展模式来看，各国职业教育的办学模式和体制机制也各不相同。一些国家采取政府主导的模式，政府通过研制近期和中长期职业教育发展规划，通过立法和落实责任主体的方式推动职业教育的高质量发展，如法国、荷兰等国家。一些国家则采取行业企业主导的模式，通过行业企业的参与和支持来推动职业教育的发展，如德国、瑞士等国家。还有一些国家采取市场主导的模式,通过市场机制的调节来推动职业教育的发展,如美国、英国等国家;从发展趋势来看,各国职业教育的未来发展方向也各不相同。一些国家将进一步加强对职业教育的投入和支持,进一步将经济发展和职业教育进行捆绑,不断创新两者之间的合作方式。一些国家则将进一步加强对职业教育的改革和创新,推动职业教育向多元化、灵活化和个性化方向发展。还有一些国家则进一步加强对职业教育的国际交流与合作,推动职业教育走向国际化。世界范围内职业教育改革发展呈现出不同的发展阶段、发展模式和发展趋势。各国应结合自身国情和经济发展需要,整合职业教育资源服务于经济发展,进而推动职业教育的健康发展。

  随着全球化进程的加速,国际民营经济的规模不断扩大。据统计,全球民营经济在 GDP 中的占比已经超过了 50%,而这个比例还在持续上升。此外,民营企业的数量也在不断增加,覆盖的行业领域也在不断扩大。随着科技的不断进步和市场环境的变化,国际民营企业的创新能力也在不断提升,许多民营企业开始注重科技创新和研发投入,推出了一系列具有竞争力的新产品和服务。同时,一些传统行业的民营企业也开始向高技术领域转型,提升企业核心竞争力。随着"一带一路"等经济带的建立,民营企业的国际化程度也在不断提高,许多民营企业开始走出国门,在海外投资设厂、收购兼并,拓展国际市场。同时,一些跨国公司也开始与国内民营企业合作,共同开拓中国市场,推动国际化的进程。

  随着市场经济的发展和竞争的加剧,国际民营企业的资本结构也在逐渐多元化。一些民营企业开始通过上市、发行债券等方式进行融资,以扩大自身的资本规模和提升企业的竞争力。同时,一些家族式企业也开始引入职业经理人等现代企业管理制度,实现所有权和经营权的分离。民营企业的产业升级和转型也在不断加速。一些传统行业的民营企业开始向高技术领域转型,推出了一系列具有竞争力的新产品和服务。同时,一些新兴产业的民营企业也开始注重产业链的完善和升级,提升自身的竞争力和盈利能力。

  尽管国际民营企业的融资环境有所改善,但仍然存在融资难的问题。一方面,许多民营企业缺乏规范的财务报表和透明的信息披露制度,难以获得投资者的信任和资金支持;另一方面,一些传统行业的民营企业也面临着银行贷款审批严格、融资成本高等问题。因此，如何解决融资难问题，成为国际民营企业发展和生存的难题。随着人口老龄化的加重和人口出生率的降低，民营企业技术技能型人才缺乏的问题也日渐凸显，许多民营企业缺乏自主研发能力和核心技术人才，难以在激烈的市场竞争中获得优势。因此，如何加强技术创新和人才引进，提升自身的竞争力和盈利能力，成为国际民营企业发展的关键。国际化风险问题也逐渐凸显，一些民营企业面临着海外投资风险、汇率波动风险、国际贸易摩擦等问题，给企业的发展带来了一定的不确定性。因此，如何加强风险管理，降低国际化风险，成为国际民营企业发展的关键。

近年来，中国一些城市开始积极探索职业教育与民营经济的深度融合发展，并取得了一些初步成效。如深圳、苏州、无锡等地通过出台相关政策文件，加强政府统筹规划，建设市域产教融合体，打造具有地域经济特征的职业教育集团化品牌。同时，一些城市还注重创新产教融合模式，通过学校与企业合作、共建实训基地等方式，实现人才培养与企业需求的无缝对接。

中国职业教育发展层次在逐年提升，但是目前仍面临一些困难和挑战，例如，一些城市在对于职业教育政策法律支持、资源有效整合、师资队伍配备和建设等方面仍存在不足。同时，一些企业对于职业教育的认识和参与度还不够高，缺乏对于技能人才的需求和重视。综上所述，职业教育服务民营经济发展存在明显的缺陷和不足：一是社会主义经济结构的特殊性，民营经济的社会地位不高；二是民营经济面临信任赤字问题，导致民营经济与职业院校的合作出现困境；三是民营经济和职业教育之间的紧密合作存在壁垒，缺失纽带，民营经济举办职业教育的动力和活力不足；四是职业教育服务民营经济发展路径不清晰，缺乏体系。因此，"进一步厘清职业教育服务民营经济发展的逻辑进路，形成模式经验，让技术技能型人才供给达到'市场导向'和'政府有限干预'之间的平衡，是职业教育和民营经济发展进程中的必然选择。"①

---

① 黎昌晋. 推动民营经济高质量发展 [N]. 光明日报, 2020-11-16 (06).

第四节 研究目标和研究内容

一、研究目标

本书通过职业教育类型特征视角，依托浙江肥沃的民营经济土壤，以"活力温台"职教改革试点为主要研究对象，系统梳理浙江职业教育服务民营经济的理论逻辑、现实逻辑、实践逻辑；在厘清职业教育服务民营经济的逻辑进路基础上，结合"活力温台"试点实践样本，总结提炼实践经验；研究从宏观、中观、微观三个维度展开，聚焦于职业教育服务民营经济的"政策制度模式、协同发展模式、人才共育模式"，形成一系列可复制、可推广、可借鉴的试点经验，并上升到省域乃至全国的模式样本，为推进职业教育服务民营经济高质量发展，助力区域民营经济转型升级提供理论支撑与智力支持。

二、研究内容

（一）本质内涵研究

为深入理解职业教育服务民营经济的本质内涵，进行了以下研究以进一步厘清其理论逻辑。①国外职业教育发达国家服务经济发展的相关理论梳理研究。②结合国外实践经验，分析我国职业教育、民营经济的发展理念、发展逻辑、价值定位、使命目标。③基于围绕政府、学校、企业、学生等各方利益相关者的认知差异和价值取向，回答职业教育服务民营经济"是怎样的服务？为什么要服务？怎么服务？"的理论问题。

（二）发展现状研究

笔者通过深入研究，进一步厘清了职业教育和民营经济的现实逻辑关系。①基于职业教育类型特征，研究分析了当前职业教育与民营经济融合发展的现状。②"基于国家政策、地方经济等外部因素，分析在高质量发展背景下职业教育服务民营经济的机遇与挑战。"③基于职业教育自身发展的内在诉求的驱动,结合民营经济活跃的浙江研究案例,进一步探究了职业教育与民营经济融合的矛盾点。这些问题包括:"这些困境是长期存在还是偶尔出现?为什么会形成?其根源是什么?中等职业教育、高等职业教育乃至本科层次职业教育是否都存在困境共性?"针对这些问题进行了深入研究。

(三) 路径优化研究

针对职业教育服务民营经济的路径优化研究,进一步厘清其实践逻辑。①如何发挥民营企业办学主体优势。②如何发挥地方政府的作用,创新与优化发展实施路径,最大激活职业教育的发展动能。③如何发挥职业教育作为民营经济转型升级的助推器、技能人才蓄水池、社会培训充电桩、智志双扶新引擎的作用,探索助力共富先行实践等问题,都需要深入研究并形成实践方案。

(四) 发展模式研究

探索职业教育服务民营经济发展模式研究,并提炼形成可复制、可推广、可借鉴的模式样本。以"活力温台"试点为实践样本开展研究。①从宏观层面,围绕如何凸显"政府统筹、企业主体、多元办学"等政策需求,破解混合所有制、校企合作、激励机制等相关政策瓶颈,构建职业教育服务民营经济的政策制度模式,增强办学定位适应性。②"从中观层面,围绕如何推进'育训并举、共同研发、成果共享'等合作举措,解决企业职工培训难、技术服务难、成果转化难等相关困境,构建职业教育服务民营经济的协同发展模式研究,增强产教融合适应性。"① ③从微观层面,围绕如何落实"校企一体、中高贯通、职技融通"的培养体系,对照新技术、新业态、新岗位要求,校企双方在"平台搭建、双师教师培育、中高企一体化人才培养、职技融通人才改革试点"等方面开展探索,构建职业教育服务民营经济的人才共育体系,增强人才培养适应性。结合以上

---

① 楚金华. 做实产教融合共同体 增强职业教育适应性 [N]. 中国教育报,2023-12-19 (05).

三个维度，重点选择温台两地实体化运行的产业学院进行研究，探索构建职业教育服务民营经济可持续发展的共融共生生态系统。

三、拟突破的重点与难点

（一）拟突破的重点问题

一是厘清职业教育服务民营经济发展的逻辑进路，丰富和完善职业教育服务民营经济的理论和实践体系。以社会、政治和文化需求为导向，从职业教育和民营经济各自角度分析其特有的类型特征、价值取向和基本范式，丰富和完善中国特色职业教育理论体系和民营经济高质量发展实践体系。

二是从现实困境出发，优化职业教育服务民营经济发展的实践路径。并结合"活力温台"试点实践，重点选择温台两地实体化运行的产业学院平台，从宏观的政策制度模式维度，到中观的协同发展模式维度，再到微观的人才共育模式维度，探索构建职业教育服务民营经济可持续发展的共融共生生态系统，提炼形成可复制、可推广、可借鉴的模式样本。

（二）拟突破的难点

一是如何正确把握研究逻辑思路，多角度保证本书研究的理论价值和实践价值。将相关研究放在新时代我国职业教育大改革大发展背景下，涵盖职业教育与民营经济所有的利益相关者，从增强职业教育供给与民营经济发展的匹配度，最终归结到职业教育服务民营经济发展的模式构建上，保证研究既有理论意义，又有现实价值，这是本书的第一个需要突破的难点问题。

二是如何更好把握研究的原则与方法，科学找准职业教育服务民营经济发展路径。优化其理论逻辑、现实逻辑、实践逻辑的逻辑进路，同时结合理论研究成果和实践探索经验，能够相对精准找出职业教育服务民营经济发展的关键路径，为构建职业教育服务民营经济可持续发展的共融共生生态体系，提供科学的理论和实践支撑，这是本书需要重点突破的第二个难点问题。

四、研究思路与方法

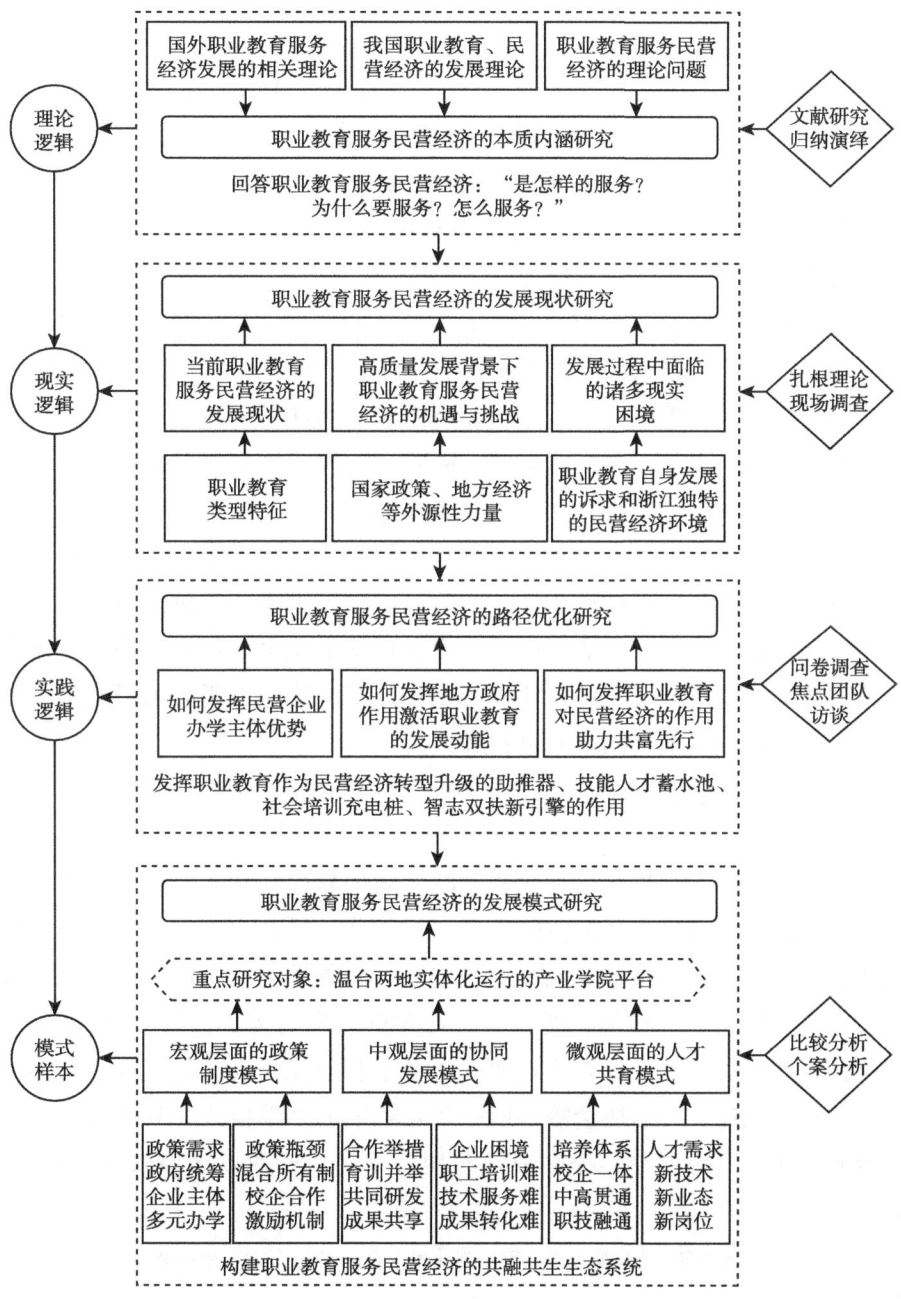

五、相关概念的鉴定

（一）民营经济

民营经济是指除了国有经济以外的经济形态，包括了个体经济、私营经济、外资经济等。"民营经济在中国的经济发展中扮演着重要的角色，它为经济增长、就业、创新等方面作出了重要贡献。"[①] 个体经济是指个人或家庭独立经营的经济活动，它具有规模小、灵活性强、成本低等特点，是市场经济中不可或缺的一部分。个体经济的存在为经济发展提供了广泛的就业机会，同时也为消费者提供了多样化的选择。私营经济是指私人投资、私人经营、私人承担风险的经济活动，它具有规模较大、灵活性较强、创新能力较强等特点，是市场经济中较为活跃的一部分。私营经济的存在为经济发展提供了较强的动力，同时也为投资者和经营者提供了较为广阔的发展空间。外资经济是指外国投资者在中国境内投资的经济活动，它具有资金充足、技术先进、管理科学等特点，是推动中国经济发展的重要力量之一。外资经济的存在为中国的经济发展带来了先进的技术和管理经验，同时也为中国的企业提供了学习和借鉴的机会。民营经济的发展受到政策环境、市场环境、社会环境等多种因素的影响，需要通过政策和模式的改革实现民营经济的高质量发展。

（二）产业学院

产业学院是一个集合了产业和学院元素的新生力量，它建立在校企合作、产教融合的基础上而衍生的新型办学模式，旨在培养地方性、应用型人才，产业学院与特定产业或行业紧密结合，能够培养符合产业需要的高素质人才，提高学生的就业竞争力。针对产业发展需求设置专业和课程，培养符合产业需要的专业人才。通常由多个利益相关者共同参与，包括高校、企业、政府、行业协会等，形成多元共生的办学模式。其能够整合各方资源，实现资源共享，提高资源利用效率，为产业发展提供有力支持，

---

① 马文博. 畅通多元化融资渠道八部门强化民企金融服务［N］. 中国商界，2023（12）：8-9.

将教育、科研、产业等多方面功能聚合在一起，形成一个有机整体，自主制订人才培养方案、专业标准和课程标准等，确保人才培养质量。能够实现产学研一体化发展，推动产业升级和科技创新。

混合所有制产业学院是一种新型的教育组织形式，由公办和民办资本共同参与建设。这种学院整合了公办和民办的优势，既具有公办教育的稳定性、规范性，又具有民办教育的灵活性、创新性。混合所有制产业学院的建设，可以激发社会资本的活力，促进教育资源的优化配置，提高教育教学的效率和质量。"可以推动教育组织的改革和创新，打破传统教育组织的局限，更好地适应社会经济发展的需要。"[1]

然而，混合所有制产业学院的建设也面临着一些挑战和问题。首先，如何实现公办和民办的深度融合，充分发挥各自的优势，是一个需要解决的问题。其次，如何建立科学合理的治理结构和管理制度，保证学院的稳定运行和发展，也是一个需要关注的问题。最后，如何提高教育教学质量和效益，满足社会和学生的需求，更是混合所有制产业学院建设的关键问题。因此，在建设混合所有制产业学院时，需要充分考虑各方利益诉求，建立科学的治理结构和运行机制，强化教育教学质量和效益的核心地位，以实现学院的可持续发展。同时，政府和社会也应该为混合所有制产业学院的发展创造良好的环境和条件，提供必要的支持和帮助。

（三）现代职业教育理念

现代职业教育理念强调以学生为中心，注重能力培养和行业需求导向，推动职业教育的现代化、社会化和产业化发展。以社会实现现代化需求为动力，要求职业教育实现教学内容和教学模式、教育观念、教育制度和管理手段的现代化，这有助于培养更多符合市场需求的高素质劳动者和技术技能人才。以学生为中心是现代职业教育的核心理念之一，它强调学生的主体地位，注重学生的个性培养和需求满足。学校应了解学生，关注学生的兴趣和需求，使教育更加贴近学生实际情况。同时，教师角色应从传统的"传道授业解惑"转变为"引导者"，引导学生如何学习新知识，

---

[1] 关中梅. 高职院校混合所有制产业学院建设现状、困境与优化［N］. 职教通讯，2023（11）：74-80.

如何更新自己的知识体系。

现代职业教育理念强调以能力为本位，培养学生实践能力和职业技能，使学生具备适应市场需求和行业发展的能力，这要求教育内容与行业需求紧密结合，注重实践教学，提高学生的实际操作能力和问题解决能力。以行业需求为导向，紧密关注行业动态和市场需求，根据行业发展趋势调整专业设置和教学内容，使教育更加符合市场需求。强调职业教育应融入社会，融入产业，服务产业，使学生通过参与社会活动的方式更好地融入社会，形成自觉遵守与维护社会秩序的价值观念与行为方式。

（四）技能型社会

技能型社会是一个强调技能学习和技能成长的社会形态，旨在通过促进技能的普及和提高，推动社会的全面发展。需要有相应体制机制和社会文化保障技能形成和成长的社会系统，其特征是国家重视技能、社会崇尚技能、人人学习技能、人人拥有技能。这一概念是在2021年4月的全国职业教育大会上被创造性提出的，旨在深化人们对学习型社会的内涵认知，并作为新时代学习型社会建设的突破口和基本途径。技能型社会的建设被视为夯实物质技术基础的重要抓手，也是驱动经济社会高质量发展的关键力量。它涉及社会、经济、教育、文化等诸多学科领域的系统性工程，需要厘清内在逻辑和发展规律，以夯实技能型社会建设实践的基础。实现技能型社会的目标需要以高质量的技能人才培养质量作为支撑，因此技工院校需要增强责任感和使命感，将产教融合、校企合作落实落地，推进专业链、产业链、人才链、创新链的有效对接，以及职业教育与区域发展的有效对接。以德国为例，其制造业的技工拥有很高的收入，技校毕业生的工资普遍高于大学毕业生的工资。在德国，技工与其他职业一样受到尊重，不存在尊卑贵贱之分。此外，德国的教育资源一视同仁，技工也有机会继续深造，获得硕士文凭。德国还拥有丰厚的"工匠"资源，技工本身严于律己，同时德国的行业协会和企业内部的培训也非常普遍。然而，并非所有国家都如德国一样在技能型社会的建设上取得了显著成效。有些国家由于熟练技术工人的短缺，导致了生产成本的上升和制造商的收入损失，这显示了建设技能型社会的重要性，以及各国在推进这一进程中所面临的挑战。

(五) 市域产教融合联合体

市域产教联合体是新时代我国现代职业教育体系改革的重要举措之一，是推动职业教育与区域经济社会发展的重要力量，有助于提升人才培养质量，促进产业升级和创新发展，实现区域经济的持续健康发展，旨在深化职业教育与区域经济的融合，推动高质量发展。市域产教联合体是市域范围内企业、高校、科研机构等各主体之间建立的合作联盟，它强调资源共享和优势互补，通过不同主体之间的合作与协同，共享各自的资源和技术优势，形成产业链、创新链和人才链的有机结合，以提高整体竞争力。同时，市域产教联合体注重产教融合和创新驱动，促进知识、技术和创新成果的交流与转化，推动创新的孵化和应用，提升产业的创新能力，还倡导人才培养和技能提升，通过在联合体内部搭建人才培养平台，提供实践性培训和实习机会，培养具备创新能力和实践经验的高素质人才，满足产业发展对人才的需求。这种联合体旨在实现教育链、人才链和产业链、创新链的有效衔接，兼具人才培养、创新创业、促进产业经济高质量发展等多重功能。从更宏观的角度来看，市域产教联合体作为推进教育链、人才链与产业链、创新链紧密结合的重要载体，对于推动职业教育与区域经济社会互嵌互融、共生协调发展具有重大意义。通过精准施策，加强制度设计和政策保障，可以进一步推动市域产教联合体的建设和发展，实现聚合力、协同共治、利益共享的目标。

第一章 理论逻辑：职业教育服务民营经济的本质内涵

第一节 职业教育服务经济发展的常用理论

职业教育对社会经济发展起着至关重要的作用，主要体现在职业教育输出的各类技能型人力资本进入劳动市场就业，并在生产中创造价值，也会在科研中产生突破性、创新性技术应用于生产实践。在中文期刊数据库以"职业教育"和"经济发展"两个主题关键词检索 2019—2023 年五年间发表的论文，得到 1547 个结果，通过 CiteSpace 软件对结果进行筛选后进行聚类分析，得到的分析结果如图 1-1 所示。职业教育促进经济发展的方式主要通过人才培养、校企合作、产业发展、乡村振兴等领域的研究成果呈现，聚焦区域经济揭示上述领域中职业教育推动民营经济发展的核心内涵，也是本文阐述的重点。

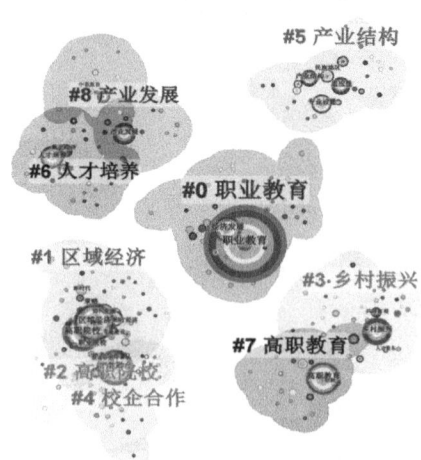

图 1-1 2019—2023 年相关中文期刊论文聚类分析

第一章 理论逻辑：职业教育服务民营经济的本质内涵

同时在英文核心论文数据库以"vocational education"和"economic"两个主题关键词检索于2014—2023年十年间发表的论文，经筛选后共得到558个结果。同样对结果通过CiteSpace软件做聚类分析，得到的分析结果如图1-2所示。相较于中文论文聚类结果，关键词"education policy""dualisation"及"quality framework"显示出外文论文在该研究领域更注重于政策和制度的搭建，更突出政府的引导作用。

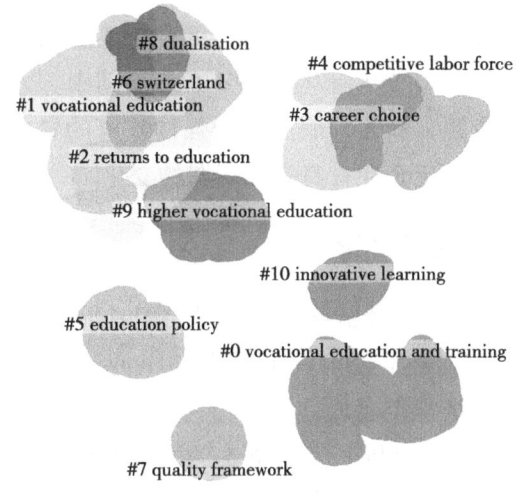

图1-2 2014—2023年相关英文核心论文聚类分析

企业是经济发展的重要主体，与职业教育服务民营经济发展方面形成了紧密的协作关系。民营经济是我国国民经济的重要组成部分，在我国经济中所占比重逐步增大，中小微企业也成为促进经济发展的重要角色。根据国家统计局最新数据，截至2022年底，全国登记在册的企业达5282.6万户[①]，市场监管总局于2023年11月14日发布的最新数据显示，截至2023年9月底，全国登记在册民营企业数量超过5200万户，占企业总量的92.3%，其中，中小微企业占比99%以上，因此可以说我国民营经济以中小微企业为主体[②]。

---

① 截至2022年底全国登记在册企业超五千万户［EB/OL］.［2023-04-04］. https://www.samr.gov.cn/cms_files/filemanager/samr/www/samrnew/xw/mtjj/202304/t20230404_354337.html.

② 前三季度我国民营企业发展呈现良好势头［EB/OL］.［2023-11-14］. https://www.samr.gov.cn/xw/zj/art/2023/art_6472125a0ab54fcaa4010feee1c92c1c.html.

41

此外，在职业教育促进经济发展的过程中，除职业院校和企业外，公民、政府和外部环境同样扮演着重要角色。对于职业教育如何服务经济发展，相关研究通常围绕这五个主体展开，本章节将梳理职业教育服务民营经济发展的常用理论，以揭示不同利益主体间的深层次关系。

一、单一主体理论

在职业教育服务经济发展的应用中，单一主体理论着重强调某一成分在整体中的作用，但并不意味着其他成分不参与其中。人力资本理论强调公民所提供的人力资源，新公共服务理论强调政府的导向、服务作用，而企业生命周期理论聚焦于企业自身发展周期的变化。

（一）公民：人力资本理论

20世纪60年代，美国经济学家舒尔茨（Theodore W. Schultz）和贝克尔（Gary S. Becker）创立了人力资本理论（Human Capital Theory）。1960年，舒尔茨在美国经济学年会发表了题为《人力资本投资》（*Human Capital Investment*）的演讲，分析了人力资本的形成及作用，奠定了人力资本理论的基础框架，之后在《教育的经济价值》（*The Economics of Education*）一书中进一步阐明人力资本与其经济效益的关系，从而完整地创立了人力资本理论。贝克尔则在《人力资本》（*Human Capital*）一书中从微观经济学的角度运用成本—收益法对教育投资进行了分析。

舒尔茨最早在农业领域注意到人力资本的问题，他认为通过教育可以提高农民的知识技能水平，从而增加农业人力资本，提高农业生产效率。人力资本理论将资本分为物质资本和人力资本，前者指物质产品，包括所拥有的原材料、场地厂房、机器设备、资金等；后者指人身上所蕴含的资本，即人作为生产者时教育及职业培训等支出，表现为人所拥有的各种生产劳动知识及管理技能的总和。该理论将人的能力为先天获得能力和后天获得能力。先天能力是人生来就有的，呈正态分布趋势，大体相似；后天能力则因人所接受的教育不同而产生差别。强调劳动者在自我投资方面要注重教育的投入，这样既可以在将来获得更多的收入，所形成的人力资本也是促进经济增长及社会发展的重要因素。舒尔茨进一步指出，以提高生产者的学习能力、生产技术水平，帮助其获取新技能为目的的职业培训，是人力资本投资的一种常见形式，其侧重点在于劳动者能较快掌握实际生产知识、提高实践操作技能等①。在该理论中，"人力资本"是国家经济增长的关键动力之一，技能型人力资本需要经过长期的投资和培训来积累高度专业化知识和技能，这种资本能够为企业带来更高的生产效率和创新能力，是现代社会紧缺且难以被替代的。

人力资本对国家经济发展的潜力至关重要，在高质量的资本环境中，人们往往能展现出更高的生产力，因此要注重人力资本的有效积累②。这也就对现代职业教育体系提出了更高的要求：技能型人力资本的专一性较高，每种技能对应不同工作岗位的需求，职业教育的办学需要提供有针对性的、与时俱进的、多样化的技能培训。从人力资本理论的视角来看，对职业教育体系的完善与建设可视为一种投资活动，并且通过这个投资活动能够使社会经济得到相应的发展，这也是职业教育发展的目的所在③。

（二）政府：新公共服务理论

在职业教育服务经济发展的同时，政府常作为重要的参与者，发挥着不可或缺的作用。20世纪初，传统公共管理理论在官僚制的基础上强调组织的权威性和决策权，导致政府效率低下。到20世纪70年代，为了提高效率，公共管理理论引入私营部门的管理理念，形成新公共管理理论，认为政府应该像企业一样运作，追求高效、经济和竞争，但过度强调市场化，而忽视了公共服务的社会性。到了20世纪80年代末90年代初，基于对新公共管理理论的批判和反思，兴起了新公共服务理论。

新公共服务理论（New Public Service Theory）中最具有代表性的观点由美国公共行政学家罗伯特·登哈特（Robert B. Denhardt）和珍妮特·登哈特（Janet V. Denhardt）夫妇提出，认为政府的职责在于带领公民实现共同追求的目标，保持民主和开放，重视公民需求，提供高质量的公共服

---

① Schultz T W. Reflections on Investment in Man [J]. Journal of Political Economy, 1962, 70 (5, Part 2): 1-8.
② Schultz T W. The Economic Importance of Human Capital in Modernization [J]. Education Economics, 1993, 1 (1): 13-19.
③ 兰金林，石伟平. 职业教育助推技能型社会建设的机理、挑战与对策 [J]. 教育与经济, 2023, 39 (3): 28-34, 44.

务，共享公共利益，并强调公共利益并非个人利益的简单相加，政府的主要功能是服务，而不是掌舵或控制[①]。政府行政人员要提倡和发扬为公民服务的意识，在工作中强调"人本精神"，重视提供服务的公共性和社会性，在社会建立起集体公共利益的社会观念。

在地方经济的发展中，政府往往作为发起者及主要推动力量对经济结构进行调整，为更好地增进公共利益，政府更偏向于利用地区要素优势制定该地区的相关产业政策，确定优势产业，以此获得高速发展。教育是政府提供给公民生存与发展的基础资源，是提高全民族素质的稳固根基，需要满足全体社会成员的基本需求。因此，职业教育应被纳入公共产品范畴。职业教育的开展与产业发展关系密切，政府应引导地方依托地区产业特色，结合优势产业建立产业学院，目的是服务于区域内的产业发展及技能人才培育，作为完成区域经济转型、优化人才培养供给侧的重要路径[②]。新公共服务理论强调服务理念以及公共服务和责任的重要性，职业教育应强化服务理念，关注市场需求，优化教育资源，提高教育的针对性和实用性，为公民提供学习专业性、技术性知识的平台，为经济发展提供有力的人才支持。

（三）企业：企业生命周期理论

1959年，马森·海尔瑞（Mason Haire）最早提出"企业生命周期理论"（Corporate Lifecycles Theory），他把企业的发展过程看作生物学中的"生命周期"，认为企业的发展符合生物学中从出生到消亡的成长曲线。之后，约翰·威廉·加德纳（John W. Gardner）在1965年又提出企业的生命周期有其相对于生物学生命周期的特殊性，企业生命周期理论得到了进一步的发展与完善，越来越多的学者开始关注研究企业生命周期理论。其中美国学者伊查克·爱迪思（Ichak Adizes）的研究最具代表性，他在1989年出版的《企业生命周期》（*Corporate Lifecycles*）一书中将企业生命周期分为成长阶段和老化阶段，形象地描述了企业整个生命周期的形态变化，并

[①] （美）罗伯特·登哈特，珍妮特·登哈特. 新公共服务：服务，而不是掌舵［M］. 丁煌，译. 北京：中国人民大学出版社出版，2010.
[②] 余闯，施星君，杨晓珍，等. 高职教育与民营经济融合发展的逻辑与路向［J］. 中国高教研究，2023（4）：95–101.

依次将各个具体阶段分为孕育期、婴儿期、学步期、青春期、盛年期、稳定期、贵族期、官僚期和死亡期①。基于西方学者的研究，我国学者陈佳贵（1998）把企业的生命周期重新划分为求生存期、高速发展期、成熟期、衰退期和蜕变期五个阶段。之后，我国学者李业（2000）提出了企业生命周期的修正模型，按照企业的销售额把企业发展分为初生、成长、成熟和衰退四个阶段。

进入21世纪，我国学者结合国内企业发展的实际情况，进一步将企业生命周期阶段的划分进行了优化，分为创业阶段、成长阶段、成熟阶段与可持续发展阶段。因此，企业生命周期理论旨在更加全面客观地展现企业生命周期的表现形态，它的主要观点是把企业看作一个有机体，在企业的发展过程中，存在不同的生命周期阶段，在不同的生命周期阶段，企业应选择有针对性的发展战略，渡过当前生命周期阶段并延长整个生命周期。创业阶段是企业生命周期的第一个阶段，企业创始人在经过细致的准备后，企业就如婴儿一般诞生了。成长阶段是企业需要迅速发展，扩大生产规模的阶段，这个阶段也是企业的危险期，一旦经营不当，将给企业带来致命的打击，大多数企业在成长期后就会直接步入衰退期，因此需要企业运用合理的经营策略，以顺利渡过成长期。成熟阶段企业主要业务已经稳定，企业管理也步入正轨，各项制度也比较完善，此阶段需要企业高层领导时刻保持进取，采取创新发展战略，及时适应时代的变化。顺利渡过前三个阶段到达最后可持续发展阶段的企业，已经可以在生产管理，经营模式等方面进行创新，实现企业的可持续发展，同时回馈社会，促进二次就业。

二、多元交互理论

多元交互意味着多主体之间彼此合作，共同服务于经济发展。其中教育生态学理论和价值链理论强调不同主体间紧密协作形成的整体环境，而协同理论、共生理论、利益相关者理论和技术转移理论均可以用于小范围、部分主体之间的互利合作行为。

---

① 李业. 企业生命周期的修正模型及思考［J］. 南方经济，2000（2）：47-50.

（一）协同理论

协同理论（Synergy theory）最早于 20 世纪 70 年代初由德国物理学家赫尔曼·哈肯（Hermann Haken）在研究激光理论的基础上提出，1971 年，他与格雷厄姆（Graham H. Cowan）合作发表《协同学：一门协作的科学》（*Synergetics: science of cooperation*）一文，对协同理论的基本思想进行了初步阐述，表明在同一个系统内，有着同一目标的两个个体之间无论关系如何，都存在能实现协同发展的可能性，后续哈肯出版《协同学导论》（*Synergetics: An Introduction*）和《高等协同学》（*Higher Synergetics*）等作品，更全面地介绍了协同理论[①]。协同理论认为世界由不同系统构成，且不同系统都各有千秋，其性质截然不同，但其从无序状态转变为有序状态的机制是相似的，遵循着共同规律。协同理论中的协同效应和自组织原理能很好地运用到职业教育领域的研究中。即便不同系统之间千差万别，但系统间都存在着内在联系，因此可以将职业教育与企业定义为协同系统的不同子系统。在协同理论的观点中，不同子系统构成的系统处于无序状态时，各子系统均为独立运动状态，此时它们之间不会产生合作。然而在特定的环境下，即外部环境达到一定水平，子系统开始彼此协作产生协同效应进而形成协同关系，共同影响协同系统的运行，推动系统向更高一级演进，使系统从无序状态变为有序状态，即职业教育院校和企业在目前产教融合的政策下相互影响，基于促进经济发展的共同目标形成合作，保持动态变化的过程[②]。自组织原理表明，任何不与外界进行物质信息交流的封闭系统，其内部结构的有序性最终都将被破坏。

到了 20 世纪末，"协同"和"创新"两个不同概念被整合，提出协同创新的新理念。在这种理念下，企业与职业教育院校合作推进创新活动，服务于经济发展的模式逐步完善，企业在竞争中通过知识的整合和内化追求效益优势，以此实现产品创新、技术创新、管理创新、服务创新等，这个过程伴随着与职业教育院校的反复交流，实现"知识互补、

[①] （德）赫尔曼·哈肯. 协同学——大自然构成的奥秘 [M]. 凌复华，译. 上海：上海译文出版社，2005.

[②] 肖香龙. 基于协同理论的多元平台校企协同发展研究 [J]. 现代教育管理，2014（1）：39–42.

资源互补"。可以说，企业与职业教育院校的协同创新涉及战略协同、资源协同、知识协同等多方面协同合作。首先是战略协同，各主体依据国家政策和市场变化、权衡自身能力的互补性和差异性寻求合作伙伴，共同确立战略目标并形成契约；其次是资源协同和知识协同，资源和知识能在各主体中分享、流动和转移，对于合作主体而言，形成合理配置的关键是能有效利用相互之间的资源势差和知识势差①。在协同创新系统中，职业教育院校承担着知识技术创新、科技成果转化等职责，企业需要负责将各类创新成果转化为生产动力，使之商业化，形成竞争优势，实现价值增值，同时，在持续发展的过程中，系统仍需与外界保持交流与共享，维护有序状态。

（二）共生理论

1879 年，德国真菌学家德贝里（Anton de Bary）首次提出"共生"概念，描述了生物学领域不同种属的生物基于一定的物质联系共同生活的状态②。"共生"为生物体之间一种特殊的生存方式，指不同种类的生物在一起生存，形成相互需要、彼此受益、共同生存、协同进化，并产生生物永久性关联的共生关系③。90% 以上的物种都存在共生行为，体现在不同物种之间通过共生方式获取食物、保护、清洁等。1884 年，德贝里进一步描述了几种生物之间的共生方式，区分了共生与非共生、寄生与共生的关系，并强调短期共存的情况不能视为共生关系，逐步奠定共生理论（Symbiosis Theory）的基础④。共生是两个或多个主体在共同活动中达成的平衡状态，带有计划和目标导向，共生主体会主观能动地维持或改变现有的共生关系⑤。根据共生受益方不同，也可分为互利共生和偏利共生两类。互利共生即指共生系统中的每个个体都能从共生关系中受益，而偏利共生则

---

① 肖琳，徐升华，杨同华．企业协同创新理论框架及其知识互动影响因素述评［J］．科技管理研究，2018，38（13）：32 – 42．

② Ahmadjian V. Symbiosis: An Introduction to Biological Association [M]. New England: University Press of New England, 1986: 1 – 10.

③ Douglas A E. Symbiotic Interactions [M]. Oxford University Press, 1994.

④ 洪黎民．共生概念发展的历史，现状及展望［J］．中国微生态学杂志，1996，8（4）：5．

⑤ Rhijn PVV, Vanderleyden J. The Rhizobium – Plant Symbiosis [J]. Microbiological Reviews, 1995, 59 (1): 124.

指只有某一个体能受益,而对其余个体无益无害①。

共生理论在生物学领域获得了广泛运用,并逐渐延伸到社会学、教育学、管理学等其他学科。在社会学中,尽管人类社会尚未发现和生物共生一样严密的共生规律,但共生常被视作研究个人或组织社会依存关系的基本单元②。20世纪70年代,共生理论被运用到管理学领域中,产生了组织生态理论,即论述组织和环境的适应性理论③。共生理论在教育学中的应用则集中于校企合作、复合型人才培养、产教融合、高职院校、协同育人等方面。

(三) 教育生态学理论

1866年,德国生物学家海克尔(Ernst Haeckel)首次提出了"生态学"一词,描述了有机体之间、无机环境与有机环境之间的全部关系。到1935年,英国生态学家坦斯利(Arthur G. Tansley)提出将"生态系统"定义为一定的时间和空间内生物与其生存的特定环境相互作用组成的整体单位④。

进入20世纪60年代,美国社会经历了一段动荡不安的时期,年轻人的叛逆、堕落问题日益严重,阻碍社会正常发展。公民因此开展抗议活动,将矛头指向学校教育和教育体制,当时的教育实践存在诸多问题亟待改善。1976年,美国哥伦比亚大学师范学院前院长劳伦斯·克雷明(Lawrence A. Cremin)将生态学引入教育学领域,在《公共教育》(*Public Education*)中阐释了教育生态学的概念,并提出了以"相互作用论"为基础的教育生态学理论(Educational Ecology Theory),他认为教育是一个有机、统一的生态系统,这个生态系统各要素之间都处在动态而复杂的联系中,包括教育个体和教育机构,只有用全面整体的方式处理教育问题,才能挖

---

① Silvertown J, Charlesworth D. Introduction to Plant Population Biology, 4th Edition [M]. Wiley - Blackwell, 2003.

② Stringer P F, Pearce P L. Toward a Symbiosis of Social Psychology and Tourism Studies [J]. Annals of Tourism Research, 1984, 11 (1): 5 – 17.

③ Hannan MT, FreemanJ. Structural Inertia in Organisational Change [J]. American Sociological Review, 1984, 49 (2): 149 – 164.

④ Tansley A G. The Use and Abuse of Vegetational Concepts and Terms [J]. Ecology, 1935, 16 (3): 284 – 307.

掘教育问题的本质①。

随后,在1979年,美国心理学家布朗芬·布伦纳(Urie Bronfen Brenner)在发展心理学领域提出生态系统理论(Ecological Systems Theory),认为人类的发展受到环境的影响,环境是一组嵌套结构系统,由内而外依次分为微观系统、中间系统、外层系统和宏观系统,每一个不同的环境系统都影响着个体发展。此外,在纵向贯穿着时间维度,也称历时系统,生态系统理论强调各系统之间的变化及相互作用②。生态系统理论为教育生态学提供了系统性视角和动态性观点,自此,越来越多的学者开始从生态学的角度研究教育,探索教育生态学的理论与实践价值。

(四)利益相关者理论

美国经济学家爱德华·弗里曼(R. Edward Freeman)于1984年出版《战略管理:利益相关者方法》(*Strategic Management*: *A Stakeholder Approach*)一书,提出了利益相关者理论(Stakeholder Theory)。该理论将利益相关者定义为可以影响组织目标实现的一切个体或群体,或者是任何受产品或服务影响的任何人和组织,认为企业不仅需要保障股东的利益,更应该考虑利益相关者的诉求,包括员工、客户、供应商等,倡导追求利益相关者的整体利益,需要调动各利益相关者的积极性,共同取得利益最大化③。在一定的组织中,涉及的相关者利益皆由彼此履行相应的义务进行保障,每个利益相关者责任的履行都在维护其他利益相关者获得的利益,共同承担风险,体现权利与义务的高度一致性,通过利益相关者理论,可以平衡不同利益相关者的需求和期望,以此实现可持续发展。

利益相关者理论的发展可大致分为三个阶段:"影响""参与"以及"共同治理"。首先是"影响"阶段,组织初步认识到利益相关者群体,但组织的决策权仍掌握在管理层的手中,其他利益相关者只能间接对组织治理以及决策活动产生影响;然后是"参与"阶段,在这个阶段中利益相关

---

① Lawrence A. Cremin. Public Education [M]. New York: Basic Books, 1976.
② Bronfenbrenner U. The Ecology of Human Development: Experiment by Nature and Design [M]. Harvard University Press, 1979.
③ (美)爱德华·弗里曼. 战略管理:利益相关者方法 [M]. 王彦华,梁豪,译. 上海:上海译文出版社, 2006.

者的诉求能逐步被管理者考虑，其观点和想法纳入组织管理考虑的范畴①；最后是"共同治理"阶段，利益相关者开始被当作与管理者平等的主体，共同参与组织治理②。

根据利益相关者理论的观点，职业教育与民营经济可视为两个利益相关者，民营企业是促进经济发展主体，作为通过生产具体产品或提供一定服务获利的经济组织，其最核心的诉求是实现利益最大化。职业教育院校需要提升学生的核心竞争力，在市场导向下明确培养的标准、方式及目标等③。

（五）技术转移理论

美国学者曼斯菲尔德（Edwin Mansfield）是技术转移理论（Technology Transfer Theory）的代表人物之一，他在1964年第一届联合国贸易发展会议上提出该理论，强调技术是经济增长的推动力，该理论最早应用于联合国解决南北问题，旨在促进发达国家与发展中国家的技术交流。技术转移在提出初期的重点在国家之间的技术引进和输出，后扩展到两个不同主体之间人力、物力、信息的交换转移，共分为六种类型：地域转移、领域转移、人的转移、物的转移、信息转移、多种技术要素的转移，其产生主要受经济引力、技术差距、约束条件三个方面的影响，转移过程包括转移范围、转移方法、知识架构和适应能力四个重要元素，成功的技术转移需要在不同的转移范围内选择合适的转移方式④。随后，企业间转移扩散的效率逐渐成为技术转移理论研究的重点，这种效率在很大程度上取决于接受转移企业的吸收能力⑤。吸收能力包括对信息的收获和同化的能力，以及

---

① Dill W R. Public Participation in Corporate Planning—Strategic Management in a KIbitzer's World [J]. Long Range Planning, 1975, 8 (1): 57 – 63.

② Blair, Margaret M. Ownership and Control: Rethinking Corporate Governance for the 21st Century [M]. Washington D. C.: Brookings institute, 1995.

③ 郭梓华，黄巨臣. 职业教育数字化转型中的企业参与探究——基于利益相关者理论的视角 [J]. 职业技术教育, 2023, 44 (22): 19 – 25.

④ Rebentisch E S, Ferretti M. A Knowledge Asset – Based View of Technology Transfer in International Joint Ventures [J]. Journal of Engineering and Technology Management, 1995, 12 (1 – 2): 1 – 25.

⑤ Mansfield E. Intrafirm Rates of Diffusion of an Innovation [J]. The Review of Economics and Statistics, 1963, 45 (4): 348.

利用外部知识的能力，当企业将重心放在技术研发上时，可以加速企业对外界信息和知识的学习和吸纳①。

技术转移是职业院校推动创新与市场相结合的主要力量，是服务地方经济的有效方式。职业教育领域中的技术转移，是一种以学生（即人力资源）为载体的动态互动过程，由职业院校作为技术原体，向作为技术受体的行业企业进行技术转移。职业院校的技术转移活动应对区域经济发展和区域产业发展的需求密切关注并有效结合，建立起区域内的职业教育技术转移网络，职业院校、企业、政府、学生均是该网络的主体，整个网络系统是社会性的、开放的、动态的，技术资源要素通过该网络进行流动②。

（六）价值链理论

1985 年，美国管理学家迈克尔·波特（Michael E. Porter）在《竞争优势》（*Competitive Advantage*）一书中提出了价值链理论（Value Chain Theory），价值链理论是指，对企业中的某个产品或者服务增加和创造其实用性或者价值相关联的各类活动，包括设计、研发、生产、包装、营销、推广以及消费等，是实现价值增值的过程③。价值链主要涵盖企业内部价值链、纵向价值链和横向价值链三类，内部价值链指的是从最初的供应商提供原材料到将最终产品交给用户的全过程，纵向价值链指的是上下游关联的企业与企业之间构成的行业价值链，横向价值链则是存在于行业竞争对手之间。

该理论认为，企业之间的竞争是整个价值链的竞争，不局限于其中的某个环节，且整个价值链的竞争力决定着企业的竞争力，价值链理论基于"资源——价值——竞争优势"的基本逻辑，强调对企业经营的资源进行分析及整合，实现降低成本、优化管理、提高效率、增加价值等目标，并以此作为凸显竞争优势的有力工具④。在行业价值链中，除了上游供应商、

---

① COHEN W M, LEVINTHAL D A. Innovation and Learning: The Two Faces of R&D [J]. The Economic Journal, 1989, 99 (397): 569.
② 韩小腾. 三螺旋理论视域下高校技术转移转化体系建设刍议 [J]. 科技管理研究, 2021, 41 (16): 116 – 122.
③ （美）迈克尔·波特. 竞争优势 [M]. 陈小悦, 译. 北京: 华夏出版社, 2005.
④ 王奕俊, 王建初, 邱伟杰. "三教"协同创新的战略导向、内涵构成和运行机制 [J]. 现代远程教育研究, 2023, 35 (5): 57 – 65.

中游企业内部、下游客户销售三个环节，丰富的人力资源是企业竞争优势的有效组成部分。在价值链理论中，职业院校应注重专业培养结构的设置，同时加强专业群与产业群体的对应性，形成专业和产业的链式对接，基于价值链打造学习链与产业链的联合体，以校企合作、产教融合等方式实现职业院校与产业组织跨界合作、联通发展①。价值链管理是通过对价值链中的信息流、物流、资金流进行调整而实现的，职业教育通过知识、技能、人才流动促进企业的可持续发展和经济效益的提升，实现价值的持续增值。

三、交互螺旋理论

螺旋结构是自然界中一种常见的生物结构，生活中随处可见，小到人类的DNA是双螺旋结构，大到银河系也是螺旋星系。该理论涉及三种解释框架，分别是三螺旋理论、四螺旋理论和五螺旋理论。在交互螺旋理论中，各主体相互交织、依赖，彼此促进，形成螺旋上升态势，共同服务于经济发展。

（一）三螺旋理论

"三螺旋"概念最早是在20世纪50年代的生物学领域中被提出的，三螺旋结构只在特定的生物学过程中出现，并不是普遍存在于所有生物体中。在三螺旋结构中，三条DNA单链相互交织，其中，两条DNA单链反向平行，而第三条DNA单链则与前两条DNA单链相互结合，形成一个稳定的三链结构。

到了20世纪80年代，美国社会学家亨利·埃茨科威兹（Henry Etzkowitz）开始研究产业、大学和政府三者关系，并寻求三者间的理论创新②。荷兰学者罗伊特·雷德斯多夫（Loet Leydesdorff）基于复杂动态系统理论提出产业、大学和政府三系统超循环体系③。两位学者均为三螺旋理

---

① 聂强. 专业群引领下的"双高计划"学校建设策略 [J]. 教育与职业，2019 (13)：16 - 20.

② Etzkowitz H. Entrepreneurial Scientists and Entrepreneurial Universities in American Academic Science [J]. Minerva, 1983, 21 (2 - 3)：198 - 233.

③ Leydesdorff L, Van den Besselaar P. Evolutionary Economics and Chaos Theory：New Directions in Technology Studies (Pinter, London) [J]. 1994.

论模型的提出奠定了理论基础,并于 1995 年合作发表《大学·产业·政府的三螺旋关系:知识为基础的经济发展实验》一文建构了三螺旋结构模型①。次年,埃茨科威兹在《大学·产业·政府的三螺旋关系:超越资本主义与社会主义的发展模式》中提出了著名的三螺旋理论(Triple Helix Theory),详细论述政府、产业、院校三大主体之间交叉影响的三螺旋关系②。政府是契约的源头,保证互动的稳定;产业是生产的场所、经济发展的驱动力;院校是新知识和新技术的源泉,三者平等互惠③。三螺旋理论中三大创新主体在知识活动中扮演着不同的角色,在各自的范围内活动,但与此同时,三大主体也在技术创新体系中相互联动、交织上行,共同呈现出典型的螺旋特征。当三者间的融合程度越深时,越有利于新知识、新技术的创造。三者在市场的推动下,遵循供需关系,对各类生产要素进行重新组合,形成螺旋式上升的动力,进而推动技术创新。

在三螺旋理论视角下,强调政府、企业和职业院校之间的互动合作,政府为企业和职业院校的协同合作提供政策支撑和保障并引导产业发展,职业院校为社会持续输送高适应性的技能型人才促进科技创新和经济发展,企业则给予政府和职业院校所需的产品和服务,通过商业模式推动产业升级,三者之间互相渗透,深化合作机制,建立良性生态,共同谋求创新,为实现经济高速发展赋能④。三螺旋理论为基于知识的经济和社会发展提供了一个灵活的指导框架。

(二)四螺旋理论

四螺旋理论(Quadruple Helix Theory)由美国埃利亚斯·卡拉扬尼斯(Elias G. Karajannis)和大卫·坎普贝尔(David F. J. Campbell)在三螺旋理论基础上提出,是三螺旋的延伸。该理论在"政府—产业—院校"三者

---

① Etzkowitz H, Leydesdorff L A. The Triple Helix University Industry Government Relations: A Laboratory for Knowledge Based Economic Development [J]. EASST Review, 1995, 14 (1): 9 – 14.

② Etzkowitz H. A Triple Helix of Academic – industry – Government Relations: Development Models Beyond Capitalism Versus Socialism [J]. Current Science, 1996, 70 (8): 690 – 693.

③ ETZKOWITZ H. Innovation in Innovation: The Triple Helix of University – Industry – Government Relations [J]. Social Science Information, 2003, 42 (3): 293 – 337.

④ 赵浩宇. 职业教育区域联动的理论溯源、运行机制与实践策略 [J]. 中国职业技术教育,2023 (24): 42 – 49.

螺旋关系中增加了第四个螺旋,即"建立在媒体和文化基础上的公民(公众)",形成"政府—产业—院校—公民"的四螺旋结构[①]。政府依旧是提供政策指导,起导向性作用的组织;产业提供必要的实践资源以及精确的市场信息;院校也依旧起着提供人力资源和知识传播的作用;公民则在其中具有较大的舆论影响力[②]。公民是知识和技术决策的影响源,还是创新领域的平等参与者,社会公众的支持是至关重要的,四螺旋理论可以允许更多的包容性和开放性创新,从而带来其他创新系统无法带来的优势,因此提高公共服务的效率和透明度显得尤为重要[③]。

四螺旋理论将知识动力与公民利益牢牢绑定,认为教育资源的分配会受到公民的影响,公民作为社会力量之一,参与塑造社会人才培养的过程。其理论模型能较好地应用于与经济发展密切相关的职业教育人才培养模式中,形成需求提出、知识流动、应用研究、人才培育、成果转化、产业升级等一系列环节,各环节紧密相连形成良性循环。该理论还追求可持续发展,要求在知识和经济发展的过程中,也要确保公众利益,要将知识与创新同公众利益相联系,同时强调通过公民社会意识的介入来抑制个人利益的过度膨胀,建立公私利益新平衡。第四螺旋的加入使得该理论相较于三螺旋理论更加注重知识和民主,着重突出知识给经济效能提供的正向作用,三螺旋理论代表着追求产业经济利益,而四螺旋理论更加注重的是社会公共利益[④]。

(三)五螺旋理论

在四螺旋理论的基础上,美国埃利亚斯·卡拉扬尼斯(Elias G. Karajannis)进一步提出嵌入三螺旋和四螺旋的五螺旋理论(Quintuple

---

[①] CARAYANNIS E G, CAMPBELL D F J. "Mode 3" and "Quadruple Helix": Toward a 21st Century Fractal Innovation Ecosystem [J]. International Journal of Technology Management, 2009, 46 (3/4): 201.

[②] 许礼刚,周怡婷,徐美娟. 多元主体协同驱动下创新教育四螺旋模式研究 [J]. 中国科技论坛,2021 (12): 134 – 141.

[③] AHONEN L, HÄMÄLÄINEN T. CLIQ: A Practical Approach to the Quadruple Helix and More Open Innovation [M] //MACGREGOR S P, CARLETON T. Sustaining Innovation. New York, NY: Springer New York, 2012: 15 – 29 [2023 – 11 – 08].

[④] 黄瑶,王铭. "三螺旋"到"四螺旋":知识生产模式的动力机制演变 [J]. 教育发展研究,2018, 38 (1): 69 – 75.

Helix Theory)。五螺旋理论建立于四螺旋结构的基础上，加入第五螺旋"环境"，形成"政府—行业—院校—公众—环境"五重螺旋结构，旨在提供一个跨学科分析和解决可持续发展问题的框架，是将三螺旋和四螺旋进一步情景化，要求知识的创新和运用都必须在具体的情境中[①]。五螺旋理论将知识和创新与社会、环境的情境相契合，因此五螺旋理论可以与社会生态学特征相结合，从概念上将知识和创新与环境联系起来，构建起五重螺旋创新生态系统，实现知识"生态创新"。注重开放式、共生式创新是该系统的显著特征，强调系统内联合互动，多主体之间的资源共享与组合。

该理论中涉及的政府、行业、院校、公众四个主体的作用与四螺旋理论中所介绍的内容大同小异，在此不再赘述。环境在此理论中所凸显的作用体现在：一是环境能为各种创新活动的开展提供基础的资源环境条件，具体表现在能为行业的产品研发提供原材料，为院校的科研提供研究对象，为政府的政策制定提供环境参考；二是环境的约束也对各主体开展创新活动产生了限制[②]。产教融合的新形态——产教联合体，就突出了环境主体的作用，产教联合体指在市域内以政府为主体推动建设，以某个产业园区为载体，统筹区域内部的人力资源、职业院校、行业企业等主体形成的一种紧密关系，其建立恰好是对五螺旋理论的实践与诠释，产教联合体同五螺旋理论的特征类似，都具有系统开放性、多元共生性、供给服务性[③]。建设产业联合体不但能推动职业教育的高质量发展，更能为区域内产业结构优化升级赋能，是推动区域经济发展、促进技术创新的生力军。

三螺旋理论侧重于知识的产生和使用，强调追求经济效益；四螺旋理论将公民囊括其中，强调民主与公共利益；五螺旋理论引入自然环境，强调知识情境化。不难发现，三者呈现递进发展的关系。

---

① CARAYANNIS E G, CAMPBELL D F J. Triple Helix, Quadruple Helix and Quintuple Helix and How Do Knowledge, Innovation and the Environment Relate To Each Other? A Proposed Framework for a Trans-disciplinary Analysis of Sustainable Development and Social Ecology [J]. International Journal of Social Ecology and Sustainable Development, 2010, 1 (1): 41-69.

② 刘畅, 李建华. 五重螺旋创新生态系统协同创新机制研究 [J]. 经济纵横, 2019 (3): 122-128.

③ 韩连权, 徐高明. 市域产教联合体建设：内涵、价值与行动方略 [J]. 江苏高教, 2023 (10): 47-52.

第二节 职业教育服务民营经济的理论逻辑

一、企业生命周期理论下的职业教育服务民营经济的逻辑内涵

根据企业生命周期理论,可以将企业的生命周期划分为创业期、成长期、成熟期与可持续发展期,不同时期具有不同的发展特点。据此,可以将职业教育服务民营经济的过程划分为初级服务、中级服务和高级服务三个阶段。

(一)职业教育服务民营经济的初级阶段

初级阶段涵盖企业生命周期的前两个时期:创业期与成长期。在这两个时期的民营企业相对脆弱,缺乏有效的经营管理策略与人才支持,受外界环境的影响较大。因此,这一阶段职业院校对民营企业的服务主要以帮助企业培养员工为主,如开展顶岗实习、实施员工培训、建设实训基地、合作培养专业人才等。这种合作方式相对单一与短效,合作范围与深度不够,更多的是在政策引导下的校企合作。

(二)职业教育服务民营经济的中级阶段

在这一阶段的民营企业已经逐渐步入成熟期,具有完善的管理制度、明确的战略目标、稳定的利润等,是整个生命周期最理想的阶段。因此,中级阶段下职业院校与民营企业的合作将进一步深化,将着眼于人力资本质量提升、技术革新等问题。在这一阶段,合作双方需要同时考虑到学生的生存需求与未来的发展需求,即如何实现职业院校与民营企业的协同育人。实现这一目的,需要职业院校根据民营企业的发展设置专业,开展教学,解决学生就业需求的同时,获得可持续学习能力。职业院校与民营企业需要共同投入人力、物力、财力,建立运行合作平台,在此平台基础上开展专业建设、员工培养、技术升级,如开展"订单"班人才培养、职业教育集团化办学、共同建立校内外实训基地等。这一阶段的服务具有长效

性和双向性,合作更加紧密。

(三) 职业教育服务民营经济的高级阶段

高级阶段下民营企业将面临两条不同的发展路径,即是否能够可持续发展,还是走向衰退,而决定企业发展命运的最重要因素是企业核心竞争力。一旦企业无法适应市场的需求、顺应时代的变化、跨越产业转型、发展核心技术、调整战略目标、优化人员结构,企业的发展将会逐步停滞,走向衰退。因此,高级阶段下的职业院校与民营企业须从整个国家的经济结构调整、产业发展、职业教育体系建设的角度进行融合,体现在职业院校直接根据民营企业用人需求开展专业人才培养和教学,毕业生全部进入企业就业,双方合作的目的以人力资源为主,而非基于传统的经济利益。这样的合作将"合作办学、合作育人、合作就业、合作创新、合作发展"贯穿职业教育服务民营经济的全过程,具有多元性,是一种深度融合,而非仅仅是合作关系①。

职业教育服务民营经济的发展阶段,如图 1-3 所示。

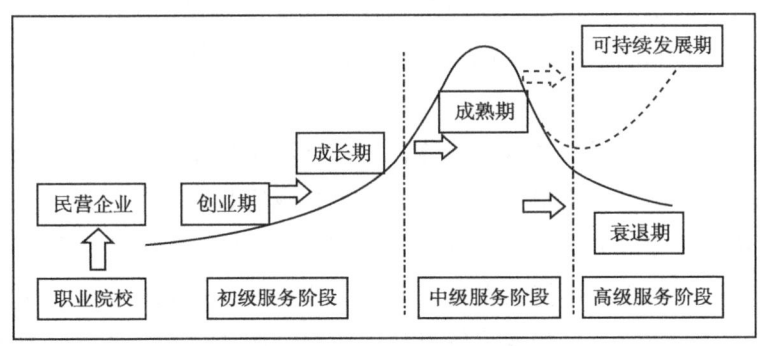

图 1-3 职业教育服务民营经济的发展阶段

二、共生理论下的职业教育服务民营经济的逻辑内涵

在共生理论中,存在三个关键要素:共生单元、共生模式、共生环

---

① 潘建华. 我国职业教育校企合作的有效性研究 [D]. 上海:上海师范大学,2017.

境。其中,共生单元是基础,共生模式是要素,共生环境是条件,任一共生关系都不是三个要素简单地叠加,而是共生单元、共生模式、共生环境协同作用与影响的结果。

(一) 职业教育服务民营经济的共生单元

共生单元是构成共生关系的基本单位,是构成共生体系能量交换的物质基础,是组成整个共生体的最基本条件。在职业教育服务民营经济这个共生体系下,地方政府、职业院校和民营企业都是相对独立的利益主体,即共生单元。而共生单元彼此通过物质、信息、能量的交换建立共生的主体关系,为共生系统提供能量保障[1]。共生单元之间存在一定的关联度,任何共生单元都会优先选择能力强、匹配性好的候选共生单元作为共生对象[2]。因此,各利益主体之间须存在某种兼容关系,才能构成紧密的共生体系。而各主体的本质与利益的差异性,决定了职业教育服务民营经济共生关系的复杂性,地方政府作为共生体系中的行政管理主体,能够为整个共生系统提供法律与制度保障,提供政策、资金等支持,是职业院校与民营企业合作的中介与桥梁。职业院校作为人才、知识、技术等重要资源的汇集地,拥有系统的理论知识与丰富的教学经验,能够根据民营企业实际需求调整专业设置和人才培养方案,为民营企业提供源源不断的要素支持。民营企业作为民营经济的主体,大部分属于中小微企业,在企业生命周期中大都处于创业阶段与成长阶段。地方政府与职业院校应在人才、土地、政策、资金等方面给予大力支持,帮助民营企业度过创业与成长阶段,顺利进入成熟与可持续发展阶段。民营企业在达到可持续发展阶段的过程中,又可以把市场的变化信息及时回馈给职业院校,为职业院校提供实习场所、师资力量与就业岗位。

综上所述,地方政府、职业院校和民营企业通过各自的优势形成互补,人才、土地、政策、资金在三个共生单元之间流动,通过"吸收—循环—演化"逐渐形成闭环,发展成一个可持续的共生体系。

---

[1] 冷志明,易夫. 基于共生理论的城市圈经济一体化机理 [J]. 经济地理,2008 (3):433-436.

[2] 冷志明,张合平. 基于共生理论的区域经济合作机理 [J]. 经济纵横,2007 (7):32-33.

（二）职业教育服务民营经济的共生模式

共生模式是在共生环境的影响下，共生单元之间彼此作用的方式和程度。共生模式可分为共生组织模式和共生行为模式。共生组织模式包括点共生、间歇共生、连续共生与一体化共生模式，共生行为模式包括寄生、偏利共生和互惠共生三种模式。任何共生模式都是跟随外在共生环境与内在共生单元的变化而变化的[①]。职业教育服务民营经济的共生模式是随着国家政策、经济发展水平、资源环境等共生环境变化而不断优化进步的过程。因此，本书将基于共生行为模式和共生组织模式，分析在时间演绎下职业教育服务民营经济的共生模式演化历程。

1. 共生组织模式分析

（1）点共生模式。点共生模式是指共生单元的交互只发生在共生过程中的某一个时刻，在时间上具有一次性的特征。在此模式下，地方政府、职业院校、民营企业三个主体之间的交流合作是松散的、随机的、不稳定的。三方之间并未建立起实质性的共生关系，三方之间的合作也缺少共生意识。这种模式常出现在三方合作的初期，比如，企业在学校开展的招聘会、论坛讲座；地方政府出台的阶段性政策，等等。这些合作通常周期短、稳定性差，具有一次性与注重短期效益的特点。

（2）间歇式共生模式。间歇式共生模式是指共生单元的交互发生在共生过程中的一组不连续时刻，不同于点共生模式之处在于，它不是简单的次数积累，而是呈现一定规律的集合。在此模式下，地方政府、职业院校、民营企业三方之间的合作会趋于稳定，减少了随机性，合作内容更加丰富，比如，企业为学校提供顶岗实习的岗位，地方政府为学校和企业双方搭建交流平台，等等。但这种合作从长远来看，仍然缺乏长效性与稳定性。

（3）连续性共生模式。连续性共生模式是指共生单元的交互发生在共生过程中一组连续的较长时间段内，共生关系相对稳定且具有必然性。在此模式下，地方政府、职业院校、民营企业三方将进行持续性的合作与交流，双方的合作不断深化发展，具有常态性。比如，民营企业与职业院校开展订单班人才培养、职业院校派教师深入民营企业进行专业理论培训、

---

① 袁纯清. 共生理论——兼论小型经济 [M]. 北京：经济科学出版社，1998.

民营企业工程师聘入职业院校开展技能实训等。这种模式的合作具有长效性与连续性，但地方政府并未真正参与到三方的合作中，合作仅靠校企双方签订协议，缺乏一定的规范性。

（4）一体化共生模式。一体化共生模式是指共生单元间的交互，在理论上可在无限的时间内一直产生，使共生单元成为长期的共生体。这是共生组织模式的最高形态，在这个模式下，地方政府、职业院校、民营企业三方进行全方位的合作，三方之间的共生关系稳定且必然，比如，校企共建协同创新中心、产业学院等合作模式就是典型的一体化共生。同时，共生单元三方权责明确。其中，地方政府负责统筹规划、宏观调控，做好职业院校与民营企业的桥梁，为职业院校与民营企业提供制度与资金保障。职业院校及时把握市场需求，更新人才培养方案，为政府与企业输送优秀技术技能人才。民营企业发挥自身优势，为职业院校提供实训设备、实践基地、专业师资与就业岗位。共生单元三方各自发挥自身的优势，推动人才、政策、资金在各单元间充分交流与深度融合。因此，一体化共生是职业教育服务民营企业最理想的共生组织模式。

2. 共生行为模式分析

（1）寄生模式。寄生模式是指在整个共生模式中不产生新能量，而是一方提供能量，另一方获得能量，属于单向的能量流动。在此模式下，地方政府、职业院校和民营企业三方主体各自独立，相互隔离，只存在单向的输出与接受。比如，民营企业在毕业季在职业院校开展的招聘会。

（2）偏利共生模式。偏利共生模式会产生新的共生能量，存在双向流动，但仅对其中一方有利。在此模式下，地方政府、职业院校和民营企业三方之间的合作会产生新的能量，但只会有其中一方受益。比如，一些的校企合作班能帮助职业院校解决就业问题，但可能对参与其中的民营企业没有任何获利。这会导致共生单元参与感不高，失去主动性与内驱力。

（3）非对称性互惠共生模式。非对称性互惠共生模式是互惠共生模式的初级阶段，共生单元之间以分工为基础产生新能量，不同单元均能从中获利。在此模式下，地方政府、职业院校和民营企业三方通过各自的优势分工进行合作，但其付出和收益并不完全一致。比如，产业学院、职业教育集团等，职业院校在参与过程中付出相对较多，而地方政府与民营企业收益相对更多。

（4）对称性互惠共生模式。对称性互惠共生是互惠共生模式的高级阶段，它是非对称性共生模式的进一步发展，共生单元产生的新能量将在共生单元间公平分配。在此模式下，地方政府、职业院校和民营企业三方的利益分配比较平均，能有效体现互惠性与共享性，促进共生单元积极参与。比如，建立合资企业、创建科技城等。它体现了共生理论中最重要的原则，即互惠互利，只有共生单元之间能够互惠互利，整个共生体系才能有效、完整、持续地运行下去。因此，对称性互惠共生模式是职业教育服务民营企业最理想的共生行为模式。

综上所述，在全部16种共生模式的组合中，"一体化对称性互惠共生模式"是共生体系中最理想的共生模式，也是职业教育服务民营企业这一共生体系进化的方向与终极目标。

（三）职业教育服务民营经济的共生环境

"五螺旋理论"中提到过，"环境"作为一个新的要素加入"四螺旋理论"构成了"五螺旋理论"。无论是在生态学还是其他学科领域，环境都是开展实践活动的基本条件，共生环境是指共生单元外的一切影响因素的总和，任何共生体都会面临三种可能的外在环境，即正向环境、中性环境和反向共生环境。共生环境相对于共生单元与共生模式来说是外在的，具有很大的波动性和不确定性。职业教育服务民营经济需要一个适宜的共生环境，这个共生环境包括政策环境、经济环境、资源环境和空间环境。

1. 政策环境

一个良好的政策环境在整个共生体系中将起到极为重要的宏观调控作用，但目前，产教融合领域的政策法规还缺乏系统化、标准化的指导。作为政策的制定者，地方政府在共生体系中起到整体统筹的作用。地方政府在制定政策的过程中，应聚焦各共生单元的急难愁盼问题，优化政策体系，完善相关法律法规，为各共生单元提供必要的人力、物力和财力支持，推动建立"上下衔接""内外配套""左右协调"的政策环境。

2. 经济环境

在数字化转型的时代背景下，我国各产业加速结构升级，先进装备制造、生物材料、电子信息、大数据等战略性新兴产业出现高端化、规模化、集聚化的发展态势，需要更多的技术技能型人才支撑，这些都为职业院校培养复合型人才提供了方向,促进其优化调整相关专业和人才培养模式,为整个共生体系输送更多的人才资源。

3. 资源环境

资源环境是整个职业教育服务民营经济共生体系中最重要的物质保障。地方政府、职业院校和民营企业三方在合作过程中,需要人才、资金、政策等资源的相互流通,以促进整个共生体系持续稳定地运行。

4. 空间环境

在共生理论中,空间环境指的是不同共生单元的分布密度与区域面积。在单位区域内,共生单元分布密度越高,越容易形成共生关系,且形成的共生关系也更加稳定①。比如,在政府资金和政策支持下建立的科技城、大学城就充分利用了空间环境,大学城内的职业院校与周边的民营企业能够充分利用空间资源建立共生关系,同时又能获得政府强有力的资金与政策保障,形成稳定、可持续的共生体系。

职业教育服务民营经济的共生体系示意图,如图1-4所示。

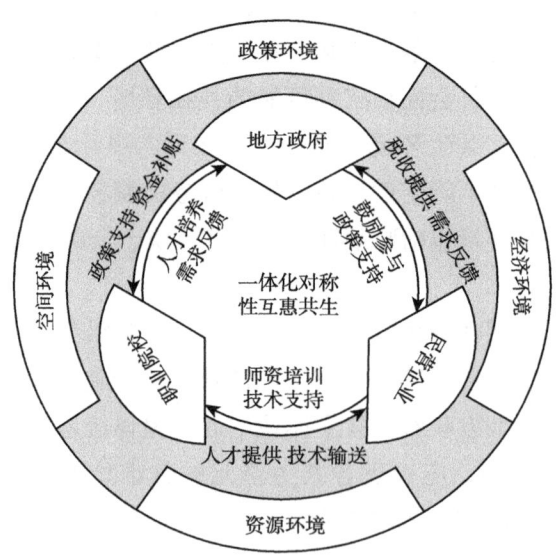

图1-4 职业教育服务民营经济的共生体系示意图

---

① 闫建璋,李静. 高校与地方政府、中小学协同培养教师新机制形成机理探析——基于共生理论的视角[J]. 当代教育科学,2018(7):49-55.

三、三螺旋理论下的职业教育服务民营经济的逻辑内涵

三螺旋理论下，职业教育服务民营经济的逻辑内涵可以概括为"三三交互"协同体系，即"三重螺旋、三个支撑、三种模式"。

（一）三重螺旋

三重螺旋是指政府、企业和学校三者通过协同创新和资源配合，基于共同利益交织成螺旋状结构，形成彼此联系、相互促进的动态组织模式，三方通过横向和纵向合作与交流，促进创新资源、教育资源和社会资源的不断整合。

三重螺旋中的政府是职业院校和民营企业发展的"定位器"，通过政策支持与引导，为职业院校、民营企业以及经济社会发展提供坚实保障。在三重螺旋的体系中，由于存在利益诉求和价值观的冲突，需要政府对职业院校与民营企业的发展进行评估规划，通过方向引导、资源配置等管理手段，引导职业院校和民营企业的未来走向，化解螺旋体内部的利益矛盾，从而实现"政府—民营企业—职业院校"间的良性循环。民营企业既是三方螺旋的推动者，也是受益者和利益分配者。民营企业在政府的调控下，以政策指导为前提，通过生产需求与市场投入，准确地向职业院校传递人才与技术等需求信息，决定了职业院校的专业设置、人才培养模式与办学走向。职业院校通过知识生产和创造形成知识协同，提供技术、人才与文化等多方面的支持。一方面，职业院校以政府政策作为发展指导，是教育政策的执行者；另一方面，职业院校根据民营企业的发展需求，优化专业建设与培养方案，为民营企业提供技术技能人才供应保障。

（二）三个支撑

1. 创业型学院

创业型学院最早可以追溯到1998年美国学者伯顿·克拉克在其著作《建立创业型大学：组织上转型的途径》中的描述。如今认为创业型学院是为了培养创业型人才，实现创新教育的组织机构。创业型学院的建设和运行离不开多元主体的共同参与，几乎在所有的高科技起源地都可以发现

三螺旋模型中的创业型学院①。创业型学院发挥服务社会经济发展的技术潜力，不仅提供人力资源和研究资源，而且主动将知识运用于实际。目前，我国的创业型学院以职业院校为主，通过培养创业型师资与学生，促进学术成果资本化等措施，与政府、民企互利合作，在三螺旋体系下，构建集教学、服务、创业于一体的创业型职业院校。

2. 知识型企业

三螺旋内的企业是以知识为基础的创新企业，这种知识型企业是横向价值链与纵向价值链相互作用的产物，人力资本、物质以及组织等相关因素是其存在的必备条件②。知识型企业与传统的企业最大的区别在于把知识作为企业生产过程中最为重要的生产要素，对知识管理和体系的建设要求较高。对于民营企业而言，只有在发展的前期阶段就重视知识体系的建设，全面提升企业的知识管理水平，才能保证企业长久的生命力。

3. 创新型政府

传统的政府以自上而下的组织方式体现绝对权威，企业和学校只是政府的配角。但在三螺旋体系中，创新型政府最大的特点就是简政放权，避免过度干预，给职业院校与民营企业让出空间，以间接创新的形式，构建激励创新的机制，营造保护创新的环境。创新型政府在实施过程中需要强调无为之手，尊重经济发展规律；善用帮助之手，减轻企业与院校的压力；约束掠夺之手，弱化行政干预职能。在三螺旋体系中，为民营企业与职业院校间人才的边界流动提供支持保障，促进跨领域的创新模式的成型。

（三）三种模式

1. 知识主导型

知识主导型模式是职业院校基于专业群优势，形成以学校为主导，政府、企业多方协同的螺旋体系。这种模式有三个特点：一是体系以学校主导；二是强调人才培养与专业建设；三是监督体系现代化。在知识主导型

---

① ETZKOWITZ, KLOFSTEN. The Innovating Region: Toward a Theory of Knowledge – Based Regional Development [J]. R&D Management, 2005, 35 (3).

② 孙云志. 多元共治视域下我国高职院校产教融合发展研究 [D]. 南京：南京师范大学，2021.

第一章　理论逻辑：职业教育服务民营经济的本质内涵

的初级阶段，职业院校通过对接民营企业发展，开展企业所需的技能培训、技术开发等活动，打下协同办学的知识基础；中级阶段，职业院校通过丰富的专业群知识，与民营企业、政府一起协同发展，解决存在的问题，逐渐打破各维度的界限，知识主导型的三螺旋体系开始形成；高级阶段，职业院校根据民营企业对人才和技术的反馈，调整人才与专业培养模式，政府也根据最新的发展情况更新保障手段，最终形成以知识为主导的螺旋体系。

2. 生产主导型

生产主导型是以企业为主导，通过与政府、学校间存在的技能供需和利益分配关系，构成紧密联系的螺旋共同体。它保障了民营企业的主导地位，提升了民营企业话语权，增强了企业参与合作的主动性。此模式的初级阶段和中级阶段，需要民营企业与职业院校之间有长久的合作历史和深厚的合作基础，职业院校能够为民营企业提供较为丰富的知识与创新基础。高级阶段，由于校企政三方的利益分配关系，需要构建共同平台实现人才与技术的共享，职业院校和民营企业通过共同平台实现人才、技术、文化的转移与交流，政府居中协调串联，如建立以大型民营企业为主导的产业学院，能将学校的技术与人才转移到企业，服务于企业新技术的研发，并能充分运用大型民企拥有的技术工艺、财力资本等资源，保证企业的参与性，实现校企政三方权利的平等分配，形成生产主导型的三螺旋体系。

3. 政策主导型

政策主导型是以政府为主导协同办学，企业和学校共同参与，形成多方参与、民主集中的三螺旋体系。此模式的初级阶段，政府应带动职业院校与民营企业达成办学共识，为三方合作提供场所，制订计划以应对冲突或危机；中级阶段，政府需要保障职业院校与民营企业的职责权利，明确职业院校与民营企业的功能定位。职业院校根据合作企业需求调整专业设置方向和人才培养模式，民营企业通过优化组织结构提高知识的转化效率；高级阶段，政府应构建与完善法律保护，介入职业院校与民营企业的内部治理，协调处理双方的利益冲突，保证体系结构的稳定性。

因此，三螺旋理论下的职业教育服务民营经济的逻辑内涵需要政府、职业院校和民营企业协同发展，将以政府为主导的政策链、职业院校为主导的知识链、民营企业为主导的产业链有机地螺旋耦合起来。政府、职业院校、民营企业多元参与主体，在发挥各自职责功能的同时协同共进，打破各自边界壁垒，通过初级、中级、高级三个阶段不断地升华发展，构筑"企业研究—政府扶持—学校培养"的职业教育服务民营经济新格局，形成"政府—职业院校—民营企业"协同耦合三三交互的三螺旋人才培养模式，使职业教育服务民营经济螺旋体系不断上升，向更高形态演化，最终形成"1+1+1>3"的协同态势（如图1-5）。

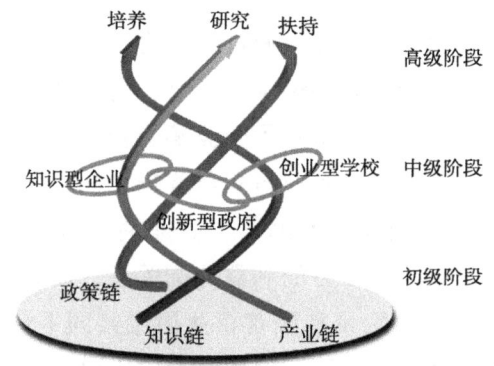

图1-5 职业教育服务民营经济的三三交互模式基本架构

第三节 职业教育服务民营经济的理论问题

为深入探索职业教育服务民营经济发展方面的理论问题，采用高级检索方式对中文期刊数据库进行精确检索，统计2019—2023年包含"职业教育""校企合作"等关键词的相关研究成果，剔除与主题无关的报纸、会议、政策文件、中英文扩展等文献，将最终获取的1227篇有效文献并利用信息可视化软件CiteSpace进行可视化分析，生成知识图谱，再对文献的关键词进行聚类分析后绘制研究热点聚类知识图谱。将处理后的数据导入CiteSpace软件，时间阈值设置为2019—2023年，间隔为1年，节点类型选择Keyword，TopN选择25%，其他参数为系统默认不变。得到关键词共现图谱（见图1-6）。

通过关键词分析可以发现当前研究领域的热点理论问题，关键词图谱

第一章 理论逻辑：职业教育服务民营经济的本质内涵

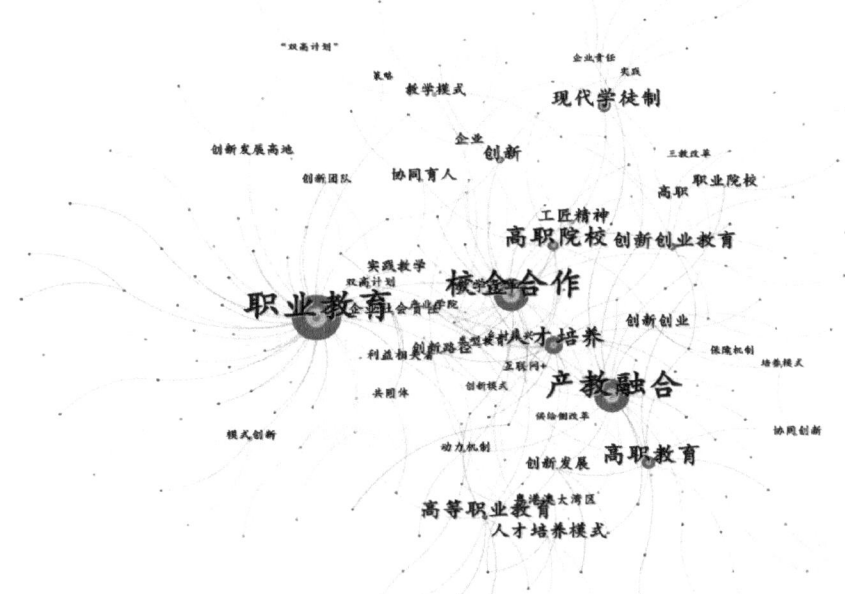

图 1-6 关键词共现图谱

更能够直观地展示热点问题的呈现度及相关性，如图 1-6 所示。图中有节点数 227 个，连线数 296 条，Density 为 0.0115，这代表了网络的密度。图中关键词由圆形节点表示，关键词出现的频次与节点的大小成正比；连线表示关键词之间的关联关系，关键词出现的频次与连线的粗细成正比。论文关键词的中心性及频次越高，即研究者关注的热度越高。图中以"职业教育""校企合作""产教融合""高职院校"等频次较高的关键词作为中心词，呈现出相互联系、交织的网状结构，形成关键词共现图，并且离"职业教育""校企合作"两个关键词相近的有"人才培养""创新路径""教学改革"等关键词。可见，这些都是关于职业教育校企合作的中心热点。同时也发现中心词"职业教育""校企合作""产教融合"与"创新创业""人才培养模式""协同育人""教学模式"等关键词相互连接。为了更深入地理解各关键词之间的联系，将关键词进行聚类分析。

聚类分析可以进一步分析文献高频词的"相似性"与"相异性"，以此来识别职业教育校企合作领域代表性的知识子群，提炼研究主题。经 CiteSpace 统计，将关键词聚类分析后得到关键词聚类分析图（见图 1-7），

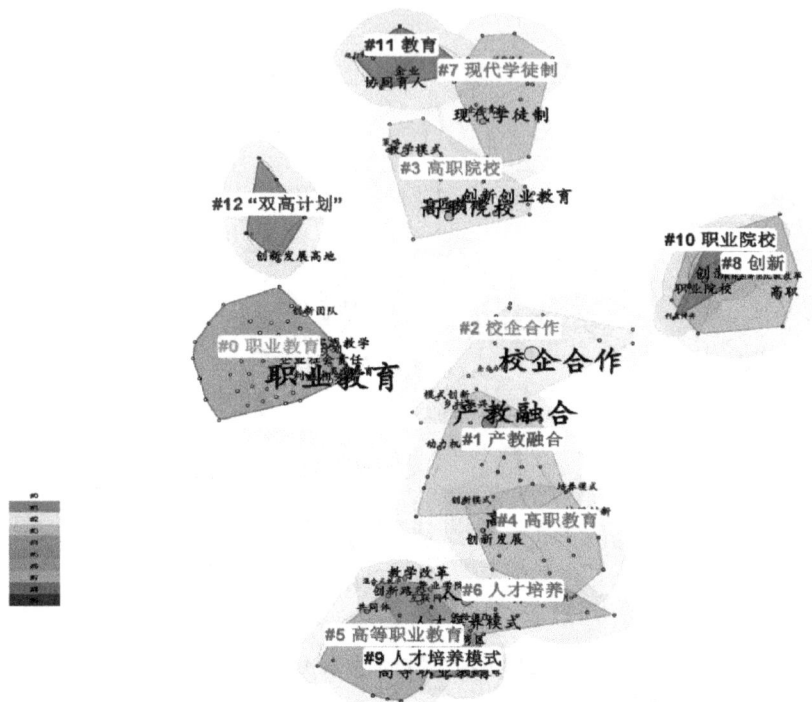

图1-7 关键词聚类图谱

分析发现聚类标签有重复交叉的部分,"高职教育""高职院校""高等职业教育"以及"职业教育"和"职业院校"这五个标签都是和"职业教育"和"职业院校"相关。另外,将中心性和频次排在前列的关键词筛选出来(见表1-1),其中"职业教育""职业院校""动力机制"等关键词都是一些泛指概念,虽然频次和中心性比较高,但不能作为真正的研究热点。结合图和表格,我国职业教育校企合作的主要研究热点是:产教融合、校企合作、人才培养、高职教育、创新创业教育等。

表1-1 我国职业教育校企合作高中心性关键词列表

序号	关键词	中心度	年份
1	职业教育	0.80	2019
2	产教融合	0.57	2019
3	校企合作	0.54	2019

续表

序号	关键词	中心度	年份
4	人才培养	0.22	2019
5	高职教育	0.19	2019
6	创新创业教育	0.19	2019
7	现代学徒制	0.15	2019
8	高职院校	0.15	2019
9	创新	0.15	2021
10	教学改革	0.14	2021
11	职业院校	0.11	2019
12	创新创业	0.11	2019
13	高等职业教育	0.10	2019
14	动力机制	0.10	2020
15	人才培养模式	0.08	2020
16	创新发展高地	0.07	2019

在深入分析既往研究热点问题的基础上，为更准确地把握研究趋势，对下一步的研究问题进行前瞻性指导，有必要系统梳理我国的经济发展规划和教育规划等政策文件。2021年，中共中央发布的《中华人民共和国国民经济和社会发展第十四个五年规划和2035年远景目标纲要》（以下简称"十四五"规划）提出，要把提升国民素质放在突出重要位置，构建高质量的教育体系。其中提及要增强职业教育适应性，突出职业技术（技工）教育类型特色，深入推进改革创新，优化结构与布局，大力培养技术技能人才。完善职业技术教育国家标准，推行"学历证书＋职业技能等级证书"制度。创新办学模式，深化产教融合、校企合作，鼓励企业举办高质量职业技术教育，探索中国特色学徒制。实施现代职业技术教育质量提升计划，建设一批高水平职业技术院校和专业，稳步发展职业本科教育。深化职普融通，实现职业技术教育与普通教育双向互认、纵向流动。设立教育提质扩容工程专栏，支持职业教育领域建设200所以上高水平高职学校和600个以上高水平专业，支持建设一批优秀中职学校和优质专业。

另外，"十四五"规划强调，要坚持和完善社会主义基本经济制度，培育更有活力、创造力和竞争力的市场主体。首先，优化民营企业发展环境。健全支持民营企业发展的法治环境、政策环境和市场环境，依法平等保护民营企业产权和企业家权益。保障民营企业依法平等使用资源要素、公开公平公正参与竞争、同等受到法律保护。进一步放宽民营企业市场准入，破除招投标等领域各种壁垒。创新金融支持民营企业政策工具，健全融资增信支持体系，对民营企业信用评级、发债一视同仁，降低综合融资成本。完善促进中小微企业和个体工商户发展的政策体系，加大税费优惠和信贷支持力度。构建亲清政商关系，建立规范化政企沟通渠道。其次，要促进民营企业高质量发展。鼓励民营企业改革创新，提升经营能力和管理水平。引导有条件的民营企业建立现代企业制度。支持民营企业开展基础研究和科技创新、参与关键核心技术研发和国家重大科技项目攻关。完善民营企业参与国家重大战略实施机制。推动民营企业守法合规经营，鼓励民营企业积极履行社会责任、参与社会公益和慈善事业。弘扬企业家精神，实施年轻一代民营企业家健康成长促进计划。2023年7月，中共中央和国务院发布的《关于促进民营经济发展壮大的意见》进一步指出，着力推动民营经济实现高质量发展，鼓励民营企业持续加大研发投入，加快推动数字化转型和技术改造；促进民营经济人士健康成长，完善民营经济人士教育培训体系，建立健全年轻一代民营经济人士传帮带辅导制度。

结合上述政策导向和过往研究热点，职业教育服务民营经济的理论问题可从以下几方面阐述。首先，"校企合作"研究领域包含了职业教育目标与民营企业商业利益的平衡，以及职业教育内容与民营企业需求的匹配；其次，"人才培养"研究领域涵盖了职业教育质量与效果以及职业教育与社会责任；最后，在"创新教育"研究领域侧重于职业教育的创新。以上三个方面的问题需要政府、企业、学校多方协调互动，才能促进良性的合作关系稳步发展。

一、职业教育目标与民营企业利益的平衡

职业教育校企合作的利益平衡是近年来职业教育领域的研究重点和热点，专家学者对此进行了一定的研究。普遍认为职业院校和企业合作是一个利益相关的共同体。高树平等从利益相关者理论出发，认为职业院校和企业是确定型利益相关者，它们之间的利益博弈直接影响校企合作命运共

同体的生存和发展，是冲突与共生的关系，但通过协作、商榷、调整实现利益的动态分配①。张元宝认为校企合作博弈过程中的不同策略选择，形成了校企合作的"帕累托最优"现象、"一头热"现象、"搭便车"现象和"囚徒困境"现象。为此，基于帕累托最优的资源分配理想状态，学校与企业之间应建立一种基于"不完全契约"关系下的明确契约关系和弹性治理相结合的治理机制②。俞慧刚选取浙江省内 5 所高职院校相关品牌专业的校企合作为研究对象，从博弈论视角进行研究，发现成功的校企合作需具备双方认同的利益结合点、个性化的校企合作协议、学校的积极主动推进和彼此的相互妥协与利益让渡等共性特征③。

习近平总书记强调："职业教育与经济社会发展紧密相连，对促进就业创业、助力经济社会发展、增进人民福祉具有重要意义。"民营经济是我国经济的重要组成部分，民营经济在社会发展中的重要作用常用"56789"概括，即民营经济贡献了 50% 以上的税收，60% 以上的国内生产总值，70% 以上的技术创新成果，提供了 80% 以上的城镇劳动就业机会，并占据 90% 以上的企业数量。因此，职业教育和民营经济相结合是新时代中国发展的必然要求。民营企业和职业院校最好的合作关系应是互惠共生，但两者的组织性质不同，目标也不同。虽然，职业教育与民营经济的诉求不同，但存在显著的关联性，都是区域经济社会发展体系中的主要利益相关方④。职业院校培养的技术技能人才和所提供的技术服务给企业创造了巨大价值，民营经济的多样性也为职业教育的发展提供了有利条件。美国的爱德华·弗里曼在 1984 年出版的《战略管理：利益相关者方法》一书中提出"利益相关者理论"，该理论已经广泛运用到公司管理、项目管理、组织管理等领域，对于校企命运共同体也具有普适性。美国学者米切尔依据利益相关者理论对组织产生的影响力、合法性以及紧迫性三个方面进行评价，把利益相关者划分为确定型利益相关者、预期型利益相关者

---

① 高树平，刘阳. 利益相关者视角下校企命运共同体的利益机制分析及其建构 [J]. 教育与职业，2020（13）：19 - 26.

② 张元宝. 校企合作中利益相关者的博弈与协调 [J]. 中国高校科技，2019（9）：79 - 82.

③ 俞慧刚. 利益、心理与决策行为：高职教育校企合作复杂利益关系的博弈整合 [J]. 职业技术教育，2020，41（26）：18 - 22.

④ 余闯，施星君，杨晓珍，等. 高职教育与民营经济融合发展的逻辑与路向 [J]. 中国高教研究，2023（4）：95 - 101.

和潜在型利益相关者。职业院校和民营企业属于确定型利益相关者,合作的本质是围绕各自利益不断博弈与整合。

因此,职业教育目标与民营企业实现利益平衡,是职业教育服务民营经济的必要条件,是促进职业教育与民营企业互惠共生的必然要求。有学者针对政府尚未对企业社会责任进行明确界定、企业履行社会责任的动力不足、学校对民营企业的影响力不够等问题,提出浙江省民营企业参与高职教育的对策,主张打造校企合作命运共同体,增强民营企业内部治理水平,提高高职院校专业建设能力[①]。促进职业教育与民营企业利益平衡,需要政府、职业院校和行业企业的共同努力,从内部和外部两个层面激发民营企业与职业教育的合作动力,探索互惠共生的实践路径。中央及地方各级政府需完善职业教育与民营企业合作的政策体系,加强政府各职能部门的沟通,链接形成政策合力;明确各方需求、建立利益驱动机制,加强政策供给,完善利益补偿机制;创新合作形式,构建校企命运共同体,实现职业院校与民营企业协调互惠共生。

二、职业教育供给与民营企业需求的匹配

党的二十大报告指出,要坚持以推动高质量发展为主题,把实施扩大内需战略同深化供给侧结构性改革有机结合起来,增强国内大循环内生动力和可靠性。2022年,中共中央办公厅、国务院办公厅联合印发的《关于深化现代职业教育体系建设改革的意见》也明确提出:坚持以人为本、能力为重、质量为要,深化职业教育供给侧结构性改革,形成制度供给充分、条件保障有力、产教深度融合的良好职业教育生态。职业教育是技术技能型人才的供给侧,其供给侧结构性改革不仅事关职教人才的培养与供给,更关系新时代中国特色社会主义事业的发展大局。职业教育与民营企业合作过程中,教学内容即教材需要与技术人才所需技能相对应,以确保学生具备符合市场需求的岗位实践能力;职业院校的专业设置需要与企业的产业相对应,将产业需求融入人才培养;职业院校的人才培养方式和课

---

① 袁姝,郑金辉.产教融合背景下浙江省民营企业参与高职建设的现状及对策[J].职业技术教育,2022,43(8):17-22.

程设置也需要与企业需求相对应，培养复合型技术技能人才。深化职业教育供给侧的改革，内部教师、教学、教材、教法等方面的改革，是推动技能与企业需求匹配的根本动力。目前，部分学者对职业教育供需关系进行了深入研究。袁玉芝等认为当前部分院校专业的人才培养方案还没能体现技术技能人才的培养规律，专业课程设置未能及时反映职业岗位的最新变化和素质要求，教育教学方法落后，专业人才培养模式也难以满足产业对技术技能人才的需求①。荀莉对《行业人才需求与职业院校专业设置指导报告》总述中发现多数行业人才供给总量不足，少数行业供求基本平衡；部分行业人才供求规模出现结构性失衡，如工程技术类专业缺口在20%~60%；专业课程仍需加强针对性；实践教学效果达不到企业要求等②。刘义国等学者对2022年职业教育国家级教学成果奖教学改革类38项成果进行研究发现，教学改革类获奖成果主要解决的教学问题中，关于人才培养与企业需求对接，共58个问题，占46%，占比最高③。缪昌武则从学生、院校管理者和企业管理者三个层面开展职业教育技术技能人才培养匹配性调查研究，发现存在技术技能人才供给与需求不匹配、培养主体与需求主体对技术技能人才认识不匹配、人才培养对象对自身素质的认识与社会需求不匹配等问题④。因此，职业教育人才供给需要与企业需求相结合，包括教学内容与技能需求匹配，专业设置与产业匹配，人才培养方式与职业岗位要求相匹配。从职业教育领域看，民营企业作为职业教育的需求方，最清楚职业教育"教什么""怎么教"和"为谁教"等基本问题。所以基于供给匹配问题，需要从教学内容即教材、培养方式、专业设置等方面着手。

职业教育区别于基础教育和高等教育等其他教育类型，首先在于其突出的职业性。职业教育面向的民营产业发展日新月异，技术、工艺与规范的更新速度较快。全国工商联最新报告显示，2021年，全国研发投入前

---

① 袁玉芝，杨振军，杜育红. 我国技术技能人才供给现状、问题及对策研究[J]. 教育科学研究，2021（7）：24-29.

② 荀莉. 对接行业需求 优化专业设置 助推职业教育高质量发展——《行业人才需求与职业院校专业设置指导报告》总述[J]. 中国职业技术教育，2020（5）：5-10.

③ 刘义国，胡希冀. 职业教育教学改革的现状、特点与建议——2022年职业教育国家级教学成果奖"教学改革"主题获奖成果分析[J]. 中国职业技术教育，2023（26）：46-53.

④ 缪昌武. 技能型社会建设中职业教育技术技能人才供需匹配性的实证分析[J]. 教育与职业，2023（17）：36-43.

1000 的民营企业，其研发费用总额达到 1.45 万亿元，占全国研发经费支出的 38.58%，同比增长 23.14%。2023 年，我国民营企业 500 强中，有 406 家企业的关键技术是自主研发，80% 以上的企业从不同层面已实施或计划实施数字化转型，79.2% 的企业采取多种措施实施绿色低碳发展。此外，2023 年 7 月中共中央和国务院发布的《关于促进民营经济发展壮大的意见》中提出，加快推动民营企业数字化转型和技术改造，持续加大研发投入，开展关键核心技术攻关。民营企业不断涌现新技术、新标准和新要求，给职业教育的教学内容改革提出了严峻的挑战。

基于职业教育教学内容滞后及"职业性"不足等问题，2019 年 11 月教育部印发《职业院校教材管理办法》的通知，其中第十六至十八条明确规定，职业教育教材编写应有企业行业技术人员参与；在教材投入使用后，应根据经济社会和产业升级新动态及时进行修订①。同年，国务院印发了《国家职业教育改革实施方案》，明确要求每三年修订一次教材，其中专业教材随信息技术发展和产业升级情况及时动态更新。同时要求"建设一大批校企'双元'合作开发的国家规划教材，倡导使用新型活页式、工作手册式教材并配套开发信息化资源"②。因此，职业院校应和民营企业联合革新教学内容，具体做法包括：一是教材开发要融入民营企业的新工艺、新技术；二是要将民营企业的先进设备、生产线流程等资源引入；三是建立校企共同开发教材机制，由企业工程师、能工巧匠与学校教师、专业研究员等组成的教材开发机构。

其次，职业院校专业设置需与产业相匹配。专业设置是职业院校整体教学工作的逻辑起点，是培育理论知识与实践能力双全人才的主要载体。专业建设直接影响职业院校服务民营企业经济发展、服务学生学习技能的能力，也进一步影响职业教育办学质量和内涵。产业结构近年来飞速升级调整，导致一批新企业、新工种和新岗位相继涌现，并且不少岗位被人工智能技术如 AI、VR 等代替。但部分职业学校办学定位不清晰，在专业设

---

① 教育部关于印发《中小学教材管理办法》《职业院校教材管理办法》和《普通高等学校教材管理办法》的通知 [EB/OL]．(2019 - 12 - 16) 2023 - 11 - 5. https：//www. gov. cn/zhengce/zhengceku/202001/07/content_5467235. htm? eqid = 8dda1387000270bb00000003647dec8e.

② 国务院关于印发国家职业教育改革实施方案的通知 [EB/OL]．(2019 - 01 - 24) [2023 - 10 - 15]．http：//www. gov. cn/zhengce/content/2019 - 02/13/content_5365341. htm.

置上缺乏科学规划，同质化现象突出，或一窝蜂开设"时髦"专业。淘汰落后专业速度慢，新开专业缺少科学论证，并缺少产业界的深度参与，使得专业设置与产业发展需求脱节，进而影响职业院校的毕业生就业质量。因此，职业院校应该要坚持以需求为导向，将产业需求融入人才培养的过程中。职业院校要根据产业需求调整专业设置和招生计划，使技术技能人才培养与社会需求紧密对接，促进专业设置与产业需求对接。

不但如此，人才培养方式也应与民营企业需求相结合。随着制造业自动化、信息化、智能化水平的提升，制造业转型升级呈现出多技术融合的态势，专业人才培养模式难以满足现今产业对技术技能人才培养的需要。首先，实训教学条件落后，导致实践教学效果达不到企业要求。如部分院校先进制造技术专业的实训室器械大部分都已落后，并且实训室规模与水平也无法满足课程教学和技能训练的要求。其次，实践教学的频次和课时不足，企业与院校合作深度不够，导致学生真正到企业和生产场地实习的时间太短，不利于培养学生的实践能力和综合操作能力。另外，职教师资力量也需加强，落实"双师型"队伍的建设，院校老师到企业交流培训，企业职工到院校开展教学，才能让学生成为具备专业知识和实操技能的复合型人才。

在校企合作背景下，民营企业和职业院校应该坚持立德树人、以学生为本的理念，合作的教学方式应呈现多样化，包括共建实训基地、联合申报科技计划项目、共同研发产品、联合培养高技能人才等。同时，双方还应共同制定课程、参与职业院校的教材开发，建设配套的数字化教学资源，使学生能够在真实的企业环境中学习和实践。这样，民营企业也能够通过校企合作项目来汲取新鲜的人才和创新思维，提升自身的竞争力。

三、职业教育质量与效果的评估

在 2022 年职业教育国家级教学成果奖教学改革类 38 项成果中，共提出 126 个问题，其中关于教学评价的问题有 18 个，占 14%，这些问题普遍反映当前考核评价不够全面客观，评价方式单一，动态评价实现困难。针对职业院校教学评价方面的问题，张龙从微观管理视角研究了我国高职院校专业课堂教学评价机制，发现以下弊端：一是课堂教学评价主要为学校自我循环的封闭式评价；二是课堂教学评价多是根据相对静态的指标开展;三是课堂教学评价参考性不强①。池春阳根据利益相关理论提出,产教融合中教育效果的评价不仅包括对产教融合各利益相关者的资源共享效果的评价,还包括利益相关者全员参与高职教育评价的全过程,各利益相关者之间的协同和资源共享是最重要的考察指标②。邹宏秋等针对"三教"改革存在的问题,着手职业教育"怎么评"问题,提出应立足过程化、常态化、智能化,构建功能完善的监测评价与改进机制③。

目前,我国的教育评价由政府部门主导,社会评价机构由于不发达、规模层次低、社会认可度低,难以达到教育评价在科学性、专业性、客观性方面的要求;虽然有些评价工作以项目形式委托给专业评价机构,但是"评什么""如何评""评价结果如何使用"这些关键问题实际上仍然是由政府部门主导决策④。教育评价通常分为两大类:内部评价和外部评价,内部评价主要是学校内部评价,而外部评价一般是教育部门、行业企业、第三方机构等。职业教育和民营企业合作过程中,作为"教育需求方"的企业没有参与到职业教育学校评价中,致使学校自身趋于"管理主义倾向",客观性评价不足⑤。但民营企业参与职业教育质量和效果评估中,如果没有建立良好的评价体系则可能出现以下问题:第一,没确立民营企业参与职业教育教学质量评估的理念。在传统的职业教育中,教育效果评估都是政府部门占主导地位和教学部门位于从属地位,这种评估方式已经形成刻板印象,从而导致民营企业介入人才培养质量评价的观念难以形成,民营企业技术人员的参与度有限。第二,民营企业参与职业教育评价的内容指向不明。近年来,国家出台了近10份政策文件,如《教育部关于充分发挥行业指导作用推进职业教育改革发展的意见》教职成〔2011〕6号、《国务院办公厅关于深化产教融合的若干意见》国办发〔2017〕95

---

① 张龙. 基于企业主体的高职院校专业课程课堂教学评价机制研究[J]. 教育与职业, 2021(3):53-56.

② 池春阳. 利益相关者视角下高职教育产教融合长效机制研究[J]. 教育理论与实践, 2021, 41(33):16-20.

③ 邹宏秋,许嘉扬. 数字化时代职业教育"三教"改革的政策理路与实践进路[J]. 中国高教研究, 2022(6):103-108.

④ 余蓉蓉,张宁娟. 2022中国教育评价改革热点研究[J]. 教育学术月刊, 2023(5):89-97.

⑤ 匡瑛,井文. 深化职业教育评价改革的逻辑起点、实践痛点与出路要点[J]. 教育发展研究, 2022, 42(Z1):9-15.

号、《国务院关于印发国家职业教育改革实施方案的通知》国发〔2019〕4号、2020年，中共中央和国务院印发《深化新时代教育评价改革总体方案》等，均提出要推进行业企业参与的评价制度建设，形成社会、行业、企业、教育行政部门和学校等多方参与的职业教育质量评价体系，然而，这些文件对行业企业参与职业教育的评价规定过于宏观①。第三，企业参与教育质量评估的反馈滞后，职业学校改进效果有延时。尽管民营企业参与职业教育效果质量评估，但其评估标准与职业院校办学过程脱节。对于职业院校来说，民营企业需要什么样的人才，信息没有完善，人才培养滞后于企业需求，民营企业也难以及时对人才培养进行反馈与评估。

对于以上问题，有学者提出职业教育教学评价改革的要点：在价值导向上，关注多元主体的利益表达，促进不同办学职能的协同实现；在策略选择上，注重梳理多元主体的不同职责，发展不同类型的评价方式；在结果应用上，以基准性评价、信息公开、长期性评价等方式，形成评价主客体之间交流互动的建构局面②。因此，职业教育服务民营企业的评价机制应将重点放在人才培养上，以职业院校的发展为核心，同时应考虑到民营企业、行业等利益相关者的共赢需求，构建利益相关者全员全方位参与的第三方评价机制，通过评价赋能，以评促改，提质增效，实现共同发展。

四、职业教育与民营企业创新融合

民营企业是我国科技创新的重要力量。党的十八大以来，越来越多的民营企业重视创新研发，技术水平持续提升，创新投入持续增长，创新质量显著提高，民营经济成为创新创业的主力军。根据国家知识产权局知识产权发展研究中心发布《中国民营企业发明专利授权量报告（2021）》数据显示，2021年我国发明专利授权量达69.6万件，排名前十位的国内企业中，民营企业占据7席。党的十八大以来，民营经济核心企业奋力推动高质量发展，其中288家企业的研发人员占比超过3%，406家企业的关键

---

① 肖纲领，林荣日. 行业企业参与高职教育质量评价的困境与策略 [J]. 高教发展与评估，2023，39（3）：11-20，119-120.
② 任占营. 以多破唯：构建职业教育评价新格局的路径探析 [J]. 高等工程教育研究，2022（1）：11-16.

技术主要来源于自主开发与研制①。根据全国工商联最新数据，2021年，研发投入前1000名的民营企业，研发费用总额达1.08万亿元，占全国研发经费投入的38.58%；截至2021年底，中国民营企业500强的国内外有效专利总数已超过63.3万项，较上年增长53.6%。当前，民营经济展示出"四新经济"（新技术、新产业、新业态、新模式）的特点，其本质是自主创新，是以落地应用为基础，以市场需求为根本导向，以技术创新、应用创新、模式创新为内核并相互融合的新型经济形态②。更有研究表明，校企合作有助于促进企业技术创新，对发明专利数量、创新结构、专利被引数量等多个维度均有积极影响，企业参与校企合作后发明专利的申请数量增长了21.4%，实现了企业创新专利结构由低质量向高质量的转变，并且创新促进效应随合作强度增加而增加③。

在职业院校人才培养过程中，受到传统教学模式的局限，通常将职业技能放在重要位置，人才供给难以适应民营企业创新型人才的需求。姚岚等学者提出目前技术创新型人才仍存在以下困境：一是职业教学以知识本身为目的，忽视学生实践能力的培养；二是以单一学科知识为主，制约网络化知识体系的构建；三是实践以程序化操作为主，限制学生解决复杂问题的能力④。张红等学者对职业教育教师创新团队进行研究，提出职业教育教师创新团队建设目前还存在目标冲突、配套制度缺失、创新目标未落实、文化建设有待推进等问题⑤。随着新一代科技革命的迅猛发展，大数据、人工智能、云计算等新技术大量涌现，传统的生产模式发生巨大变革，催生了一批新兴产业和职业岗位，对技术技能人才也提出了新的时代要求。职业教育作为技术创新人才培养的主要阵地，肩负着为社会经济发展和人才供给的社会责任，技术革新、产业转型对人才需求状况的改变，又会影响职业教育人才培养的目标与能力结构。因此，职业院校与民营企

---

① 肖文，谢文武. 当前民营经济发展的新特征与新挑战 [J]. 人民论坛，2023 (7)：24-29.
② 蒋向利. 民营企业成为我国科技创新重要力量 [J]. 中国科技产业，2023 (8)：16-18.
③ 金晟男，武力超，薛洲，等. 校企合作、企业创新与企业价值：来自高技术产业的新证据 [J]. 南方经济，2023 (10)：127-144.
④ 姚岚，谭维智. 数字化转型视域下技术创新人才培养：诉求、困境与变革 [J]. 高等工程教育研究，2023 (1)：142-147.
⑤ 张红，刘聘. 职业教育教师创新团队协作共同体建设探索 [J]. 教育与职业，2023 (19)：59-65.

业合作需要注重学生创新能力的培养，探索建设创新平台和数字化交流平台，建设教师创新团队，顺应技术的创新发展，利用民营企业的新工艺、新技术等资源要素，共同打造协同创新平台。

职业院校教师教学创新团队建设是教育创新的关键，首先，要建构全面的互动机制，有利于团队内外的资源流动共享，其次，要提高教师团队的专业素养和运用外界辅助技术的专业水平，再次，要调动教师发展的主动性引领发展；最后，对教师及团队的教学成绩融入数字化技术加以评价[1]。民营企业也是创新人才培养过程中的相关利益主体，应该和职业院校共同合作发挥协同培养的优势。民营企业应破除陈旧的创新人才培养理念和育人模式，建立与行业的紧密合作关系，与学校创新合作模式，探索政府、社会、行业企业和学校多主体协同培养机制，促进教育链、人才链与产业链、创新链的有效衔接。

五、职业教育与社会责任的平衡

我国已经将企业参与职业教育看作是一种社会责任和公民义务，如2022年最新修订的《中华人民共和国职业教育法》明确规定，企业开展职业教育的情况应当纳入企业社会责任报告。推动企业履行职业教育社会责任对于促进教育链、人才链与产业链融合的至关重要。以下学者对企业履行社会责任的内容、影响因素及执行困境进行了深入地研究。霍丽娟基于利益相关者理论，对全国1077家企业进行了调研，发现企业履行职业教育社会责任主要出于获得优质资源和自身战略发展的目的，企业承担责任的认知对其承担责任的行为存在正向影响，而履行责任的行为又能正向影响企业绩效，政府、行业协会对企业承担责任具有正向调节作用[2]。秦程现基于 Archie B. Carroll 的企业社会责任"四层金字塔"理论，将企业职业教育责任划分为"必尽责任—应尽责任—愿尽责任"三个层次[3]。肖凤翔等

---

[1] 王忠昌，黄海泳. 职业教育教师教学创新团队的角色塑造、专业素养与发展路径 [J]. 职业技术教育，2023, 44 (6): 32-37.

[2] 霍丽娟. 基于利益相关者管理的企业职业教育社会责任研究 [J]. 中国职业技术教育，2020 (12): 26-33.

[3] 秦程现. 论企业的职业教育责任及其实现——基于企业社会责任理论视角 [J]. 职业技术教育，2020, 41 (1): 37-41.

从职业教育课程开发角度将企业社会责任内容分为导向责任、供给责任和参与责任三种①。霍丽娟认为,企业社会责任边界模糊、履行职业教育责任动力不足、职业教育影响力不足等因素是企业履行职业教育责任的现实困境②。基于上述研究,如何引导和激励企业更好地履行社会责任是当前和下一阶段亟待解决的问题。

民营企业参与职业教育是履行企业社会责任的重要体现。随着社会的发展,相应政策的出台等,20 世纪 90 年代开始,企业具备自主承担社会责任的意识和能力已成为广大学者的普遍共识,涌现了企业社会责任同心圆体系、企业社会责任层次体系等理论框架。从职业教育领域看,民营企业作为职业教育的需求方,最清楚职业教育"教什么""怎么教"和"为谁教"等基本问题。近年来国家出台一系列政策,如《国务院关于加快发展现代职业教育的决定》、教育部等六部门印发的《现代职业教育体系建设规划》(2014 – 2020 年)、《职业学校校企合作促进办法》等,都强调企业应当依法履行实施职业教育的义务,重申企业履行职业教育社会责任的重要性。虽然我国已将企业参与职业教育纳入企业社会责任报告的要求中,但学者发现对于大多数企业仍是一种自愿性或有选择性的行为。有学者认为企业主要出于经济和道德动机而参与职业教育,我国不少企业尚处于发展阶段,更多考虑的是自身的发展和对经济利益的追求,缺少承担企业社会责任的意识。

企业参与职业教育在履行社会责任方面的不足,主要源于两个方面的原因:一是没有相关的法律法规,不能对企业参与职业教育的责任从法律角度进行界定;二是企业社会责任意识不足。资源依赖理论的提出者费佛尔和萨兰奇科(Pfeffer and Salancik, 1978)指出,组织是一个开放的系统,生存发展需要资源,任何组织不可能持有自身赖以生存和发展所需要的全部资源,实现自我供给下的生存和发展。在资源依赖理论视角下,职业院校与民营企业建立合作关系的前提是双方能够提供互补的资源。驱动引导企业参与职业教育可以从内部和外部两个方面着手,一方面建立和完

---

① 肖凤翔,黄晓玲. 试论职业教育课程开发中企业的角色与责任 [J]. 高等工程教育研究,2019 (1):133 – 138.

② 霍丽娟. 企业履行职业教育社会责任的基本要素及推进机制研究——基于企业社会责任报告编制的视角 [J]. 中国职业技术教育,2018 (30):33 – 40.

善相关的法律法规，对企业参与职业教育的行为激励和规范化。根据上文提到的"三螺旋"理论，职业院校和民营企业合作过程中，政府制定决策及维护运行环境，保障合作多方的权益。另一方面，企业要加快产业转型升级，提升技术积累能力，加强企业文化建设。根据企业生命周期的发展四阶段理论，成熟的企业履行社会责任的意识、主动性要优于其他发展阶段，然后呢？提升中小微企业的规模优势？形成职业教育与中小微企业协同发展的生态？形成中小微企业向大型企业过渡的有效路径？

综上所述，新时代的职业教育与民营企业合作需要多方面、多因素的有机融合，民营企业在职业教育中的社会责任是职业教育领域的重点难点，仍有待进一步的深入研究和实践探索。

第二章 现实逻辑：职业教育服务民营经济的发展现状

民营经济是助推我国经济高质量发展的重要力量，党的二十大报告指出，"构建高水平社会主义市场经济体制，坚持和完善社会主义基本经济制度，毫不动摇巩固和发展公有制经济，毫不动摇鼓励、支持、引导非公有制经济发展"。党的二十大报告再次强调，在国家经济体系中民营经济占据重要地位。随着职业教育与民营经济的联系愈加紧密，党和政府对职业教育的重视达到了前所未有的高度。[①] 为深入贯彻落实《国家职业教育改革实施方案》，各级政府、教育部门针对职业教育的改革与发展，从政策供给和制度保障上进行布局，助力产教融合校企合作持续走向深入，形成了职业教育服务民营经济，企业支持职业教育发展的良好局面。同时，各职业院校始终坚持"以服务为宗旨，以就业为导向"的办学理念，为企业培养需要的人才，与企业形成相互融合、共建双赢的关系，在满足企业对高质量技能型人才需求的同时，推动了区域经济快速、健康发展。

第一节 当前职业教育服务民营经济的现状

一、对接市场，职业教育专业建设成效凸显

职业院校在设置专业时要充分考虑国家经济结构转型升级和区域经济发展的态势，明确各个行业的就业前景和技能需求，由此调整和优化专业设置。为此，职业院校需与相关产业进行紧密的合作，了解实际的用人需

---

① 余闯, 施星君, 杨晓珍, 等. 高职教育与民营经济融合发展的逻辑与路向 [J]. 中国高教研究, 2023 (4)：95–101.

求，与企业共同开展课程开发和教学设计，确保培养出的学生能够满足产业的要求。同时，根据行业的发展和需求变化情况，及时增加或减少相关专业的设置，保证职业院校的开设专业与产业需求一致，避免专业过度或不足的情况。随着产业的不断发展，职业院校应该在某些领域培养专门人才，形成自身的优势和特色，这样可以更好地适应区域产业的升级，提高职业院校的社会服务能力，更好地为区域经济发展提供人才支撑。[①] 职业教育在服务民营经济过程中，专业建设应与时俱进，呈现出与区域经济协同发展、"校政行企"多元协同互动、校企深度合作引企入校、集团化发展等新气象。

协同推进专业建设发展是指职业院校与区域经济、政府、行业企业等各方共同合作，协同完成专业的建设计划，并在此过程中实现共赢。具体包括以下四种形式：[②] 一是与区域经济协同发展，职业院校与所在地区的经济发展密切结合，根据区域经济的需求，调整和优化专业设置，培养与当地经济相适应的人才。同时，职业院校还可以积极参与区域的产业规划和发展计划，为区域经济提供人才支撑。二是与产业协同发展，职业院校与相关行业的企业和组织之间建立紧密的合作关系，共同开展课程开发、实践教学和科研项目等活动。通过与产业的紧密合作，职业院校可以更好地了解行业的需求，培养与行业发展相匹配的人才，提高毕业生的就业竞争力。三是与企业协同发展，职业院校与企业之间进行深度合作，开展人才培养、技术创新和产业升级等方面的合作项目。通过与企业的协同发展，职业院校可以更好地了解企业的需求，调整教学内容和方法，培养出符合企业要求的应用型人才。四是"校政行企"协同发展，职业院校与政府、行业企业形成三方利益共享的合作关系，共同参与职业教育的规划和实施，推动校企合作的深入开展。政府部门提供政策支持和资源保障，企业提供实践基地和就业机会，职业院校则提供优质的教育资源和人才培养服务，实现校、政、企的协同发展。通过这四种形式的协同发展，职业院校可以更好地适应国家经济结构转型升级和区域经济发展的要求，提升专业建设水平，培养适应社会需求的高素质人才。同时，也可以促进产业升

---

① 产教融合校企合作典型案例（2022）研究报告［J］．在线学习，2023（7）：67-73．
② 安东平，许志良．我国职业教育专业建设历史演变、典型模式与路向选择［J］．高等职业教育探索，2023（1）：25-32．

级和经济发展，实现各方共赢的局面。

浙江科贸职业技术学院和吉林工业职业技术学院在专业建设方面，注重与区域经济协同发展的做法。[①] 浙江科贸根据金华地区的经济发展需求和特点，调整和优化专业的定位，设计符合行业要求的课程体系，采用多种教学方法来提高教学效果，并开发与电子商务相关的实践课程。通过这些实践，培养出适应金华地区电子商务行业需求的高素质人才。

职业教育专业建设需要走多元化发展之路，政府、学校、行业、企业、社会组织等多个主体共同参与到职业教育的专业建设中。[②] 政府发挥政策引导和规划指导的作用；学校加强学科建设和师资培养；行业、企业提供实践场景和技术支持；社会组织参与专业评估和监督。通过多元参与形成合力，推动专业建设良性发展。行业、企业的参与丰富了职业教育专业建设的实践基地、实训设备，引入了先进的工艺、技术，形成多样化的教材和教学方法，满足学生的不同需求，为培养兼具实践能力和创新能力的高素质人才打下坚实基础。[③] 根据专业特点和市场需求，灵活调整专业设置和课程设置。根据行业需求和学生兴趣，开设不同的专业方向和选修课程，满足不同学生的需求。同时，不断更新教材和教学内容，紧跟行业的发展变化，保持专业的前沿性和实用性。

职业院校与企业合作过程中，通过实践教学、实训基地、实习就业等形式，企业提供给学生真实的工作环境，培养学生所需的能力和素质。通过校企合作项目、实习实训等形式，学生能够将所学的理论知识应用到实际工作中，提高专业能力和实践能力。职业院校与企业资源共享，双方共建实训基地、实验室，共享设备和技术资源，建立校企合作平台。通过与企业的合作，了解行业需求和趋势，为教学提供指导和支持，提高教学质量，企业获得实践经验丰富、适应行业要求的毕业生，提高企业的竞争力和创新能力。

"集团化"这一概念最初是把单一的组织、个体汇聚到一起，形成一个功能完备、优势互补的团体，将团体的功效最大化。20 世纪 90 年代，"集团化"在职业教育领域广泛应用，成为引领职业教育快速发展的生力

---

①② 安东平，许志良. 我国职业教育专业建设历史演变、典型模式与路向选择［J］. 高等职业教育探索，2023（1）：25 - 32.

③ 宋海霞，廖有贵. 基于现代学徒制《石油炼制技术》课程教学模式的研究［J］. 中国石油和化工标准与质量，2020，40（11）：161 - 162.

军；2015年教育部发布的《关于深入推进职业教育集团化办学的意见》明确指出"开展集团化办学是深化产教融合、校企合作，激发职业教育办学活力，促进优质资源开放共享的重大举措；是提升治理能力，完善职业院校治理结构，健全政府职业教育科学决策机制的有效途径；是推进现代职业教育体系建设，系统培养技术技能人才，完善职业教育人才多样化成长渠道的重要载体；是服务经济发展方式转变，促进技术技能积累与创新，同步推进职业教育与经济社会发展的有力支撑"。[①] 从此，职业教育在专业建设上走上集群化发展之路，以精准服务区域经济为核心，推动专业链紧密匹配产业链需求，让人才与企业需求更匹配。

二、对接企业，职业教育校企合作不断深入

职业院校为了使毕业生更好地适应企业的岗位需求，借助校企合作不断加强职业院校的专业建设。具体表现在以下几个方面：首先，"学校工厂化"模式，把企业的生产线建在学校的实训中心，学生不出校门即可把理论学习与实践锻炼融为一体。这既解决了企业扩大生产的瓶颈，又化解了学校设备不足的难题。其次，实行"企校交替"的培养模式，这种做法是学生半工半读，在学校系统学习理论知识，到工厂进行技能训练提升，形成理实融通，彻底实现了学习与工作的无缝衔接。除了学生的校企轮动外，企业工程师和学校专职教师也互动起来，企业工程师进课堂上讲台也成为众多职业院校专业发展的必选动作，校内教师和企业工程师共同承担教学任务。再次，学校教师也走入企业，给实践能力强理论基础弱的工程技术人员送上理论知识"大餐"，帮助企业人员知其然亦知其所以然。最后，通过校企双方优势互补、共同发力，达到了院校的专业越办越强、企业的用人量身定做的双赢局面。伴随着职业教育与民营企业的快速发展，各级各类职业院校与企业的合作正在不断走向深入。

（一）"育训结合、双向融合、组群培养"的校企合作新模式

在佛山市顺德区制造业转型升级过程中，针对企业对人才提升的共性

---

① 刘艳华. 高职教育集团化办学路径的探索——以山西工程职业技术学院为例[J]. 现代职业教育，2019（13）：68-69.

需求和个性需求，顺德职业技术学院与广东乐善智能装备股份有限公司深度合作，探索了"育训结合、双向融合、组群培养"的校企合作新模式。顺德职院以现代学徒制人才培养项目为载体，机电、数控和模具等多专业组群为企业定制覆盖更宽的岗位群、满足个性化需求的人才培养方案。同时，通过学校"送教上门"为企业讲师开展行动导向教学培训，以"引企入教"共建精益管理技能大师工作室，将企业先进管理技术引入学校。通过"引师入校"，以企业"送技上门"形式与学校共同开发"精益生产管理"课程，形成双向融合局面；发挥学校平台与环境优势，依托工作室和共建课程，校企共筑培训载体"精益道场"，聚集地方商会、行业专家等资源，面向企业生产运作管理人员，打造培训项目"精益生产管理特训营"，开展培训赋能，形成育训结合态势。

（二）校企"双主体"工学交替培养高素质管理人才

北京农业职业学院与北京物美商业集团股份有限公司携手开展现代学徒培养计划，店长定制班校企联合招生，共同探索和推广现代学徒制校企双主体、工学交替培养模式，培养高素质管理人才。通过校企上下融通、内外联动，创新形成"双平台"校企合作机制，探索出校企合作发展新路径。学院作为中国都市农业职业教育集团理事长单位，联合优质企业，开展现代学徒制试点项目，整合集团内部成员单位的优质资源，构筑校企深度融合"资源池"，提供资源保障。学院与物美集团联合成立"现代学徒培训中心"，通过例会制度，协调学生实践、教师实践、企业培训等，成为缔结校企命运共同体的重要抓手。依托大平台，建设小平台，形成"双平台"机制，探索出校企合作发展新途径。

（三）"一体五融四创"人才培养的探索与实践

重庆工程职业技术学院围绕服务重庆装备制造支柱产业这一目标，与重庆潍柴、重庆金康、益海嘉里等企业深化合作机制，打造校企创新联合体，为校企深度合作提供"工程蓝本"。基于创新联合体，搭建育人平台，通过岗位实践锻炼、引入工程案例、共研实训装备、校企双导师指导，在真实项目实践中培养创新意识、提高创新实践能力。建立工业机器人与矿山智能装备系统应用重庆高校工程中心等5个市级中心和院士工作站、大师工作室、博士工作站等，签订"潍柴工匠"班等12个定向班，推进校企合作向纵深发展，促进"双元"育人。

剖析岗位对人才能力的新需求，提炼岗位项目蕴含的工匠精神、岗位标准、职业技能，并据此重构模块化课程体系。在课程中引入中、高级职业技能证书标准，课程模块对应证书内容，课程标准对接证书标准，推进课证融通。参照大赛项目，解析大赛规程，提炼技能模块，融入课程项目，促进课程融通。依托教学、大赛、技研等活动，将创新教育融入学生技能培养，整体培育创新能力。将岗位、课程、大赛、证书、创新五大元素有机融入人才培养中，按照技能培养逻辑，建构人才培养新"谱系图"，促进复合创新型技术技能人才培养。

校企生三方联动，围绕企业生产、技术研发、产品开发、工程项目实施方案等需求，通过创新育人平台、教师创新团队、学生创新社团、虚实结合实训仿真等载体，结合技能大赛、创新创业大赛、职业技能证书等，精选创新实践项目，在项目实施过程中促进学生自主学习、独立探索、协作学习与实践交流。[①]

（四）以小微企业群为主导的产教融合新形态

甘肃富通电梯工程有限公司结合西部地区产业环境和行业需求，联合行业内小微企业组成集群，主动与院校和政府谋求合作，协同职业院校共同创建电梯工程技术专业，服务西部地区电梯行业的发展。通过多年的积累建设，探索形成了具有西部特色的"政校企行"发展的新生态。

西北地区电梯行业面临的共性问题有：无上市企业、无龙头企业，行业内部恶性竞争，导致从业人员待遇不高、幸福指数低，没有职业荣誉感，行业流失率高。需要具有行业情怀和工匠精神的人引领，打破"行业低价恶性竞争—企业利润不高—从业人员意见大—流失率高—行业专业人员更少—企业为降低成本更低价竞争"的死循环僵局。因此，为电梯行业培养高素质、高技能的职业技术人才是必要的，产教融合无疑是一条切实可行的路径。

---

① 张学．职业教育现场工程师培养的价值意涵与路径选择［J］．中国职业技术教育，2023（36）：52-58．

甘肃富通公司联合兰州富川机电、甘肃博程等西北地区及其他地区的多家小微企业形成行业联盟，充分发挥各自的优势。专注电梯工程技术专业建设与学生未来发展，甘肃富通不断加大资金投入，用于实训基地的软硬件建设。从最初的零星学员协议培养，逐步发展为成建制的冠名班，学徒制也得到了推广。

甘肃交通职业技术学院通过充分的市场调研和审慎研究，采用"迎企进校"的方式，与甘肃富通共同创建了西北地区第一个电梯工程技术专业。在当地政府主管部门有力支持下，通过承办行业论坛、专业讲座、技能竞赛和作业人员考试，举办技能提升培训等活动，不断扩大电梯专业在该区域的知名度和影响力，这些举措不仅有效促进了院校招生宣传，还为企业招聘提供了有力支持，充分发挥了政府协调作用。

在推动产教融合建设中，让民营小微企业积极参与充当主角，改变了以往依赖大中型国企、央企的狭隘观念，对市场小众行业和偏远落后地区开展产教融合工作具有现实意义。小微企业作为国家经济的"毛细血管"和"神经末梢"，对行业的变化非常敏感，更加注重从业人员的实用性和稳定性。由企业主导编制专业人才培养方案和实训教学计划，并承担部分专业课程的现场教学活动，除基础课和公共课外，采用场景模拟、理实一体化教学方式，合理调整实训课时，以确保学生能够精准掌握所需的理论知识要点和实践技能。

三、对接产业，职业教育集团形式多样

职业教育集团的组成成员包括职业院校、中等职业学校、技师学院等教育机构，以及行业企业、科研院所等其他组织。通过建立合作关系，职业教育集团可以实现教育资源的共享，使教育机构能够充分利用企业和科研院所的专业技术和工作经验，提高职业教育的教学质量和人才培养能力。

（一）示范性职教集团的区域分布

根据最新统计数据，截至2021年底，有50多家行业部门、行业组织和中央企业牵头组建了56个行业职业教育教学指导委员会，组建了1500

多个职业教育集团,3万多家企业参与,职业学校和企业共建实习实训基地2.49万个。累计培育3000多家产教融合型企业、试点建设21个产教融合型城市。[①]

(二)示范性职教集团的组建模式

从职教集团的牵头单位可以区分不同的组建模式,职教集团主要模式包含学校主导型、行业企业主导型、学校企业联合型、学校行业协会合作型、学校科研院所合作型以及政府主导型。其中,学校主导型是所有模式之中最主要的,其次是学校企业联合型,其余几种模式也都有存在。

(三)示范性职教集团的办学层次

我国的职业教育体系由中职教育、高职教育以及职业本科共同组成。其中,中职教育是根基,高职教育是主体,职业本科是职业教育的再发展再突破。从职教集团牵头单位的办学层次可见,全国示范性职教集团以高职教育和中职教育为引领,职业本科牵头的职教集团目前还很少见,南京工业职业技术大学组建的全国机械行业现代机电技术职业教育集团是当下唯一的一个。随着中国制造业的升级和产业结构的转型,对高素质的技术技能人才的需求也日益增长。职业教育的发展必须与时俱进,适应产业升级和社会发展的需要。[②] 目前,职业教育主要集中在专科层次,但随着职业教育的不断发展和人才需求的变化,职教集团的办学层次有望逐渐提升,未来可能会有更多的本科层次的职业院校出现。这种变化将使职业教育更加多样化,能够培养更多高水平的技术人才和专业人才,为中国智造和产业升级提供有力支撑。同时,职业教育也将更加注重实践教育和产业融合,培养学生的创新能力和实际操作能力。职教集团将逐渐实现规范化和标准化,提高教学质量和办学水平,以满足中国产业升级和国际竞争的需求。

[①] 《2021年全国职业教育事业发展统计数据》https://mp.weixin.qq.com/s?__biz=MzI2MjM1NTEwNQ==&mid=2247498007&idx=1&sn=d06ed631c5daffb677bb866dd6492b86&chksm=ea4ed8d9dd3951cf4bbfd4ac7d0dad0cc2600581bcd55a5537e3a28c9ac943da0fc1a04a d7ae&scene=27.

[②] 韩飞,郭广帅.职业教育赋能新质生产力:理论逻辑、实践堵点与创新路径[J].职教论坛,2024,40(3):5-14.

(四) 多元主体参与成为潮流

随着时代的发展和我国对职业教育重视程度的不断加深,政府开始注重推动职教集团的科学发展,并将其纳入职业教育政策的顶层设计中。国家文件中明确了示范性职教集团的建设任务、时间节点、创建数量以及典型特征等重要内容。① 这意味着职业教育集团化办学不再局限于单一的职业院校和培训机构,而是呈现出多元化的发展趋势,各类组织和机构都有机会参与到职教集团的建设中。这一政策的制定对于促进职业教育集团的发展和优质资源的开放共享具有重要的意义。通过国家层面的推动,示范性职教集团得到了更多的支持和资源,能够更好地发挥其示范引领作用,推动职业教育的改革和创新。同时,这也促使职业教育集团在组建模式、运营机制和合作方式上越来越趋于多元化,更好地满足职业教育发展的实际需求。

(五) 职教集团规模逐渐壮大

成员数量是衡量集团规模的重要判断依据。有学者根据职教集团成员的数量将职教集团划分为四种规模类型:"小型(成员单位<30家)、中型(成员单位为30-49家)、大型(成员单位为50-99家)、特大型(成员单位≥100家)"。地方政府也有意强调集团规模和行业产业覆盖,以此发挥多元参与主体的规模效应和办学资源开放共享的集聚效应,甚至在相关评价办法中有明确考核要求。例如,山东省教育厅、山东省经济和信息化委员会制定的《山东省职业教育集团认定评价参考指标》指出,"职教集团成员单位30家以上(1分);企业单位成员总产值2亿元以上(1分)"。在299家示范性职教集团中,广东建设职业技术学院牵头组建的广东建设职业教育集团在2021年新增广东腾越建筑工程有限公司等成员单位35家,目前成员单位规模达213家;广东职业技术学院牵头组建的广东纺织职业教育集团由最初的100多家联盟单位发展到目前拥有成员单位166家,包括学校19所(中职9所、高职6所、本科4所)、政府部门4家、

---

① 蔡安成. 历史和实践视角下示范性职教集团提质培优路径研究[J]. 职业技术教育, 2021, 42(33): 32-36.

行业组织 12 个、科研机构 7 个、企业 124 家；天津滨海新区职业教育集团作为示范性职教集团于 2017 年成立，首批共有成员单位近 300 家，是特大型标准的 3 倍。①

根据鄂尔多斯市教育局发布的《关于职业院校推进集团化办学的指导意见》，全市的职教集团呈多样化发展态势。大型民营企业与重点市属职业院校联合，相关行业与职业院校的对应专业联合，地方政府优化整合职业教育强势资源等。围绕专业对接产业、产业引导专业，先后成立了八个职教集团，涵盖智能制造、生物化工、新能源汽车、文化卫生、现代物流与服务业等，有效提升了产教研用融合、政校企行合作。

（六）对接需求，加强职业技能培训

根据国家对职业教育的顶层设计，职业教育培训体系的内容主要包括两个方面：一是通过学历通道，满足技术技能人才的学历提升需要；二是使职业教育和职业培训在保留各自特点的基础上实现功能互补，满足劳动者职业生涯发展需要。②③

据调查，浙江省各级各类职业院校把技能培训作为助推产教深度融合的催化剂，通过开展农村转移劳动力培训、种植养殖培训、新型农民培训来助力乡村振兴，利用职业技能培训，对企业开展科技服务，以此来强化校企合作，把行业企业内的优质资源引入教育教学过程中。各校利用经行业认定的校内培训基地、技能鉴定中心，积极与农业、人社等部门对接，组织开展企业员工、农民、务工人员等的技能提升培训，并形成制度化常态化。

为响应国家战略，各级各类职业院校依托相关教育培训项目，不断拓展培训的内涵建设，通过教学方式方法不断更新，持续提升教培质量。企业员工培训注重技能提升、职业生涯发展规划、企业文化及发展战略等多维度内容，同时辅以安全培训，逐渐呈现出终身学习的态势。一些职业院

---

① 王姣姣. 产教融合视域下我国职教集团建设现状及未来发展审思——基于全国 299 家示范性职教集团（联盟）的分析［J］. 教育与职业，2022（19）：13-20.
② 辛宪章，许峰，张岩松. 新发展理念引领下完善职业教育和培训体系的高职定位与策略［J］. 教育与职业，2021（1）：44-49.
③ 施晓霞. 高职院校完善新时代职业培训体系的策略研究［J］. 九江职业技术学院学报，2022（4）：10-13.

校与地方经济社会和专精特新产业密切联系,围绕当地"强链、补链、延链"的发展需求,通过培育品牌,塑造亮点,逐渐摸索形成一些各有所长的职业培训新思路、新局面、新业态。

广东借鉴德国"双元制"模式,在以装备制造为主导的工业园区内设立培训中心。把德国的职业认定标准引入培训中心,承接学员的相关技能培训。这种以公司化运营的校企共同参与的园区培训中心,破解了企业员工培训的难题。校、企、中心三方协同研制人培方案,教学模式不断创新、课程构成不断优化、评价考核体系不断完善,实现中心的设备、院校的师资和企业的技术共享,最终实现学生从学徒到员工的全过程全方位培养。经过多年的建设运营,校企双方围绕充分发挥产教融合实质优势,做实做细双元育人,形成了"双元基础、三方协同"的人培机制,将产教融合之路推向新的高度。

台州科技职业学院通过优化职业培训服务为台州"三高三新""两个先行"建设贡献职教力量,具体体现如下。

一是充分发挥学校的专业教师、企业技术平台等资源优势,以企业行业岗位要求为指导,针对区域民营企业大力开展新技术、新工艺、新理念人才的培养,同时采取线上线下结合的方式,开展中国特色学徒制培养,分级分类进行企业上岗前培训、在职培训、再上岗培训。针对中小微企业所需,"量体裁衣"推出定制化培训"菜谱",为中小微企业创建"共用共享"的培训平台,提升企业职工岗位技术技能水平。二是实施重点群体就业创业培训。以"扩中提低"改革为目标,重点围绕从农村向城市地区转移的劳动力人员、失业人员、残疾人等主要群体的就业创业需要,因材施教提供各类就业技能培训,并将培训人员精准推送到各类民营企业。建立创新孵化器,对自谋职业和有创业愿望的员工开展创业培训。

打造全方位职业培训资源库,推进职业培训基地库建设。全力推进现有的各级培训基地建设,以学校专业(群)核心技术、专业师资、高精设备为依托,紧跟区域产业发展需求,整合优化民营企业和学校的强势培训资源,校企合作共同申办高级别培训基地,增加职业工种提升认定等级。不断拓展现场实践教学基地,创新教学模式,为高质量培训项目的开发与实施提供保障。推进职业培训综合体建设,整合行业协会、校地产教联盟、产业学院、社区学院等优质培训资源,依托行业龙头培训企业力量,围绕自动化、数字化等"高精尖"培训服务项目,校地行企协同组建培训综合体,吸纳全球职业培训的优秀人才,为区域民营企业精准培训技术人才。推进职业培训师资库建设,着力打造"双师型"教师,提高教师职业培训能力水平,推进教师更好地驾驭学校、企业"两个讲台"。利用学校实习实训基地等平台开展针对性培训,提升专业教师的实践教学能力。聘请来自民营企业的大国工匠等高技能人才扩充职业培训师资队伍。建设职业技能培训资源库,挖掘专业群优势,构建有广度有梯度的课程体系。引入"线上+线下"的方式,增强培训的柔性、适应性,让职业培训的受益群体不断扩大。课程开发注重周期短、需求大、易就业的特点,着力优化培训课程体系,打造品牌培训课程库。

完善全视角职业培训新机制,激活教师承担培训积极性。完善教师工作绩效考核办法,把职业培训的教学、管理工作纳入教师教学工作业绩考核和年度考核,融通职业培训和全日制教学,将培训课时与教学课时、学员评教与学生评教相融合,并将职业培训课时纳入教师赴企业(社会)实践锻炼考核指标。借助信息化、数字化技术手段加强培训管理队伍建设,使服务更加专业、标准,达到可复制可推广的效果。建立二级单位定期交流培训和考核激励机制,落实职业培训"两清单一指数"制度,加强培训体系的过程建设和制度建设。

(七)对接部门,构建合作育人平台

产教融合是职业院校与区域产业相互融通、取长补短的重要途径,形成办学命运共同体。近年来,国家和各级地方行政部门陆续推出了一系列促进产教融合的政策,目的是提升职业教育与区域产业和行业的吻合度,提升教育对产业的贡献度、支撑度。[①] 2017 年,国务院办公厅印发《关于深化产教融合的若干意见》(国办发〔2017〕95 号)明确提出将产教融合作为促进经济社会协调发展的重要举措,融入经济转型升级各环节,贯穿人才开发全过程,形成政府、企业、学校、行业、社会协同推进的工作格局这一重要原则。2019 年,国家发展改革委、教育部等 6 部门印发国务院

---

① 曲铁华,王瑞君.40 年来我国高等职业教育政策演进历程与特点[J].沈阳师范大学学报(社会科学版),2019,43(4):96–105.

发布《国家产教融合建设试点实施方案》（发改社会〔2019〕1558号），并在2021年正式印发试点城市及企业名单。① 近年来，产教融合校企合作不断优化合作形式，提升合作内涵，走上可持续的发展道路。

台州科技职业学院以"活力温台"为契机，锚定打造"高等职业教育与民营经济融合发展标杆校"的发展目标，积极探索"五共五融"产教融合新模式，办学水平得到快速提升。具体举措如下。

四方联动，共建"三平台"，激活民企办学融合新动能。校政行企四方联动，搭建了合作政策支持平台、产教联盟共享平台和产业学院育人平台，牵头成立了台州市产教融合专家委员会，深入推进"1+1+1+N"产教融合生态圈建设，即一个专业群对接一个产业（链）、牵头筹建一个产教联盟、组建一个产业学院、跟N家骨干企业开展各种形式合作。近年来，共吸引6000多万元社会资金共建产业学院、培训综合体等。其中，"长三角模具产教联盟打造'政校行企'产教联盟生态圈"入选国家2021年产教融合、校企合作案例。

三层混合，共创"三学院"，探索产教深度融合新途径。学校层面，成立混合所有制台州湾产业学院；二级学院层面，建设3个混合所有制产业学院，实行理事会领导下的二级学院院长负责制；专业层面，建设有绿翼环保检测等三级产业学院，形成大混、中混、小混的多元混合办学新途径。其中，"吉利汽车校企合作育人'成蝶计划'建设项目"和"新华三'数字工匠'融合人才培养计划"获批教育部"职业教育校企深度合作项目"首批项目。

双元育人，共推"三对接"，提升人才培养融合新能级。专业对接产业，围绕省市产业集群，打造专业集群。以信息安全技术专业群为内核，辐射园艺、种植、养殖、模具、金融、物流等特色专业，形成专业集群服务乡村振兴、智能制造及国家战略需求。育人对接用人，与民营企业共建技术技能人才培养"命运共同体"，拓宽了校企双元人才共育主渠道；学业对接就业，搭建了课程群与岗位群对接、校内教师与企业技师对接、校内实训与企业实习对接的育人平台，翻开了台州"中高企一体化"协同育

---

① 全球职业教育行业发展报告［C］//艾瑞咨询系列研究报告（2022年第7期）［出版者不详］，2022：67.

人新篇章。近年来,学生获省级及以上技能竞赛奖励比例连续超 3%,2022 年,学生在全国智能机器人创意大赛、全国大学生先进成图技术与产品信息建模创新大赛及全国职业技能大赛高职组"园艺""银行业务综合技能""农产品质量检测"赛项中获一等奖 2 项、二等奖 2 项、三等奖 1 项。

一站培育,共筑"三工程",创新校企双师融合新局面。学校不断深化"百教千导"、推进"百师进百企"、畅通"交叉任职、双向晋升"三工程,实施"一师一案""一师一企""一师一徒"计划,建立"从企业中来、到企业中去"的双师型教师培养机制,畅通专业教师、企业师傅立体培育通道,构建校企人员双向交流协作共同体,提升"双师"社会服务能力,赋能民营经济高质量发展。在 2022 年浙江省教师教学能力大赛中,斩获特等奖 2 项、一等奖 1 项、二等奖 2 项、三等奖 1 项,总成绩位居全省前列。

多维构建,共享"三服务",打造技术技能融合新引擎。学校通过校政行企研多方协同,构建了全生命周期职业培训服务体系。不断提升培训水平,精准服务企业,根据企业特定的需求,提供定制化的培训方案,做到"一企一定制",解决民营企业生产一线遇到的实际问题;服务民营企业技术能级提质增效,与浙江省农科院、黄岩区政府共建中国杨梅科创中心等,支持企业科技研发;服务企业转型升级,通过深化技术创新,助推民营企业生产效率提速增量,2021 年,横向技术服务到款额达 1176 万元,位列全国前 200 名,并在 2022 年中国高职院校科研与社会服务竞争力评价中排名前 10%。

近年来,温州以"职业教育创新发展高地"国家试点为契机,紧贴地方产业发展需求,通过倡导在园区建校、优化调整匹配机制、创新产教协作模式等举措,有力推动职业教育提质培优、增值赋能。目前,温州共有 5 所高职院校、45 所中职学校,全市各类职业院校与当地约两千家民营企业、近百个行业协会开展了务实的校行企深度合作,每年为民营企业输送五万余名毕业生,为温州"四大振兴"和区域经济社会发展提供了重要的人才支撑。

温州职业技术学院与县(市、区)政府合作,设立了瑞安学院、温州设计学院、永嘉学院,打造"东西南北中外"分布式办学新格局;平阳二职、浙江省进出口宠物食品用品行业协会等六家单位合作共建宠业学院,为平阳宠物小镇发展提供人才保障。近年来，越来越多学校办到了企业"门口"，学校与企业的空间距离不断拉近，人才培养更精准、更有保障。

温州紧密对接"5+5+N"产业发展，高起点实施高校园区建设，实现应用型本科学校、职业院校与产业园内的企业空间上共存，发展上共促。目前已在龙湾区和温州海经区布点建成7所涵盖中职、技师、高职、应用型本科的新校区，促进各类资源集聚融合。立足县域产业需求，温州在县域地区开办高职特色学院，整合产业优势建立职业教育"一县一产业学院"，解决当地产业人才瓶颈。

同时，温州以利益为导向深化校企一体改革，优化政策创新供给，以出台《推进职业教育与民营经济融合发展 助力"活力温台"建设实施方案（2021-2023年）》为起点，制定一系列加速产教融合的政策文件，从激励学校、学生、企业三个方面着手优化政策环境，激发校企合作育人新动能，打通校企合作"最后一公里"。

以精准服务产业为核心，推动专业链紧密匹配产业链需求，让人才与企业更匹配，温州成立了市职业教育教学指导委员会，围绕地方产业发展，统筹优化专业（群）建设和指导专业设置动态调整，在鹿城等7个县（市、区）做优做强鞋服设计、智能电气、汽车零部件、泵阀、印刷、护理等专业（群），新组建22个区域重点专业，合并转办17个专业，中职院校共计建成省级特色品牌专业22个，高职院校市级特色专业15个，"校企双元、中高职贯通"高技能人才培养试点专业发展到33个。

温州还运用大数据手段实现学校、企业、人才三方的动态、智能、精准匹配。开发"校企汇"智治应用平台开发，实现产业需求与学校人才培养动态、智能匹配；融通产业大数据和职教大数据，实现人才供求数据智能匹配，实训、实习、就业信息智能撮合；促进职业院校依托产业端数据，形成适合企业发展的人才培养计划。

与此同时，温州发展"订单式"人才培养，推动5所高职院校以及技师学院与119家企业举办102个订单班；开展"十百千万"专项助企行动，组织实施教师进企业、学生大实训计划，助力科技成果转化，以实现人才与企业的精准对接。优化调整匹配机制，精准对接地方产业发展。

创新产教协作模式，提升人才共育整体效能。校企的深度融合、人才共育实效的提升，离不开高效、创新的产教协作模式。温州积极探索深化产教协作新路子、新办法。如"1+3+1"中高职贯通培养模式,即第一年重点培养学生文化底蕴与职业素养,接下来三年重点培养学生专业知识和技能,第五年重点培养学生的实践能力与解决实际问题的能力,并根据每个阶段不同培养目标,针对性开发课程。

目前,温州已推动全市5所高职院校和技师学院与195家企业合作,举办200余个订单班。例如,浙江安防职业技术学院与新华三集团企业实行联合招生、订单培养,学生可以带薪跟岗实习,月工资达5000元,毕业后直接进入新华三生态圈企业工作;浙江东方职业技术学院与南都物业公司建立南都现代学徒制班,企业每年为每位学生补助学费5000元,设立南都奖学金,三年赞助该专业超百万元。

除此之外,温州还探索企业办学、校协合作、园区化人才培养、混合所有制办学改革等各类产教协作模式。例如,瑞立集团创办瑞立中等职业技术学校,成为企业和汽车零部件产业的人才培育库;温州科技职业学院与新瑞鹏宠物医疗集团共建动物医院,有效解决宠物医护类人才培养短板;温州技师学院与中信阿里云瓯江口机器人产业园、达明机器人(上海)有限公司共建工业机器人产业学院等,为相关领域输送专业人才。

温州市第二职业中等专业学校(以下称"温二职")全国首创"新混改"模式,成功打造"美业一条街"。婚纱摄影、新媒体运营、数字影像、美容、美发位于温州鹿城区黎明西路的"美业一条街",不仅激活了街区人气,还承担了温二职的职业教育功能。"美业一条街"的22间沿街店铺属于温二职。此前,因种种原因,多年来这些店铺只能闲置或充当仓库,没有发挥"店面"的实际效益,也成为闹市区"最缺乏人气"的一处。如何盘活闲置资产,同时促进产教深度融合,温二职创新提出了"新混改"模式,将这些店铺以虚拟租金、等值互换等形式租给企业,企业以实训授课、技术指导等教育服务项目形式支付租金,场地设备共建共用。企业获得经济效益,学校获得教育效益,形成"利益共同体"。

2022年底,温二职公开招标引进了5家时尚艺术行业龙头企业,打造"美业一条街",建设成为温二职的礼匠商融合教育基地。根据协议,这5家企业每年能为学校提供包含6大功能、16个方面、价值99万元的教育教学服务。

如今,礼匠商融合教育基地已成为集学生实训功能、企业经营功能、教师实践功能、社会服务功能和创新创业等功能于一体的产教融合新样态。这条街不仅提升了城市形象，也为企业、教师、学生带来显著的益处。企业可以通过门店直接服务客户，产出经济效益，节约了店面租金等经营成本，还可以通过彼此协同，抱团经营，获得附加收益；教师利用平台窗口在校门口很方便地进行企业实践，了解市场需求，提升自身专业技能；学生拥有创业实践的机会，在真实的环境中获得专业实战经验。

结合礼匠商融合教育基地的建设，温二职还推出了一系列职业教育发展举措。以省、市相关政策为基础，制定了教师社会服务奖励机制，激发全校教师参与职业教育的积极性；大力开展社会服务，突出服务产业导向，聚焦职业技能培训、技能等级认定、技术技能服务、职业拓展体验等，不断拓宽服务领域、开发培训项目、提升服务能力，例如，以学校八大专业为基础，面向社会开展短视频制作等职业技能等级培训；开发一批定制化的培训项目和配套的课程，形成品牌和特色，以满足产业发展需求；探索学校独立、聘师借力、校企合力、校校协力等多种形式的社会服务。①

温州华侨职业中等专业学校（以下称"温州华侨职专"）构建产教融合新格局，打通人才供需通道。以"侨"字金牌特色，突出育人模式创新，强化品牌专业建设，温州华侨职专主动牵手企业，创新"同育·双导·共赢"产教融合新模式，实现"专业链、服务链、人才链、产业链"融通，打通人才供需通道，构建"智能＋"产教融合新格局，精准服务地方产业，助力区域经济发展。

温州华侨职专通过引企入教、引行驻校、引智入校来促进产教深度融合。其中，引企入教是打通产教融合的核心环节，学校推倒"围墙"办学，以餐旅专业为试点创建产教融合联盟，借助该平台汇聚了温州区域内多所含餐旅专业的中职院校、多家星级宾馆酒店、多位行业内知名大师，逐渐壮大了联盟的力量。

温州华侨职专与温州餐饮行业协会签订了战略合作发展协议，"引行驻校"共建瓯侨餐旅产业学院，在餐饮烹饪专业建设、技术技能人才培

---

① 周凤华，杜怡萍，李磊. 统筹职业教育、高等教育、继续教育协同创新的现状与推进策略研究[J]. 中国职业技术教育，2024（6）：3-10.

养、各级各类社会培训、技能大赛承办等方面开展多层次深度合作；构建了"一站一室一部一所"的产教融合联盟顶层设计，并通过"引智入校"为融合创新发展添加"催化剂"。

温州华侨职专抢抓现代服务业产业发展机遇，推进校企全方位深度融合，联合举办双元中高职一体西餐专业，校企共建课程资源、共同承担教学任务，以"企业需求画像"式培养产业后备人才，同时提升就业匹配的精准度，推动协同育人，助力培养高质量技能人才，实现校企"双赢"。学校还投资1.2亿元建成建筑面积17740平方米的实训大楼，该大楼拥有38间餐旅智慧实训室，成为浙南最大餐旅实训基地，并入选了全国餐旅服务实训基地。

依托"侨"字特色招牌，温州华侨职专充分利用数字化手段，让职业教育更贴近国际化需求。学校开发"智能+"APP云班课，引入国际化课程，采用线上线下结合的混合式教学法，实现专业课程精准教学。例如，开设意大利甜品系列课程，与意大利咖啡学院共建咖啡学院温州培训基地，所有课程均由意大利外教授课，通过意方考核的学生可获得相关国际职业教育课程证书。"智能+"APP云班课还拥有覆盖中餐服务、客房服务、西餐烹饪、旅游管理等学科内容的1023个微课资源，打造"智能+服务教学"智慧客房样板。

学校的"侨"特色也吸引了不少海外校友提出境外校企合作的意向。多年来，学校与全球16所学校建立"姊妹学校"、海外26个商会建立合作关系，成立6个海外校友会，成立校侨务外事处，组建国际化办学"朋友圈"，拓展办学渠道，搭建学生升学、就业、留学的立交桥。

温州科技职业学院（以下称"温科院"）精准对接地方产业，培育"智慧新农匠"。作为一所区域涉农高职院校，温科院在服务脱贫攻坚、乡村振兴、共同富裕方面提供了人才和智力支撑。① 面对数字经济发展和农业现代化转型带来的新挑战，温科院着力培养服务乡村振兴的"爱农业、懂技术、知数字、善管理、会创业、能带富"的智慧新农匠，从"技能脱贫"到"技能创富"再到"技能共富"，走出了一条农科教一体、产学研

---

① 陈秋男，陈俭. 马克思共享思想视域下乡村振兴的逻辑理路和实现进路［J］. 石家庄铁道大学学报（社会科学版），2023，17（4）：42－48. DOI：10.13319/j.cnki.sjztddxxbskb.2023.04.06.

结合的特色办学之路。

以"智慧农业"为核心,温科院构建从产业到教学、科研、创业、推广再到产业升级的全链条智慧新农匠培养路径,以"双创"孵化拓宽教学边界,开展"在校生—农业创业者—农业企业家"三阶段递进式帮扶,平均每年立项创业实践项目200余项。

在知识维度上,温科院为"智慧新农匠"提供了涵盖农业、数字、管理的全方面知识体系;在能力维度上,不仅有过硬的农业专业技术,还有通达的数字素养,较强的管理能力,会干事创业,能带动农民致富……温科院的"智慧新农匠"紧扣智慧农业和数字农业的产业发展新业态,将人工智能和大数据在农业领域中的应用技能融入现有专业知识体系,开设包括农技农识、数字技术、现代机械等课程,鼓励学生自觉树立智慧农业发展意识。

近年来,温科院牵头多家单位发起成立了浙江省乡村振兴职业教育研究院,中国宠物产业职教集团、全国乡村振兴职业教育集团等平台。这不仅为"智慧新农匠"提供了实践平台,还助推了地方特色农业发展。

其中,温科院成立温州市共同富裕研究中心、共富学堂,坚持"一地一策"开展"立地式"社会服务,建立共富观测点,探索与山区县共建地方产业研究院,贯彻落实省委、省政府关于加快推进山区26县跨越式高质量发展的具体实践。目前,温科院已与鹿城、平阳、苍南、泰顺、永嘉、文成等一区五县共建地方实体性产业研究院,在农业产业理论研究、科研创新、品牌打造、成果转化、产品营销、人才培养、就业创业、交流协作等方面形成合力,破解农业产业链闭环难题。

产业研究院的建设深化了校地合作,温科院把"三农"难题变为教科研课题,引导更多专业教师、科研团队、科技特派员研究和解决"三农"发展、乡村振兴人才培养等问题,打造了"产学研创推"五位一体培育"智慧新农匠"的育人模式。

浙江安防职业技术学院(以下称"浙江安防")围绕"安防"特色打造"专业+创业"双向融合模式。依托"安防"特色招牌,浙江安防着力打造"专业+创业"双向融合的创新创业教育模式,帮助学生在实践中成长。

浙江安防构建了以专业为引领的创新创业课程体系,增设专业特色创业课程,开展慕课、网络课堂等线上教学;整合多方社会资源,建立"华亭众创空间",组成几十支"专业导师+具有创业精神的理想青年"跨学科团队,结合专业开展创业活动；同时采取训赛融合方式，实现促教促学促创目的。得益于该教育模式，该校19级消防工程技术专业学生吴龙元利用专业进行创业，在校期间办起了属于自己的公司——温州维安安全技术有限公司，并迅速发展成一支拥有30多位员工的大团队。在校期间，他获得了温州市第二届大学生创新创业典型人物称号、并获得了年度省政府奖学金。

浙江安防依托安防产业龙头企业特色订单培养、准警务化育人、省教改项目、学徒制和智慧学习工场试点，整合全省安防行业和政企资源，构建了"政校行企"四元协同、"德技知行"四维互嵌的数字安防类人才培养体系。"政校行企"优势互补，"德技知行"融会贯通，形成了良性循环的教育生态圈。

为贯彻市委、市政府部署，助力温州打造"全国新能源产能中心和应用示范城市"，浙江安防密集调研在温新能源龙头企业，拟成立第7个二级学院——新能源学院，以服务温州新能源产业高质量发展。该项筹备工作于2023年3月24日获得了市领导的批示。

浙江安防坚持合作共赢、开放发展，深化与"政行企"合作。校政合作方面，学校与相关部门合作分别成立了温州市地理空间信息技术研究院、温州应急管理学院、温州退役军人学院，建立了特有的军警培训和"安全类"培训体系等；校企合作方面，学校与物联网、智慧城市建设、民航安全、工控安全等行业企业协同育人，例如，与北京翔宇通用航空、新大陆时代教育科技等136家企业签订战略合作协议，围绕人才培养和学生就业展开合作；校行合作方面，与技术应用、安全（应急）、电子信息等产业协会建立合作，立足无人机应用技术等专业优势，牵头成立了温州市无人机行业协会并成为首届会长单位，与温州市无人机安全管理协会共同举办2023温州马拉松赛前千架无人机表演，助力温州马拉松。

第二节 职业教育服务民营经济的机遇与挑战

一、国家政策利好

党的十八大以来，国家陆续出台了《关于深化产教融合的若干意见》

（国办发〔2017〕95号）《国家职业教育改革实施方案》（教职成〔2019〕11号）、《国家产教融合建设试点实施方案》（发改社会〔2019〕1558号）、《职业教育提质培优行动计划（2020－2023年）》（教职成〔2020〕7号）、《关于推动现代职业教育高质量发展的意见》等多项重要政策。党的二十大报告进一步强调"统筹职业教育、高等教育、继续教育协同创新，推进职普融通、产教融合、科教融汇，优化职业教育类型定位"。职业教育坚持以服务区域经济社会发展为己任，坚定扛起为党育人、为国育才的使命担当，全面落实立德树人根本任务，培养更多高素质技术技能人才。新职教法把"职业教育坚持产教融合、校企合作"写入总则，让产教融合"有法可依"，加强了职业教育校企合作相关政策的整体性、系统性，产教融合已上升为国家战略，为职业教育服务民营经济指明方向。

浙江民营经济发达，职业教育发展也走在全国前列，浙江温台地区的职业教育与民营经济融合发展堪称浙江经验。为深入学习贯彻习近平总书记考察浙江重要讲话精神和《长江三角洲区域一体化发展规划纲要》《国家职业教育改革实施方案》《深化新时代教育评价改革总体方案》要求[①]，进一步彰显职业教育类型特征，加快形成政府统筹管理、社会多元办学的格局，以制度创新推进温台职业教育与民营经济融合发展，[②] 助力打造"活力温台"，服务长三角一体化发展和浙江"重要窗口"建设，教育部、浙江省人民政府印发《推进职业教育与民营经济融合发展助力"活力温台"建设的意见》，[③] 从十个方面阐释了推进职业教育与民营经济融合发展的具体要求与举措。

（一）激发企业参与职业教育新动能

建立企业参与职业教育办学负面清单，将产学合作纳入企业社会责任评价，为社会资本进入职业教育提供政策支持。建立企业利润替代补偿机制，通过政策性补贴、税收优惠、融资支持、教育费附加减免等多种手

[①] 许乾坤，刘耀. 科技政策扩散路径生成模型关键技术研究［J］. 文献与数据学报，2022，4（1）：35－51.

[②] 宋霏. 温州出台职教高地建设实施方案［J］. 汽车维护与修理，2021（24）：5－6.

[③] 袁姝，郑金辉. 产教融合背景下浙江省民营企业参与高职建设的现状及对策［J］. 职业技术教育，2022，43（8）：17－22.

段，引导民营企业参与和举办职业教育。[①] 加大对优质教育品牌民办学校土地划拨或出让使用费的优惠力度，在规划允许的情况下，对将新建校舍或公办闲置校舍交由优质教育品牌民办学校办学的，可以给予低租金优惠。推广政府和社会资本合作模式（PPP），鼓励社会资本参与教育基础设施建设和运营管理，提供专业化服务。在温台开展2~3个混合所有制办学试点，完善多元主体参与的学校治理结构，健全国有资产评估、产权流转、权益分配、干部人事管理等制度，不断提升企业兼职教师福利待遇。

（二）完善协作开放的职业培训体系

积极推进职业培训供给侧结构性改革，满足民营企业多样性培训需求，着力构建政府统筹、企业主体、社会参与的职业培训体系。建立温台职业培训"两清单一指数"制度，定期发布培训项目清单和能力清单、培训机构信用及质量星级指数，健全培训质量监控闭环机制。校企共建职业培训综合体，面向中小微企业提供"共享员工"培训服务，打造服务民营企业技术技能人才蓄水池。推动温台职业院校和龙头民营企业联合建立3~5个实训基地，促使更多优质培训资源向中小微企业开放。到2022年，完成社会培训50万人次以上、职业技能考核评价5万人次以上。

（三）创新产教融合校企合作方式

打造温台校企综合数据平台，汇聚两地10万家以上民营企业大数据，实现校企人才供求数据智能匹配，实训、实习、就业智能撮合。基于产业端发布的数据，预测人力资源需求，动态调整职业院校专业设置及招生计划。制订实施"大国工匠成长计划"温台方案。实施温台产教融合型企业培育计划，到2022年，确定市级产教融合型企业200家以上、省级20家以上。对接温台鞋革、服装、低压电器、眼镜、汽摩配、模具等传统优势产业和数字经济、高端装备制造等战略性新兴产业，组建跨区域、实体化职业教育集团，搭建生产、教学、研发、创业创新、社会服务一体化平

---

① 吴玮. 加快打造共同富裕的战略支点 [J]. 浙江经济，2021（8）：41-43.

台,建设 1~2 个国家级职业教育集团。① 依托瓯江口、浙南、台州湾、头门港等产业平台建设 5 个产业学院,引导企业投入资金、师资、技术标准,全面推广现代学徒制,把办学延伸至产业园区。

(四)提升技术技能人才培养能级

主动适应温台民营经济发展新形势,优化两地职业院校空间布局和专业结构。加大财政投入,合理布局中职学校和专业设置,根据当地实际需要逐步扩大中职学位供给。强化职业教育对民营经济高质量发展的支撑作用,支持进入国家"双高计划"的温台职院校升格为职业教育本科院校或转型为职业技术师范大学,并支持其骨干专业试办本科层次职业教育,有序扩大温台五年制职业教育培养规模,通过长学制培养高端技术技能人才。支持温台符合条件的高职院校积极参与下一轮国家"双高计划"建设单位竞争。到 2022 年,温台中职学校办学条件全面达标,省级以上精品在线开放课程达到 60 门,开发区域特色课程教学标准 200 个。

(五)协同推进产教人才高效流动

开放温台人才服务中心资源库,搭建两地高素质技术技能人才信息库和专家智库。统一两地人才认定标准,建设温台匠才"飞地",推动两地职业院校教师及企业人才资格互认、干部互派。实施温台名校长和骨干教师培育计划。建立温台产业教授制度,设立专项资金,面向企业公开招引产业教授。依托龙头企业、行业协会和高水平学校,建设 10 个左右教师企业实践流动站、技术技能传承创新工作室,培育 10 名以上覆盖温台重点产业的"工匠之师"。② 实施温台职业院校教师国外研修计划。到 2022 年,校际互派专业教师、管理干部 200 人次以上,校企互派互聘专业人员 2000 人次以上。

(六)打造职业教育助力"双创"新标杆

弘扬"敢为人先、特别能创业创新"的温台企业家精神,校企协同建

---

① 吴玮. 加快打造共同富裕的战略支点 [J]. 浙江经济,2021 (8):41-43.
② 职教动态 [J]. 汽车维护与修理,2021 (6):11-18.

设创业苗圃、孵化器、加速器，开设创业实验班、创业先锋班和企业接班人培训班，培育一大批"创二代""企二代"，建设省级创业创新基地。落实中职学校、高校教师职称制度改革要求，结合实际细化完善职业院校教师职称评价标准体系。落实横向经费政策，对承担温台企业委托研发项目的温台职业院校，项目研发团队可按合同约定获得劳务报酬。依托浙江省激光制造与材料应用技术协同创新中心、浙南轻工装备智能技术协同创新中心，建设制鞋、足踝健康装备、智能模具等产业研究院，提升温台职业院校立地式研发服务能力。到2022年，完成科技成果转化500项以上，实现科技服务到款额1亿元以上。

（七）推动温台职业教育助力民营企业"走出去"

实施温台商（协）会携手计划，依托温台区域商（协）会，联合研制泵阀、眼镜、智能卫浴、智能电气、智能缝制等特色优势产业行业的区域性技术标准和教学标准，培养国际化技术技能人才，携手民营企业抱团"走出去"。实施温台职业教育伴随计划，在共建"一带一路"国家建设鲁班工坊、丝路学院，开展"中文+职业技能"项目，为温台企业"走出去"提供本土化高素质技术技能人才。充分整合海外温台人才资源，与民营企业联合建立若干温台职业教育培训基地，力争建设中德、中意职业教育园区。

（八）建设温台职业教育"数字大脑"

对接两地城市"数字大脑"，联合建设温台智慧职业教育管理云中心，集成各校网上办事大厅，促进数据共享、业务协同、流程再造，提升政校、校企、校校间信息交流和协同效率。联合建设职业教育资源云空间，共同开发专业核心课程资源和通识课程资源，整合两地专业教学资源库、在线课程、企业培训包、虚拟仿真实训等优质资源，探索开发新型活页式、工作手册式教材的数字化资源。[1]依托5G、物联网等技术，加快教室、实训室、图书馆、体育场馆等教学场所的信息化、智能化、绿色化改

---

[1] 张志增.职业教育助力脱贫攻坚和乡村振兴的成功实践与典范——2022年职业教育国家级教学成果奖"服务三农"主题获奖成果分析[J].中国职业技术教育，2023（27）：26-36.

造，支持温台职业院校建设省级职业院校智慧校园。到 2022 年，实现校校建有智慧教室，建成虚拟工厂等网络学习空间 100 个，中职、高职线上线下混合式教学课程分别达到 60% 和 80% 的覆盖率。

（九）优化职业教育发展环境

落实职业院校办学自主权，允许温台职业院校在限额内按规定自主设置内设机构和岗位，确定用人计划及招考内容程序，探索由学校自主聘用内设机构干部。建立绩效激励机制，激发公办职业院校开展社会化培训等社会公共服务的积极性，在国有净资产不减少的前提下，经批准后，绩效工资总额最高可上浮 50%，学校在内部分配时应向一线教职工倾斜。对学校以年薪制、协议工资、项目工资等方式引进的高层次人才，在绩效管理中予以适当倾斜。引进高层次急需紧缺人才，单位无空缺岗位时，可设立特设岗位，不受岗位总量、岗位等级、结构比例限制，薪酬支出不纳入单位绩效工资总额。

（十）加大组织实施保障力度

建立由教育部部长和浙江省省长任组长，教育部分管副部长、浙江省分管副省长以及温州市、台州市政府主要领导任副组长，教育部相关司局和浙江省有关部门负责人、两市分管副市长为成员的领导小组，负责统筹协调推进。新增财政性教育经费向职业教育倾斜，完善办学成本分担机制，适当放宽高职院校学费标准。温台两市加大职业教育经费保障力度，每年各投入 1 亿元专项资金，用于推进温台职业教育一体化发展建设。

二、民营经济发展

在中国过去 40 多年的改革开放与快速发展中，民营企业起到了主力军的作用，可谓是功不可没。在推进共同富裕过程中，民营企业的主力军作用仍是不可替代的，而且要发挥出更加强劲的作用。这也是民营企业肩负的一种历史使命。人类社会一直在追求发展与共享双重目标，试图达到两个目标的最优平衡，实现共同富裕。然而，许多国家受到发展理念、制度和利益集团等因素的制约，在追求共同富裕进程中难以平衡好发展与共享

第二章 现实逻辑：职业教育服务民营经济的发展现状

的关系，经常会偏离正常发展轨道，要么成为只顾追求发展不顾及分享的经济模式，要么成为只追求共享不顾及发展的经济模式，也有一些国家既不发展也不共享，陷入高度不平等的贫困陷阱。纵观世界各国的发展历程，能够兼容好发展与共享，同时实现发展与共享双重目标的国家可以说是少之又少。

在探索共同富裕的道路上，中国既有成功的经验，也有失败的教训。一条最重要的成功经验就是改革开放以来坚定遵循了多种经济成分共同发展的模式，逐步形成了一种国有、集体、私营、个体、内资、外资经济共同发展的经济体系。没有这一条经验，中国经济就不可能取得今天的成就，中国人民有可能仍在"贫困陷阱"中挣扎。同样，我国改革开放前的发展教训也十分深刻，在受到当时极端意识形态和错误发展理念的影响下，一度实行"单一公有制"模式，取缔民营经济和企业，实行"官办"经济体制，造成经济的长期缓慢发展，人民生活的极度困难。按照我国2010年制定的贫困标准，在1978年，我国农村的贫困发生率高达90%以上，当时被世界银行划分为世界上"极端贫困的国家"。改变这一状况的是中国实行了改革开放，实行了市场经济制度，尤其是改变了单一公有制的发展模式，允许和鼓励民营经济发展。可以说，过去40多年中民营经济和企业为中国经济成长、人民生活水平提高和国家总体富裕程度的提升作出了巨大贡献，是推进中国现代化的一大功臣。

中国特色的社会主义市场经济的主体成分是民营经济和民营企业。抽掉了民营经济后，市场经济体制就会变形和扭曲，就不可能起到有效配置资源的作用，就会失去经济发展的内生动力和效率，就会逐步演变成一种"官办"的经济模式，最终成为一种没有个体自由的"管制"经济。① 这就完全背离了我们改革开放的初衷。大力发展民营经济既有助于提高经济发展水平，提升人民富裕水平，也会对提升社会共享水平作出贡献。政府部门关于民营经济"56789"（即民营经济贡献了50%以上的税收、60%以上的国内生产总值、70%以上的技术创新成果、80%以上的城镇劳动就业、90%以上的企业数量）的说法，说明民营经济已是中国经济的主要构

---

① 马丽娟.《资本论》循环理论主要内容及对构建新发展格局的启示［D］.吉林：吉林大学，2023. DOI：10.27162/d.cnki.gjlin.2023.003354.

成部分，是人民赖以安居乐业的支撑，是维护社会稳定的基础。①

　　社会上有一种误解，认为民营经济是收入差距扩大和财富分化的根源。产生这种误解是因为没有真正理解民间经济为解决民生问题作出的巨大贡献。民营经济是一种最为活跃的经济形态，不仅在创造财富，为做大"蛋糕"作出了贡献，而且也为分好"蛋糕"作出了贡献。民营企业在分"蛋糕"上的作用，可以从以下几个方面加以理解：第一，民营企业发展带来巨大的就业效应，为改善民生和提高就业水平作出巨大贡献。最新的数据显示，在2021年城镇4.68亿就业人员中，国有和集体单位就业人员只占12.6%，其中国有单位就业人员中的80%以上为公务员和事业单位人员，私营企业、外资企业、个体就业人员占比高达63.3%，加上合资、股份制企业中具有私营性质的企业中的就业人员，这一比例会接近80%。不难想象，如果民营经济发展不顺，受到限制和打击，社会就业形势就会出现大问题。第二，民营经济发展为吸纳农村剩余劳动力，提高农民收入和缩小城乡收入差距起到促进作用。我国过大的城乡收入差距是计划时期遗留下来，改革开放后受到户籍制度改革滞后的制约，一段时期出现过不断扩大的趋势，到2008年城镇居民与农村居民收入之比高达3.4倍。如果考虑到城乡居民享有的社会保障和公共服务的差异，城乡居民真实的收入差距更大。过去15年形势发生了逆转，城乡收入差距呈现出不断缩小的趋势，城乡居民收入比从2021年的2.50∶1降至2022年的2.45∶1。影响这一变化的因素很多，其中一个主要因素是城镇化过程，大量农村劳动力转向非农产业和进城就业，基本上都是进入民营企业就业，大幅度提高了农村居民收入水平。这彰显了民营经济对于缩小城乡收入差距的促进作用。第三，民营企业是我国投资的主要力量，是经济增长的主要拉动力。从2012年以来，中国固定资产投资中近60%来自民营资本，成为支撑中国经济稳速增长的动力源。民间投资的基础性作用在近几年更加显现出来，当民间投资不振，经济复苏就会越显乏力。第四，民营企业生产的产品和服务都与老百姓的生活密切相关。2019年，4.05亿在私营企业和个体经济就业的人员中，从事制造业、建筑业、批发零售业、住宿餐饮业的就业人员

---

　　① 沈宝祥. 关于社会主义社会的生产资料所有制问题[J]. 中国延安干部学院学报，2020，13(6)：21-30.

分别占 14.6%、5.0%、38.0% 和 8.1%，合计为：66%。不难看出，这些都是与老百姓的生活息息相关的民生行业。没有 40 多年民营经济的快速发展，人民群众就不可能过上现在的小康日子。

虽然我国的民营经济已经在国民经济中占据了极其重要的地位，但是由于受多种因素的影响，民营企业仍存在信心不足的问题，士气相对低迷，对未来行业发展前景表示担忧。这在小微企业和个体工商户当中表现得尤为明显。信心不足的原因大概有以下几条：一是不公正的待遇仍然存在，民企依然处在相对弱势地位，比如融资难、续贷难等；二是社会上存在一些针对民营企业地位、价值的不正确议论，增加了民营企业家的担忧；三是企业各类税费负担还有待进一步削减；四是营商环境还有待进一步优化，特别是近几年受疫情影响，各地的地方财政收入下降、支出压力增大，在此背景下，少数地方政府采取了一些践踏法规的方式，来增加财政收入，这无疑增加了民营企业的心理负担。

当前我国民营经济发展处在一个十分关键的时刻，全社会要进一步提高民营经济对我国经济发展重要作用的认识，提振民营企业的发展信心。一方面要给予短期的政策支持，让政策能起到立竿见影的效果，让民营企业迅速地"回血"，另一方面也需要政府为民营企业的发展提供长效的制度和法治保障，让民营企业能安心地发展。其中，后者是最为关键的。因此，《中共中央 国务院关于促进民营经济发展壮大的意见》的发布，意义重大。

近年来，中共中央、国务院对于民营经济的发展，始终是采取鼓励、支持和引导三者并行的政策的。2005 年，随着非公经济的不断发展，消除非公经济面临的体制性障碍的需求愈加迫切，"非公经济 36 条"应运而出；2010 年，针对"非公经济 36 条"颁布后民间投资发展中仍存在的"玻璃门""弹簧门"等现象，国务院针对性地颁布了"新 36 条"；2018 年 11 月，在中美贸易摩擦持续加剧、国内金融去杠杆和所谓"私营经济离场"论调盛行的背景下，习近平总书记主持召开民营企业座谈会，强调"支持民营企业发展，是党中央的一贯方针，这一点丝毫不会动摇"；2019 年 12 月发布的"民企新 28 条"则进一步完善了鼓励民营经济发展的具体措施，力挺民企改革发展；2023 年全国两会期间，习近平总书记重申坚持"两个毫不动摇""三个没有变"，强调"鼓励和支持民营经济和民营企业发展壮大，提振市场预期和信心"，提出"我们始终把民营企业和民营企业家当作自己人，在民营企业遇到困难的时候给予支持，在民营企业遇到困惑的时候给予指导"。

三、职业教育高质量发展

中国教育发展战略学会发布的《2021－2022产教融合校企合作典型案例》的485个案例中，民营企业占比76.4%。进一步彰显了民营经济（企业）在职业教育中的生力军作用。全力实施职业教育与民营经济深度融合，进一步优化职业教育类型定位，提升人才培养的针对性和适应性，以实际行动助力中国式现代化建设。

职业院校与民营企业深度融合契合，是职业教育高质量发展的需要。[①]产教融合、校企合作一直以来是职业院校的基本办学模式，真正解决好产教融合、校企合作的问题，才能破解当前职业教育改革发展难题。习近平总书记多次强调，要坚持产教融合、校企合作，坚持工学结合、知行合一，引导社会各界特别是行业企业积极支持职业教育，努力建设中国特色职业教育体系。党的十八大以来，陆续出台了《关于深化产教融合的若干意见》国办发〔2017〕95号、《国家职业教育改革实施方案》国发〔2019〕4号、《国家产教融合建设试点实施方案》发改社会〔2019〕1558号、《职业教育提质培优行动计划（2020－2023年）》教职成〔2020〕7号、《关于推动现代职业教育高质量发展的意见》等多项重要政策，持续优化完善产教融合顶层设计。[②③]

从微观角度看，加快产业转型升级需要瞄准民营企业的产业链条、市场走势、技术前沿、人才需求，将产业相关的新技术、新工艺、新材料、新设备等新元素引入教学标准和教学内容中，使企业生产过程与教学过程相融合，通过合作实践促进技能培养和产业发展。从宏观角度看，需要围

---

① 马露露，王珏. 技能型社会建设中企业的功能承载与实现路径［J］. 职业教育研究，2024（3）：11－17.

② 缪学梅. "五链"逆向促进产教融合机理与协同策略研究［J］. 顺德职业技术学院学报，2022，20（3）：11－18.

③ 李青山. 推动职业院校与民营企业深度融合发展研究［J］. 教育与职业，2022（24）：26－32.

第二章 现实逻辑：职业教育服务民营经济的发展现状

绕产业、区域发展战略，紧密对接产业转型升级和技术变革，统筹职业教育资源布局，促进区域产业与区域教育资源相互融合，形成紧密对接产业链、创新链、人才链的专业体系，实现以产业引导职业教育专业建设、以专业建设服务产业高质量发展。

在山西，根据省委宣传部在"山西这十年"系列主题新闻发布会上公布的数据，"十三五"以来，山西全省共有18家企业、88所职业院校、107个专业参与了现代学徒制人才培养模式改革；有201所学校、436种技能等级证书参与了1+X证书试点，校企协同完成4.8万次技能考试；组建了14个行业性职教集团。校企合作越来越紧密，但深化产教融合、校企合作仍是职业教育面临的一大挑战。[1] 从长期的实践过程中发现，由于相关合作企业利益机制尚不健全，制约企业发挥办学主体作用的积极性，"校热企冷"是一种普遍现象。同时，还存在职业院校人才供给与民营企业的需求不匹配、合作层次不高、关系不稳定等问题，这些制约了校企合作走向深入。推动职业院校与民营经济（企业）深度融合发展，要充分发挥民营企业的办学主体作用，着眼于提高职业教育"人才供给端"与"民营经济需求端"匹配度，坚持因时、因地、因校制宜，创新模式、优化体制、做实载体，从根本上破除校企合作"校热企冷"的瓶颈，推动校企合作走深走实，实现职业教育与民营经济互补互融、共生共长、双向赋能。例如，促进职业教育集团化发展，探索现代学徒制、现场工程师专项培养计划，探索产业学院及混合所有制办学等手段，有效推动了职业教育的高质量发展。

从党的十八大报告强调，加快发展现代职业教育，到党的十九大报告强调，完善职业教育和培训体系，深化产教融合、校企合作，[2] 再到党的二十大报告强调，统筹职业教育、高等教育、继续教育协同创新，推进职普融通、产教融合、科教融汇，优化职业教育类型定位。长期以来，职业教育作为国民教育体系的重要组成部分，[3] 是改善民生的重要手段，也为

---

[1] 李青山. 推动职业院校与民营企业深度融合发展研究[J]. 教育与职业, 2022 (24): 26–32.

[2] 李鹏, 朱德全. 职业教育质量监测评估：英、美、德、澳的经验与启示[J]. 西南大学学报（社会科学版）, 2018, 44 (6): 51–58, 190.

[3] 《中国职业教育发展报告》(2012–2022年)[J]. 职业技术教育, 2022, 43 (24): 69–77.

经济发展提供人力资本和技术技能支撑。目前，我国职业院校共开设1300多个专业，肩负为各行各业培养输送高素质劳动者和技术技能人才，成为现代制造业、现代服务业、战略性新兴产业新增一线从业者的主要来源。①职业教育已经成为各级政府制定教育方针政策时不可或缺的部分。但是，重视职业教育不是简单的口号，需要精准把握时代对职业教育的现实需要，从而科学合理制订职业教育发展规划，同时，通过加大对职业教育的投入、提升师资队伍水平、创新教学模式、优化课程设置等措施，促进职业教育的健康、快速发展，以满足社会对人才的需求，推动经济社会的持续发展。浙江省积极推进职业教育办学体制机制改革和人才培养模式改革以回应时代发展对职业教育的新要求。通过长期探索实践，浙江省域职业教育吸引力不断增强，总体发展状况走在全国前列，积极展示职业教育的浙江模式。国家统计年鉴和浙江省统计年鉴公布的数据表明，2015－2019年，全国中职学校数量由11202所减少至10078所，5年减幅达9%；在校生人数由1656.7万人减少到1576.5万人，在此大背景下，浙江省积极响应国家大力发展职业教育的方针政策，通过政策引导和投入资金等合理举措，②保持中职学校数量稳定，在校生和毕业生人数等发展指标稳中有升，全力支持省域职业教育的高质量发展，为全国其他区域提供借鉴和参考。2019年，教育部公布的《中国特色高水平高职学校和专业建设计划拟建单位》中，在入选的197所高职院校中，浙江就有15所，入选数量位居全国前列，这是浙江省高职教育整体高质量发展的一个重要标志。③究其原因，主要得益于浙江省全面贯彻国家有关职业教育的重要方针政策，推动区域职业教育的健康发展，制定了一系列政策措施。加强职业院校基础能力建设和办学条件改善，以确保职业教育的高质量发展。根据经济社会发展需要，积极优化职业院校专业设置，加强师资队伍建设，提升教学设施水平，营造良好的育人环境。同时，重视技能型人才的培养和社会地位提升。为激励技能型人才发挥优势、做出突出业绩，实施了严谨的特殊奖励

---

① 郑泽沁. 人的全面发展理论视域下德国"双元制"职业教育内涵分析［J］. 中国管理信息化，2023，26（19）：188－193.

② 王义. 浙江建设职业教育"重要窗口"的机遇与应对之策［J］. 高教发展与评估，2022，38（5）：86－92，123.

③ 姚玲峰，黎书瑞，秦俊举，等. 浅谈工业机器人应用领域1+X证书制度试点工作难点及推进策略［J］. 中国设备工程，2022（18）：253－255.

政策。通过奖励机制,对各行业职业领域中具有绝技绝招、突出业绩的高技能人才进行表彰和激励。此外,浙江省还贯彻落实《浙江省国民经济和社会发展第十四个五年规划和二〇三五年远景目标纲要》《浙江教育现代化 2035 行动纲要》和《浙江省教育事业发展"十四五"规划》等官方文件精神。这些政策措施旨在全面提升职业教育的质量和水平,为浙江省的经济社会发展提供坚实的人才保障,有力地推动了职业教育的整体实力提升和社会影响力的扩大。

第三节 职业教育服务民营经济发展的现实困境

一、职业教育与民营经济发展价值诉求不同

职业教育作为一种类型教育,其价值诉求主要集中在培养适应就业市场需求的技能人才,提高劳动力素质,增加就业机会和提高就业质量。其目标是为社会提供专业技能人才,满足各个行业对于技术工人和技术人才的需求。职业教育强调实际技能的培养,强调实用性和操作性的训练,通过提供技术培训和职业资质认证,促进劳动者的职业发展和社会融入。而民营经济发展的价值诉求主要集中在促进市场经济的繁荣和经济增长,推动民营企业的发展和创业创新,提供就业机会和财富创造。对于民营企业来说,他们更关注的是拥有一支具备专业技能和创新能力的员工队伍,能够适应市场需求和推动企业发展。

职业教育与民营经济发展在价值诉求的差异主要体现在以下几个方面:一是目标导向不同。职业教育的目标更偏向于人才培养,旨在提高劳动者的综合素质和专业技能,必然包含理想信念教育、伦理操守教育、职业道德教育、人文素养教育等;而民营经济则更加注重经济效益和市场竞争力,旨在满足市场需求和实现利润最大化,职业院校中诸多与经济效益缺乏直接相关性的职能和业务,如传统文化传承、国际交流合作等,势必难以得到民营企业的支持。二是社会责任不同。职业教育除了要关注经济效益外,还承担着推动社会进步和公平的重要责任。通过促进教育公平、

提升劳动者素质，助力国家产业升级和社会发展。而民营经济更多地关注个体企业的发展和盈利，对于社会责任的承担相对有限。三是发展模式不同。职业教育的发展模式更加注重政府和公共机构的引导和支持，强调与产业界的紧密合作和对接。而民营经济的发展则更多地依赖于市场机制和个体创新，通过市场竞争来获取优势地位。①

尽管职业教育与民营经济发展价值诉求存在差异，职业教育与民营经济在实践中并非孤立存在，而是相互依存、相互促进的。随着经济全球化和技术创新的不断发展，对高素质技术技能人才的需求持续增加，这为职业教育和民营经济之间的合作提供了广阔的空间。因此，在未来发展中，应当积极推动职业教育与民营经济的深度融合与合作，通过政策引导、机制创新等方式，缩小两者在价值诉求方面的差异，实现职业教育与民营经济的共同繁荣与发展。

二、职业教育与民营经济融合中的资源配置不均衡

合理的资源配置是高质量保障学校育人活动和高效率支撑企业价值链活动的前提。而在职业教育与民营经济融合过程中存在资源配置不均衡的问题，企业资源和学校资源存在结构性、时序性的错配，主要体现在以下几个方面。一是投资机制不畅。由于政府对职业教育的投入不足，而民营资本进入职业教育的渠道也不够畅通，这使得职业教育的资源十分短缺。这种短缺不仅影响了职业教育的质量和发展速度，还制约了职业教育与民营经济的深度融合。因此，政府需要加大对职业教育的投入，同时也要积极引导和鼓励民营资本进入职业教育领域，促进资源的有效配置。二是政策支持还有待完善。政府在鼓励民营资本进入职业教育领域方面缺乏足够的政策支持，这使得民营资本在投资职业教育时缺乏信心和动力。因此，政府需要制定更加优惠的税收政策、财政补贴政策等，来提高民营资本投资职业教育的积极性。同时，政府还需要加强对职业教育的监管，保障民营资本在投资职业教育的过程中能够合法、合规地运作。三是人才流动不

---

① 韩剑颖. 职业教育服务乡村振兴：需求变化、现状评述与实践路径［J］. 中国职业技术教育, 2024（5）：76-85.

畅。由于职业教育和民营经济在人才培养、评价标准等方面存在差异，这使得人才在两者之间的流动存在一定的困难。为了打破这种壁垒，我们需要加强职业教育和民营经济之间的沟通与合作，建立统一的人才评价标准。这不仅能够促进人才的合理流动，还能够推动职业教育和民营经济的共同发展。四是资源利用效率不高。由于管理体制、利益诉求等方面的原因，职业教育和民营经济在资源配置上存在一定的重叠和浪费。为了提高资源利用效率，需要建立健全的管理机制，明确各方责任，实现资源的有效整合和共享。这不仅能够避免资源的浪费，还能够提高职业教育的质量和民营经济的发展速度。

要实现职业教育与民营经济的深度融合，需要在投资机制、政策支持、人才流动和资源利用效率等方面下功夫，政府、企业和社会各界的共同努力，推动职业教育和民营经济的深度融合，为我国经济的发展注入新的动力，实现经济的高质量发展。

三、职业教育与民营经济协调发展动力机制不完善

职业教育与民营经济协调发展动力机制并非简单的政策或者教育层面的问题，而是一个涉及多个方面、层次和维度的复杂问题。首先，政策支持不足是导致这一问题的关键因素之一。政府在职业教育和民营经济发展方面的政策虽然不少，但各政策之间往往缺乏有机的结合，政策之间相互独立的情形比较突出，造成了一个显著的缺口。这就像一个完整的链条，尽管每一节链条都是坚固的，但如果它们之间缺乏有效的连接，那么整个链条就无法发挥其应有的作用。其次，校企合作的深度和广度也是一个不容忽视的问题。职业教育与企业之间的理想的合作应该是一种"共生共荣"的关系，而现实中这种关系往往被忽视或者没有得到充分的体现。[①]学校的课程设置、教学方法以及对学生的培养目标与企业实际需求存在脱节，而企业对于学校的教育资源也缺乏足够的了解和利用，这就导致了双方的合作往往停留在表面，缺乏深度的交流与合作。再次，资源分配不均

---

① 夏梦瑶. 中国特色高等职业教育专业群建设与治理研究 [D]. 南京：南京邮电大学，2023. DOI：10.27251/d.cnki.gnjdc.2023.000484.

也是导致这一问题的原因之一。在某些地区或者某些学校,由于地理位置、经济条件或者历史原因,他们可能拥有丰富的教育资源和企业资源,而有些地方则可能面临资源短缺的问题。这种资源分配的不均衡,就可能导致职业教育与民营经济之间的发展不均衡,进一步加剧了两者之间的矛盾和不平衡。最后,信息交流的障碍也是一个不容忽视的问题。在这个信息爆炸的时代,信息的交流和传递对于任何事物的成功都至关重要。学校和企业之间如果缺乏有效的信息交流渠道,那么他们就可能错过一些合作的机会,甚至可能因为误解或者信息的不对称而产生矛盾和冲突。

为了促进职业教育与民营经济的协调发展,需要从政策支持、校企合作、人才培养和资源整合等方面入手,不断完善动力机制。通过制定专项政策、加强校企合作、创新人才培养模式、优化资源配置等措施,可以有效增强产教融合发展合力和内生动力,形成合作共赢的良好局面,从根本上解决动力机制问题,实现职业教育与民营经济协调发展的目标。

四、职业教育服务区域经济社会服务能力有待提升

相关的政策制度不完善,工学交替教学模式难以实施。首先,从政策层面来看,我国已经有了《职业教育法》等相关法规,但部分环节法律法规不够清晰,相应的奖惩制度不明确,缺乏明确的政策目标和措施,无法提供足够的资源和支持来促进工学交替教学模式的实施。其次,相关政策的执行和监管不到位,导致职业教育机构和企业无法有效地协同合作,无法建立良好的工学交替教学机制。最后,相关政策的衔接和配套不够完善,缺乏统一的标准和规范,使得工学交替教学模式在不同地区和领域的实施存在各种差异和困难。总体而言,目前相关政策制度对于推动职业教育服务区域经济社会服务能力的提升仍有待完善。

培训内容与岗位技能不匹配,企业培训质量难以控制。当前的培训内容与岗位技能不匹配,导致企业在进行职业教育服务时难以控制培训质量。由于职业教育服务的目标是提升区域经济社会服务能力,而培训内容与实际岗位需求脱节,使得培训出来的员工难以适应实际工作环境。这种不匹配的情况可能源于以下几个方面。首先,职业院校和培训机构在制订培训计划时未充分了解企业的具体需求,缺乏与企业的沟通和协调。其

次，职业院校和培训机构在开展培训过程中未及时更新课程内容，未能紧跟行业发展的变化。最后，企业在进行内部培训时未能与外部职业院校培训机构建立有效合作，导致培训质量无法得到保障。这种情况下，企业的培训质量难以控制，从而限制了职业教育服务的效果。为了解决这个问题，可采取与企业建立更加紧密的合作关系，充分了解企业的岗位需求，及时调整培训内容；加强与行业协会和专业机构的合作，及时获取行业发展动态，更新培训课程；建立培训质量监控机制，对培训机构进行评估和监督，确保培训质量可控。通过这些措施的落实，提升培训内容与岗位技能的匹配度，提高职业教育服务的质量，从而推动区域经济社会服务能力的提升。

人才培养的精准度不高，产教融合优势难以彰显。[①] 在当前的职业教育服务区域经济社会的背景下，人才培养成为重要的任务。然而，由于人才培养的精准度不高，导致了产教融合优势无法充分展现。首先，人才培养的精准度不高主要体现在对市场需求的预测和适应上。由于经济社会的快速变化，市场的需求也在不断变化，但是职业教育仍然存在着相对滞后的问题。学校和培训机构的课程设置和内容往往无法及时调整，无法贴合新兴产业和就业岗位的需求。因此，人才培养的精准度不高，导致了产教融合优势无法有效发挥。其次，人才培养的精准度不高还表现在学生个体差异的忽视上。每个学生都有自己的特长和兴趣，但是目前的教育体系往往忽视了个体差异化的培养。学校普遍采用"一刀切"的教学模式，忽视了学生的个性发展和潜能挖掘。这就导致了人才培养过程中无法发现和培养学生的个人优势和潜力，进而无法将个性化的人才与产业需求进行有效的对接，使人才培养的精准度大打折扣。最后，人才培养的精准度不高还与教育资源的分配不均衡有关。在一些地区，教育资源严重匮乏，学校设施老旧，教师队伍短缺，导致了教育质量无法得到保障。这种情况下，人才培养更加无法精准进行，产教融合优势也就无从谈起。同时，教育资源的不均衡也导致了城乡之间、地区之间的人才培养差异，加剧了人才流失和分散的问题。

---

① 乔龙阳，高进，涂廷保，等. "双元基础、三方协同"人才培养模式创新与实践 [J]. 高教学刊，2022，8（27）：149-153. DOI：10.19980/j.CN23-1593/G4.2022.27.037.

职业教育服务能力提升的意义和价值在于推动经济结构调整和转型升级、缓解劳动力市场供需矛盾、提高就业质量和人力资源的优化配置、推动区域经济社会的发展和进步。

五、职业教育与民营经济的产教融合有待加强

（一）地方经济欠发达制约产教深度融合

在职业教育服务民营经济发展的现实困境中，地方经济的欠发达状况成为制约产教融合的重要因素之一。[①] 地方经济是产业和企业发展的基础，而地方经济欠发达意味着该地区的产业结构单一、企业规模较小、科技创新能力弱等问题普遍存在，给产教融合带来了很大的困难和挑战。

地方经济的欠发达导致产业结构单一，缺乏多元化的企业需求。在面对职业教育的服务时，学校往往只能围绕地方经济主导产业进行技能培训，这导致职业教育的专业设置单一、课程内容相对陈旧。而无法满足民营经济发展所需的多元化人才需求，制约了产教融合的深度发展。

地方经济的欠发达意味着企业规模较小，科技创新能力较低。民营经济作为我国经济增长的重要动力，需要大量高素质、高技能的人才支持。然而，由于地方经济发展不够成熟，企业规模较小，很难在研发和创新方面投入足够的资源。这导致了职业教育难以为企业提供高质量的技术培训和创新能力的提升，从而限制了产教融合的深度。

地方经济的欠发达还会带来教育资源不均衡的问题。相对于发达地区，欠发达地区的职业教育资源更为匮乏，学校设施和教学条件相对落后。这使得欠发达地区的职业教育往往无法与民营经济的需求相匹配，无法提供高质量的人才培养服务。加之欠发达地区常常面临人才流失和人才引进难等问题，造成了职业教育服务民营经济的困境。

因此，地方经济的欠发达制约了产教融合的深度发展。要解决这一问题，需要加强地方经济的发展，推动产业结构多元化，提升企业规模和科技创新能力。同时，加大对欠发达地区职业教育的资源投入，改善学校设

---

① 王军. 职业教育数字化转型的目标、动力与实践路径［J］. 成人教育，2024，44（1）：61-68.

施和教学条件,打破地区之间的教育资源差异,为民营经济发展提供更好的人才支持和服务。只有通过全面发展地方经济和职业教育,产教融合才能真正实现"形神合一",推动民营经济的健康发展。

(二) 非双高院校对中小企业的转型升级贡献不足

在职业教育服务民营经济发展的现实困境中,非双高院校对中小企业的转型升级贡献不足成为一个突出问题。虽然产教融合是推动职业教育与经济社会发展有效对接的重要途径,但目前非双高院校在产教融合方面存在着不少问题。

非双高院校与中小企业的合作机制尚未完善。中小企业在转型升级过程中需要具备一定的人才储备和技术支持,然而非双高院校与中小企业之间的合作关系并不够紧密。[①] 这主要表现在双方缺乏密切的沟通与合作,合作项目缺乏前期调研和需求分析,无法充分了解企业的实际需求,从而无法提供精准的培训和教育服务。

非双高院校对中小企业的培训资源和教育方法欠缺创新。中小企业的转型升级需要具备相应的技能和知识支持,然而非双高院校在培训资源和教育方法方面的创新不足,无法满足中小企业多元化的需求。与此同时,非双高院校的教育课程与中小企业实际需求之间存在脱节,培训内容与企业需求不匹配,培训效果难以显现。

非双高院校对中小企业的人才培养模式存在一定局限。传统的非双高院校人才培养模式以知识传授为主,培养的学生更偏向于应试能力,而在中小企业的转型升级中,更需要具备实践能力和创新意识的人才。然而,现有的非双高院校人才培养模式并未能有效培养出具备创新与实践能力的人才,这导致了人才与企业需求之间的脱节。

非双高院校在与中小企业合作方面缺乏长期稳定的合作机制。中小企业的转型升级是一个长期的过程,需要持续的人才培养和技术支持。然而,目前非双高院校与中小企业的合作多以单次培训的形式存在,缺乏长期性和深度性的合作,无法实现持续性的技能培养和支持。

---

① 缪仁亮,潘锡泉. 职业教育高质量发展促进共同富裕的内在机理及实践路径 [J]. 教育与职业,2024 (6):90-97. DOI:10. 13615/j. cnki. 1004-3985. 2024. 06. 016.

为解决产教融合过程中的问题，非双高院校应加强与中小企业的合作，提供创新的培训资源和教育方法，改进人才培养模式，并建立长期稳定的合作机制，以推动中小企业的转型升级，进一步推动职业教育服务民营经济的蓬勃发展。

（三）地方财政资源投入不足

随着我国民营经济的快速发展，职业教育作为促进经济增长和提高劳动力素质的重要手段，也得到了越来越多的关注。然而，我们必须承认，当前的职业教育面临着地方财政资源投入不足的现实困境。这一问题对产教融合的发展产生了不可忽视的影响。①

地方财政资源投入不足使得职业教育的办学条件和教学设施无法得到有效改善。在实施产教融合的过程中，职业教育机构需要与企业紧密合作，提供符合市场需求的教育培训。然而，由于财政资源不足，许多职业教育机构无法更新教学设备、改善实训基地等硬件条件，导致教学质量无法提升，培养出的学生难以适应实际工作的要求。

地方财政资源投入不足也直接影响教师队伍的建设。职业教育的发展离不开高素质的教师队伍，他们不仅要具备扎实的专业知识，还需要具备实践经验和市场敏锐度。然而，由于财政资源有限，职业教育机构无法提供足够的薪酬和福利待遇，难以吸引和留住优秀的教师。这导致教师队伍的整体素质偏低，影响了教学质量和产教融合的效果。

地方财政资源投入不足也限制了职业教育的规模和覆盖范围。随着经济的发展，不同地区对于职业教育的需求也在不断增加。然而，由于财政资源有限，许多地方无法建设和发展职业教育机构，导致职业教育的覆盖范围相对有限，很多学生无法得到优质的职业教育机会，限制了他们的就业和发展前景。

地方财政资源投入不足是影响产教融合的一个重要原因，为解决这一问题，我们需要加大对职业教育的财政投入，提高办学条件和教学质量，加强教师队伍的建设，扩大职业教育的规模和覆盖范围，以推动解决职业

---

① 赵瑜，李光. 中国式职业教育现代化的科学内涵、现实困境和推进路径 [J]. 中国成人教育，2024（1）：61-70.

第二章　现实逻辑：职业教育服务民营经济的发展现状

教育服务民营经济发展的实践困境。只有这样，我们才能够实现产教融合的目标，提升劳动力素质，推动民营经济的持续健康发展。

（四）教学内容滞后岗位发展需求

在当前的教育体系中，职业教育服务民营经济发展面临着一系列的现实困境。其中，教学内容更新与平台建设滞后问题是制约职业教育与岗位需求对接的重要因素之一。在快速变化的现代社会中，各行各业的发展都在不断地演变。然而，职业教育所涵盖的教学内容却没有及时跟上这些变化的步伐，导致教学内容在一定程度上滞后于岗位发展的需求。这一问题根源主要有两个方面。一方面，职业教育的教学内容更新机制相对滞后。传统的教育体系在教学内容的更新方面存在一定的僵化和守旧现象。教育机构缺乏及时获取和整理岗位需求信息的机制，这使得教学内容无法及时地适应新兴行业和职业领域的变化。例如，随着科技的快速发展，人工智能、大数据等新兴领域的岗位需求不断涌现，但相关的教学内容却没有相应跟进，导致教育与就业之间的脱节。另一方面，平台建设滞后。在职业教育中，教学平台是学生接触教学资源的重要渠道之一。然而，目前大部分教学平台仍然停留在传统的教学模式上，无法满足新兴行业发展对于教学平台的需求。例如，很多职业教育平台在技术支持、内容更新、交互性等方面存在欠缺，难以提供与新兴行业需求相匹配的教学环境和资源。

解决教学内容滞后于岗位发展需求的问题，需要从教育机构和教学平台两个方面入手。教育机构应建立起与企业和行业紧密合作的机制，及时获得岗位需求信息，并通过开设相关课程、调整教学内容来满足岗位发展的需求。[1] 同时，教育机构还应加强与企业的实践合作，通过实训基地、实习项目等方式提供更贴近实际工作的教学环境。

教学平台的建设也需要紧跟时代的变化。平台需要提供多样化、灵活性强的教学资源和工具，以满足不同行业和职业的需求。同时，平台还应加强技术支持和内容更新机制，确保教学平台的先进性和时效性。只有在教学内容更新与平台建设同步推进的情况下，职业教育才能更好地服务于

---

[1] 韩燕霞，刘雪钦. 职业院校参与区域创新的功能定位、现实问题与行动路径［J］. 福建教育，2024（4）：24-31.

民营经济的发展,并为学生提供更具竞争力的就业机会。

教学内容滞后岗位发展需求是职业教育服务民营经济发展中的一个重要问题。通过加强教育机构与企业的合作,及时跟踪和调整教学内容,以及提升教学平台的先进性和时效性,可以缩小教育与就业之间的鸿沟,实现职业教育与岗位需求的有效对接,为民营经济的发展提供有力的支持。

(五)校企合作平台缺乏活力

由于教学内容更新与平台建设滞后,导致职业教育中的校企合作平台缺乏活力。校企合作是职业教育的重要组成部分,通过与企业的深入合作,可以提供学生与实际职业需求相符的实践机会,并促进学生的职业能力培养。然而,在当前的实践中,校企合作平台存在一系列问题。首先,校企合作平台的构建与运营缺乏有效的引导和支持。目前,一些职业教育机构与企业合作的平台建设仍停留在简单的信息发布和对接阶段,缺乏更加深入的合作机制和支持措施。教育机构与企业之间的合作关系也常常是由个别教师或企业人员的个人行为决定,缺乏制度化和长期性的规划和运营。这种情况下,校企合作平台无法真正发挥其应有的作用,限制了学生的实践机会和职业能力的培养。其次,校企合作平台的内容更新不及时。职业教育的发展需要与时俱进,紧跟产业发展的脚步。然而,在一些校企合作平台中,教学内容更新滞后,无法与快速变化的产业需求相适应。一方面,教育机构缺乏对行业动态的及时了解和研究,无法准确把握行业的新趋势和技术要求。另一方面,企业也没有足够的意愿和资源来参与到教学内容的更新和改进中。结果是学生接受的教学内容与实际职业需求之间存在差距,影响了他们的就业竞争力和职业发展。最后,校企合作平台缺乏有效的交流和协作机制。校企合作需要教育机构和企业之间的密切沟通和协作,以确保教学目标和企业需求的有效对接。[①] 然而,在一些校企合作平台中,由于信息不对称和合作机制的不完善,校企之间的交流和协作存在困难。教育机构难以准确了解企业的技术需求和职业能力要求,企业也难以真正参与到教学活动的设计和评估中。这种情况下,无法实现校企合作的优

---

① 陆嘉斯. 新发展格局下中职院校与中小微企业校企合作机制初探[J]. 上海轻工业,2024(2):114-116.

势互补和资源共享，影响了职业教育与实际职业需求之间的有效对接。

由于教学内容更新与平台建设滞后，校企合作平台缺乏活力成为职业教育服务民营经济发展的现实困境之一。为解决这个问题，需要教育机构与企业加强合作，建立有效的沟通和协作机制，确保教学内容与职业需求的紧密对接。同时，需要相关政策的支持和激励，引导和推动校企合作平台的建设和运营，为学生提供更加有针对性和实践性的教育机会，促进职业能力的培养和提升。

六、职业教育的师资队伍内涵建设不足

职业教育师资水平参差不齐。职业教育师资水平参差不齐是职业教育服务民营经济发展的现实困境之一。在当前的职业教育领域中，教师的素质和培训机制存在着不完善的问题，这直接影响了职业教育的质量和效果。

由于职业教育是以培养学生的职业素养和实际工作能力为目标的，因此对教师的专业素养要求相对较高。然而，在实际情况中，一些职业教育教师的专业素养并不达标，他们缺乏相关职业知识和技能的深入了解掌握，无法满足职业教育的需求。职业教育领域的快速发展需要教师具备更新知识和技能的能力，而现行的教师培训机制难以满足这一需求。一方面，职业教育的发展速度远远超过了教师培训的速度，导致一些教师无法及时掌握最新的教学理念和技术；另一方面，教师培训的内容和形式也存在问题，缺乏针对性和个性化的培训计划，无法有效提升教师的教学能力。

职业教育的师资队伍相对薄弱，严重制约了职业教育的发展。缺乏高水平的师资力量，不仅影响了职业教育的质量，也制约了学生的发展。此外，目前职业教育师资的培养机制并不完善，缺乏长期、系统的培养计划，无法培养出真正具备高素质、专业能力强的职业教育师资人才。因此，为解决职业教育服务民营经济发展的现实困境，需要加强教师素质和培训机制的改进。一方面，要加强对教师的专业培训，提升他们的专业素养和职业能力；另一方面，加强对教师的培训需求调研，开展有针对性的培训课程，提高教师的教学水平和教育理念。此外，还要加大对职业教育师资队伍建设的投入，营造良好的培养环境，吸引更多优秀人才投身职业

教育，为职业教育的发展注入新的活力和动力。只有通过加强教师素质，才能更好地服务民营经济发展，推动职业教育的发展和进步。

职业教育教师的持续培训机制不健全。在职业教育服务民营经济发展的过程中，教师培训机制的不完善是一个重要而迫切需要解决的问题。对于职业教育教师来说，持续的培训机制是保证其教学水平与时代要求相匹配的关键。然而，目前的职业教育持续培训机制存在诸多问题，制约着教师的专业能力和职业发展。

当前职业教育教师的培训机制存在明显不足，从教师个体来看，不同学校、不同岗位的教师培训存在着差异性和不确定性。许多教师只能参加学校或地方举办的简单培训班，培训内容过于单一，难以满足教师的全面需要。此外，培训机构和教育部门之间缺乏有效的沟通和协作，导致培训资源的浪费和教师培训的片面性。这样的情况下，教师的培训效果难以得到充分发挥，制约了教师素质的提升和教学水平的提高。职业教育教师的培训机制缺乏科学性和系统性，随着职业教育的快速发展和经济转型，教师所需的知识和技能也在不断更新。然而，现有的培训机制常常陷入单一学科或技能的局限，忽视了跨学科的综合能力培养。同时，教师培训中存在着一些落后的培训模式，如传统的理论指导为主的培训方式。这种模式无法满足教师实际教学需求，缺乏实践和创新的培训内容，使得教师在专业知识和教学方法上难以有所突破。教师持续培训机制缺乏有效的评估和反馈机制，教师培训的目标是提高教师的教学水平和专业素养，但缺乏有效的评估和反馈机制，教师无法及时了解自己的培训效果和存在的问题。这种情况下，教师难以进行自我反思和改进，长期以来培训效果难以真正体现出来。

因此，为解决职业教育教师的持续培训机制不健全的问题，需要采取一系列的措施。首先，建立统一的教师培训体系，确保培训内容的全面性和科学性。其次，加强培训机构与教育部门的协作，优化培训资源的配置和利用。同时，将培训的重点从理论知识转向实践能力培养，并引入创新和跨学科的培训模式，提高教师的教学水平和专业素养。此外，建立有效的评估和反馈机制，及时了解培训效果和教师的需求，为教师的职业发展提供有效的指导和支持。只有通过这些措施的实施，才能够真正提升职业教育教师的培训质量，满足民营经济对高素质人才的需求，推动职业教育与民营经济的良性互动和共同发展。

职业教育教师专注教研科研的力度不够。对于职业教育教师而言，他们的专注度对于提升教学质量和促进学生发展至关重要。然而，在当前的职业教育体系中，教师专注教研科研的力度不够，这成为教师素质和培训机制不完善的一个主要问题。职业教育教师的工作压力较大，他们需要承担教学任务以及其他教学管理工作。由于教学任务繁重，教师们往往没有足够的时间和精力投入教研科研中。他们需要备课、批改作业、进行学生评估等一系列烦琐的工作，这导致教师难以专注于教研科研，无法充分地发挥他们的专业能力和创新能力。

在当前的职业教育体系中，教师培训主要集中在教育技能的培训上，而缺乏对教师科研能力的培养和提升。[①] 教师需要不断学习新的教育理论和教学方法，了解行业发展的最新趋势和需求，以提供更好的教育服务。然而，现有的培训机制并未能充分满足教师的需求和期望，导致教师的科研能力得不到有效的提升。此外，职业教育教师的职业发展路径也相对模糊不清，缺乏相应的激励机制。教师在职业发展中往往面临着较少的晋升机会和职称评定标准不明确的问题，这导致教师对于科研工作的积极性和投入度不高。如果教师无法获得相应的职业晋升和发展机会，他们就缺乏了专注于教研科研的动力和目标。

针对当前职业教育教师专注教研科研的力度不足问题，需要从多个方面着手改善。首先，教育部门和职业教育机构应加大对于教师的支持力度，减轻教师的工作压力，为教师提供更多的教学资源和支持。其次，培训机制应更加注重教师科研能力的培养与提升，提供相关的培训课程和资源，帮助教师不断更新知识和提高能力。此外，还需要建立健全职业发展机制和激励机制，为教师提供更多的晋升机会和发展空间，激发教师专注于教学科研的积极性和创造力。只有通过提高教师的素质、培训机制以及教师的专注度，才能进一步提升职业教育服务民营经济发展的质量和效益。教师专注度的提升将有助于培养更多适应社会需求的高素质人才，为民营经济的发展注入新的动力和活力。

---

① 冯朝军，熊妍茜. 职业教育终身学习资源共享共建的策略研究 [J]. 职教发展研究，2023（4）：25-31. DOI: 10.19796/j.cnki.2096-6555.2023.04.004.

第三章 实践逻辑：职业教育服务民营经济的优化路径

民营经济在中国式现代化进程中具有重要机遇，需要加速实现科技自主创新，以实现高质量发展。作为市场创新主体，民营经济可以探索、组织和引领创新发展，在推动科技自主创新方面发挥更大作用。这是百年来前所未有的重大变革，民营经济应努力掌握关键核心技术，推动高水平科技自主创新。职业教育与民营经济共生共长，在民营经济推动科技创新实现高质量发展过程中，职业教育为其提供人才支撑、技能保障。在职业教育改革的浪潮中，一部分民营企业充分发挥办学主体优势，举办高等职业教育，持续探索职业教育服务民营经济的优化路径。

第一节 激活民营企业举办职业教育的办学主体优势

一、民营企业举办职业教育是发展必然

随着国家对职业教育的重视和支持力度不断加大，以及民营企业对人才需求的日益增长，民营企业举办职业教育已成为顺应经济发展规律和社会发展趋势的必然选择。

从民营经济发展现状看，当前，中国的民营企业在经济发展中扮演着重要角色。凭借灵活的经营模式、快速的决策机制以及创新的思维方式，民营企业在过去几十年间取得了巨大的成就。但随着社会和经济的不断变革，民营企业也面临着新的挑战。首先，民营企业的发展仍然面临一定的制度和政策限制。在过去，由于国有企业占据主导地位，民营企业往往面

第三章　实践逻辑：职业教育服务民营经济的优化路径

临着不公平的竞争环境。尽管随着市场经济的发展，政府对民营企业的支持力度有所增加，但仍存在一些制度性障碍，如融资渠道不畅、土地使用权难以获得等问题。其次，技能人才短缺成为制约民营企业发展的重要因素。由于长期以来国家重视的是高等教育，对职业教育的投入相对较少，导致许多优秀的技能人才流失到了其他行业或国外。而对于民营企业来说，技能人才的引进和培养是其可持续发展的关键。另外，新兴产业的崛起也给民营企业带来了机遇和挑战。随着经济结构的转型升级，许多传统产业面临着市场竞争的压力，而新兴产业则呈现出快速增长的态势。然而，由于技术和知识的更新换代较快，民营企业在新兴产业中的发展存在技术壁垒和人才匮乏的困境。[①]

　　从职业教育自身看，职业教育是为了培养职业技能和提升就业能力而进行的教育。而现代职业教育具有多样性的特点，不同的主体在职业教育体系中扮演着重要的角色。在快速发展的社会经济背景下，民营企业举办职业教育已经成为一种发展必然。从经济层面看，随着科技的日新月异和产业结构的不断优化，传统的职业教育模式已经难以满足企业对于技术技能人才日益增长的需求。特别是民营企业，由于其市场敏感度高、经营机制灵活，往往能够最先捕捉到行业发展的脉搏和人才市场的需求变化。因此，民营企业有动力也有能力去举办更加贴近市场需求、更务实的职业教育，这样既能满足自身人才储备的需要，也能为整个社会的经济发展提供有力的人才支撑。从教育层面看，职业教育作为一种与市场需求紧密相连的教育类型，其核心目标是培养学生的实践能力和职业素养，使他们能够更好地适应未来就业的需求。而民营企业，作为用人单位，对于所需人才的素质和技能要求有着最直接的认知。因此，民营企业参与职业教育，不仅可以提供更加真实、生动的教育内容和环境，还能够在人才培养的过程中引入更多的实践元素，从而提高学生的职业适应能力和市场竞争力。[②]从政策层面看，国家和地方出台的政策为民营企业参与职业教育提供了广阔的空间和有力的支持。《中华人民共和国职业教育法》不仅鼓励和支持企业、事业单位等社会组织、其他社会组织和公民个人依法参与和实施职

---

① 王铮铮. 民营企业高质量发展的困难及对策分析 [J]. 现代商业，2022 (6)：148–150.
② 高鸿，赵昕. 论企业举办职业教育的主体作用 [J]. 中国职业技术教育，2014 (12)：17–21.

业教育，还通过一系列优惠政策和措施，为民办职业教育的健康发展提供了坚实的保障。

从民营企业举办职业教育的动因看，动因主要源于以下几个方面：融入产业升级需求、提高企业人才培养能力、增强员工和企业的竞争力等。[①] 随着经济的快速发展和市场竞争的加剧，民营企业迫切需要具备高素质、高技能的员工来适应不断变化的市场环境和生产要求。而传统的职业教育体系在一些方面已经无法满足企业对人才的需求，需要民营企业决定自己举办职业教育以满足其自身发展的需要。首先，融入产业升级的需求推动了民营企业举办职业教育。随着科技的不断进步和产业结构的调整，许多传统行业面临着转型升级的压力。为了适应这种变革，民营企业需要培养具备新技术、新知识和新思维的人才。通过举办职业教育，民营企业可以针对自身所处的产业进行专业培训，使员工具备适应产业升级的能力和素质。其次，民营企业举办职业教育为企业发展提供更多的人才资源支持。在当前人才竞争激烈的环境下，招聘和留住人才是企业发展的关键。通过举办职业教育，企业可以吸引更多的优秀人才加入，同时也能够提高员工的忠诚度和归属感。通过内部培训，企业可以更好地发掘和培养潜在的人才，为企业的长期发展提供有力的支撑。最后，民营企业举办职业教育可以更好地适应市场需求。随着技术的不断更新和市场需求的变化，企业需要培养适应新需求的人才。通过举办职业教育，民营企业可以针对自身在市场中的定位和发展方向，有针对性地培养员工的专业技能和能力，更好地满足市场的需求，增强员工和企业自身的竞争力。

民营企业在举办职业教育方面展现出显著的优势。首先，民营企业举办职业教育具有灵活性。与传统教育相比，民营企业通常具有更加灵活的管理和决策机制。这种灵活性使它们能够迅速捕捉到市场需求的变化，并相应地调整职业教育的方向和内容。例如，当某个行业出现新的技术或趋势时，民营企业可以迅速调整课程，确保学生掌握最新的知识和技能。这种灵活性确保职业教育与市场需求间紧密对接，从而提高了学生的就业竞争力。[②] 其次，民营企业举办职业教育具有与行业联系紧密的优势。民

---

① 王若辰，陈学中. 新发展格局下现代职业教育服务民营经济高质量发展［J］. 中国经贸导刊，2022（7）：86-89.

② 王俊. 民营经济基本特征、制约因素以及优化发展路径［J］. 经济界，2021（2）：9-13.

企业通常与特定的行业或领域有着紧密的联系。这种联系为它们提供了宝贵的行业洞察和经验，使它们能够准确地把握行业的需求和趋势。这种紧密的联系意味着民营企业能够为学生提供更加实用、贴近实际的职业技能培训。学生可以在实践中学习，从而更好地理解和掌握所学内容。这种培训方式不仅能够提高学生的实践能力，还能够为他们未来的职业发展奠定坚实的基础。再次，民营企业具有更强的创新和创业精神。这种精神在职业教育中至关重要，因为它能够激发学生的学习兴趣和动力，并鼓励他们追求创新和卓越。通过引入创新的教学方法和技术，民营企业可以为学生创造更加生动、有趣和实用的学习环境。同时，它们还可以鼓励学生发挥创造力，培养创业精神，为学生未来的职业发展提供更多的选择和机会。此外，民营企业举办职业教育具有丰富的资源优势。民营企业通常拥有更多的资源，包括资金、技术、设备等。这些资源可以用于改善教学设施、提高教学质量、开发新课程等。例如，民营企业可以引入先进的教学设备和技术，为学生提供更加高质量的学习体验。同时，它们还可以利用丰富的资金资源，为学生提供更多的奖学金和实习机会，帮助他们更好地发展自己的职业技能和素养。最后，民营企业举办职业教育可以显著提高学生的就业竞争力。由于民营企业与行业和市场的紧密联系以及它们提供的实用、贴近市场的职业技能培训，学生通常具有更高的就业竞争力。这些学生在校期间能够获得更多的实践经验和职业技能培训，使他们更好地适应市场需求和企业文化。此外，民营企业还可以为学生提供更多的就业指导和职业规划建议，帮助他们更好地规划自己的职业发展路径。这些优势将共同助力学生提升就业竞争力，使他们能更顺利融入职场并取得成功。

二、民营企业举办职业教育的实践路径

民营企业在举办职业教育方面扮演重要角色，这是由职业教育的特点决定的。民营企业作为主体，有权自主办学并承担相应责任；作为投资者，需要承担职业教育的费用；作为培养主体，确定人才培养的目标并实施实践教学；作为管理者，积极参与职业教育治理，并在决策、质量管理和评估中发挥重要作用；作为评价者，主导对职业教育人才培养质量的评价。为实现这一角色，民营企业可以在法律法规的保障下独立举办职业院

校，或者参与校企合作、参与职业教育人才培养的全过程。为确保民营企业举办职业教育的有效性和可持续性，应从建立完善的职业教育制度、关注职业教育人才培养、搭建职业教育交流平台、提供多样化的职业教育培训方式、重视职业教育质量评估和认证体系、加强与教育机构的合作、推动政策支持和合作等方面探索实践。

（一）民营企业举办职业教育应建立完善的职业教育制度

一是要制定职业教育方针和目标。制定职业教育方针应明确企业对职业教育的态度和原则，以指导制定具体的职业教育政策和规划。应从适应企业发展战略、注重人才培养与创新、促进员工发展等方面予以考虑。[①] 制定职业教育目标应具体、可衡量，并与企业的发展需要相匹配。民营企业在制定职业教育目标时要充分考虑适应企业战略需求、提高员工素质水平、培养创新能力和创业意识。通过制定明确的职业教育方针和目标，民营企业可以为职业教育工作提供明确的指导和导向，确保企业的职业教育能够有效地支持企业的发展战略，并提高员工的素质水平和创新能力。**二是要设立职业教育管理机构**。民营企业举办职业教育需要有一个专门的机构来管理和监督教育活动的开展，以确保教育活动具备高质量和有效性。设立职业教育管理机构需要明确其职责和权力，机构成员要具备一定的专业能力和经验，机构可以与相关部门和机构建立良好的合作关系，并制定相应的管理制度和规范。只有这样，民营企业举办职业教育才能实现有效的管理，从而提升优质的教育服务。**三是建立职业教育课程体系**。建立职业教育课程体系是推动民营企业职业教育发展的重要内容。民营企业作为经济社会发展的重要力量，在促进就业、培养人才方面具有独特优势，而建立完善的职业教育课程体系则是保障职业教育质量的关键。民营企业应根据自身发展需求和行业特点，明确职业教育的目标和定位，确定所需要培养的人才类型和能力素养。在课程体系的设计中，要突出实践能力培养，注重培养学生的实际操作能力和职业技能，以适应企业的需求。同时，需要注重学科融合和专业设置。民营企业可以与相关高校、职业教育机构等合作，共同建设职业教育课程体系。此外，要注重质量保障和评估

---

① 黄山井. 职业教育的目标方针 [J]. 当代教育实践与教学研究，2016（2）：92.

机制。民营企业应制定相应的质量保障体系,确保职业教育课程的质量。要建立科学合理的评估机制,对学生的学习效果和技能水平进行评估,以及时调整和改进教学内容和方法,不断增强培训效果。

(二)民营企业举办职业教育应关注职业教育人才培养

一是建立岗位与教育培训需求对接机制。职业教育是提升民营企业核心竞争力的重要途径,为确保培养出符合企业需求的人才,民营企业应建立与岗位需求相适应的教育培训机制。民营企业需要与教育机构建立紧密合作关系,探索合作办学模式。通过与职业院校、培训机构等教育机构合作,企业能够更好地了解教育机构的专业特长和师资力量,从而确定合作方式与内容。通过共同制订培训计划和课程设置,企业能够确保培养出的人才具备所需的专业知识和技能。企业应积极参与制定职业教育标准和岗位技能要求。企业对于所需人才的专业能力和素质要求有着更为具体的了解,因此应积极参与制定职业教育标准和岗位技能要求,确保培训内容与实际工作需求紧密对接。通过与相关部门密切合作,制定相关的教学大纲和考核体系,企业能够更好地评估培训效果,并及时调整培训内容。企业应建立岗位与教育培训需求对接的反馈机制。通过建立员工培训反馈机制,了解员工在培训过程中的需求和困惑,及时进行培训内容的调整和优化,为教育机构提供指导和改进的意见。[①] **二是培养职业教育师资队伍。**职业教育的发展离不开优秀的师资队伍,培养高素质的职业教育师资是实现民营企业举办职业教育的关键一步。在职业教育领域,教师的角色不仅是知识的传授者,更是学生职业生涯规划的引导者和职业素养的塑造者。需要提升职业教育师资队伍的专业能力,建立健全的师资选拔机制,制定具有针对性的招聘政策和条件,确保选拔具备相关专业背景和实践经验的人才担任职业教育教师。加强教师的职业发展规划和培训机制,为教师提供持续学习的机会,提升教师的课程设计、教学方法和评价能力。建立行业与教育机构的联合培养模式,引入行业专家和企业导师,实现理论与实践的有机结合,提升教师的专业素养。通过组织各类师资培训活动,提供

---

① 徐锦丽. 专业课程设置与岗位需求对接调查研究 [J]. 广东技术师范学院学报, 2017, 38 (1): 31-36.

系统性的教育培训课程和研讨会，帮助教师提升专业素养和教育教学能力。注重培养教师的创新思维和实践能力，组织教师参加教育科研和实践项目，鼓励教师在实践中不断总结经验、改进教学方法。建立以能力为导向的评价体系，注重学生的实际能力和职业素养培养，引导教师注重培养学生的实践能力和创新能力。为教师提供多元化评价指标，根据教师的教学质量和职业发展情况进行评估和激励，推动教师专业成长和进步。① **三是提供员工职业发展计划**。通过设计和实施员工职业发展计划，企业可以有效地激发员工的潜力，帮助他们实现个人职业目标，并进一步提升组织内部的人才能力。企业根据员工的个人特点和发展需求，制订具体的职业发展计划，提高员工的工作动力和积极性。企业可以根据员工的现有能力和岗位需求，为其提供相应的培训和发展机会，提高员工的专业能力和综合素质，更好地适应企业的发展需求。此外，提供员工职业发展计划可以增强员工的归属感和忠诚度，促进企业的稳定发展，减少员工的流失率，并为企业长期稳定发展打下良好的基础。

（三）民营企业举办职业教育应搭建职业教育交流平台

在民营企业举办职业教育的实践路径中，搭建职业教育交流平台是一个关键环节。利用互联网平台进行职业教育资源共享，为企业员工提供更广泛、高质量的学习资源与交流机会，从而提升他们的职业技能和综合素质。互联网平台提供了信息化的学习资源，不受时间和空间的限制，使得企业员工可以随时随地获取所需的学习资料。例如，通过搭建在线学习平台，员工可以根据自己的兴趣和需求选择适合自己的课程，无论是技术类还是管理类的课程，都可以找到相应的资源进行学习。员工可以根据自己的兴趣和需求自主选择学习内容，提高学习主动性和积极性。通过搭建在线学习社区或论坛，企业员工可以与来自不同地域和行业的学习者进行交流和讨论，分享自己的学习心得和经验。这样的交流平台不仅可以促进知识的共享，还可以激发员工的创新思维和学习动力。通过与他人的交流和互动，员工可以开阔眼界，学习到更多的新知识和新技能。此外，搭建职

---

① 钟斌，谢爱磊. 中国式现代化视域下职业教育教师队伍的实践特色、现实羁绊与未来展望［J］. 教育与职业，2024（4）：27-33.

业教育交流平台还可以提供个性化的学习服务，通过平台的数据分析和人工智能技术，可以对员工的学习情况和学习需求进行个性化的诊断和推荐。例如，根据员工的学习兴趣和学习能力，系统可以为其推荐适合的学习资源和学习路径，帮助员工更加高效地进行学习。同时，平台还可以提供在线答疑和辅导服务，帮助员工解决学习中的问题和困惑。[①]

（四）民营企业举办职业教育应提供多样化的职业教育培训方式

一是开设内部培训课程。内部培训课程可以根据企业内部的需求和特点，量身定制教育内容，针对性地培养员工所需的专业知识和技能。企业可以结合自身业务发展的方向和目标，确定需要培训的重点领域，并设立相应的内部课程，帮助员工全面提升综合素质。培训可以通过多种形式进行组织和实施，企业可以邀请内外部专家、优秀员工或行业领域的权威人士来举办讲座、培训或工作坊，传授相关知识和经验。也可以充分利用现代化的教育技术手段，将培训内容进行数字化、实时化，提升培训效果和灵活性。可以通过内部人员互帮互学和团队合作的方式进行。在企业内部搭建学习氛围和分享平台，鼓励员工之间相互交流、分享经验和知识，促进员工之间的学习互动和合作。**二是组织外部培训活动。**企业可以与职业院校或者专业培训机构合作，邀请其进行有针对性的职业培训。职业院校和专业培训机构拥有丰富的培训资源和经验，能够为企业员工提供行业前沿的知识和技能培训。企业可以根据员工的岗位需求和个人发展需求，选择合适的职业院校和培训机构进行合作。可以邀请行业专家进行内部讲座或研讨会。行业专家拥有丰富的实践经验和专业知识，能够为员工提供实用的职业教育培训。企业可以邀请行业专家就特定主题举办讲座，让员工了解行业的最新发展和趋势。同时，行业专家还可以与员工进行互动交流，解答他们在工作中遇到的问题。通过邀请行业专家进行内部培训活动，企业能够搭建起一个学习和交流的平台，促进员工之间的互动和合作。还可以组织外部培训活动，让员工接触到不同企业和组织的经验和做法，扩大员工的视野和知识面。此外，与其他企业和组织的代表进行交

---

① 梁文斌."互联网+"时代的信息技术教育研究［J］．中国新通信，2023，25（18）：138－140．

流,还能够促进合作和创新。通过参加外部培训活动,企业能够为员工提供更广阔的学习和发展机会,提升员工的职业素养和综合能力。**三是创新职业教育模式**。民营企业通过与高等院校、职业学校等教育机构合作,开展校企合作培养模式。将企业和学校紧密结合起来,实现教育和实践的有效结合。通过与企业的合作,学生可以在校期间参与真实的企业项目,获得实践经验并培养实际操作能力。同时,企业也能在教育过程中对学生进行定向培养,满足企业的需求。民营企业积极探索在线教育模式。民营企业通过搭建在线教育平台,提供丰富的教育资源和学习工具,使学生可以随时随地学习。在线教育不受时间和空间的限制,可以满足学生的个性化需求。同时,通过在线教育,民营企业还可以与学生进行多维度互动,提供更加个性化的学习支持和指导。民营企业应积极探索职业技能竞赛的培训模式。通过举办职业技能竞赛,民营企业可以激发学生的学习兴趣,培养学生的专业技能。竞赛可以提供实战环境,在竞争中不断提升学生的能力和水平。民营企业还应通过导师制度等方式提供个性化的职业指导和培训支持。导师制度可以帮助学生建立与专业人士的联系,获得实际工作中的指导和经验。导师可以根据学生的情况制订个性化的学习计划,帮助学生更好地适应职场需求。①

(五)民营企业举办职业教育应重视职业教育质量评估和认证体系

一是设立职业教育质量评估机构。对民营企业举办的职业教育进行全面、客观、科学的评估,为职业教育的质量提供参考和保证。职业教育质量评估机构应设立专业的评估团队,团队由职业教育领域的专家和学者组成,具备丰富的实践经验和专业知识,能够准确、全面地评估职业教育的质量。可以根据民营企业举办的职业教育的特点和需求,制定相应的评估标准和指标,确保评估的科学性和针对性。通过实地考察,深入了解民营企业举办的职业教育的具体情况,包括教学设施、师资力量、教学内容和教学方法等。同时,通过实证研究,可以对职业教育的效果进行评估和分析。还可以通过提供指导意见和建议,帮助民营企业进一步提高职业教育

---

① 杨子舟,荀关玉. 技能何以形成:类型探讨与模式分析[J]. 清华大学教育研究,2019,40(5):49-60.

的质量水平。**二是开展职业教育质量评估评价**。职业教育的质量评价标准主要通过职业教育与社会需求的匹配程度来衡量。为了提供高质量的职业教育，需要确保专业群与产业链、行业、民营企业的精准对接，课程标准与职业标准的对接，以及毕业生的专业素质、职业素质和技能与职业岗位需求的精准对接。这样的对接程度将决定民营企业在职业教育人才培养质量评价中的主导地位。① 为了实现这一目标，民营企业应在制度和法律的范围内，承担起参与人才质量评价的权利和责任，充分发挥民营企业在职业教育人才培养质量评价中的主体作用。通过开展职业教育质量评估评价，民营企业可以及时了解职业教育的实际情况，发现问题并及时改进，提升职业教育的质量。同时，评估评价还可以为职业教育的持续改进提供参考和支持，推动职业教育高质量发展。**三是推行职业教育认证制度**。建立职业教育认证机构。机构具备专业的评估和认证能力，由相关专业人员组成，负责对民营企业举办的职业教育项目进行评估和认证。机构应设立完善的内部组织结构和运行规范，确保评估和认证的客观性和公正性。同时，需要制定职业教育认证标准，标准应综合考虑企业需求、职业技能要求和教育质量等因素，明确评估和认证的指标和要求。标准具有一定的灵活性，能够适应不同行业和企业的需求。标准的制定过程应充分考虑各方利益的平衡，确保公平公正。开展职业教育认证评估过程中，认证机构应按照职业教育认证标准对民营企业举办的职业教育项目进行评估。评估过程应包括对教育内容、师资力量、教学设施和实训条件等方面的综合评价。评估结果应真实客观地反映职业教育项目的质量和效果，为企业提供改进和优化的建议。认证机构应将评估结果及时公示，使社会各界了解到民营企业举办职业教育项目的质量和成果。同时，认证结果也可以作为企业在招聘、培训和合作等方面的参考依据，提高企业的竞争力和声誉。认证制度的推行不仅有利于企业自身的发展，也有助于推动整个职业教育体系的健康发展，进一步促进国家经济的发展和社会的进步。

（六）民营企业举办职业教育应加强与教育机构的合作

一是加强与高等教育机构合作。通过充分利用高等教育机构的教育资

---

① 高鸿，赵昕. 论企业举办职业教育的主体作用 [J]. 中国职业技术教育, 2014 (12): 17-21.

源、教学经验和专业知识，民营企业能够为员工提供更好的职业教育培训，提高员工的学历水平和专业能力。同时，与高等教育机构的合作也能够促进教育理念和实践的交流，提高职业教育的质量和效果。通过与高等教育机构的合作，民营企业还能够建立良好的品牌形象，提升企业的知名度和影响力。民营企业应积极主动地与高等教育机构合作，共同推进职业教育的发展。**二是加强与职业院校合作**。民营企业可以与职业院校签署合作协议，明确双方的合作意向和目标。双方可以建立起稳定的合作关系，共同推进职业教育的实践路径。职业院校拥有丰富的教学资源和优秀的教师队伍，可以为民营企业提供专业的培训师资。企业可以邀请院校的专业教师来企业进行培训，提升企业员工的职业素养和专业技能。同时，企业也可以提供实践机会给职业院校的教师，让他们深入企业了解实际工作环境，从而更好地指导学生的实践学习。可以与职业院校合作开展实习、实训等实践教学活动。学生可以接触到真实的工作环境，了解企业的运作方式和要求，提高实践能力和就业竞争力。企业可以提供实践岗位给学生，让他们在实践中学习，同时也可以根据实习生的表现，对其进行人才储备和选拔。这种双赢的合作模式，不仅能够为企业引进优秀人才，也可以为职业院校的学生提供更多就业机会。企业可以提供实际需求和问题，与院校共同研究解决方案，推动科研成果的产业化应用。这种科研合作不仅可以提升企业的创新能力和竞争力，也可以促进职业院校的教学改革和学科建设。**三是加强与培训机构合作**。与培训机构建立紧密的合作伙伴关系，可以共同制订职业教育培训计划和课程内容。民营企业可以依托培训机构的专业知识和经验，制订适合自身企业发展需求的培训方案和课程设置。双方可以共同探讨和协商，确保培训内容与企业实际需求相匹配。同时，可以共同合作开发适用的教材和教学资源，培训机构可以根据企业的需求，提供相关的教材和教学资源，并根据企业的反馈进行不断地优化和更新。民营企业也可以将自身的实践经验和行业知识与培训机构分享，共同提高教材和教学资源的质量和实用性。民营企业可以根据自身员工的特殊需求和技能缺口，与培训机构共同设计培训课程和教学内容。通过定制化培训，可以提高培训的针对性和有效性，使培训结果更加符合企业的实际需求。与培训机构合作，民营企业可以建立起持续监测和评估培训效果的机制。企业可以与培训机构共同制定评估指标，对培训过程和结果进行跟踪和评估。通过监测和评估，可以及时发现培训中存在的问题和不足，进而进行调整和改进，增强培训效果和企业的员工素质。

（七）民营企业举办职业教育应搭建职业教育交流平台

一是积极参与行业职业教育交流活动。 通过主动参与行业职业教育交流活动，民营企业可以与其他企业、教育机构以及相关职业教育专家进行深入的交流和合作，共同探讨职业教育的最佳实践和创新方案。民营企业可以借鉴他人的经验，与他人共享资源，提升自身的职业教育能力和水平。**二是建立行业职业教育交流组织。** 为了推动民营企业举办职业教育的发展，民营企业应该积极参与并主导建立行业职业教育交流组织。促进各个企业之间的沟通与合作，加强行业内部的交流与学习，推动职业教育水平的提高。这样的组织可以成为一个平台，供企业间分享经验、探讨共同问题，并寻找解决方案，以促进行业的长期发展。不同民营企业在职业教育方面可能存在一些共同的需求和问题，通过组建交流组织，可以使企业间共同面对挑战，并分享已有的经验和资源。一方面避免资源浪费，另一方面可以加快问题的解决速度。通过交流组织，企业可以相互了解对方的优势和特长，在合作中取长补短，提高整个行业的竞争力。同时，组织也可以促进企业间的竞争，通过交流学习，不断提高自身的职业教育水平，从而在市场竞争中保持竞争优势。通过建立交流组织，政府与企业可以更加紧密合作，共同制定职业教育发展的政策方向和实施措施，推动职业教育与行业需求的对接，提高职业教育的质量和水平。

（八）民营企业举办职业教育应推动政策支持和合作

一是积极响应政府职业教育发展政策。 民营企业应充分了解国家关于职业教育的政策导向和发展方向。通过认真研读政策文件和法规，了解国家对职业教育的重视程度以及政策的具体内容，从而明确企业参与职业教育的目标和任务。同时，企业可以与政府部门、职业技术学校、职业培训机构等建立合作关系，共同制定职业教育相关政策。**二是加强与政府部门的合作。** 民营企业可以与政府部门深化合作，共同制定和推进相关政策。民营企业可以通过与政府相关部门的合作，深入了解政府关于职业教育方面的相关政策，并积极参与政府组织的职业教育项目。例如，企业可以与教育部门、人力资源部门、劳动力市场监管部门等建立沟通渠道，共同商讨职业教育项目的开发和实施计划。同时，在项目实施过程中，民营企业可以与政府部门共同协作，共享资源，共同推动职业教育项目的落地和发展。**三是加强与行业协会商会的交流合作。**企业可以通过积极参与行业协会和商会的活动，推动政策支持和合作的落地实施。通过行业协会和商会的平台，企业可以与其他企业进行交流和合作，共同探讨职业教育的发展策略。同时，企业还可以通过行业协会和商会向政府部门反映企业在职业教育方面的需求和问题，倡导建立健全的职业教育体系，为行业发展提供人才支持。①

三、民营企业举办职业教育的政策驱动

为了鼓励和支持民营企业充分发挥其举办职业教育的主体作用，各级政府和教育主管部门需要不断完善法律法规、政策制度、资金投入和运行监督方面的环境，以激发民营企业积极参与到职业教育中。在办学、校企合作、共建产业学院等各层级发挥民营企业的主体作用。

制定并完善民营企业举办职业教育的法律法规，明确民营企业在举办职业教育中的主体地位。在《职业教育法》中，应特别设立条款，界定民营企业在职业教育中的角色和职责；保障民营企业在举办职业教育方面享有的权利，同时明确应承担的义务和责任，并为其主体作用提供法律保护；明确规定民营企业举办各类职业院校、职业培训机构的法律地位，赋予其合法身份和地位，让民营企业站得直，行得稳；明确民营企业在举办职业教育过程中必须承担的义务，进而对未履行相应义务的民营企业进行明确的惩罚制度。同时，各相关部门需要因地制宜出台具体的实施细则，在法律框架下，各级政府应根据现代市场经济机制和规律，建立适宜本地区民营企业举办职业教育的指导机构，进一步细化完善民营企业办学的制度和章程，以有效引导民营企业办学。

制定相关可行政策，鼓励民营企业主办职业教育。明确民营企业主办

---

① 张开旺. 行业协会参与职业教育的非正式制度性障碍分析——基于新制度经济学的视角[J]. 经济师，2024（2）：174−175.

职业教育的公益性质，依法享受税收、土地、金融服务等多方面优惠政策。一是允许民营企业主办的学校按照一般事业单位独立核算；对民营企业办学用的有形资产和无形资产进行明确界定，①切实减轻民营企业考核压力；将民营企业投入到职业教育中的各类建设经费和事业性收费，全额计入民营企业的经营成本，税前扣除。二是协调相关部门解决教师待遇问题，使民营企业主办职业学校的教师能够真正享受教师待遇，不受其民营企业职工身份的制约。三是完善土地、金融服务等优惠政策，对民营企业承担区域公共实训基地建设所需用地，给予土地划拨等系列优惠政策。四是完善相关税收优惠政策，对民营企业主办职业教育及相关培训机构的经费投入给予减免。

民营企业举办职业教育的办学经费如何得到保障，需要政府拿出切实可行的办法策略，例如，政府利用购买服务的方式引导民营企业举办职业教育，具体执行可参考如下几种模式。一是提供办学经费，民营企业举办了符合区域职业教育发展规划的职业院校，地方政府参照公办职业院校生均经费的标准向其提供经费支持，降低企业的经营负担。二是返还教育附加费，地方政府根据民营企业办学的在校生规模按一定比例返还企业已经缴纳的教育费附加，以此支持民营企业运营职业院校。三是建立专项资金，民营企业与职业院校开展的校企合作取得务实效果，成为校企融合型民营企业，对此地方政府要给予企业鼎力扶持。扶持内容包括提升专业内涵建设、提升师资队伍建设水平以及扩充实习实训基地的软硬件建设等。

职业教育的发展离不开行业协会的引导，要加强行业协会等非政府组织的作用。在此类组织开展相关工作时，地方政府要切实放权放行，把政府之前需要履行的职能交由行业协会来完成，既减轻了政府的人员压力，又激活了民营企业的工作活力。同时，政府要建立专门的监督机构，行使监督行业协会和民营企业举办职业教育的相关责任。行业协会在资源、信息、技术等方面优势凸显，利用这些优势可积极投身于民营企业举办职业教育的实践。调研行业企业的发展规划、岗位需求、机遇与挑战，更有针对性地制定各级各类职业资格标准以及相应的技能等级考核标准、考核内

---

① 中央党校经济新常态与发展新理念第八课题组，刘宝民，潘传龙，等. 经济新常态下职业教育的改革与发展 [J]. 中国职业技术教育，2017 (1): 36–41.

容，进而把各类各级人才的培训指导考核等都纳入行业协会的日常职责范围之内，让行业内相关的民营企业和职业院校之间的关系更紧密融洽。此外，本行业的职业教育相关专业的发展规划和建设过程需要行业协会进行及时的跟进与指导，对行业内学生实习基地的分布、专业定位、软硬件建设等进行协调，并共享实习基地内的各类资源。同时，也应该对本行业涉及的各种职业准入标准及时修订完善，并对各种行业资格证书进行认证与审验。

民营企业举办职业教育离不开地方政府的宣传与激励，以及良好的舆论氛围作宣传引导。在营造积极氛围方面，地方政府可借助各类媒体平台，运用数字技术进行包装传播。同时，民营企业举办职业教育离不开制度的保障与约束，为此可以设立资质认证制度和贡献等级评级制度。与之相关的奖励措施对民营企业举办职业教育也是实实在在的鼓舞与支持，要对作出突出贡献的民营企业给予有形的物质奖励和无形的精神褒奖，广泛宣传报道激发民营企业履行职业教育社会责任意识。

职业教育的人才培养需要长期且巨大的投入，而产出却难以直接量化为经济收益，这与民营企业追求的经营利益最大化看起来是相互矛盾的。但这种矛盾是可以化解调和的，关键在于需要逐步建立一个有益于民营经济举办职业教育的环境，在这一环境下民营企业通过举办职业教育也能够获得近期或远期、隐性或显性的收益。为此，我们需要从政策、法律、制度等方面创造一系列有益的机制，实现民营企业的功利追求与职业教育的公益追求相互融合共赢。

促进健全法治环境，实现"两平一同"。健全法治环境是解决制度不确定性问题的根本解决方案。完善的法律法规明确了执法部门的权力边界，保护了民营企业平等使用生产要素、公平参与市场竞争和同等受到法律保护的权利，是民营企业稳定发展的前提。需要进一步放宽民营企业市场准入，严格执行市场准入"负面清单"制度，扩大民营经济在市场中的发展空间。实施公平统一的市场监管制度，加强公平竞争审查制度的强制约束力，打破各种不合理的市场规则，从制度上保护民营企业公平参与市场竞争；推动各类市场主体平等适用国家政策，消除对民营企业的限制性政策，建立健全司法执法保护民营企业的机制；完善民营经济相关法律体系，加快制定促进民营经济发展的法律，通过法律手段巩固民营经济的合法地位。例如,浙江省出台了《浙江省民营企业发展促进条例》,为保护各类民营企业的合法权益提供了法律依据。①

第二节 民办高职院校发展的痛点、契机、方向

近年来,我国高等职业教育经历了"示范校""骨干校"建设的黄金期,办学质量显著提高。随后,教育部编制出台了《高等职业教育创新发展行动计划(2015－2018 年)》(以下简称《行动计划》),提出建设 200 所优质专科高等职业院校的目标,这为高职战线树立起改革发展的新标杆。作为高等职业教育重要组成部分的民办高职院校,在国家大力发展职业教育,支持民办教育的大环境下,又一次与公办高职院校同台竞技。这对于民办高职院校来讲既是机遇,但更多的是挑战。在优质校创建背景下,民办高职院校能否直面痛点,寻求契机,找准方向,不仅关系着能否跻身高职教育的"名校"之列,更是事关民办高职院校的"生存",值得我们进一步探究。

一、优质校创建,直击民办高职院校发展的痛点

《行动计划》对于优质校创建已明确指导,"坚持以示范建设引领发展,鼓励支持地方建设一批办学定位准确、专业特色鲜明、社会服务能力强、综合办学水平领先、与地方经济发展需要契合度高、行业优势突出的优质专科高等职业院校,持续深化教育教学改革、大幅提升技术创新服务能力、实质性扩大国际交流合作、培养杰出技术技能人才,增强专业教师和毕业生在行业企业的影响力,提升学校对产业发展的贡献度,争创国际先进水平。"可见,办学定位方向、专业特色建设、社会服务水平、技能人才的社会竞争力等因素都是民办高职院校在创建优质校发展道路上不可回避的问题。

---

① 吴可人. 浙江省落实《优化营商环境条例》的地方立法建议[J]. 浙江树人大学学报(人文社会科学), 2021, 21(4): 63 - 70.

(一) 办学定位偏差，民办高职院校发展首要之痛

优质校创建，对于民办高职院校来说，基本要素之一是必须先定好位。对某些在定位上有模糊认识的民办高职院校来说，如何做到科学、准确、精细化地定位至关重要。对于一所学校来说，"定位"不是一个特殊概念，而是普遍概念。因为任何一所学校办学的基本要素都是多元的，而不是单一的。① 但目前民办高职院校在办学定位上普遍存在偏差。有的办学者对学校定位认识不清，重视不够，在办学过程中缺乏认真的理性思考。个别举办者存在定位误区，似乎把学校定位提得越高、越大、越全就越能表明有自身的水平。相当多的学校定位不准。主要表现为一是办学目标定位偏高。有的学校办学时间不太长，就把办学目标定位为东方的斯坦福、哈佛或喊出国内领先，省内一流等口号，办学目标定位太高。二是办学规模规划过大。没有充分考虑学校所处区域的特点和专业适应性，盲目提出办万人大学等。三是办学门类定位求全。不顾及自身师资水平、基础设施、实训条件等现状，就贸然提出办综合性院校。然而，定位一旦不准，会导致民办高职院校办学目标出现偏差，办学重点不突出，学校办学的风险会很大。因此，在优质校创建的背景下，民办高职院校办学定位偏差问题依然成为发展的首要痛点。

(二) 专业建设滞后，民办高职院校发展的待解之痛

由于办学定位的偏差，直接导致了相当一部分民办高职院校的专业建设滞后，特色不够鲜明。主要表现为，一是专业建设大众化。尤其是对刚起步的民办院校，往往会参照其他高校的专业布局，没有从自身办学条件和客观需求出发。可以说，与地方经济社会发展契合度不高，导致专业特色不够鲜明。这样的结果就是永远跟着别人的脚步，难以形成自身的独特优势。

二是专业经费紧张、缺少投入。在日新月异的科技进步下，加强专业建设，必须配套资金投入。一方面，近年来国家大力支持职业教育发展，对于公办高职院校在经费投入上，国家支持力度进一步加大，要求2017年

---

① 赵一帆. 定位：民办高校生存之基 [N]. 中国教育报，2005-02-25.

各地高职院校年生均财政拨款水平不低于 12000 元。而民办高职院校基本没有国家拨款，经费多数来自学生的学费收入，而支出也都是从学费里面支出，可以说收入单一，支出全面。另一方面，公办高职院校经费宽裕，普遍存在经费用不完或者没地方用的状况。而民办高职院校由于经费紧张，直接影响其对专业建设的投入，只有少数专业能获取足够建设经费，导致专业建设滞后，与市场脱节。

三是师资队伍与专业建设要求存在一定差距。专业建设核心在于师资队伍能力，对于高职院校而言，专业建设亟须的是既有理论学习能力又有实践动手能力的"双师型"教师。一方面，虽然民办高职院校对于人才引进也加大了力度，但由于社会对民办高职院校的固有偏见，民办高职院校高层次人才引进非常困难，甚至一些院校把教师入职的标准都降低到了本科。而公办高职院校教师的标准普遍要求为博士研究生。同时，高职院校对于企业高层次人才也有相当的需求，而对于企业实践能力强的人才和行业内有影响力的师资，民办高职院校仅仅通过提供与市场基本持平的薪资来吸引这些人才并不容易，因为缺乏传统意义上的编制的吸引力，另一方面，民办高职院校自身优质师资流失严重，高职称教师跳槽现象严重，主要流向还是公办院校。对于民办高职院校而言，培养的师资流失非常可惜，但也是普遍存在的现象。综上可见，优质校创建背景下，民办高职院校的专业建设滞后问题，已成其发展的亟待解决的痛点。

（三）社会服务能力薄弱，民办高职院校发展的普遍之痛

社会服务是高校的一大职能，《行动计划》对于优质高职院校的部分描述是"社会服务能力强"。国务院在《关于加快发展现代职业教育的决定》（国发〔2014〕19 号）中也强调现代职业教育应该创造更大人才红利，积极促进社会的转型升级，调整社会生产结构和方式。高等职业院校的价值追求之一就是要为社会经济结构调整及增长方式转变、为新城镇化建设及劳动力培训、为劳动者的就业与转移而服务。但民办高职院校相较于公办高职院校尤其是本科院校而言社会服务能力薄弱，这其中既有自身的因素，也有外部的因素。自身方面，民办高职院校大都依托企业办学，生存下去是其基本任务，做任何事必然要考虑经费收支和精力投入问题，有限的经费与精力大都用于专业建设、教学改革、实训实验设备完善及校

园软硬件环境的建设,很难有充足的资源为地方经济、为行业企业服务。再加上师资力量不足,技术创新能力缺乏以及社会服务经验不足导致了民办高职院校在做好社会服务的自身能力方面有所欠缺。外部方面,民办高职院校长期专注于自身的发展,与社会联系有脱节现象。在寻找智力支持和技能支撑时,社会多是与公办院校合作,与民办院校的合作不够紧密,导致了民办院校进行社会服务时缺乏机会与平台。以上两个方面因素导致了民办高职院校社会服务能力较为薄弱,且按照当前的模式发展下去这种状况只会进一步恶化,因此,唯有寻求变革,才能有效解决这一问题。

(四)人才"进出口"问题,民办高职院校发展的无奈之痛

对于高职院校来讲,做好人才"进出口"工作事关其发展的生命线,要做好这项工作,起决定性因素的还是其培养的人才质量。但是,高职院校应该培养什么人才,一直没有一个统一的标准。虽然很多高职院校的人才培养目标为高素质技能型人才,但究竟什么样的人才符合高素质技能型人才,没有标准,导致了很多高职院校在人才培养过程中设置的目标过高,培养的人才不能与社会接轨。著名教育家杜威曾言,如果教育是生长,这种教育必须循序渐进地实现现在的可能性,从而使个人更适合于应付后来的要求。① 事实上,技术技能人才的培养并非一蹴而就的事情,它存在一个从新手到专家不断升级的过程,这就需要高职院校制定切合其成长规律的人才培养目标。② 所以,民办高职院校应该更为谨慎地制定自己的人才培养目标,不宜过高,以免学生难以达到,也不能过低,以免与社会需求脱节,要培养有特色的,能够迅速适应岗位且具备基本技能的,并践行社会主义核心价值观的实用人才。只有这样,才能做好人才"出口"工作。但现实情况是,在人才"进出口"方面,民办高职院校均处于劣势。首先,在"进口"方面,生源质量逐年下降。高职教育本就处在高考招生的最后批次。而民办高职院校往往是这个批次的分数最后面的学生。随着高考扩招,录取率年年提升,以浙江省为例,2017年录取率将近95%。如果民办高职院校自身没有特色,没有品牌影响力,就会面临招生

---

① 杜威. 民主主义与教育 [M]. 王承绪, 译. 北京: 人民教育出版社, 2012: 64.
② 郝天聪, 石伟平. 从示范到优质: 我国高职院校发展模式的反思与前瞻 [J]. 高校教育管理, 2017 (4): 25 - 30.

难的问题,直接决定其生存。其次,是"出口"方面,因招生难的现象存在,民办高职院校不断降低招生标准,培养的学生起点相对较低,培养的难度可想而知。另外加上前面提到的民办高职院校培养的人才质量很难得到学生自身和社会的认可,不能解决学生就业和社会对人才的需求,就会导致学生及社会对于学校的评价较低,也会进一步影响人才的就业和"进口",形成恶性循环。故人才"进出口"问题,成为民办高职院校发展的无奈之痛。

二、优质校创建,寻求民办高职院校发展的契机

(一)感受外部环境,民办高职院校迎来转型机遇

近年来,虽然各级政府对民办高职的认识有了一定改变,但民办高职院校的发展一直举步维艰,民办高职的转型遇到了种种障碍,这不是民办高等教育最初设计的目的。2016年11月,《中华人民共和国民办教育促进法》修正案正式发布,彰显了国家对于民办教育的重视,为民办高职院校的发展提供了政策支持。在此背景下,民办高职院校有了更为确切的办学目标,增强了办学信心,拥有更多的经费支持,与公办院校有了同等办学地位。随着中国政府对于社会资本进入公共服务领域越来越重视,民办高等教育将会扮演越来越重要的角色,民办高职院校将迎来转型黄金期。

(二)竞争加剧,民办高职院校迎来优胜劣汰

近几年,接受高等教育的适龄人口数量逐年下降,让本就处于生源劣势的民办高职院校招生捉襟见肘。再考虑到部分民办高职院校因自身办学能力薄弱,学校管理方式落后,建设资金短缺以及因经济发展而带来的社会经济结构变革和产业转移,这些都会导致其办学规模逐渐萎缩,办学经费减少,最终可能迫不得已退出高等教育市场。所以,无论是民办高职院校自身之间还是与公办高职院校之间竞争均会加剧,包括专业建设竞争、招生生源竞争等,如还不思进取、原地踏步,本就没有优势的民办高职院校将面临优胜劣汰的局势。

(三) 体制灵活，民办高职院校迎来转型良机

新的《中华人民共和国民办教育促进法》强调了党的领导地位和作用，鼓励民办高校按照国际标准和规则办学，其实就是学习相对成熟的公办高校的办学体制，做符合教育规律的事情。顺应国家教育发展战略的趋势，教育机构必然多元化，这对于民办高校的发展是一个很好的机会。民办高职院校本就体制灵活，这是他的办学优势，也是公办高职院校所不具备的。浙江大学民办教育研究中心主任吴华曾言，民办高校更能满足社会多样化、差异化的教育需要，这些优势是公办高校无法比拟的。[1] 在当前政策的支持下，民办高职院校可以依据自身的体制灵活优势，进一步进行精准定位，借鉴公办高职院校办学体制进行转型，适应市场，找到一条可持续发展之路。

三、优质校创建，找准民办高职院校发展的方向

(一) 明确定位，走内涵发展之路

办学定位是统摄高职院校办学思路、办学目标、办学规模、办学层次等系统性的战略安排。[2] 民办高职院校的办学定位应依据实际情况，找到一条适合自身注重内涵建设的道路。一是要顺应国家的建设要求，学校培养的人才最终要为国家服务，民办高职院校不能仅局限于职业教育的办学理念，而是应该技能教育、素养教育、终身教育同步进行，树立以生为本的教育理念，培养人的全面发展。二是要办学目标依据实际，每所学校都有自己的办学历史和办学条件，办学目标不能统一规划。民办高职院校应该依据目前所处的区域特点、师资力量、设施设备情况、专业分布等来综合考量办学目标，不宜过高或过低。在发展的过程中不断进行内涵建设，有内涵才能有特色，才能形成稳定的校园文化，才能可

---

[1] 卢玲. 优质高职院校建设：背景、内容和路径 [J]. 中国职业技术教育, 2017 (33)：18-22.

[2] 母中旭. 新发展理念下西部欠发达地区优质高职院校建设探究 [J]. 教育与职业, 2017 (15)：47-52.

持续发展。

具体来说,一是要紧密结合地方经济发展和产业结构调整,利用自身师资为地方经济发展服务,尤其是要帮助地方弱势群体提高收入,提升能力,为自身赢取良好口碑。二是要建设品牌专业,引领地方经济发展,既为地方产业发展培养特色人才,还为地方发展提供技术支撑和智力支持。三是要创建培训基地,帮助社会构建终身教育体系,民办高职院校要利用自己的场地和教育资源,为农民以及务工者提供职业培训,提升他们的职业技能和综合素养。四是要培训大学生的就业与再就业能力,为社会输出优秀的建设人才。只有民办高职院校自身的品牌建设卓有成效,才能够更好地进行社会服务。

(二)错位竞争,打造自己的特色

根据教育主管部门"育强扶特"的指导原则,高职院校的竞争实质上是人才培养质量的竞争,决定人才培养质量的一大因素就是所培养的人才有没有特色,这就需要民办高职院校有自己的办学特色。打造自己的特色就是要差异化发展,把自身的弱点变成特点,这需要迅速行动,打造自身特色,形成专业特色、人才培养方式特色、课程特色、管理特色、校园文化特色。虽然民办高职院校体制机制灵活且大多设立在地方,但在与公办院校竞争中并不具备明显的优势。具体而言,可以从以下几个方面入手:一是要结合自身的专业结构,考虑所处地域的经济结构和产业结构,进一步优化专业群建设,打造特色专业和优势专业,形成自身的专业特色。二是要培养一支稳定的,有较高科研创新能力及教学能力的师资队伍。尤其是要鼓励专业教师下企业,培养自己的"双师型"师资团队,争取能够在业界小有名气,提升专业社会知名度,培养的学生与社会接轨。三是要多渠道争取社会资金的融入,尤其是国家经费的支持,增加人才培养及专业建设的资金投入。

(三)铸造品牌,提升社会服务力

民办高职院校想要与社会联系更为紧密,必然需要从自身建设出发,铸造自身品牌,才能得到社会的认可,社会公共服务的需求才会越来越多。故民办高职院校需从以下几个方面着手,铸造自身的品牌解决"出口"问题(即就业和职业发展),这样"进口"问题(即招生和人才培养)也会相应变得更为顺畅。所以民办高职院校要对学生进行"二元"培养,这里包含两个方面:一是精英教育与适合教育并举,职业教育的目标之一就是要为社会培养高技能型人才,成为工匠。所以民办高职院校要培养行业内的精英人才,为行业的发展作出贡献。但是,不能所有的学生都成为工匠,大部分学生可能在毕业时仅仅需要拥有企业准入的技能,然后成为一个技能型工人。所以,民办高职院校不能一视同仁,而是应该因材施教,针对不同需求同时进行精英教育与适合教育,分别培养具备社会主义核心价值观的人才。二是学校教育与企业教育同进,探索校企合作深度融合。校企合作育人模式是已经被证明了的有良好效果的教育方式,但因受到部分因素的影响,大部分校企合作仅仅流于形式,效果并不显著。所以民办高职院校应把握《行动计划》提供的机遇,加强校企合作育人的政策研究,探索校企深度合作模式,拓展产教融合载体。

综上所述,民办高职院校在建设优质校的过程中,还有很长的路要走,需要全体职业教育同人共同努力,为中国高等教育的发展作出贡献,为新时代中国特色社会主义建设培养更多优质人才。

第三节 民办高职院校高质量发展的价值、机遇与路径

2019年1月,国务院印发的《国家职业教育改革实施方案》(以下简称《改革方案》),明确提出"推进高等职业教育高质量发展""推动企业和社会力量举办高质量职业教育"[①]。这既是国家对高等职业教育提出了新的发展目标,也是对民办高职院校下一阶段建设提出了新的要求。要实现这些新目标和新要求,就需要广大职业教育工作者不忘初心、牢记使命,努力办好新时代中国特色职业教育。作为我国职业教育重要组成部分的民办高职院校,在这新的历史时期,如何正确梳理和分析自身发展的时代价值、战略机遇和突破路径,加快转型升级步伐,实现更高质量的可持续健康发展值得我们进一步思考。

第三章 实践逻辑：职业教育服务民营经济的优化路径

一、民办高职院校高质量发展的时代价值

（一）"新矛盾"的凸显，指明了民办高职院校高质量发展的方向

党的十九大明确指出，我国社会的主要矛盾是"人民日益增长的美好生活需要和不平衡不充分的发展之间的矛盾"①。职业教育的主要矛盾随着社会主要矛盾的变化也随之发生了转变。人民日益增长的美好生活的需要，包括了人民生涯发展和技术技能教育的需要。因此，新时代我国职业教育的主要矛盾，可判断为人民日益增长的技术技能学习需要和职业教育不平衡不充分发展之间的矛盾。② 当前，我国人才的教育供给还不能完全适应产业在结构、质量、水平上的需求，特别是随着新增劳动年龄人口增速下降，人才供需的结构性矛盾凸显。同时，人们对于现实生活及自我实现要求的不断高涨，对美好生活的向往体现在职业教育领域就是要上好学、就好业。人民群众对于职业教育多元化的需求日趋激烈，简单的职业技能学习已经不能满足人们的需要。培养大国工匠、能工巧匠已成为新时代职业教育的主要目标，而要培养这一类人才必定需要高质量的教育机构。要实现民办高职院校高质量发展，进一步解决新时代职业教育的主要矛盾，毫无疑问，民办高职院校要承担这一重任。

（二）"新经济"的发展，提出了民办高职院校高质量发展的要求

我国经济目前已经进入以提质增效为主题的新常态，新常态最重要的表现是经济增长方式的变革和经济驱动因素的更新，其本质是新经济的孕育和发展。③ 在当今社会，新的经济发展是一种知识密集型经济。过去依靠物质资源消耗拉动经济的发展模式，逐渐转变为以信息技术、娱乐等产业为主导的产业结构升级。要推动新经济的发展，其主体还是人才，尤其是高素质技术技能型人才。人才的创造性思维，是一个城市竞争力、活力以

---

① 习近平. 决胜全面建成小康社会 夺取新时代中国特色社会主义伟大胜利——在中国共产党第十九次全国代表大会上的报告[N]. 人民日报，2017-10-28.
② 赵伟. 新时代职业教育主要矛盾析[J]. 中国职业技术教育，2017（34）：49-56.
③ 任怡平. 优质高职院校建设的时代背景、标准与逻辑主线[J]. 职业技术教育，2018（10）：12-18.

及发展后劲的保障。当前全国各地都出台政策，吸引和争夺人才，这实际上是由新经济的发展对于传统劳动密集型产业的冲击造成的，所以这轮抢人大战的显著特点是抢的都是年轻人，尤其是高素质技术技能人才。民办高职院校毫无疑问要挑起为区域发展培养高素质技术技能人才的重担。

（三）"新类型"的确立，奠定了民办高职院校高质量发展的基础

《改革方案》首次在国家层面明确了"职业教育与普通教育是两种不同教育类型，具有同等重要地位""经过5—10年时间……由参照普通教育办学模式向企业社会参与、专业特色鲜明的类型教育转变，大幅度提升新时代职业教育现代化水平"。可以理解为职业教育今后将不再是单纯的层次教育，而是和普通教育地位相同的新型教育类型。今后国家必定会平等发展职业教育和普通教育两种类型，唯学历论将成为过去，崇尚技术技能的社会氛围将逐渐形成。毫无疑问，民办高职院校要实现高质量发展的基础比以往更加牢固。

二、民办高职院校高质量发展的战略机遇

（一）国家大力支持职业教育带来的机遇

近年来，国家非常重视职业教育的发展。党的十九大提出"完善职业教育和培训体系，深化产教融合、校企合作""大规模开展职业技能培训""建设知识型、技能型、创新型劳动大军，弘扬劳模精神和工匠精神，营造劳动光荣的社会风尚和精益求精的敬业风气"[②]。《改革方案》更是明确了职业教育的重要地位，为新时代职业教育发展提供了具体思路和政策措施。国家对于职业教育政策和资金支持力度必将随之加大。特别是《2019年国务院政府工作报告》中明确提出要"改革高职院校办学体制，提高办学质量""支持企业和社会力量兴办职业教育"[①]。我们有理由相信，在未来的5—10年中，职业教育必将获得空前的发展机遇，进入历史上最好的发展时期。民办高职院校只要抓住这一历史机遇，充分发挥民办高校体制

---

① 李克强作的政府工作报告（摘登）[N]. 人民日报，2019-03-06（002）.

机制优势，必能实现高质量发展。

（二）开展本科层次职业教育试点带来的机遇

随着高职生源的减少，民办高职院校生存压力加剧，但对于升格本科院校的愿望尤为强烈。近年来，国家对于本科层次职业教育的构建出台了不少政策。"探索发展本科层次职业教育""引导一批普通本科高等学校向应用技术类型高等学校转型，重点举办本科职业教育"[①]。在《现代职业教育体系建设规划（2014-2020年）》中也明确提出"发展应用技术类型高校，培养本科层次职业人才"[②]。教育部《关于"十三五"时期高等学校设置工作的意见》（教发〔2017〕3号）中明确指出"高等职业学校原则上不升格为本科学校，对于区域经济社会发展和产业发展急需提升其办学层次，且学科专业设置具有不可替代性的民办高职院校，可严格按照有关法律法规和设置标准要求审批设置民办本科学校"[③]。可见，升格的大门唯独向民办高职院校打开，2018年已有13所高职院校官方宣布升格为本科院校。《改革方案》中也明确将"开展本科层次职业教育试点"，虽然各类提法有所不同，但开展本科层次职业教育试点对于民办高职院校而言，是实现高质量发展的重大机遇。

（三）民办高职院校自身转型发展需要带来的机遇

随着高等教育大众化的推进，我国高等职业教育经历了规模快速扩张的时期。根据教育部发展规划司网站数据，截至2018年，全国共有高职院校1400所，其中民办高职院校317所，占到了22.64%。可见我国民办高职院校的发展还是非常迅速的。根据中央有关对民办学校实施分类管理改革的决策部署，《民办教育促进法》确立了对民办学校实施营利性与非营利性分类管理的法律构架。总的导向是鼓励引导公益性办学，重点扶持非营利性民办学校优先发展，对其在财政资助、税收优惠、用地划拨等方面

---

① 国务院关于加快发展现代职业教育的决定［Z］.（国发〔2014〕19号）.
② 中华人民共和国民政部网站. 现代职业教育体系建设规划（2014-2020年）［EB/OL］.（2014-06-30）［2019-03-20］. http://jnjd.mca.gov.cn/article/zyjd/zcwj/201406/20140600660060.shtml.
③ 教育部关于"十三五"时期高等学校设置工作的意见［Z］.（教发〔2017〕3号）.

进行有力的政策扶持。结合我国国情,定位为非营利性对于民办高职院校而言将有更大的发展空间。国家的政策都倾斜于非营利性,那么与公办院校的竞争就处于同一起跑线上。《改革方案》也明确"鼓励有条件的企业特别是大企业举办高质量职业教育"。而现有的多数民办高职院校都为大企业(集团)办学。因此,在这一历史机遇下,民办高职院校必将迎来转型发展良机,实现高质量发展。

三、实现民办高职院校高质量发展的突破路径

(一)坚持立德树人,民办高职院校高质量发展的本质

"以立德树人为根本的人才培养是高等教育的首要职能或中心职能。"[①]新时代职业教育要承担培养国家急需的各类技术技能人才,让更多青年凭借一技之长实现人生价值的重任。对于民办高职院校而言,在立德树人这个层面显然要承担更多的责任。主要原因有以下几点:一是生源质量不佳。民办高职院校在各省份的分数线基本处在招生链的末端,这类学生的普遍表现为学习成绩差、行为习惯差、综合能力有待提高,成才难度可想而知。二是社会更重视人才的道德。民办高职院校培养的人才就业去向多数为企业,尤其是民营企业。以浙江广厦建设职业技术学院2018届毕业生为例,去中小微民营企业就业的比例达86%,这类企业在快速发展中对于人才的要求也越来越高。笔者在浙江广厦建设职业技术学院2018届毕业生招聘会上向招聘单位的人事经理发放调查问卷,共发放200份,回收193份。调查结果显示85.27%的企业在招聘人才中首选德才兼备的学生;有38.28%的企业表示,对于违纪受过处分的学生的招聘会很慎重;有12.6%的企业明确表示对违纪受过处分的学生不予考虑。可见企业对于人才的要求"重技更重德"。面对学生"进口素质差,出口要求高"这一现状,民办高职院校要实现高质量发展,必须坚持把立德树人工作落到实处,可以从两个方面重点突破。一是校企协同挖掘各类教育资源,把这一根本任务落实到教育教学全过程中。在加强思想政治理论课教学改革的同时,要积

---

① 陈志勇,冯秀军,等. 论新时代高校立德树人的落实路径[J]. 国家教育行政学院学报,2018(7):59-63.

极探索课程思政,"注重凝练专业课程思政的育人目标、育人元素、育人方法"[1],根据学生实际,因材施教。二是要校企共建思想政治工作师资队伍。"立德先立师,树人先正己,高职院校立德树人首先就是要立师德"[2],学校可以聘请举办方企业的管理人员加入思想政治工作师资队伍,加强学生职业道德、职业规划、企业忠诚度的教育,让学生感知企业对于人才的要求,避免思政工作空洞化。因此,只有坚持立德树人,民办高职院校高质量地发展才不会偏离其本质。

(二)深化产教融合,民办高职院校高质量发展的核心

近年来,国家层面多次出台相关深化产教融合校企合作方面的文件。《国务院关于加快发展现代职业教育的决定》提出"深化产教融合,鼓励行业和企业举办或参与举办职业教育,发挥企业重要办学主体作用"。《改革方案》再一次明确了要"培养数以万计的产教融合型企业""促进产教融合校企双元育人"。可见,产教融合已成为近年来促进职业教育发展,加强高素质技术技能人才培养的一项重要方针。产教融合是产业与教育的深度合作,其核心就是要让行业企业成为重要办学主体。但是"学校热、企业冷"的现象还是长期困扰着职业教育界。从学校角度来看,"教"是目的,通过企业参与进行专业教学实践,人才培养的质量能得到进一步保障。但从企业角度进行分析,"产"是重点,就是生产的产品要符合要求,或是要给企业创造价值,但是生产者是缺乏经验的学生,会让他们产生一定的顾虑,因此两者要深度融合就有一定难度。民办高职院校在产教融合层面,其实具有其独特的优势。一方面,民办高职院校的举办方多数为大型企业(集团),其发展本身就是要与产业对接,而举办职业教育也是为其自身提供人才储备,因此民办高职院校在课程内容与职业标准、教学过程与生产过程等方面的融合更加容易开展;另一方面,相对于公办高职院校,民办高职院校的体制机制更加灵活,更加容易迈开产教融合的步伐,提升办学水平。因此,在新时代职业教育的方针路线指引下,民办高职院

---

[1] 程德慧. 产教融合视域下高职院校"课程思政"改革的探索与实践 [J]. 教育与职业,2019 (3):72-76.

[2] 初秀伟,刘永昌,等. "立德树人"视阈下重塑高职院校办学理念的思考 [J]. 成人教育,2019 (3):64-67.

校只要以产教融合为核心，进一步深化教学改革，定能为自身高质量发展奠定基础。

（三）优化双师队伍，民办高职院校高质量发展的重点

加强师资队伍建设是所有学校发展的永恒主题。随着我国高等教育的大发展，各类高职院校师资招聘的门槛也越来越高。从某师资招聘网站看，不少高职院校都规定应聘者要具备博士学位，只有紧缺专业可以进硕士研究生，民办高职院校的专业教师基本要求也为硕士研究生。当然高职院校要实现高质量发展需要高学历的师资，但高学历不等同于高水平。一个高水平的高职教师应同时具备理论教学和实践教学能力，而从学校到学校的高学历教师多数理论功底扎实，实践教学能力缺乏。而职业教育的主要目的就是培养人的专业技能。因此，缺乏实践教学能力的教师在教学上如果一味强化理论学习，必定无法高质量培养学生专业技能。《改革方案》已经明确指出"从2019年起，职业院校、应用型本科高校相关专业教师原则上从具有3年以上企业工作经历并具有高职以上学历的人员中公开招聘，特殊高技能人才（含具有高级工以上职业资格人员）可适当放宽学历要求，2020年起基本不再从应届毕业生中招聘"。可见，国家对于职业教育的师资队伍建设作了明确的规定，唯学历论将成为历史，加强"双师型"教师队伍建设成为新的方向。这对于民办高职院校而言，反而有了一定的优势。一方面，多数民办高职院校的举办方旗下都有产业企业（集团），企业里的技能人才往往学历不高，但实践能力突出，如果将他们充实到学校的双师型队伍中，必定能提升人才培养质量；另一方面，民办高职院校师资招聘的渠道更广、师资的选择更广。从应聘者角度来看，既可以成为高职院校教师，也可以成为企业工程师，职业有了多元化选择，更能吸引高水平人才加盟。因此，民办高职院校要以优化双师型队伍为重点突破口，进一步提升师资队伍水平，提升人才培养质量，定能实现高质量发展。

（四）强化社会服务，民办高职院校高质量发展的保障

社会服务是高职院校的基本职能。目前，高职院校社会服务领域主要集中在职业培训、技术服务两大板块，然而，社会服务领域成为高职院校

发展的短板。数据显示，2018年，研发服务到款额不足10万元的高职院校超过三分之一，近四成院校的非学历培训到款额不足50万元。① 同时，在服务贡献50强中，民办高职院校均未上榜。分析原因，一是重视程度不够。尤其是民办高职院校，为了生存，基本上把工作重心都放在招生上，忽视了社会服务这一内涵建设的重点工作；二是师资水平不够。尤其在技术服务这一领域，现有师资水平还不能够满足企业需求。对于民办高职院校而言，要改变这一现状，首先要清晰认识到，"社会服务是职业教育的天然基因、高职院校的基本功能和重要使命"②，只有举办者重视高职院校的社会服务功能，民办高职院校才能发挥其在社会服务方面的优势。可以从服务举办者自身企业（集团）发展做起，加强与举办企业（集团）的紧密联系，深深打上社会服务的烙印，为企业（集团）多元化发展提供人才智力支持；同时，要清晰认识高职院校另一重要属性就是地区性，即服务区域经济发展。因此，民办高职院校应发挥体制机制的优势，主动对接区域社会经济发展，树立"学校服务社会，也是企业服务社会"的理念，两者融会贯通，这既能为企业创造价值，也能提升自身的社会服务能力。社会服务能力提升也是凸显学校内涵建设的水平，同时学校的经费收入必定能实现多元化，办学才有保障。因此，在新的历史时期，民办高职院校应提升自身的社会服务能力，把服务区域发展放在重要位置，为实现高质量发展保驾护航。

第四节　民办职业本科教育高质量发展的优化路径

2021年10月，中共中央办公厅、国务院办公厅印发《关于推动现代职业教育高质量发展的意见》（以下简称《高质量发展意见》），明确提出"到2025年，职业本科教育招生规模不低于高等职业教育招生规模的10%""高标准建设职业本科学校和专业"等发展目标。职业本科教育"是什么"

---

① 上海市教育科学研究院，麦可思研究院.2018中国高等职业教育质量年度报告［M］.北京：高等教育出版社，2018.

② 吴一鸣.高职院校社会服务的功能定位与改进策略［J］.2018（2）：26-31.

"怎么办""办成什么样"再一次成为全社会关注的热点。截至2021年底，我国先后批准设立了32所本科层次职业学校，其中22所为民办学校。作为职业本科教育的重要组成部分，民办职业本科教育也需进一步优化升级，实现高质量发展。正因为民办的办学属性和职业本科教育的类型特征，在现实发展过程中，民办职业本科教育可能会面临内外部普遍潜藏的各种冲突。刘易斯·科塞提出的社会冲突理论是一个比较典型的理论模型，它认为冲突具有正功能和反功能。在一定条件下，冲突具有保证社会连续性、减少对立两极产生的可能性、防止社会系统的僵化、增强社会组织的适应性和促进社会的整合等正功能。基于此，本节试图从科塞冲突理论视角，分析把握民办职业本科教育发展正功能，剖析民办职业本科教育高质量发展的现实困境，并结合"安全阀"机制积极探索建设路径，从而实现民办职业本科教育高质量发展，为促进我国职业本科教育整体稳步可持续发展提供参考。

一、民办职业本科教育高质量发展的应然之义——冲突的正向功能导向

科塞认为，如果主题不涉及基本价值观、信仰等，社会冲突就具有积极的功能。同时，通过冲突方在权力关系中的结构调整，可以实现社会系统再整合，达到渐进式社会变迁的目的。民办职业本科教育在政策指引、社会需求、内驱动力等方面有着良好的发展土壤，有助于各方理性地分析冲突问题的现实性，清晰地表达各自的利益和目标，夯实高质量可持续发展的基础。

（一）政策指引：稳步发展职业本科教育与支持民办教育发展同频同步

当前，"稳步发展职业本科教育"已成为职业教育领域的高频词。无论是习近平总书记对职业教育工作作出的重要指示，还是《中华人民共和国国民经济和社会发展第十四个五年规划和2035年远景目标纲要》《职业教育提质培优行动计划（2020－2023年）》《高质量发展意见》等多个国家政策文件，都进行了重要阐述。对于职业本科教育，国家层面的要求就是高起点、高标准、高质量。与此同时，国家也在多个政策文件中明确了

对民办教育的支持。《民办教育促进法实施条例》修订并发布,具体操作层面逐渐落实,"优先扶持办学质量高、特色明显、社会效益显著的民办学校"已成为社会共识,"支持和规范民办教育发展"多次被写入政府工作报告。再从职业教育改革方向看,《国家职业教育改革实施方案》提出"推动企业和社会力量举办高质量职业教育"《高质量发展意见》提出"构建政府统筹管理、行业企业积极举办、社会力量深度参与的多元办学格局……鼓励上市公司、行业龙头企业举办职业教育……鼓励职业学校与社会资本合作共建职业教育基础设施、实训基地,共建共享公共实训基地"。而现有 22 所民办职业大学的多数为大企业、民营企业创办,其自身参与举办职业本科教育的积极性高。因此,推动民办职业本科教育高质量发展是践行国家职业教育改革发展战略、构建社会多元办学格局的必然需要。

(二)社会需求:缓解人才供需结构性矛盾与拓宽升学渠道双线补短

在双循环发展战略格局下,区域特色产业升级和新型经济结构调整不断加快。"面对产业对人才需求的持续上涨,人才资源成为助推产业革新最活跃、最关键的要素"[①],尤其在先进制造业等领域技术技能人才缺口较大。人社部、工信部发布的《制造业人才发展规划指南》中显示,中国制造业 10 个重点领域 2020 年的人才缺口超过 1900 万人,预测 2025 年缺口将近 3000 万人,缺口率高达 48%。可见,解决人才供需结构性矛盾,亟须职业教育向更高水平、更高层次迈进。同时,人们对现实生活及自我实现的要求不断高涨,对美好生活的向往体现在职业教育领域就是要上好学、就好业。简单的职业技能学习已经不能满足人们的需要,不少高职学生寄希望于通过专升本提升学历、提升技能,从而增强就业竞争力。高职学生升入普通本科高校,由于培养定位、模式、师资的不同,不利于其技术技能水平的持续提升,难以培养出大批量的适应现代化经济体系建设需要的高端技术技能人才。而职业本科教育的出现,不仅满足了企业对高层次技术技能人才的需求,同时也为选择职业教育的学子提供了更多的升学机会。根据 2021 年的教育事业统计数据,截至 2021 年底,全国职业本科

---

① (美)科塞社会冲突的功能[M].孙立平,译.北京:华夏出版社,1989.

在校生达 12.93 万人，近九成在民办职业本科大学就读。因此，高质量发展民办职业本科教育，培养大量高层次技术技能人才，是缓解企业人才供需结构性矛盾、拓宽学生升学渠道的必然选择。

（三）内驱动力：改善生存环境与实现高质量发展相辅相成

当前职业本科教育的阵营，主要是由民办高职院校升格而来。与公办高职院校相比，民办高职院校无论是办学条件还是内涵建设，都存在一定的差距。近年来，在高校扩招和高考报考人数下降的背景下，民办高职院校招生难问题凸显，在每年的招生季，民办高职院校是补录工作的主要对象，甚至部分学校存在招生指标无法完成的状况。生源减少导致办学投入缩减，由于职业教育的办学成本高于普通教育，低投入必定造成低产出，如此恶性循环，势必影响人才培养质量。而发展职业本科教育，对民办学校全面提升办学水平、提高人才培养质量、增强职业教育的吸引力和社会认可度提出了新要求。提高社会声誉和生源质量，是提升学校发展层次、增强办学实力的一条捷径。民办高职院校在成功升格为职业本科大学后，虽然仍处于本科招生链的末端，但至少不再为招不到学生而担忧生存问题，生源危机在一定程度上得以化解。民办高职院校只有生存环境得到彻底改善，才能安心转到如何实现高质量发展的道路上。因此，高质量发展民办职业本科教育，是进一步激发学校自身办学活力、增强发展内驱动力的必由之路。

二、民办职业本科教育高质量发展的现实困境——基于各类冲突根源的剖析

科塞认为，冲突的根源可归结为物质性的和非物质性的：物质性的原因指稀少的地位、权力和资源分配方面的不均；非物质性的原因指价值观念和信仰的不一致。民办职业本科教育在发展过程中存在的顶层设计缺位、办学条件缺漏、办学定位不清和社会认可度不高等冲突问题的根源，恰恰是物质性的和非物质性的表现。

（一）顶层设计缺位：公办与民办的考量

2020 年以来，教育部与全国多省市合作共建国家职业教育创新发展高

地，督促并鼓励各地政府出台专项政策支持职业教育，尤其是职业本科大学的发展。比如，南京工业职业技术大学，江苏省每年安排专项资金并出台了十二条专项扶持政策，在人财物上给予全方位的支持，为该校未来高质量发展提供了强有力的保障。对于民办职业本科大学，也有不少学校得到了政府的财政支持。2021年度《高等职业教育人才培养质量年度报告》（以下简称《质量年报》）显示，上海中侨职业大学的生均财政拨款金额达4053元，西安汽车职业大学达3061元，重庆机电职业技术大学达2908元，而浙江广厦建设职业技术大学升格后，东阳市给予学校一次性5000万元的财政支持。有了政府给予的一定支持，加上自身学费收入，民办职业本科大学基本能满足学校正常的运行管理，但是与公办职业本科大学的生均经费仍有一定差距。总体来看，当前相对于公办学校，对民办职业本科大学出台专项扶持政策较为谨慎，支持力度有待进一步加大。职业本科教育的投入是巨大的，如果没有公共财政支持，仅依靠举办者投入和自身发展，则很难实现高质量发展。《民办教育促进法》已对民办学校实施营利性与非营利性分类管理。从现有情况看，除少数学校选择营利性外，其他民办职业本科大学均选择了非营利性，这就意味着举办者不能取得回报，办学全部收益要用于学校发展。虽然政策规定，选择非营利性的民办学校在教育、财税、金融等领域与公办学校享受同等待遇，但政策落地困难，即使落地，这类学校获取的资源也有限。

（二）办学条件缺漏：旧标准与新要求的变革

我国首批15所职业本科大学诞生于2019年，之后职业本科教育逐渐被社会所熟知。从这类学校申办职业本科教育的标准看，主要依据教育部2006年颁布的《普通本科学校设置暂行规定》文件的设置标准，即与普通本科学校的设置要求相同，但由于该标准颁布已久，相关办学指标已远低于现实要求。2021年初，教育部发布了《本科层次职业学校设置标准（试行）》《本科层次职业教育专业设置管理办法（试行）》（两个文件统称《试行标准》），明确了高职院校升本及设置职业本科教育的条件。从《试行标准》看，职业本科大学的主要办学指标远高于普通本科高校设置标准，例如，土地要求从500亩提升到800亩，生均教学仪器设备要求从5000元提升到10000元。如果按照新标准，民办高职院校达标的难度急剧增加，仅生均教学仪器设备值指标这一条，《质量年报》就显示有近半数民办职业本科大学达不到要求。根据现行政策，职业本科大学报批专业均按照《试行标准》执行，导致个别学校因短期无法达标被暂停或限定招生。同时，职业本科学位授权已明确不得低于《试行标准》，预计未来的职业本科教学评估等均会参照《试行标准》相关指标进行评价。可见，职业本科教育要实现高质量发展，首要任务是实现办学条件的高质量，并在争取资源分配等物质性冲突上更为主动。

（三）办学定位不清："小而精"与"大而全"的摇摆

"定位的实质是高职教育价值追求及本质属性的直接反映。"[①] 职业本科教育的价值追求是什么，其与普通本科、应用型本科的区别是什么，至今学界仍争论不休，尚未形成统一认识。由于与职业教育类型发展相适应的政策制度体系尚未完善，民办职业本科大学依然不自觉地向应用型高校学习，办学的惯性思维导致办学定位不清，尤其在办学是坚持"小而精"还是追求"大而全"上摇摆不定。回顾各校的升格历程，教育部在"十三五"期间仅批准了那些区域经济社会发展和产业发展急需、学科专业设置具有不可替代性的民办高职院校升格为民办职业本科大学。从现有的民办职业本科大学看，办学初期几乎都遵循"小而精"的特色起家，升格的原因也是基于依托其优势特色专业在区域的不可替代性，例如，江西软件职业技术大学聚焦计算机软件领域、西安汽车职业大学聚焦汽车领域、浙江广厦建设职业技术大学聚焦建筑领域。《试行标准》也明确规定，拟设置的职业本科专业"应紧紧围绕国家和区域经济社会发展重点领域，服务产业新业态、新模式，对接新职业，聚焦确需同时，需与学校办学特色相契合，所依托专业应是省级及以上重点（特色）专业"。再从举办方看，目前民办职业本科大学的举办方多为民营企业，企业发展也是从"小而精"开始，其办学的最初目的是为自身企业发展及区域经济社会发展提供人才供给。但随着办学的深入，民办职业本科大学追求"大而全"的现象凸显，即办学规模大、专业设置全。部分民办职业本科大学在升格前，为了

---

① 顾佳滨，楼莉萍.论民办高职院校高质量发展的价值、机遇与路径［J］.武汉职业技术学院学报，2020（1）：16-20.

达到相关指标，不断压缩在校生规模和控制专业数，而在获得本科授权后，又急剧扩张在校生规模和专业数；同时，热门专业与普通高校专业设置趋同问题显现，未能凸显类型特征和职业属性。"大而全"的优势在于规模效应，增加办学收入，为学校高质量发展奠定基础，但学校的办学资源往往又无法满足"大而全"的发展定位，从而影响办学质量。可见，"小而精"与"大而全"也是价值追求的不一致导致的非物质性冲突的表现，民办职业本科教育到底"怎么办"的问题仍然值得进一步深思。

（四）社会认可度不高：职业教育与普通教育的选择

"普职分流"引发的职业教育与普通教育的选择焦虑，加剧了职业教育不如普通教育的标签效应。回顾职业教育的发展，20世纪七八十年代职业教育一度成为学生的首选，在读书成本、毕业分配、工作待遇等方面都占有优势，尤其对于农村考生，进入中专就意味着"跳出农门"。但随着经济社会快速发展，各地陆续取消了中专生包分配等制度，职业教育因此滑坡。首先，从家庭的选择看。家长担心把孩子送到职业学校，不仅学不到技能，也无法继续升学，因此，更倾向于选择普高。虽然职业本科大学打破了职业教育止步于专科的天花板，但是这类学校主要是民办高职院校升格而来，办学质量未得到社会认可。在民办与职业教育双重叠加下，家长和学生选择民办职业技术大学的意愿较弱。2021年，浙江、江苏、山东、江西等省相继宣布暂停独立学院与高职院校合并转设职业技术大学的工作，更是折射了职业本科教育尤其是民办职业本科教育所处的社会地位。其次，从教师的选择看。随着我国高等教育快速发展，博士已逐渐成为高校专任教师的标配。按照《试行标准》规定，设置职业本科教育专业要求专业教师中博士比例达15%。从现有情况看，博士就业会优先选择普通高校，因为进入普通高校任教的平台更大，教师有机会成长为硕导、博导，而且如果担任行政职务的话，普通高校的行政级别较高，今后的发展道路更为宽广。因此，选择职业教育是博士们的次优选择，尤其是民办职业本科大学引进博士就更为困难。此外，受传统观念影响，能否提供编制也成为博士们是否选择民办职业本科大学的重要考量因素。从调研情况看，多数民办职业本科大学因民办体制无法提供编制，仅有少数民办职业本科大学得到了地方政府支持，解决了部分编制问题。例如，河南科技职业大学所在的周口市为学校提供 400 个编制，目前已解决校内 100 多名教师编制问题；浙江广厦建设职业技术大学所在的东阳市为学校引进的博士等高层次人才提供编制，目前该校正在推动民办事业单位报备员额制。可见，在这些固有观念等非物质性冲突的影响下，民办职业本科教育要实现高质量发展依然任重道远。

三、民办职业本科教育高质量发展的优化路径——构建"安全阀"适应通道

"安全阀"是科塞用来描述情绪发泄在冲突中所起到的社会功能的一个概念，是调节冲突使之不至于瓦解社会的一种机制。他认为，敌对的情绪不等于冲突，如果敌对的情绪通过适当的途径得以发泄，就不会导致冲突，像锅炉里过量的蒸汽通过"安全阀"适时排出而不会发生爆炸一样，这不仅有利于社会结构的维持，而且有利于促进社会良性运行，协调发展。同样，在职业教育领域，"增强职业教育适应性是职业教育赖以生存的基础，也是实现自身可持续发展的重要条件和手段"，① 并有利于实现职业教育与社会发展的良性循环。因此，对于民办职业本科教育而言，需发挥其体制机制的优势，主动增强适应性，从政策供给、办学条件、办学定位、人才培养等方面构建"安全阀"适应通道，破解现实困境与高质量发展之间的冲突。

（一）拧开政策设计"安全阀"，增强政策供给适应性

民办职业本科教育要实现高质量发展，必须进一步优化顶层设计，树立"公民同等"理念，拧开政策设计"安全阀"，增强政策供给适应性。首先，明确政府主体责任，出台激励政策支持民办职业本科大学建设。省级人民政府应按照不低于普通高校的支持力度，出台专项支持政策，协调解决办学难题，为职业本科教育内涵式发展提供全方位保障。鼓励职业本科教育创新探索，实行负面清单和事后备案制度，激发学校办学内生动

---

① 石伟平. 稳步发展职业教育助推技能社会建设 [J]. 国家教育行政学院学报，2021（5）：42 – 44.

力。鼓励地方政府以购买服务的形式与职业本科大学签订个性化的绩效合同，突出服务地方的成果导向，通过校地融合共同强化职业培训、技术创新、平台建设。其次，落实《民办教育促进法实施条例》，支持民办教育高质量发展。结合新修订的《民办教育促进法》，出台支持民办职业本科大学发展的若干意见，不断提高政策的可操作性与有效性。深层次促进行业企业参与人才培养，支持民办职业本科大学开展混合所有制改革和公办民营等办学模式创新，形成多元办学格局。最后，健全技能型社会保障机制。在学历社会已经初具规模的时代，从学历社会转向技能社会，建设"学历+技能"共生共荣的高质量学习型社会已成为中国未来发展的必由之路。各级政府应加快完善技术技能人才的法律权益保障体系，尽快在工资待遇、社会保险、住房公积金等方面设计专项制度、出台相关政策，尤其对于职业本科教育培养的高层次技术技能人才应纳入地方引才计划，确保与普通本科高校毕业生同等待遇，提高技术技能人才的社会地位。

（二）拧活办学经费"安全阀"，增强办学条件适应性

加大办学投入是实现高质量发展的基础。民办职业本科大学必须不断完善多元投入机制，吸引、鼓励政府、企业以及校友平台等多种社会力量参与合作办学，获取更多发展资源，筹集配套资金，拧活办学经费"安全阀"，增强办学条件适应性。首先，严格对标建设。按照《试行标准》要求，实施公民统筹规划管理，将民办职业本科大学建设项目纳入地方政府日常工作。推动省级教育行政部门和地方政府加强对学校办学条件的指导和管理，严格把控办学所必需的办学条件，建立补缺进度计划，尤其在土地、房产等指标上最大限度补足办学缺漏。建立大数据实时监测体系，分析关键办学指标，对办学条件不达标的学校和专业给予警告、限期整改，对整改仍不达标的，核减招生指标直至撤销本科授权。其次，鼓励企业参与改善办学条件。民办职业本科大学积极推动校企共同开展应用技术研究，获得行业企业在资金、设备以及前沿技术等领域的支持；依托优势专业，加强与规模化企业深度合作，挖掘校企利益交汇点，建立合理利益分配机制，促进成果转化为经济效益和教学内容。充分利用企业资源，鼓励企业将部分生产功能移至学校，既能解决民办学校办学经费和实验实训设备投入不足的问题，也能解决企业生产用地不足与技术技能人才紧缺的问

题。鼓励行业企业捐赠教学仪器设备，对捐赠企业给予一定的金融优惠政策；对于产权归企业，但确实用于日常教学的仪器设备（准捐赠），教育主管部门应予以认定为学校的教学仪器设备值。最后，创设多元投入机制。要全方位破解民办职业本科经费来源单一、经费投入不足困境，建立民办职业本科大学生均拨款制度，落实所在地政府责任制，对选择非营利性的学校，可按照公办学校标准的20%～30%给予办学经费支持。此外，严格落实办学经费审计制度，加强过程管理，防止办学经费挪用。

（三）拧紧治理体系"安全阀"，增强办学定位适应性

办学定位归根结底是"怎么办"的问题，可以尝试从进一步完善民办职业本科大学内部治理体系、提升治理能力的视角，拧紧治理体系"安全阀"，增强办学定位适应性。首先，全面加强党的领导。民办职业本科大学建立"党委—董事会—校长"权力制衡机制，坚持党是学校的政治领导核心，将党建与学校事业发展同部署、同落实、同考评，认真践行"为党育人、为国育才"的历史使命，准确把握学校发展方向。其次，推进章程的落实。民办职业本科大学坚持以章程为统领，优化学校制度体系，构建分类、分层的网状制度体系；将学术本位、学者治校、民主管理的理念充分融入章程制度体系建设，将法治精神渗透于学校制度和运行各方面；健全决策机构，进一步规范党委会、董事会、校长办公会议、教职工代表大会、学生代表大会等议事规则和重大事项决策程序。最后，推进规划战略管理。科学的规划是实现高质量发展的关键所在，"高校的战略规划主要解决发展的目标是什么，发展的路径是什么，从而对学校发展进行准确定位"[1]。鼓励政府部门、行业企业参与学校规划编制，积极吸取意见，全员参与，将共同意志充分体现在战略规划中。民办职业本科大学根据地方产业发展趋势，结合区域产业结构和劳动力就业结构，分析人才需求，适度超前规划一批新专业；科学规划人才培养规模和规格，厘清学校近期和中长期发展方向，明确办学定位，契合地方经济社会发展以及行业企业转型所需。此外，加强对规划实施情况的动态监测与督导评估，把握规划实施进展情况。

---

① 万瑶. 教育生态学视角下民办职业院校发展本科职业教育的现实诉求与路径突破[J]. 教育与职业, 2022（5）：13-20.

(四）拧牢培养质量"安全阀"，增强人才培养适应性

提高职业本科教育，尤其是民办职业本科教育的社会认可度，最主要的还是修炼内功，加强内涵建设，拧牢培养质量"安全阀"，增强人才培养适应性。首先，加强"双师型"教师队伍建设。发挥民办职业本科大学举办方的行业优势，支持学校教师与企业技师双向发展，探索"双师双岗双晋升制度"，即两者均拥有学校教师与企业技师双重身份，在学校和企业轮岗，在不同岗位晋升，并允许在供职学校或企业获得一定劳动报酬。民办职业本科大学需建立能上能下、以业绩为导向的薪酬制度，"双师"业务骨干薪酬水平普遍高于区域公办高校；为引进和自身培育的优秀副高级以上教师、博士等人才寻求解决地方事业编制，稳定师资流动。此外，以职业本科课程建设为抓手，深化"三教"改革，提升校企"双师"的理论水平和实践能力；鼓励校企"双师"开发新形态、活页式教材，打造具有职业本科特性的教学资源，推动课堂革命向纵深发展。其次，建立以政府为纽带，学校与企业之间共同交流、共同行动、共同繁荣的协同发展机制。具体举措包括：一是民办职业本科大学依托优势专业群，与产业龙头企业共同建立产业学院、共同开发协同育人资源和机制，深化产教融合办学主线，提升人才培养质量；推进混合所有制产业学院建设，建立起基于有效的成本分担、利益分配的校企协同育人机制。二是将企业和行业组织打造成为职业本科场域中与学校同等重要且紧密互动的共同体。民办职业本科大学与行业企业建立职业教育联盟，让行业企业直接参与产业学院建设发展和人才培养的全过程，成为决策者；积极吸纳区域产业链上下游行业企业，建立"全人才链"培养机制，实施以"全要素"为纽带的产教融合改革。最后，建立以成果为导向的人才质量评估机制。具体举措包括：一是建立"文化素质+职业素养"的人才培养质量评估体系，着重关注毕业生的职业资格获得率、就业率、就业质量，以及毕业生在行业、产业、企业中的评价，也要评估学生的实践训练效果或学习效果。二是构建民办职业本科大学专业评估体系。职业本科大学的专业源于社会职业分工和岗位需求，如果说普通本科由学科构成，那么职业本科则由专业构成。设置职业本科专业建设质量评价指标，将民办职业本科大学的招生专业数、招生指标、最高学费与办学质量挂钩，动态调整，定期发布产业急需人才的信息和待遇状况。

第五节　推动政府助力职业教育高质量发展

一、摒弃传统观念，优化职业教育发展环境

传统观念中存在着将职业教育看作是"次等教育"的认知误区。在传统观念中，学术教育被普遍视为高等教育的代表，而职业教育则被认为是低等教育的象征。这种偏见导致了人们对职业教育的轻视和忽视，使得职业教育的发展缺乏足够的重视和投入。然而，实际上，职业教育与高等教育并不是上下级关系，而是相互补充、共同发展的关系。职业教育培养的是具备实际技能和职业素养的人才，他们对社会和经济发展起着至关重要的作用。将职业教育视为与高等教育同等重要的教育形式，赢得社会认可和支持是职业教育可持续发展的关键。在传统观念中，职业教育往往被看作是为了解决就业问题而存在的，这使得人们对职业教育的认识停留在"就业技能培养"的层面上。然而，职业教育的目标不仅是为了解决就业问题，更重要的是培养学生的创新能力、终身学习能力和实践能力，使他们能够适应不断变化的社会和经济环境。人们应该摒弃这种将职业教育局限在就业层面的观念，将其视为培育全面发展的人才的重要途径。传统观念中将职业教育与个人能力水平挂钩的认知误区也限制了职业教育的发展。在传统观念中，人们往往认为只有成绩优异的人才适合接受高等教育，而那些学习成绩一般的学生适合接受职业教育。这种观念使得职业教育成为学术教育的"后备军"，而忽视了每个个体的差异性和多样性。事实上，每个人都有自己的兴趣、天赋和潜能，职业教育应该根据个人的特点和需求来进行个性化的培养。教育中人们需要摒弃将职业教育与个人能力水平挂钩的认知误区，以推动个性化、多样化的职业教育发展。

随着经济的快速发展和产业结构的转型升级，职业教育作为一种类型教育，已成为培养高素质、高技能劳动力的重要手段。**优化职业教育社会环境，能够提高职业教育的质量和有效性，进一步提升劳动力的素质和技能水平，以适应经济发展的需要。**职业教育的重要性还体现在社会稳定和

公平方面。传统观念导致职业教育被边缘化,职业学校的地位和声誉不高。这种不平等的对待不仅影响了职业教育的发展,也加剧了社会的不公平现象。**优化职业教育社会环境,能够改变这种现状,提高职业教育的地位和社会认可度,从而促进社会的稳定和公平**。职业教育的重要性还体现在人才培养方面。**优化职业教育社会环境,能够提供更好的教育资源和机会,让更多的人有机会接受职业教育,发挥自己的潜力和才华**。通过培养各类专业人才,职业教育能够满足社会对各种专业技能的需求,帮助个体实现自我价值,促进社会发展。

优化职业教育的社会环境,需要提高职业教育的社会地位。首先,通过广泛传播职业教育的价值和意义,让更多人了解到职业教育的重要性,破除对传统学术教育的偏见。充分展示职业教育培养学生实用技能和就业能力的优势,向社会传递职业教育能够满足社会发展需求的信息。同时,要加强与媒体的合作,利用报纸、电视、互联网等多种渠道,宣传职业教育培养人才的成功案例和相关政策的进展,引导社会对职业教育的正面看法。其次,要建立健全职业教育评价体系,提升职业教育的质量和水平。社会对职业教育的认可程度与其质量水平密切相关,只有职业教育能够真正培养出适应社会需求的高素质人才,才能获得更多人的认可和支持。建立科学合理的评价机制,对职业教育机构和教师进行综合评价,重点关注学生就业率、社会贡献度以及行业认可度等指标可以更好地展示职业教育的作用。同时,要加强职业教育与企业间的合作,充分调动企业参与职业教育的积极性,建立实践基地,提升学生的实践能力和职业素养。此外,还需要加强职业教育与高等教育的融合,提升职业教育水平。职业教育与高等教育并不是对立的关系,而是相互补充的关系。通过改革课程设置和教学模式,将学术课程与职业技能融为一体,推动职业教育向学术化的方向发展。同时,要加强职业教育师资队伍的建设,提高教师的学术水平和专业素养,培养具有高水平教学和实践能力的职业教育师资力量。

优化职业教育的发展环境,需要政府加强对职业教育的宣传和推广。首先,可以通过媒体宣传来提高职业教育的知名度。职业教育机构和相关部门可以利用电视、广播、报纸、网络等媒体平台,广泛宣传职业教育的优势和价值,介绍成功的职业教育案例,向社会大众传递职业教育的重要性和必要性。同时,通过专题报道、访谈等形式,提高职业教育的曝光度，引起公众对职业教育的关注。其次，可以开展职业教育展览、职业技能大赛等活动，吸引更多的学生和家长参与，亲身体验职业教育的价值和魅力。同时，职业教育机构可以与中小学合作，开展职业教育的推广活动，为学生提供职业教育的课程和实践机会。此外，还可以与企业和行业协会合作，组织职业教育培训班和讲座，向社会传递职业教育的需求和机会；开展实训基地建设和就业合作，为学生提供优质的实践机会和就业渠道。另外，要加强与社会各界的沟通和合作，共同推动职业教育的发展。可以与政府部门、教育机构、行业协会等建立合作机制，共同研究职业教育政策和发展方向，推动职业教育在社会中的地位和作用的认可和支持。[①]

二、加强宏观管理，扩大职业教育办学自主权

一是要多元化学校办学模式。首先，多元化学校办学模式可以促进职业教育的差异化发展。职业教育的需求呈现出多样化和个性化的趋势，不同行业、不同地区的需求也存在差异。因此，通过多元化学校办学模式，根据实际需求开设不同专业、不同层次的职业教育课程，满足不同人群的需求，提高教育的针对性和适应性。其次，多元化学校办学模式可以加强职业教育与产业需求的连接。职业教育的目标是培养具备实际工作能力的人才，因此与产业需求的连接是必不可少的。通过多元化学校办学模式，建立与各行各业的合作关系，开展产学合作项目，提供实习、就业和创业机会，使学生能够更好地适应市场需求，提高就业竞争力。再次，多元化学校办学模式可以促进职业教育的创新发展。随着社会的快速发展和科技的进步，职业教育也需要不断创新，与时俱进。通过多元化学校办学模式，引入新的教学方法和教育技术，开展在线教育、实践教学和继续教育等新领域的探索，提高教育教学质量和加强效果。最后，多元化学校办学模式还可以促进职业教育的国际化发展。随着全球化的趋势，职业教育也需要与国际接轨，为学生提供更广阔的发展机会。通过多元化学校办学模式，引进国际先进的教育资源和方式，开设国际化的课程和项目，提供国

---

① 王碗，吕莉敏. 新形势下提升职业教育吸引力的反思与建议 [J]. 中国职业技术教育，2016 (27): 41-45.

际交流与合作的平台，培养具有国际视野和全球竞争力的人才。并从差异化发展、产业对接、创新发展和国际化发展四个方面的努力，进一步扩大职业教育的办学自主权，促进其全面发展。这将有助于提高职业教育的质量和水平，满足社会经济的需求，为国家的发展注入新的动力。①②

二是加强校企合作。加强校企合作是扩大职业教育办学自主权的重要举措。首先，建立合作机制是加强校企合作的基础。政府应该出台相关政策，鼓励和规范校企合作的方式和范围。建立明确的合作机制可以更好地引导学校与企业之间的合作，确保合作的顺利进行。政府可以设立专门的职能部门，负责职业教育与企业合作的组织和管理，从而提高合作的效率和质量。其次，优化资源配置是加强校企合作的关键。学校和企业应该在资源的共享和互补上加强合作，实现资源的优化配置。政府可以通过提供资金支持、建设职业教育基地和鼓励企业参与教育培训等方式来促进资源的整合和共享。同时，政府还可以通过建立行业委员会或者专家咨询团队，发挥专业智力的作用，为合作提供指导和支持。最后，提升培训质量是加强校企合作的关键环节。学校和企业应该在课程设置、教材编写、教学方法等方面进行深度合作，确保培训的质量和效果。政府可以通过建立评估机制，对合作项目进行评估和监督，推动合作的不断优化。此外，政府还可以加大对教师培训的投入力度，提高教师的专业素养和实践能力，从而提升培训质量。通过建立合作机制、优化资源配置和提升培训质量，可以实现学校与企业的深度合作，提升职业教育的实践性和就业导向性，为培养更多高素质的职业人才提供坚实支撑。政府应该加大对校企合作的支持力度，为其发展提供更好的政策环境和资源保障。③④

三是提升办学环境和设施。创造更好的学习条件和培养环境提高职业教育的质量和竞争力。首先，提升办学环境是关键。学校应当注重改善学

---

① 胡秀锦. 职业学校多元化合作办学的模式与机制［J］. 职业技术教育，2011，32（30）：50-53.

② 袁晶. 我国扩大高校办学自主权的政策变迁特征及其动因追寻［J］. 教育与考试，2023（5）：53-58.

③ 薛正斌，洪明. 美国社区学院产学研合作教育的经验与启示［J］. 教育文化论坛，2024，16（2）：19-26.

④ 徐丹阳，毛建卫，冯旭芳."三融"背景下高职院校生态位变革与优化［J］. 教育与职业，2024（5）：27-33.

校内部的硬件设施和软件环境，包括宿舍、教室、实验室等，以提供更好的学习和生活条件。政府应支持学校加大投入、更新和升级设施设备，提高教学质量和效率。同时，鼓励学校打造浓厚的学术氛围和良好的学习氛围，为学生提供一个积极向上、充满活力的学习环境。其次，完善职业教育的培训设施是必不可少的。职业教育的特点是注重实践和技能的培养，学校应当配备高质量的实训设施和设备，确保学生能够获得实际操作和实践技能的机会。此外，学校还应当与相关行业和企业建立紧密的合作关系，提供实习机会和职业导师，以帮助学生更好地融入工作环境和适应市场需求。此外，办学环境还包括管理和服务的优化。学校应当建立健全的管理体系，提高教学管理和学生服务的质量。学校应当加强教师队伍建设，加强师资培训和激励机制，吸引和留住优秀教师。最后，学校应当改善对学生的服务，提供全方位的学生支持和指导，帮助学生解决学习和生活中的问题，提高学生的满意度和学习成果。通过改善学校硬件设施和软件环境，提高实训设施和设备的质量，优化管理和服务体系，能够为职业教育提供更好的学习条件和培养环境，促进职业教育的发展。

三、加强政策引导，促进职业教育健康发展

一是完善政策法规。加强政策引导是促进职业教育健康发展的重要手段。为了确保职业教育的有效实施和持续发展，需要进一步完善相关的政策法规。首先，应加强对职业教育法律法规的制定和修订。政府部门要密切关注职业教育领域的动态，根据国家发展需求和教育改革的要求，制定和完善与职业教育相关的法律和法规。这些法律法规应涵盖职业教育的各个方面，包括办学条件、课程设置、教师队伍建设、学生评价和考试制度等内容。同时，要加强对现有法律法规的调研和评估，及时对其进行修订和完善，以适应职业教育发展的需求。其次，要加大政策的实施和执行力度。政策的制定只是第一步，更重要的是能够落地生根，真正推动职业教育的发展。政府部门应建立健全的政策执行机制，明确各个责任主体的职责和权限，确保政策的有效执行。同时，要加强对政策执行情况的监测和评估，及时发现问题和不足，并采取相应措施加以解决。只有政策能够真正得到贯彻执行，才能为职业教育的健康发展提供有力的保障。再次，要

加强政策的宣传和推广工作。政府部门应加大对职业教育政策的宣传力度，提高公众对职业教育的认知和认同度。通过举办宣传活动、发布政策文件、举办培训班等方式，增加职业教育政策的曝光度和可操作性，引导各方积极参与职业教育的发展。同时，要注重宣传工作的针对性和灵活性，根据不同群体的需求和特点，设计有针对性的宣传策略，提高宣传效果。最后，要建立健全的政策评估和反馈机制。政府部门应定期对职业教育政策的实施效果进行评估，了解政策的实际效果和问题，及时调整和改进政策。同时，要建立与各方的沟通反馈机制，听取各方面的意见和建议，及时解决他们在政策实施中遇到的问题和困难。只有不断完善政策，与时俱进地调整政策，才能够更好地推动职业教育的发展。通过完善政策法规，可以加强对职业教育的引导和规范，为职业教育的健康发展提供有力支持。政府部门应积极投入政策制定和执行中，加强与相关机构和各界的合作，共同推动职业教育的发展，为培养更多的高素质技能人才作出积极贡献。[①]

二是减轻职业教育机构负担。职业教育机构在推动职业教育发展中扮演着重要的角色。然而，由于种种原因，职业教育机构面临着诸多负担，这不仅影响了其发展速度，也制约了职业教育的质量和效果。一方面，职业教育机构的负担主要来自经费问题。当前，很多职业教育机构的资金来源主要依赖于学生的学费收入，但由于学生人数和学费标准的限制，职业教育机构的经费往往严重不足。为了维持正常运转，职业教育机构不得不通过增加学生人数或者提高学费标准来增加收入，但这无疑对学生造成了经济负担，也可能导致教育资源的不均衡分配。另一方面，职业教育机构的负担还体现在教学资源和师资方面。职业教育的特点决定了其对实践教学设备和技术水平的要求较高，但目前很多职业教育机构的实验室设备和教学资源存在不足的情况。同时，缺乏高水平的师资队伍也是职业教育机构的一大短板。教师的数量和质量直接关系到职业教育的质量，但由于各种原因，很多职业教育机构无法招聘到优秀的教师或者无法给予他们合适的待遇，导致教师队伍存在缺乏动力和稳定性的问题。

---

① 郗芳．从政策引导到法律保障——我国《职业教育法》修订的政策法律化问题研究 [J]．职业技术教育，2021，42（12）：17-20．

为了减轻职业教育机构的负担,政府需要采取一系列措施。首先,政府应该加大对职业教育的投入力度,提高职业教育机构的经费,确保其正常运转和发展。其次,政府还可以通过实施税收优惠政策,鼓励企业和社会力量参与职业教育的发展,共同分担职业教育机构的负担。此外,政府还应该加强职业教育机构与行业企业的合作,借助企业的资源和技术优势,提升职业教育机构的实验室设备质量和教学资源水平。同时,政府还应该加大对教师队伍的培养和引进力度,提供更多的培训机会和优厚的工资待遇,吸引更多优秀的教师加入职业教育事业中来。通过减轻职业教育机构的负担,能更好地促进职业教育的健康发展。除了政府的努力之外,职业教育机构自身也应该加强管理,提高绩效,提升自身的竞争力和影响力。只有政府和职业教育机构共同努力,才能推动职业教育事业迈上一个新的台阶,为社会经济发展提供更多高素质的人才支撑。①

三是引导社会资本投入。随着社会经济的发展和人才需求的变化,如何引导社会资本积极投入职业教育领域,成为了促进职业教育健康发展的重要策略之一。一方面,政府可以通过出台相关政策,鼓励社会资本投入职业教育领域。首先,政府可以加大对职业教育的投入力度,提供一定的资金支持和政策激励,为社会资本提供良好的投资环境。其次,政府可以制定相应的优惠政策,降低社会资本投资职业教育的成本,增加其投资的吸引力。例如,可以给予免税政策或者税收减免,为社会资本提供相应的激励措施。同时,政府还可以建立职业教育基金,引导社会资本通过股权投资、捐赠等方式参与职业教育的发展。另一方面,政府可以加强职业教育与社会资本的合作,形成共赢机制。政府可以与社会资本建立合作伙伴关系,共同规划职业教育发展战略,通过合作开展职业培训项目、建设职业教育机构等。政府可以提供土地、场所等资源支持,为社会资本提供便利条件;而社会资本可以提供先进的管理经验、技术支持等,为职业教育的发展注入新的活力。政府还可以积极引导社会资本与高职院校、企事业单位等合作,开展校企合作,共同培养适应市场需求的高素质人才。此外,政府还应提供监管和引导,确保社会资本投入职业教育的质量和效

---

① 王启龙. 统筹职业教育、高等教育与继续教育协同创新:阻碍与对策——基于一般系统结构理论的分析视角[J]. 职教论坛,2023,39(6):32-38.

益。政府可以建立职业教育投资管理机构,加强对社会资本投资职业教育的监管和评估,引导社会资本合理选择投资方向和方式。同时,政府还应建立健全的激励和约束机制,推动社会资本积极参与职业教育,但也要对其进行监督,防止盲目投资和低水平发展。引导社会资本投入是加强政策引导促进职业教育健康发展的重要措施。政府通过出台相关政策,加强与社会资本的合作,提供监管和引导等方式,为社会资本投资职业教育提供优惠政策和良好的投资环境,形成可持续的合作机制,能进一步促进职业教育的发展。只有政府和社会资本共同努力,才能推动职业教育的健康发展,为社会经济发展提供更多的高素质人才。[1][2]

四是推动职业教育融入国家发展战略。为了更好地推动职业教育的发展,使其融入国家发展战略,政府需要采取一系列措施。首先,政府要加强职业教育与国家经济建设的紧密结合。职业教育应当紧密围绕国家的经济发展战略,根据国家经济的需求和产业结构调整,设置优化各类职业教育专业,提升职业教育的适应性和针对性。同时,要加强与相关企业的合作,建立校企合作的长效机制,通过产学研合作,提供更符合市场需求的职业教育培养方案。其次,政府要促进职业教育课程体系的改革与创新。深入研究职业教育领域的前沿技术和发展趋势,根据市场需求和国家发展需求,进行职业教育课程的创新与改革。注重培养学生的实践动手能力,提升学生的职业素养和创新能力,培养具备国际竞争力的高素质职业人才。同时,要加强对职业教育师资队伍的培养和引进,提高教师的专业素质和教学能力。此外要加强对职业教育的政策支持和投入。政府应加大对职业教育的支持力度,加大财政投入,确保职业教育的可持续发展。同时,要出台相关政策,鼓励企业参与职业教育,提供职业教育实习和就业机会,为接受职业教育的学生提供更广阔的发展空间。推动职业教育融入国家发展战略,实现职业教育与经济社会发展的良性循环。同时,这也将为国家发展提供有力的人才支持,推动经济的快速、可持续发展。职业教育融入国家发展战略,将为实现国家的经济繁荣和人民的幸福生活作出重

---

[1] 帅起宝. 基于社会资本理论的职业教育校企合作法律规范保障体系[J]. 天津中德应用技术大学学报, 2023 (3): 6-12.

[2] 推动更多民间资本参与重点建设任务 国家发展改革委将从五方面切实抓好已出台政策的贯彻落实[J]. 财经界, 2023 (16): 21.

要贡献。

五是推动职业教育对接国家重大工程项目。首先，职业教育融入国家重大工程项目可以促进人才的培养与需求对接。随着国家重大工程项目的不断推进，对技术型人才的需求日益增长。政府通过将职业教育与工程项目紧密结合，可以根据项目实际需求调整课程设置，培养出更加符合市场需求的高素质人才。同时，通过与工程项目的合作，学生将有机会参与实际项目，锻炼实践能力，提高就业竞争力。其次，职业教育与国家重大工程项目的对接可以提升职业教育的实践性和针对性。国家重大工程项目往往是对国家发展有深远影响的项目，这些项目所需的技能和知识是职业教育中必须要培养的。通过与这些项目对接，职业教育可以及时了解到最新的技术和需求动态，及时调整教学内容和方法，确保教育与产业需求的紧密契合。此外，职业教育融入国家重大工程项目还可以推动教育与产业的深度融合。重大工程项目往往需要大量的专业技术人才，通过与工程项目的合作，职业教育可以与企业建立紧密的合作关系，搭建起校企合作平台，促进教育与产业的互相支持和共同发展。通过开展实践教学、实习实训等形式，学生更好地融入产业，增强实践能力，提升就业能力。最后，职业教育融入国家重大工程项目还可以促进教育资源的优化配置。国家重大工程项目通常涉及的领域广泛，需要各个领域的专业人才。通过与工程项目的对接，可以实现教育资源的优化配置，避免资源浪费和重复建设。同时，可以利用项目的平台和资源，引进高水平的教育机构和专业人才，提升职业教育的整体水平。政府推动职业教育与项目需求对接，能够提高实践性和针对性，促进教育与产业的深度融合，实现教育资源的优化配置，有效推动职业教育发展，为国家发展战略提供有力人才支撑。[①]

四、强化自身建设，增强职业教育办学能力

一是建立质量评估体系。建立一个科学、全面、客观的质量评估体

---

① 单大圣，杨银付．"十四五"时期教育服务的发展展望［J］．中国教育学刊，2020（6）：50-55．

系，是强化自身建设，提高职业教育办学能力的重要举措。首先，建立质量评估体系需要明确评估指标和标准。评估指标应涵盖课程设置、师资队伍、实训基地等多个方面，以确保评估的全面性。同时，评估标准应具有可操作性和可衡量性，能够为学校提供具体的改进方向和参考指导。其次，建立质量评估体系要注重数据收集和分析。通过收集教学资源利用情况、学生学习成果等数据，可以客观地评估教育质量的好坏，为学校改进提供依据。同时，还可以通过数据分析，发现潜在问题和风险，及时采取措施进行调整和改进。再次，建立质量评估体系需要加强内外部评估机制的应用。内部评估可以由学校自身进行，通过设立专门的评估组织或机构，对学校的教育质量进行评估。外部评估可以由行业协会、监管部门等机构进行，以确保评估的客观性和公正性。内外部评估相互补充，可以提高评估的全面性和准确性。最后，建立质量评估体系还应注重评估结果的反馈和利用。评估结果应及时向学校进行反馈，提供具体的改进意见和建议。学校应根据评估结果，调整和改进教育教学工作，提高教育质量。同时，评估结果也可以作为学校对外宣传的依据，增强学校的竞争力和影响力。通过建立科学、全面、客观的评估体系，可以提高职业教育的办学能力，促进教育质量的发展。各级政府和职业教育机构应高度重视，加大投入和支持，共同推进质量评估体系建设。[①][②]

二是加强师资队伍建设。加强师资队伍建设是提升职业教育办学能力的重要举措。首先，加强师资队伍建设要求政府加大对职业教育师资的培训力度。政府应制定相应的政策，提供培训经费，组织职业教育教师参加各类培训班、学习研讨会，不断提升其专业素养和能力水平。培训内容应紧密结合职业教育发展的需要，包括行业技能培训、教学方法和教育心理学等方面的培训。同时，鼓励职业教育教师参与科研项目和实践活动，不断拓宽教学知识和教育经验，提升其实际操作能力。其次，加强师资队伍建设要加强对职业教育教师的选拔和评价机制。政府应建立健全职业教育教师的招聘、评选和考核制度，加强对教师的职业道德和职业素养的评

---

① 龙晓波，张淞源，代若愚. 职业教育质量保障与评估工作研究［J］. 中国成人教育，2021（6）：20-22.

② 李鹏，朱德全. 职业教育质量监测评估：英、美、德、澳的经验与启示［J］. 西南大学学报（社会科学版），2018，44（6）：51-58.

价，确保选拔出优秀的人才进入职业教育领域。同时，建立科学合理的教师考核机制，注重教学水平和学生评价的综合评价，鼓励教师不断提升自身教学能力，以更好地适应职业教育的需求。此外，加强师资队伍建设还需要注重教师队伍的结构性调整。政府应根据各地区的实际情况，合理配置教师资源，加大对薄弱学科领域的支持力度，确保教师队伍的结构合理、发展稳定。同时，鼓励优秀的行业人员参与职业教育教师队伍的建设，提供相关培训和支持，引进更多具备实际工作经验的人才，丰富教师队伍的多样性和实践背景。最后，加强师资队伍建设还需要加强对教师的激励机制和保障措施。政府应制定相应的政策，建立科学合理的教师薪酬体系，提高职业教育教师的待遇和福利，增加其职业发展空间和晋升机会，激发教师的工作积极性和创造力。同时，加强对教师的培训和职业发展指导，提供更多的职业发展机会和培训资源，鼓励教师不断提升自身能力和专业水平。通过加强师资队伍建设，能够有效提高职业教育的办学能力，为培养更多高素质的职业人才奠定坚实基础。政府要加大对教师的培训力度，建立健全的选拔和评价机制，调整教师队伍的结构，同时加强对教师的激励和保障机制，为职业教育的发展提供强有力的支持。①

三是推动产教融合。职业教育的核心目标是培养适应社会经济需求的高素质技能人才，而产教融合作为职业教育的重要手段之一，旨在加强学校与行业、企业之间的合作与交流，将教育与产业需求紧密结合，以实现教学内容与就业需求的紧密连接。推动产教融合是强化自身建设、增强职业教育办学能力的重要举措。首先，推动产教融合需要建立产学研深度合作的机制。政府可以通过设立产学研合作基地或者平台，搭建产业与职业院校之间的桥梁，促进产学研之间的深度合作。产学研合作基地可以提供实践教学场地和设备，提供行业实操经验和技能培训，使教育与产业更好地融合。同时，政府还可以与企业和高校签订合作协议，明确责任与权益，共同推进产学研深度合作计划的实施。其次，推动产教融合需要加强企业参与职业教育的意识和责任感。政府可以通过制定相关政策，鼓励企业参与职业教育的规划和实施，建立企业与职业教育的紧密联系。企业可

---

① 田舒蕾. "双高计划"高职学校师资队伍的建设成效与提升策略研究——基于197所"双高"院校中期绩效自评报告分析[J]. 职业教育研究, 2023 (12): 67-72.

以给学生提供实习实训机会以及实践锻炼的平台，并参与教材编写和课程设计，推动教育内容与产业需求的对接。同时，政府可以给予企业在人才培养、税收减免等方面的支持和激励，引导更多企业积极参与职业教育，共同推动产教融合。再次，推动产教融合需要加强师资队伍建设。政府可以加大投入，培养和引进具有产业经验和实践能力的教师，提供相关的培训和资助措施，提升教师的专业素养和能力。此外，政府还应加强对教师的考核和评价体系，建立激励机制，鼓励教师积极参与产学研合作，将企业需求和市场动态及时反馈到教学中，提高教学的实效性和适应性。最后，推动产教融合需要加大资金投入与政策支持。政府应该加大对职业教育的投入力度，确保职业教育获得足够的资金支持用于改善教育条件和提升教育质量。同时，政府还应该制定相应的政策，给予职业教育相关学校和企业在税收、土地使用等方面的优惠政策，鼓励职业教育与产业的深度融合。①②

五、政府助力职业教育高质量发展的地方样板

（一）部省共建整体推进苏锡常都市圈职业教育改革创新打造高质量发展

苏州、无锡、常州三市构成的苏锡常都市圈，地处长江三角洲核心区，是我国先进制造业集聚、经济社会发达的地区之一，也是我国职业教育优质资源密集、创新思维活跃的地区之一。为深入贯彻全国教育大会精神，全面落实《长江三角洲区域一体化发展规划纲要》《国家职业教育改革实施方案》，教育部与江苏省人民政府决定整体推进苏锡常都市圈职业教育改革创新，服务先进制造业发展，探索形成以城市群为载体、具有中国特色、国际影响力和对外输出实力的职教模式，打造具有国际竞争力的职教新高地和样板。2020年9月，教育部、江苏省人民政府联合发布《教育部、江苏省人民政府关于整体推进苏锡常都市圈职业教育改革创新打造

---

① 路晓丽，朱倩. 产教融合型企业参与技术技能人才培养的模式、困境与优化路径［J］. 教育与职业，2023（24）：50-56.
② 朱喜祥，程兰诗，王荣辉. 系统共生和对接融合：多学科视角下的产教融合困境与路径［J］. 中国职业技术教育，2021（22）：65-71.

高质量发展样板的实施意见》以下简称《意见》。①

《意见》深入贯彻落实习近平总书记关于职业教育的重要论述，遵循职业教育发展规律和技术技能人才成长规律，认真落实《长江三角洲区域一体化发展规划纲要》《国家职业教育改革实施方案》，按照《江苏省人民政府关于推进职业教育现代化的若干意见》《教育部关于建设长江教育创新带的实施意见》以及《苏锡常一体化发展合作备忘录》有关精神，立足苏锡常都市圈、服务长三角、辐射长江经济带，紧扣"一体化"和"高质量"两个关键，充分激发各类办学主体活力，以职业教育体制机制改革为重点，制定完善职业教育基本制度和重要政策，营造职业教育发展的良好环境，建立纵向贯通、横向融通的现代职业教育和培训体系，探索建立有中国特色的职业教育发展模式，提升先进制造业服务能力，提升人民群众对职业教育的满意度和获得感，并由片及面，深入推进江苏职业教育综合改革，为长三角区域经济社会更高质量一体化发展提供强有力支撑和保障。

到2022年，苏锡常都市圈成为全国深化产教融合体制机制改革先行区、现代职业教育体系建设示范区和职业教育区域一体化发展标杆区，区域内新增劳动力人均受教育年限从15.5年提升至16年，每万名劳动者高技能人才由1000人提高至1100人左右，职业院校应届毕业生平均起薪逐年提高。推动职业院校全面开展职业培训，实现职业院校年培训人次达到全日制在校生规模的2倍以上。产教深度融合的长效机制基本建立，以若干龙头产业园区为载体，围绕千亿级产业建立20个左右产教融合联合体，职业教育与产业经济良性互动机制逐步成熟；以学制衔接、课程衔接等为主线，完善现代职教体系；多元化办学体制基本健全，校企协同育人模式全面推行，职业院校与企业普遍建立校企命运共同体，龙头企业与骨干院校协同发展、支柱产业与品牌专业共生共长；教师队伍素质明显提升，校企师资实现双向互聘与交流，师资队伍"双师型"比例达90%以上；形成一批具有国际影响力的职业教育标准（学校标准、专业标准、课程标准、双师标准和实训标准）；职业教育评价体系基本形成，职业院校内部质量保证、专项督导评估和第三方评价的人才培养质量立体评测制度

---

① 教育部. 教育部 江苏省人民政府关于整体推进苏锡常都市圈职业教育改革创新打造高质量发展样板的实施意见[EB/OL]. (2020-09-16)[2024-04-10]. http://www.moe.gov.cn/s78/A07/zcs_ztzl/bsgjfzgd/zcfb/202011/t20201104_498167.html.

基本完善。①

附件：1. 教育部支持政策清单
　　　2. 江苏省支持政策清单
　　　3. 苏锡常都市圈（苏州、无锡、常州）工作任务清单

教育部支持政策清单

序号	政策内容
1	指导苏锡常都市圈开展职业教育党建、职业教育理论体系和职业教育价值观等相关研究
2	支持"双高计划"建设单位的骨干专业试办本科层次职业教育。苏锡常区域内本科层次职业教育招生类别由江苏自主确定比例，单列计划、单独录取
3	支持苏锡常都市圈部分地方本科高校向应用型本科高校转变
4	支持将苏锡常都市圈符合条件的技师学院按程序纳入高等职业学校序列。支持建设一批独立设置的五年制高等职业学校。支持在苏锡常区域办学的独立学院转设为独立设置的应用型本科或与高职合并转设为本科层次职业学校
5	在"双高计划"中滚动支持苏锡常地区10所左右高职院校
6	支持江苏理工学院更名为江苏职业技术师范大学
7	支持苏锡常都市圈职业院校推进"郑和计划"职教国际品牌建设

江苏省支持政策清单

序号	政策与措施内容
1	研究制订苏锡常都市圈"双高计划"建设单位骨干专业试办本科层次职业教育方案
2	出台《江苏省本科层次职业教育试点单位遴选办法》，科学设定本科层次职业教育试点的学校办学基本要求和专业设置基本要求，制定本科职业教育专业教学标准
3	支持苏锡常都市圈职业院校承担更多长三角一体化重点改革任务，牵头搭建长三角职业教育一体化招生就业平台，组建一批国家级示范性职业教育集团（联盟）
4	支持苏锡常都市圈应用型本科院校、职业教育本科层次试点学校和专业招收更多中、高职院校毕业生

---

① 夏语曼. 产教融合视域下苏锡常都市圈高职教育与区域经济协同发展研究［J］. 继续教育研究，2024（2）：91-96.

续表

序号	政策与措施内容
5	支持苏锡常都市圈中小学推进落实《省教育厅关于加强中小学生职业体验教育的指导意见》，逐步建立完善基础教育阶段职业启蒙教育内容体系，推进苏锡常都市圈职业院校资源面向基础教育全面开放，促进普职融通，深入实施劳动教育
6	建立健全江苏省职教高考制度，统筹安排职教高考与普通高考，改革职教高考内容和形式，完善"文化素质+职业技能"的评价方式。指导苏锡常都市圈开展中等职业教育招生制度改革
7	支持苏锡常都市圈率先建成15所左右扎根江苏、引领全国的省级一流中等职业教育领航学校
8	启动第二批10所省高水平高等职业院校建设，其中苏锡常都市圈不少于3所；支持苏锡常都市圈建成10个左右标杆性的五年制高等职业学校和20个左右示范性专业集群。支持苏锡常都市圈建设一批独立设置的五年制高等职业学校
9	支持与指导苏锡常都市圈高职院校典型专业的学习成果认定、学分积累和转换，推动试点"学分银行"在更多领域和地区应用，支持技工学校、中等专业学校分别增挂中等专业学校或技工学校校牌，同时享受对方相关支持政策
10	支持苏锡常都市圈"双高计划"院校、职业教育本科层次试点学校与具有硕士学位授予权的应用型本科高校开展联合培养
11	指导苏锡常都市圈建立教育教学、学生管理、学籍学历、考试招生等统一平台，统筹管理职业院校与技工院校教育教学工作
12	支持苏锡常都市圈职业院校智慧校园建设
13	遴选建设50个省级教学创新团队，每年聘用100名左右产业教授
14	出台指导意见，深化职业院校混合所有制改革
15	支持苏锡常都市圈职业院校建设20个产教深度融合、功能有机集成、设施设备先进、资源集聚集优、团队结构优化、管理集约高效的省级产教融合集成平台
16	指导苏锡常都市圈加快落实《江苏省职业教育校企合作促进条例》等系列法规政策，确保"金融+财政+土地+信用"组合式激励、教育附加费抵免等国家政策在都市圈有效落地
17	加大职业教育投入，逐步提高公办中职学校、高职院校生均经费标准
18	组织省内职业院校推进"郑和计划"职教国际品牌建设

苏锡常都市圈（苏州、无锡、常州）工作任务清单

序号	建设任务
1	建立地方党委领导挂钩联系职业院校党建和思想政治工作制度
2	将苏锡常都市圈职业教育纳入苏锡常一体化发展工作机制，苏锡常都市圈工作列入苏锡常一体化发展合作峰会议程。成立苏锡常都市圈职业教育改革创新领导小组和工作专班，加快建立职业教育改革资源共享、特色共建、协同联动的机制。苏锡常三市人民政府分别制定"一市一策"实施方案，将职业教育改革创新纳入各市"十四五"发展规划

续表

序号	建设任务
3	建设长三角生态绿色一体化发展示范区"新职教产业园"
4	建立与完善基础教育阶段职业启蒙制度,每年分别从企业和院校遴选建设25个省级职业体验中心,把中小学生职业体验纳入研学旅行教育教学计划
5	打造"一网N端"的苏锡常都市圈城市"学分银行"平台,研制《苏锡常都市圈"学分银行"学分认定标准》。建设苏州国际教育园"学分银行"试点区。申报建设一批"1+X"证书考核培训基地,实现"1+X"证书专业覆盖率90%
6	贯通企校双向求学路径,为企业员工进校求学搭建平台,每年为企业员工提供5000个学位;为学校学生进企学技搭建平台,每年为学生提供20000个实习岗位
7	建立苏锡常都市圈职业教育战略性政策性研究课题遴选支持机制
8	实施中等职业教育领航学校计划,苏锡常都市圈率先建成15所左右省级中职领航学校
9	推动8所"双高计划"建设单位的骨干专业试办本科层次职业教育,在学校考核、项目申报等方面支持本科高校参与现代职教体系项目
10	支持通过独立学院转设、独立学院与高等职业教育资源整合等途径,将在苏锡常都市圈办学的独立学院转设为独立设置的应用型本科或与高职合并转设为本科层次职业学校。每市重点举办一所独立设置的五年制高等职业学校
11	新建、改扩建一批中等职业学校。支持苏锡常都市圈完成新一轮职业教育布局调整
12	出台《苏锡常都市圈职业教育质量提升三年行动计划》
13	开展技工院校与职业院校相互增挂校牌试点,同时享受对方相关支持政策。将符合条件的技师学院根据国家统一政策安排,纳入高等学校序列
14	省市共建江苏理工学院,探索"新职师"培养模式
15	建设15个左右省级"双师型"教师培训基地,建设10个左右国家级校企合作"双师型"教师培养培训基地和10个左右国家级企业实践基地。建设50个省级教学创新团队、30个左右国家级教学创新团队
16	建设完善校企人员双向流动相互兼职常态运行机制,出台《苏锡常都市圈产业教授选聘管理办法》等系列文件
17	建立职业院校绩效激励机制。教师依法取得科技成果转化奖励和经批准在行业企业兼职的薪酬等收入。明确科技成果转化收益不纳入绩效工资、不纳入单位工资总额基数
18	构建苏锡常都市圈职业院校信息化管理平台。安排专项资金研发苏锡常都市圈职业院校改革示范教材,支持开发新型立体化教材1000部,推进建设500门在线开放课程建设,支持建设100门左右国家在线开放课程
19	苏锡常都市圈统一编制中高等职业教育人才培养质量年报制度。每两年发布一次《苏锡常都市圈专业结构与产业结构吻合度报告》

续表

序号	建设任务
20	开展职业学校股份制、混合所有制办学改革试点，允许企业以资本、技术、管理等要素依法参与办学活动并享有相应权利，支持地方政府和民办职业院校合作举办混合所有制性质的二级学院。支持校企共建企业学院（大学）
21	围绕苏锡常都市圈重点产业，由产教融合型龙头企业牵头，在政府和行业的指导下，成立10个左右错位发展的产教联盟，建设完善"百企牵头、千校共建、万企共享"的职业教育校企命运共同体
22	全力支持常州建设国家产教融合型试点城市
23	以苏锡常都市圈优势产业链为基础，建成10个高水平产教融合型行业。建成不少于100个国家级产教融合型企业
24	共建共享100个高水平产教融合创新中心，建设一批产教融合园区、校区
25	建成一批产教深度融合、功能有机集成、设施设备先进、资源集聚集优、团队结构优化、管理集约高效的区域共享型高水平产教融合实训基地和产教融合集成平台
26	联合出台《江苏省职业教育校企合作促进条例》苏锡常都市圈实施细则
27	出台关于加快推进苏锡常都市圈现代职业学校制度建设的实施意见
28	依托龙头企业的先进技术、设备、管理体制机制以及完备的人力资源培养体系，搭建名企名校优势合作平台，打造100个名企名校合作项目
29	实施苏锡常都市圈职业院校社会培训，每年培训人次达到全日制在校生规模的2倍以上
30	苏锡常都市圈统筹举办职业教育活动周
31	建设苏州评弹、刺绣、无锡留青竹刻、宜兴紫砂、常州梳篦、金坛刻纸等苏锡常都市圈职业院校非物质文化遗产传承项目，支持建设一批非物质文化遗产选修课程、资源库、大师工作室、企业学院
32	加大财政对职业教育支持力度。鼓励金融机构为企业办职业教育提供融资支持，合理降低融资成本。统一现代学徒制、企业新型学徒制经费支持政策
33	拓宽职业院校教师境外培训渠道，提高具有境外教育培训经历专业教师比例，支持职业教育对接世界技能大赛，按照国际先进标准选拔培养高技能人才
34	支持职业院校探索依托重点境外园区、重点"走出去"企业、重点援外项目在"一带一路"沿线国家和地区建立办学机构、研发机构、技术技能人才培养基地和教育合作平台，招收来苏留学生，输出优质教育服务。建设常熟中英"现代学徒制"研究中心、太仓中德"双元制"研究中心

（二）浙江台州开展技能型社会建设试点，推进中国特色社会主义共同富裕先行

2021年4月，全国职业教育大会创造性地提出了"建设技能型社会"的理念和战略，其中以"国家重视技能、社会崇尚技能、人人学习技能、人人拥有技能"为特征；同年10月，中共中央办公厅、国务院办公厅在《关于推动现代职业教育高质量发展的意见》中，将"建设技能型社会"作为推动现代职业教育高质量发展的总体要求和主要目标之一。习近平总书记指出，"人力资源是构建新发展格局的重要依托"。各行各业需要大批科技人才，也需要大批技能型人才，可以说创新推动"建设技能型社会"既是我国经济社会发展的现实需求，更是实现全体人民共同富裕的题中之义。①

技能是强国之基、立业之本。浙江台州聚焦"优质共享""技能创富"，在全国率先开展技能型社会建设试点，在实践中初步形成了具有台州特色、国内领先、体系健全的技能型社会建设路径，为全省公共服务优质共享提供台州方案。

一是建立健全组织规划体系，市县联动打造技能型社会特色路径、台州样本。台州编制了全国首个《技能型社会建设规划（2020－2025）》；同时编制"一图三单"（即系统架构图、重点政策清单、重点改革清单、重点项目清单），形成了高水平技能培育标杆区、高质量技能就业示范区、可持续技能创富引领区、最优技能生态展示区的试点路径。

二是建立健全技能提升体系，社会协同推进"人人学技能""个个有技能"。台州在全省率先出台《台州市技工教育提质增量行动实施意见》，还在全国首创了《关于推进职业院校混合所有制办学实施意见》，牵头成立长三角汽车、模具产教融合联盟。此外，台州推进职技融通改革，让职业技工院校学生在毕业时可以同时拿到学历、技能双证。

三是建立健全技能创富体系，长效激励推动技能人员增收更趋优化、更可持续。台州在全国首创《台州市技能创富型企业激励办法》，将技术工人比例和薪资待遇与企业用地、用能、亩均评价、技改补贴等挂钩，从

---

① 李永国. 技能型社会建设助推共同富裕：逻辑、困境与路径［J］. 职业技术教育，2022，43（16）：12－17.

政府政策供给上引导、激励企业提高技术工人待遇；此外，全国首创的《台州市上市公司技术工人股权激励改革方案》，让更多技术工人分享企业发展红利。

四是建立健全服务优享体系，优质保障构建技能生态浓厚氛围、良好环境。台州在全省首创星级技工评价激励制度，将高技能人才列入高层次人才特殊支持计划中；同时优化社会公共服务，推动技能人才子女就读公办中小学，建设（筹集）保障性租赁住房、"蓝领公寓"。此外，不断巩固"台州无欠薪"创建成果，办好"职业教育活动周""工匠日"等活动，探索技能型社会基本单元建设。

第六节　职业教育助力民营经济共富先行

一、构建民间行业共同体

民间行业共同体是指在民营经济发展中，各个行业之间形成的一种联合体。由相同或相关行业的企业或从业人员组成的一个团体，旨在通过合作与共享，实现行业共同发展、共同繁荣的目标。民间行业共同体的形成需要营造一个积极的合作与共享氛围，鼓励相关行业之间进行信息交流、资源共享和合作创新。通过共同努力，民间行业共同体可以形成一个合作共赢的局面，推动各个行业的发展。

构建民间行业共同体可以促进行业的发展与壮大。 通过行业间的合作与协作，可以打破传统的竞争格局，推动行业内的资源流动和技术创新。共同体可以提供一个共享平台，集结行业内的优秀人才和资源，促进行业的整体提升和创新能力的提高。同时，共同体还可以为成员提供培训、交流和共同营销等服务，推动行业内企业的专业化和国际化。**构建民间行业共同体可以增强行业自律与规范。** 民间行业常常面临着乱象和不规范的问题，而共同体可以为行业内的企业制定统一的标准和规范，促进行业内的自律与规范化发展。共同体还可以开展行业内的监督和评估，加强企业的责任意识和社会责任感。通过共同体的建设，可以提升行业整体的形象和信誉，增强行业在社会中的公信力和话语权。**构建民间行业共同体可以促进经济的协同发展**。不同行业之间存在着密切的联系和必要的互动，构建共同体可以促进各行业间的交流和合作。行业间的资源共享和合作可以完善产业链，提高整体的竞争力和创新能力。共同体还可以为政府提供政策咨询和建议，推动相关政策的制定和实施，为经济的发展提供支持和指导。[①]

构建民间行业共同体的关键在于加强行业内部的合作与交流。各个行业内部的企业和机构应该通过加强沟通，分享经验和资源，共同解决行业面临的各种问题。这样可以避免重复建设、避免竞争浪费，提高行业整体的效益。同时，通过行业内部的合作，还能形成规模效应，降低生产成本，提高产品竞争力，实现共同发展。另外，**构建民间行业共同体需要加强行业之间的合作与协调**。不同行业之间可以通过互补优势，实现产业链的衔接和资源的共享。比如，一些行业可以合作开展联合生产和联合销售，实现资源的优化配置和市场的拓展。同时，通过与其他行业的交流与合作，借鉴其成功经验，推动整个行业的发展，提高民营经济的整体竞争力。此外，**构建民间行业共同体还需要加强对人才的培养与引进**。通过建立行业内的职业教育体系，培养专业技术人才和管理人才，提高行业整体的素质和能力。同时，通过引进高层次人才和优秀企业家，推动行业的创新和发展，为民营经济注入新的活力和动力。[②]

构建民间行业共同体需要加强职业教育与行业共同体的合作。职业教育与民间行业共同体的合作可以促进教学内容与实际需求的连接。通过与民间行业共同体建立紧密的合作关系，职业教育机构可以了解行业的最新动态和发展趋势，及时调整教学内容，确保教学内容与实际需求的紧密连接。加强职业教育与民间行业共同体的合作可以规范行业标准的制定。职业教育机构可以与民间行业共同体共同制定行业标准和规范，为行业发展提供指导和支持。通过合作，可以汇集各方的智慧和经验，提高行业标准的科学性和实施性，推动行业的发展和提升。通过与民间行业共同体的紧

---

① 罗汝珍，陈玉红，唐小艳，等.行业产教融合共同体视域下的责任共同体构建［J］.职业技术教育，2023，44（28）：13-19.
② 崔发周.行业产教融合共同体：基本功能、制度设计与推进策略［J］.职业技术教育，2023，44（28）：6-12.

密合作，可以实现教育与产业的有机结合，提升人才培养的质量和效果，同时也促进行业的发展和提升。这种合作关系将为民间行业共同体的构建和发展提供有力支持。

构建民间行业共同体需要在完善政策支持与营商环境方面进行努力。 首先，建立健全的政策框架是构建民间行业共同体的基础。共同体应当积极推动政府制定的一系列支持民间行业发展的政策措施，包括提供财税优惠、降低创业门槛、简化行政手续等。这些政策的制定应当充分考虑到民间行业的特点和需求，使其能够真正发挥作用。其次，营商环境的优化是民间行业共同体发展的关键。政府应当加大对企业创新和发展的支持力度，提供更加便利的营商服务。加强对民间行业的扶持，促进其与传统行业的融合，通过优化资源配置、提高效率，民间行业得以更好的发展。同时，加强对市场环境的监管，打击不正当竞争行为，维护公平竞争的市场秩序，为民间行业在市场中的发展提供公平的竞争环境。另外，建立用于民间行业发展的公共服务平台也是推动民间行业共同体发展的有效途径。政府可以建立一个综合性的公共服务平台，为民间行业提供各类服务，包括市场信息的共享、技术支持、人力资源培训等。通过建立这样的平台，可以提高民间行业的竞争力和创新能力，促进其快速发展。

二、加大职业教育服务民企政策供给力度

一是制定相关政策和法规。 随着中国经济的快速发展，民营经济已成为我国经济增长的主要动力。为了更好地支持和发展民营经济，加大职业教育服务民企的政策供给力度势在必行。首先，需要加强政策研究和法规制定，明确职业教育服务民企的政策目标和政策导向。政府应该积极调研民营经济的发展需求和职业教育的改革方向，结合实际情况，制定有针对性的政策和法规，以更好地支持和促进民营企业的发展。其次，要加大财政投入，提供更多的经费支持。政府应该增加对职业教育服务民企的财政拨款，改善教育设施和师资力量，提升职业教育的教学质量和水平。同时，还应该建立与民企的合作机制，通过政府与企业的共同投入，共同承担职业教育的成本。此外，还需要加强对民企的政策宣传和培训。政府可以通过多种渠道，如宣传杂志、电视广告和互联网等，向民企宣传相关政

策和法规,让企业了解政府的扶持政策和优惠政策。同时,政府还应该组织相关培训班和研讨会,提供职业教育的专业知识和技术培训,帮助民企提高员工的技能水平和职业素养。此外,政府还可以鼓励各级教育部门与民企建立合作关系,共同开展职业教育项目。通过建立合作机制,政府可以引入民企的技术和资源,并融合企业要求共同制定培训项目,为民企员工提供实际的职业教育。同时,政府还可以给予合作学校和企业一定的奖励和补贴,激励他们积极参与职业教育服务民企的工作。总之,通过加强政策研究和制定、增加财政投入、加强政策宣传和培训、与民企建立合作关系等措施,可以更好地支持和发展民营经济,实现职业教育服务民企的目标,为民营经济的持续健康发展提供有力的支撑,共同推动我国经济的共富先行。[1]

二是提供财政支持和补贴。 政府通过拨款、项目资助等方式,向民营经济提供资金支持。这样一来,民企开展职业教育就能够减轻一部分经济负担,从而更加有力地投入到教育培训中。首先,政府可以设立专项基金,向民营企业提供资金支持。这些基金可以用于改善职业教育设施、购买教育设备、培训师资队伍等方面。通过设立专项基金,政府能够将资源聚集起来,加大对民企的资金投入,有助于提高民企的职业教育水平。其次,政府可以给予民企职业教育项目一定的补贴。例如,对于在培训高技能人才方面取得成效的民企,政府可以给予一定的资金奖励,作为他们参与职业教育的动力和鼓励。同时,政府还可以对民企提供政策倾斜,如减免税收、放宽融资条件等,降低民企在职业教育方面的成本压力。此外,政府还可以通过采购服务的方式,向民企购买职业教育培训服务。[2]

三是加强监管和评估。 职业教育服务民营经济共富先行的目标是为民营企业提供优质的人才培养和技能提升服务,而监管和评估是确保这一目标实现的关键环节。首先,加强监管可以提高职业教育服务质量。监管机构应建立健全的监管制度,对职业教育机构的资质和师资力量进行严格审核,确保教育机构具备提供高质量培训的能力。监管部门还应定期进行检查和评估,对职业教育机构进行监督,及时发现和纠正存在的问题,确保民营企业获得的服务质量达到标准要求。其次,加强评估可以提升职业教

---

[1] 成岳冲. 加快推动职业教育高质量发展为中国式现代化建设赋能增效 [J]. 中国职业技术教育, 2023 (1): 5-7.

[2] 中华人民共和国教育部. 中国职业教育发展白皮书 [J]. 出版与印刷, 2022 (4): 26.

育服务质量。评估机构应根据职业教育服务的目标和要求，制定科学的评估指标体系，对职业教育机构的教学质量、培训效果等进行评估，并向相关部门和公众公开评估结果。通过评估，可以了解职业教育服务的优势和不足之处，并有针对性地进行改进和提升，确保民营企业获得的职业教育服务真正能够满足其需求。此外，加强监管和评估还需要建立健全信息公开和监督机制。监管部门应及时公开职业教育机构的监管信息和评估结果，让民营企业和社会公众了解职业教育服务的质量和效果。同时，社会各界也可以通过监督机制对职业教育服务进行监督，及时反馈问题和建议，推动职业教育服务的不断改进和提升。

三、行业协会商会引领民营企业把握新发展格局

一是行业协会商会主动营造新型政商关系。行业协会商会作为有组织的群体，具备为民营企业提供服务的能力和平台。在新发展格局下，行业协会商会应主动担起引领民营企业的重任，积极营造新型政商关系。首先，行业协会商会可以致力于建立起一种全新的政商沟通机制。通过与政府建立密切联系，了解政府的政策导向和发展方向，行业协会商会可以更好地向民营企业传递政府的政策信息，帮助企业把握市场机遇。同时，行业协会商会可以代表企业与政府进行对话，提出企业在政策制定中的建议和需求，推动民营经济的良性发展。其次，行业协会商会可以承担为民营企业搭建平台的责任。通过组织行业峰会、研讨会等活动，行业协会商会可以促进企业之间的交流合作，并提供专业的培训和咨询服务，帮助企业提升核心竞争力。此外，行业协会商会还可以为企业提供市场推广和品牌建设的支持，帮助民营企业更好地把握市场机会，提升企业的知名度和声誉。行业协会商会还可以发挥重要的监督作用，加强对民营企业的自律管理。通过建立行业规范和标准，行业协会商会可以引导企业遵守法规，提升企业的社会责任感和形象。同时，行业协会商会可以加强对会员企业的信息披露和监督，确保企业经营的透明和合规。[1]

---

[1] 董鹏鹏，杨萍. 新时代构建亲清政商关系：内涵、意义与深化路径 [J]. 贵州社会主义学院学报，2023（4）：24-29.

二是发挥行业协会商会的社会治理作用。发挥行业协会商会的社会治理作用,需要从多个方面进行探索和实践。首先,行业协会商会应该加强对民营企业的引导和指导,帮助企业把握新的发展格局。通过组织开展专项培训、座谈交流等活动,协会商会可以向企业传授有关新发展格局的知识和经验,帮助企业解决在转型升级过程中遇到的问题和困难。其次,行业协会商会应该加强与政府的合作,积极参与到地方经济发展的规划和决策中。通过与政府的紧密合作,协会商会可以更好地为民营企业争取政策支持和资源保障,推动民营经济的快速发展。同时,行业协会商会还应该加强对企业的监督和管理,提升企业在社会治理中的责任意识并能规范其行为。通过制定行业标准和规范,加强对企业的自律约束,提高企业的社会责任感,推动企业作出更多的公益事业和社会贡献。此外,行业协会商会还可以通过组织丰富多样的文化活动和社会公益项目,加强企业与社会的联系和互动。通过开展公益慈善活动,帮助弱势群体,协会商会可以提升企业的社会形象和信誉度,为企业创造更好的发展环境。总之,通过加强对民营企业的引导和指导,与政府的合作,强化企业的监督和管理,以及开展丰富多样的文化活动和社会公益项目,行业协会商会可以引领民营企业把握新的发展格局,推动民营经济的健康快速发展。①

三是行业协会商会实施发展战略,助力民营企业品牌。行业协会商会作为连接政府与企业的桥梁与纽带,扮演着促进行业发展和企业壮大的重要角色。在新发展格局下,行业协会商会应承担引领民营企业的责任,通过实施发展战略助力民营企业打造品牌形象。首先,行业协会商会应积极引导民营企业进行品牌建设。通过举办品牌建设培训班、推荐专业顾问等形式,帮助民营企业了解品牌建设的重要性和具体方法。在此基础上,协会商会可以组织专家团队对民营企业的品牌形象进行评估和指导,帮助企业完善品牌策略和推广手段。其次,行业协会商会可以通过组织行业论坛和展览会等活动,营造品牌竞争氛围。这些活动不仅为民营企业提供了展示自身实力和品牌形象的平台,还可以促使企业之间进行交流与合作,推动行业的整体发展。协会商会可以将这些活动作为发展战略的一部分,精

---

① 勇担使命奋发有为全力营造市场化、法治化、国际化一流营商环境[N]. 南通日报, 2023-12-13.

心策划，提高举办活动的质量和影响力，进一步深化民营企业的品牌意识并激发其竞争力。此外，行业协会商会还可以通过政策引导和资源整合，为民营企业提供更多的品牌发展支持。通过与政府合作，争取更多的政策倾斜和扶持力度，为民营企业创造更加公平的竞争环境。在资源整合方面，协会商会可以建立与知名企业、高校等机构的合作关系，促成资源共享，为民营企业提供专业的品牌建设服务和资源支持。总之，通过引导民营企业进行品牌建设、举办品牌竞赛活动、提供政策和资源支持等措施，协会商会可以帮助民营企业提升品牌影响力和竞争力，推动行业的高质量发展。①②

四、优化职业教育体系

一是加强职业教育与民营企业之间的合作。为了进一步促进民营经济共富发展，需要加强职业教育体系与民营企业之间的合作。首先，要加强职业教育与民营企业之间的信息共享和沟通。职业教育机构应该与民营企业建立紧密的合作关系，了解民营企业的用工需求和发展趋势，及时调整职业教育的课程设置和教学内容，以适应民营企业对人才的需求。同时，民营企业也应该积极参与职业教育的规划和评估，提供专业指导和实践机会，共同培养具备实际工作能力和创新精神的人才。其次，要加强职业教育与民营企业之间的人才培养合作。职业教育机构应该与民营企业建立实习实训基地，提供实践机会给学生，让他们能够接触真实的工作环境和实际的工作任务，培养实际操作能力和解决问题的能力。同时，民营企业也应该积极参与职业教育的教学过程，提供行业专家的经验分享，提高教学的实用性和针对性。再次，要加强职业教育与民营企业之间的创新合作。创新是推动民营经济共富的重要驱动力，职业教育机构应该与民营企业紧密合作，共同开展创新研究和创新项目，培养创新型人才。同时，民营企业也应该为职业教育机构提供创新资源和创新平台，共同推动创新成果的落地和应用。最后，要加强职业教育与民营企业之间的政策支持和资金支

---

① 赵向南.山西多举措促进民营企业转型提质［N］.科技日报，2024-03-29（003）.
② 史晓芳."向前一步"提升服务民营经济新本领［N］.中华工商时报，2024-03-29（001）.

持。政府应该出台相应的政策,鼓励和支持职业教育机构与民营企业之间的合作。同时,政府还应该加大对职业教育的投入,增加对职业教育的资金支持,为职业教育与民营企业之间的合作提供良好的环境和条件。[1]

二是提高职业教育课程的实用性和质量。职业教育须紧跟时代步伐,准确把握民营经济的需求,注重培养学生的实际能力和应用技能。首先,加强与民营企业的合作,深入了解他们的用人需求。通过与民营企业建立紧密的合作关系,可以了解到实际岗位所需的技能和知识,了解到行业发展的趋势和变化。并有针对性地调整职业教育课程设置,确保学生所学内容真正能够满足企业的用人需求。其次,注重实践环节的设置和推进。职业教育的特点就是强调实际操作和实践能力的培养。因此,加强实践环节,让学生在学习过程中能够进行真实的操作和实际的实习。通过实践,学生能够更好地理解所学知识的实际应用,培养解决实际问题的能力。同时,还应加强与企业合作的实习项目,让学生能够在真实的工作环境中进行实习,接触实际工作中的问题和挑战,并通过实践来提升自己的实用能力。最后,积极引入新技术和新方法,提升职业教育的教学质量。随着信息技术的快速发展,可以利用先进的教育技术手段,如在线教育平台、虚拟实验室等,来增强学生的学习效果。同时,还可以引入项目制学习、问题导向学习等创新教学方法,激发学生的学习兴趣和创造力。通过引入新技术和新方法,提升职业教育课程的实用性和质量,学生能够更好地适应快速变化的社会需求。[2][3]

三是建设多元化的职业教育培训平台。首先,引入市场机制,促进职业教育培训平台的多元化发展。当前,职业教育培训市场逐渐呈现出多元化的特点,涌现出了众多培训机构和平台。为了促进职业教育培训的多元化发展,应该充分引入市场机制,打破传统的垄断格局,鼓励和支持社会力量参与职业教育培训的运营管理,提供更多样化、个性化的培训服务。其次,提供全方位的职业教育培训服务。建设多元化的职业教育培训平

---

[1] 缪仁亮,潘锡泉.职业教育高质量发展促进共同富裕的内在机理及实践路径[J].教育与职业,2024(6):90-97.

[2] 魏世辉.校企合作开发职业培训课程资源的探索与实践[J].现代商贸工业,2024,45(7):109-111.

[3] 杨影.美国社区学院课程设置发展研究[D].南昌:东华理工大学,2016.

台，应该以满足不同群体的需求为核心，提供全方位的职业教育培训服务。这包括根据不同行业和职业的需求，开设丰富多样的培训课程，涵盖技能培训、创业培训、岗位培训等多个方面，确保培训内容与市场需求紧密结合。同时，建立灵活高效的培训机制。多元化的职业教育培训平台应注重培训机制的灵活性和高效性。培训机构应积极与各类企业合作，开展实习、实训、实践等形式的培训，提高学员的实际操作能力。培训过程中应加强评估和反馈机制，及时了解学员的学习效果，针对性地调整培训内容和方式，提升培训效果。最后，加强师资队伍建设，提升培训质量。多元化的职业教育培训平台需要一支高素质的师资队伍。培训机构应加强师资培养和引进高质量人才，提升师资队伍的专业水平和能力素质。同时，注重教师培训的实践性和实用性，鼓励教师与企业和行业保持密切联系，不断更新知识，提高教学水平，确保培训质量和效果。总之，在建设多元化的职业教育培训平台的过程中，需要政府、企业和社会各界的共同参与和合力推动，通过优化职业教育体系，更好地服务民营经济的发展。[①]

五、完善新型现代学徒制

一是完善相关政策法规和激励机制。首先，要建立健全相关政策法规，明确学徒制的法律地位和权益保障。制定一系列法规，规范学徒制的实施过程，明确学徒和用人单位的权利和义务，保障双方的合法权益。其次，加大激励机制的建设力度，为学徒提供更多的实践机会和培训资源，同时提供相应的补贴、奖励和职业发展机会，激发学徒的积极性和主动性。此外，还应建立健全学徒制度的评估机制，对学徒制进行定期评估和监督，及时发现问题并进行改进。同时，加强学徒制度与教育体系的衔接，建立职业教育与现代学徒制的无缝对接机制，使学徒制在培养人才上更加有效和高效。总之，完善相关政策法规和激励机制是解决问题和推动新型现代学徒制发展的关键举措，只有在政策法规和激励机制的支持下，

---

① 李传伟，勇治强，孙智芹."多元融合，平台集成，机制联动"职业教育培训体系构建与实施［J］. 湖北工业职业技术学院学报，2022，35（4）：9-12.

学徒制才能更好地发挥作用，助力民营经济共富先行。①

二是鼓励企业参与新型现代学徒制计划。首先，可以通过给予企业一定的经济激励，鼓励其参与学徒制计划。政府可以提供一定的资金补贴或税收优惠政策，帮助企业降低参与学徒制计划的成本。同时，还可以建立奖励制度，对那些积极参与学徒制计划并培养出优秀学徒的企业进行表彰和奖励，以激发企业参与学徒制计划的积极性。其次，可以加强企业与学校的合作，构建有效的学徒制培训机制。学校可以根据企业的需求，调整培养方案和课程设置，使学生在校期间就能接受与实际工作紧密结合的培训，提高他们的实践能力和就业竞争力。同时，企业也可以向学校提供实习机会，使学生能够更好地了解企业的实际运作，并培养与企业用人需求相匹配的技能。最后，需要加强宣传和推广，提升学徒制的社会认可度。政府、企业和学校可以联合开展宣传活动，向社会传递学徒制的好处和价值，引导更多的企业参与其中。同时，还可以加强学徒制相关法律法规的宣传和培训，让企业了解学徒制的政策和规定，确保其合法合规参与。②

三是建立健全新型现代学徒制培训体系。首先，要建立一套完备的培训计划，明确学徒在不同岗位的培训目标和内容。这需要以市场需求为导向，结合各行各业实际情况，制定相应的培训标准和课程体系，确保学徒能够全面掌握所需的技能和知识。其次，在培训过程中要注重实践操作，提供丰富的实训机会。学徒制培训应该强调"为学习而工作、为工作而学习"，通过实际操作和模拟实训，让学徒真正掌握技能并能够熟练应用于实际工作中。同时，要建立导师制度，由经验丰富的职业人士担任学徒的导师，进行有针对性地指导和培养。此外，还需加强学徒的综合素质培养。除了专业技能的培训，还应注重学徒的思想道德素质、工作态度、团队合作精神等方面的培养。通过开展课堂教学、讲座培训、心理辅导等方式，提高学徒的综合素质水平，使其在今后的职业发展中具备更强的竞争力。最后，建立健全的学徒制培训体系还需要建立评估机制和质量监控体系。高效的评估机制和监控体系能对培训过程和效果进行评估，及时发现

---

① 龚添妙，杨虹. 企业新型学徒制的内涵特征、发展瓶颈及推进策略［J］. 教育与职业，2020（22）：34-39.

② 周玳宜，杨小林. 构建服务地方产业的校企新型现代学徒制实践与探索［J］. 产业与科技论坛，2023，22（22）：222-226.

问题并加以解决，保证培训质量和效果的持续改进。通过建立健全的学徒制培训体系，可以更好地培养和造就一批高素质的技术人才，为民营经济共富先行提供有力的支持和保障。

四是推动学徒制与就业制度的衔接和流动。一方面，学徒制需要与就业制度相衔接，确保学徒期满后能够顺利就业。这可以通过与企业建立良好的合作关系来实现，包括与用人单位签订就业协议，明确学徒毕业后的就业机会，为学徒提供顺利就业的保障。另一方面，学徒制也要与就业制度进行流动，确保学徒在就业过程中能够得到进一步发展。通过建立健全的职业教育体系，为学徒提供进一步学习和培训的机会，提高他们的专业水平和职业素养，以适应不断变化的就业需求。同时，还可以为学徒提供就业岗位跳跃的机会，鼓励他们在工作中不断学习和成长，实现个人职业发展的目标。

第四章 职业教育服务民营经济高质量发展的模式构建

《中国教育改革和发展纲要》指出"职业教育是现代教育的重要组成部分，是工业化、社会化和现代化的重要支柱"。2023年7月，《中共中央国务院关于促进民营经济发展壮大的意见》提出，民营经济是推进中国式现代化的生力军，是高质量发展的重要基础。因此，职业教育和民营经济都是驱动社会经济高质量发展的重要内生动力。职业教育和民营经济在不同的历史发展阶段是相互影响、相互交融的。本章分别从宏观、中观和微观视角出发，通过分析不同历史时期、不同经济发展阶段职业教育和民营经济的发展历程，把握两者如何独立发展、产生交集并发挥协同作用的规律，理解不同发展阶段的政策制度模式，有助于从深层次认识宏观文化和社会背景如何对具体的人才培养模式变革产生影响，从而根据当前的时代特性构建职业教育服务民营经济高质量发展的行为模式。

第一节 宏观模式：国家政策演化下的体系变革

随着社会主义市场经济体制的确立，民营经济发挥了越来越大的作用，与职业院校的合作关系也越来越紧密，双方共同开展人才培养、完善科技创新机制并推进全面社会服务，实现了资源共享、优势互补、互利共赢。通过对职业教育与民营经济的政策制度发展历程的梳理，发现不同的历史阶段，由于经济发展水平、教育规模和民营经济所面临的政策导向不同，产教融合制度及相关联的协同育人模式也有很大差异，梳理两者发展的宏观历史脉络，对提取中观视角的校企协同发展要素并构建微观视角下的人才共育模式有很大必要性。

一、职业教育制度环境随政策的变化历程

(一) 职业教育发展过渡阶段 (1949—1956 年)

新中国成立之初到社会主义三大改造基本完成这一新民主主义社会过渡时期，国家对包括职业教育在内的教育领域进行了全方位的社会主义改造。当时职业教育政策的出发点是为了尽快恢复国内经济，并解决当时大批失业群众的生计问题。受国际环境影响，与苏联密切合作确立了"一边倒"的外交战略，职业教育的苏联模式也成为新中国中等专业教育学习和模仿的范本。此时，以培养合格生产者为目的的旧职业教育制度亟须改革，"断头"教育是该时期职业教育面临的重要改革任务。1949 年 12 月，全国教育工作会议召开，中华人民共和国中央人民政府教育部在会议上明确提出，旧的教育机制基本方针和步骤必须要逐步改善。① 1949 年，新中国颁布了具有"临时宪法"性质的《中国人民政治协商会议共同纲领》，明确了"文化教育为民族的、科学的、大众的文化教育"，按照这一要求，新中国创造性地提出了学徒制人才培养模式改革。1950 年国家颁布了《政务院关于开展职工业余教育的指示》，提出"企业单位提倡技术员工自愿地担任技术教员、订立师徒合同形式、经费由工会负责 60%，剩余补助由政府教育经费拨出"。② 这一文件解决了传统学徒制中师傅对徒弟的剥削问题，调动了学徒的积极性，为现代学徒制的发展奠定了基础，由此也催生了短期培训班、专业技术班和技术知识讲座等教育形式。

新中国成立初期的职业教育政策以服务经济社会发展为导向，由于教育事业改革仍处于探索阶段，加上中国当时遗留的各种生产建设问题，需要大量的技术技能人才。因此，职业教育必须为生产建设服务，满足当时经济社会发展所需的人才培养要求。从 1949—1957 年，中等技术学校在校生由 22.9 万人快速增长到 77.8 万人，增长近 2.4 倍。八年间，高校和中专学校共计为社会输送人才 26.9 万人和 84.2 万人。③ 技工学校的快速发

---

① 王宜秋，郑萍，于晓雷，王永浩. 当前国内毛泽东思想研究述评 [J]. 社会科学管理与评论，2012 (4)：78-94.
② 北大法宝网. 政务院关于开展职工业余教育的指示 [EB/OL].
③ 方展画，刘辉，傅雪凌. 知识与技能中国职业教育 60 年 [M]. 杭州：浙江大学出版社，2009.

展为当时400多万失业青壮年创造了劳动机会，为新中国经济建设输送了大量的合格技能人才，职业教育在国家经济建设中找到了合适的发展定位。

(二) 职业教育早期探索阶段 (1957—1966年)

社会主义建设探索时期，中央提出了"轻工业与重工业齐头并进"的方针，在这一方针的影响下，国家进入了大跃进时期，教育事业同样受到大跃进浪潮的影响，坚持"多快好省"是该时期教育事业的基本政策导向。新中国在这一时期初步构建了中等职业教育的基本框架，在实践中探索形成了半工半读教育制度，职业教育事业得到进一步发展。1958年，中共中央、国务院印发了《关于教育工作的指示》，提出教育要为无产阶级政治服务，"多快好省"地发展教育事业。这一时期职业教育政策多以鼓励为主，如尝试半工半读等多种职业教育形式。1964年，国务院发文指出，结合国家经济建设和社会发展需要，中专技校和职校当前的主要工作任务是要将半公半读模式作为学校建设的主要方向。

从1957—1965年，这一时期国家逐渐摸索出适合当时国情的职业教育发展模式，发展步伐较为迅速。1958年，新中国开始尝试实施半工半读的职业教育模式，这一模式从根本上是学徒制的创新，实现了教育教学和实践技能操作的有机结合。在特殊的年代背景下，这一教育方式不仅改变了当时单一的全日制教育结构，而且为后来职业教育制度的日趋完善打下了坚实基础。截至1960年，全国技工学校有2179所，学生51.7万人。[①] 尽管经历的教育"大跃进"对职业教育发展产生了阶段性影响，但恢复后职业教育整体依然呈现良性发展态势，职业教育结构在经过不断调整和完善后，也与当时的经济社会发展需求相契合。

(三) 职业教育改革停滞阶段 (1966—1977年)

1966年5月，中国进入"文化大革命"阶段，职业教育成为"资产阶级培养劳动力"的工具，大量职业学校和技工学校停办，大批非技术青年劳动力涌入社会。原有完整的职业教育体系遭到破坏，职业教育政策不能

---

① 刘英杰. 中国教育大事典1840–1949 [M]. 杭州：浙江教育出版社，2001.07.

得到有效落实，职业教育基础设施损毁严重，严重抑制了职业教育的正常发展，导致新中国在"文革"时期出现畸形教育。文革后期，职业教育在实践中进行了很多尝试，如开展场带专业、校办工厂、厂校挂钩、开门办学等，为应用型人才培养创造了一定的社会条件。[①] 1976年以后，职业教育才出现了恢复性增长，民众也开始反思"文革"期间"极左"思想的危害，并认识到职业教育对于推动经济社会发展的重要价值。

"文革"期间，在以阶级斗争为纲等政治路线影响下，包括职业教育在内的教育事业遭到了严重破坏，以降低人才标准为前提的教育方式对整体教育质量造成了很大影响，导致了新中国人才的进一步紧缺。回望这一段历程，从新中国成立到改革开放前，我国职业教育经历了近30年的往复式发展，从早期忽视职业教育的"教育性"，更多关注其"工具性"，到后来受到"大跃进"的影响，忽视了职业教育的规律，形成"以快为好"的职业教育功利化导向，再到"文革"时期彻底否定了职业教育的价值，影响了国家技术技能人才的持续健康发展。

（四）职业教育巩固发展阶段（1978—1998年）

"文革"期间，职业教育体系遭到严重破坏，造成了国家的人才短缺现象。1977年恢复高考后，高等教育迎来了新的历史发展机遇，但对大多数人而言，升学通道仍然狭窄，大量青年无法顺利实现升学就业，因此，通过中等职业教育改革为年轻人提供必要的技能储备成为教育发展的必由之路。1978年改革开放以后，企业大量涌现，亟须数量庞大的技术技能人才补充到工作岗位，要求提升职业教育技能人才培养作用的呼声越来越高，为改革开放后职业教育大发展迎来了重要的发展机遇。1978年，邓小平在参加全国教育工作会议时强调，"应该考虑各级各类学校发展的比例，特别是扩大农业中学，各种中等专业学校、技工学校的比例"。[②] 1980年南京金陵职业大学成立，这也是新中国开办的第一所高等职业院校，随后在广东、河南等地纷纷成立职业大学。截至1985年，全国的职业大学数量达到120余所，且分布十分广泛。

---

① 陈红艳，田建荣．"文革"期间我国农村职业教育的特点及影响 [J]．徐州师范大学学报（教育科学版），2011（4）：90-93．
② 30年中国特色职业教育的发展 [J]．职业技术教育，2008（30）：26-39．

1985年5月,《中共中央关于教育体制改革的决定》的出台标志着新中国职业教育发展进入新阶段。1986年7月2日至6日,国务院召开了新中国成立后的第一次全国职业技术教育工作会议,职业教育发展进入快车道。20世纪90年代初期,随着经济体制改革的不断深入,教育改革也不断调整。1991年《国务院关于大力发展职业技术教育的决定》正式发布,明确指出要加大职业教育的改革力度,打造一批具有影响力的高等职业学校,同时指出,各类职业技术学校和培训中心应根据教学所需和实际条件,大力发展校办产业,办好生产实习基地。1992年初,邓小平在南巡考察过程中发表了一系列讲话,为我国的社会主义改革开放指明了方向。同年10月,党的十四大召开,标志着中国经济发展进入了新的历史阶段。全社会达成共识,实现科技进步和社会发展,就必须加强人才培养力度,提高劳动者的综合能力和基本素质。1998年颁布的《中华人民共和国高等教育法》,强调采取科学性的方式明确高等职业教育的法律地位。这些政策制度的实施,对促进我国高等职业教育的发展起到了非常大的的促进作用。1993年,国家出台了《中国教育改革和发展规划纲要》,文件明确指出了职业教育发展的定位,办学主体也发生了变化,原来由政府和企业主办、社会力量辅办的格局逐渐演变为依靠社会力量推动职业教育发展的格局。这一文件也正式标志着新中国普通教育和职业教育开始从办学体制上产生了分割,职业教育主要依靠社会力量举办,而普通学校则仍以国家为主。

这一时期的职业教育亟须从制度层面进行新的宏观设计,20世纪90年代初期,我国职业教育无论是学校数量规模、办学层次和人才培养质量均不能满足经济建设和社会发展的需要。为破解职业教育发展的一系列瓶颈和难题,第二次全国教育工作会议重新定位职业教育,并提出鼓励和引导社会力量参与职业学校办学的发展思路。在职业教育政策制定方面体现出了政府大力鼓励社会力量参与职业教育办学的鲜明价值导向。

(五)职业教育改革深化阶段(1999—2009年)

随着我国改革开放的深入及社会主义市场经济体制的不断完善,21世纪前后,我国职业教育得到了快速发展。特别是2001年12月我国加入世界贸易组织以后,面对复杂多变的国际市场竞争,企业对人才的需求更加迫切，经济全球化促使教育发展也逐渐走向全球化，我国职业教育面临新的发展机遇，同时在劳动就业市场以及劳动者素质提升等方面也面临着更加严格的标准要求。

现代化社会发展需要更多的高素质劳动力，但现实却面临着劳动力市场需求和技能人才结构性短缺的矛盾。一方面，企业需要大量劳动力，另一方面，大量的务工人员没有接受过必要的技术技能培训，存在明显的技能短板，这种现象更需要大力发展职业教育。1999 年 6 月，全国教育工作会议在北京召开，时任国家主席江泽民在会上阐述了"国家发展与教育发展的紧密联系。"[①] 同年，民办职业教育随着高校扩招政策的推出进入高速发展时期，随着社会力量办高等职业教育的大门打开，中国正式踏上了以高等职业教育为主体、与企业共同办学的历程，扩大了职业技术学院办学范围，形成了不同类型教育相互衔接的教育格局。事实上，在 1999 年之前，由于受国家法规的限制，民办高等职业教育只能举办非学历教育，1999 年社会力量才开始介入高等职业学校学历教育。2001 年国务院将民办职业高校的审批权下放到地方，进一步加快了民办职业教育的发展规模。截至 2001 年底，全国共有民办职业中学 1040 所、在校生 38 万人，分别占全国职业中学总数 13.3%、在校生总数的 8.1%。[②]

2002 年召开了第四次全国职教会议，同时印发《国务院关于大力推进职业教育改革与发展的决定》，深刻阐述了职业教育在社会主义现代化建设中的重要地位。2004 年，第五次全国职教会议发布《关于进一步加强职业教育工作的若干意见》，针对职业教育办学方向、办学体制、人才培养模式等内容提出了切实可行的意见，推动了职业教育办学走向内涵化、特色化、规模化发展。2005 年颁布的《关于大力发展职业教育的决定》提出，将民办职业教育纳入我国职业教育发展的总体规划中，真正赋予民办职业院校与公办院校地位相等的待遇。同时，强调大力推动职业院校与企业合作办学，强调教学与生产经营相结合，产业学院的雏形基本形成。同年，第六次全国职业教育工作会议召开，时任总理温家宝作了题为"大力

---

① 中共中央文献研究室. 新中国成立以来重要文献选编第 1 册 [M]. 北京：中央文献出版社，1997.

② 方铭琳. 政策法规：为民办职业教育发展保驾护航 [J]. 教育与职业，2008（13）：28 - 30.

发展中国特色职业教育"的重要讲话,强调要深刻认识大力发展职业教育的重要性和紧迫性,起到了进一步统一思想、明确任务、狠抓落实的作用。① 2006 年,教育部印发《关于大力发展民办中等职业教育的意见》,进一步推动了民办职业教育的改革发展,强调各级教育行政部门今后要坚持在师资队伍建设、招生和学生待遇等方面对民办职业院校与公办学校一视同仁。②

这一时期的职业教育制度逐渐强调增强市场主体在职业教育中的作用。从 2005 年开始,国内的职业院校平均每年扩招 100 万人,经过连续三年的扩招,到 2007 年,国内中等职业学校的在校生已经突破了 2000 万人,国家教育结构改革取得了初步的成功。③ 进入 21 世纪以来,国家进一步明确了职业教育的发展思路和改革方向,2003 年教育部对职业教育方针进行调整,职业教育逐渐由早期计划为主的人才培养模式转变为市场驱动为主的人才培养模式,为我国民营企业参与职业教育办学奠定了坚实基础。

(六)职业教育内涵提升阶段(2010—2016 年)

2010 年以后,随着经济全球化的发展,职业教育人才培养不再局限于规模提升,更要满足国际化复合型人才的要求,国际化复合型职业教育人才既要具备国际视野,又要了解中国经济的内在发展逻辑。因此,这一时期我国职业教育政策制度更加强调创新发展,职业教育政策进入转型发展阶段。2012 年以后,中国社会矛盾发生了深刻变化,职业教育政策也进入了转型期。习近平总书记关于职业教育的系列讲话对职业教育与经济发展的关系进行了深刻揭示,同时也为职业教育政策转型提供了依据。2014 年 6 月 23—24 日全国职业教育工作会议在北京召开,习近平总书记强调"建设中国特色职业教育体系的重要性,明确职业教育的发展任务。"④ 并要求

---

① 教育部职业教育与成人教育司. 2004 年全国职业教育工作会议文件汇编 [M]. 北京:高等教育出版社,2006.

② 方铭琳. 政策法规:为民办职业教育发展保驾护航 [J]. 教育与职业,2008 (13):28 - 30.

③ 檀祝平,胡彩霞. 现代职业教育体系建设进程、问题与展望 [J]. 职教论坛,2015 (28):35 - 39.

④ 中共中央文献研究室. 党的十八大以来重要文献选编上 [M]. 北京:中央文献出版社,2014.09.

"各级党委和政府要把加快发展现代职业教育摆在更加突出的位置。"因此，职业教育政策制定应该树立正确的人才观，为实现"两个一百年"奋斗目标和中华民族伟大复兴的中国梦提供坚实人才保障。

2010年，中共中央、国务院《中长期教育改革与发展规划纲要（2010—2020年）》强调，到2020年要形成体现终身教育理念、中等和高等职业教育协调发展的现代职业教育体系。2013年，《中共中央关于全面深化改革若干重大问题的决定》指出，要加快现代职业教育体系建设，深化产教融合、校企合作，培养高素质劳动者和技能型人才。2014年是我国职业教育发展史上政策密集度高、最具突破性的一年，同年5月，国务院颁布了《关于加快发展现代职业教育的决定》，强调发挥企业的重要办学主体作用，鼓励行业和企业举办或参与举办职业教育，允许多元主体以资本、知识、技术和管理等方式参与办学并享有相应权利，探索股份制、混合所有制职业院校的发展。正式将混合所有制办学引入职业教育，首次提出允许职业院校进行股份制和混合所有制探索，职业教育作为具有鲜明跨界特征的教育类型，混合所有制办学改革有利于推进产教融合，形成职业教育多元主体办学格局，增强职业教育适应性。2015年，教育部发布《关于深入推进职业教育集团化办学的意见》，职业教育集团化发展进入新阶段。这一时期的职业教育办学体制强调政府和社会力量共同作用，强调政府与社会共生，为多元办学主体"能办学、办好学"创造了良好条件。

（七）职业教育高质量发展阶段（2017—2023年）

2017年党的十九大召开，标志着中国特色社会主义进入了新时代，新的历史时期，国家高度重视职业教育发展，要求各地在推进职业教育改革过程中，构建更加完善的职业教育体系，加速推进校企合作，深化产教融合。

2017年12月，国务院办公厅印发《关于深化产教融合的若干意见》，首次在国家政策文件中提出"产业学院"这一概念，此后颁布的一系列政策文件都涉及产业学院建设。作为产教融合的创新组织形式，产业学院是在职业教育价值观念中不断重塑的产物，既是一种文化现象，又是对人才培养理念的新探索。《意见》同时提出，长期以来我国传统文化重伦理、知识，轻技术、技能，缺失工业文明价值观，从而导致人们对职业教育的认可度不高，导致职业教育缺乏吸引力。

21世纪以来，国家高度重视技能人才培养工作，2000年1月至2021年4月颁布的与高技能人才直接相关的政策文件就达89份，其中直接以高技能人才命名的政策文件达15份。[①] 大众对职业教育的认可度不断提高。这一阶段国务院推进职业教育改革过程中，支持企业参与职业教育人才培养有两个重要节点，一是2014年《关于加快发展现代职业教育的决定》，提出"健全企业参与制度，深化产教融合，发挥企业重要办学主体作用"。二是2017年《国务院办公厅关于深化产教融合的若干意见》，作为国务院办公厅发布的第一个专门关于产教融合的纲领性文件，指出要将产教融合作为促进经济社会协调发展的重要举措，全面推行校企协同育人。

为进一步办好新时代职业教育，2019年2月国务院发布《国家职业教育改革实施方案》，强调要建立产教融合型企业认证制度，对进入目录的产教融合型企业予以激励，探索民办职业教育负面清单制度，建立健全退出机制。2021年中共中央办公厅、国务院办公厅印发《关于推动现代职业教育高质量发展的意见》，提出"培育一批行业领先的产教融合型企业"，鼓励上市公司、行业龙头企业举办有关职业教育的活动，鼓励各类企业依法参与这些活动。2021年，为深入贯彻习近平总书记对职业教育的重要指示和全国职业教育大会精神，深化产教融合、校企合作，推进落实《职业教育提质培优行动计划（2020－2023年）》，中国教育发展战略学会产教融合专业委员会面向社会公开征集产教融合、校企合作典型案例，最终遴选了485个典型案例，这些作为我国产教融合领域的优秀成果，在一定程度上代表了当前在产教融合领域的实践成就和发展水平，具有一定的引领示范作用。典型案例中，从服务企业的所有制形式看，国有企业占比18.8%，民营企业占比76.4%，外资企业占比3.6%，由此可见，民营企业作为主力军在职业教育中发挥的作用得到进一步彰显。[②] 从合作层面来看，院校中系部、二级学院层面开展产教融合占比68.5%，学校层面开展产教融合占比31.5%，产教融合更多集中在学院的二级机构。"学校加企业"作为二级学院中最常见的合作模式，是高职院校机制创新和人才培养

---

① 罗尧成，冉玲. 我国高技能人才政策沿革、问题及其应对[J]. 中国职业技术教育，2021（25）：47–53.

② 数据来源：教育部.

模式改革的重要手段。2022年，中共中央办公厅、国务院办公厅印发《关于深化现代职业教育体系建设改革的意见》，提出职业教育改革重心应由"教育"转向"产教"，把推动现代职业教育高质量发展摆在更加突出的位置，坚持服务学生全面发展和经济社会发展。2023年，为解决人才培养和产业发展"两张皮"的问题，国家发展改革委、教育部等8部门联合印发《职业教育产教融合赋能提升行动实施方案（2023－2025年）》，针对"校热企冷"的现状提出，支持有条件的产业园区和职业院校、普通高校合作举办混合所有制分校或产业学院，推进职业院校股份制、混合所有制改革，允许企业以资本、技术、管理等要素依法参与办学并享有相应权利。①

这一时期职业教育发展更注重长效性，国家重点关注两个层面。一是构建中国特色现代职业教育体系，二是实施职业教育可持续发展战略，完善职业教育和培训体系，构建符合新时代发展方向的办学机制。自2017年以来，国家对职业教育产教融合的发展目标、合作原则、培养内涵、资源投入等方面作出明确规定，有效地推动了教育链、人才链与产业链、创新链的有机衔接。

二、民营经济制度环境随政策的变化历程

民营经济作为我国特有的经济形式，有着独特的发展历程。当前，民营经济作为我国经济快速发展和崛起的生力军，已成为我国社会主义市场经济的重要组成部分。根据全国工商联发布的《中国民营企业社会责任报告（2023）》，2022年民营企业专利申请数量、发明专利数量、有效发明专利数量占比均在80%左右。在发明专利授权量前10名中，民营企业占据7名，其中前2名为民营企业。许多民营企业在稳定增长、增加就业、贡献税收、创业创新、乡村振兴、生态文明等方面积极作为。特别是在改革开放后，经历了由小变大、由弱变强的发展过程。我国民营经济的发展大致可以分为以下几个阶段。

---

① 国家发展改革委等部门关于印发《职业教育产教融合赋能提升行动实施方案（2023—2025年）》，发改社会〔2023〕699号，2023年6月8日。

（一）充分利用与合理改造阶段（1948—1978年）

新中国成立初期，国民经济基础薄弱，处于继续恢复重建阶段，中国共产党对私人资本主义采取的是有条件的利用政策，如毛泽东曾指出："对于民族资产阶级，我们采取的是既团结又斗争的政策。"共同纲领也规定："中华人民共和国经济建设的根本方针，是以公私兼顾、劳资两利、城乡互助、内外交流的政策，达到发展生产、繁荣经济之目的。"1951年末开始的"三反五反"运动，尽管使全国风气焕然一新，但也对民营资本造成了较大打击，随后1952—1956年开展的"三大改造"，将私人资本主义经济转变为公私合营经济，私人资本走上了国家资本主义的道路，其对于实施过渡时期总路线、建立计划经济体制发挥了显著作用。随着三大改造运动的顺利完成，国家计划控制的范围逐步扩大。在这种高度集中的计划体制下，公私合营经济、农业和手工业合作经济基本上没有自由活动的空间，因而丧失了民营经济的性质。60年代开始，中国意识形态领域流行"斗私批修"。70年代更出现了批判资产阶级法权运动，到了后期，中国经济成了纯粹的公有制经济。

（二）早期探索阶段（1978—1992年）

社会主义改造完成后，我国工商业经济完全实现了国有化，非国有经济比重几乎为零。党的十一届三中全会之后，民营经济逐渐恢复，但民办职业教育如何发展尚未形成共识。改革开放初期，国家对民营经济的讨论多是围绕其性质与地位展开。1982年，党的十二大提出要形成多种经济形式并存的所有制结构，适当发展个体经济，鼓励、支持其"作为公有制经济必要的、有益的补充"。随着改革开放的深入，城乡个体经济发生分化，其中一部分通过规模化成长为私营企业并构成私营经济的主体。1987年，党的十三大进一步提出"私营经济也是公有制经济的补充"。1988年《中华人民共和国宪法修正案》规定"国家允许私营经济在法律规定的范围内存在和发展""国家保护私营经济的合法的权利和利益"这才确定了私营经济存在的合法性。同年6月。国务院颁布了《中华人民共和国私营企业暂行条例》，这是继1950年12月政务院通过的《私营企业投资暂行条例》后的第二个有关私营企业的专门法。从此，中国的私营企业才有了合法地位,这一阶段,国家开始重新审视民营经济。

(三) 快速发展阶段 (1992—2002 年)

1989—1991 年,民营经济受到"左倾"思想的影响,遭遇重大挫折,截至 1991 年底,全国有 1416.8 万户个体工商户登记注册,注册资金 488.2 亿元,从业人数 2258 万人,私营企业登记注册 10.8 万户,从业人员 183.9 万人,注册资金 123.2 亿元。① 1992 年邓小平发表了著名的南方谈话后,中国民营经济发展进入了快车道,真正融入了社会主义现代化建设的进程中。1992 年党的十四大明确了我国经济体制改革的目标是建立社会主义市场经济体制。1993 年 6 月国家科委、国家体改委发布的《关于大力发展民营科技型企业若干问题的决定》指出:"民营科技型企业是相对国有国营而言的,它不仅包括以科技人员为主体创办的实行集体经济、合作经济、股份制经济和个体经济、私营经济的民办科技机构,而且包括由国有科研院所、大专院校、大中型企业创办的国有民营的科技型企业。"这是改革开放后"民营企业"的最早提出。这一时期确定了我国社会主义市场经济发展总体目标,解决了民营经济地位的合法性问题,经济呈现快速发展态势,为民办职业教育创造了良好的发展环境。民办教育在这一重要的发展机遇下,顺应市场经济,加快教育体制改革,形成了国家办学为主体、社会力量充分参与的新格局。到 2001 年底,全国登记注册的个体工商户达到 2433 万户,注册资金达 3435.8 亿元,私营企业 202.9 万户,从业人员 2713.9 万人,注册资金 18212.2 亿元,登记数量、注册资金和从业人员规模分别比 1991 年增长约 18 倍、14 倍和 147 倍。② 民营经济成为助推中国经济发展的强大引擎,对于专业技术人才的需求也日益迫切。

(四) 规范调整阶段 (2002—2012 年)

1992—2002 年,我国民营经济得到快速发展,但由于存在诸多不规范现象,对经济可持续发展造成一定影响,因此,政府的工作重心也由规模化向规范化转移。2001 年,中国加入 WTO 之后,外国资本快速涌入国内

---

① 张绪武等,中华全国工商业联合会等. 中国私营经济年鉴 1996 [M]. 北京:中华工商联合出版社, 1996.

② 中国民营经济发展进入新的历史阶段 [EB/OL]. 求是网.

市场，市场竞争加剧。与此同时，我国非公有制经济尚未获得完全平等的国民待遇，这与WTO的公平竞争和自由贸易原则相悖。2002年，党的十六大第一次提出"两个毫不动摇"，再次强调了非公经济在我国市场经济中的重要作用，并要求政府放宽市场准入，以促进民营经济公平参与市场竞争。2005年，国务院发布"非公经济36条"，明确指出非公有制经济要严格遵守国家的法律、法规和政策，依法经营，并要求非公有制企业在从事生产经营活动时务必依法取得相关资质和许可。这一阶段民营经济的规范和调整主要体现在两个方面，一是直接规范民营经济经营行为，对民营企业提出依法经营等要求；二是为民营经济发展提供资金支持等服务保障。据国家工商局统计，2009年6月，我国私营企业数为692万户，注册资本12.8万亿元，投资者人数1578万人，全部从业人员7200万人；个体户数量为3063万户，注册资金9851亿元，从业人员6099万人。2008年规模以上私营工业企业19.21万户，资产总额6.3万亿元，户均3280万元，净资产2.6万亿元，户均1353万元。2008年公布的中国企业500强中，联想、海尔、沙钢、国美、华为五家民营企业以总销售收入1462亿元、1182亿元、1155亿元、1023亿元和920亿元，分别排名第28、第34、第36、第44和第49位。① 无论是在与广大人民生活密切相关的民生部门，还是有关国民经济发展的战略产业中，民营经济都占据着重要地位。从发展规模来看，截至2012年底，全国共有私营企业1085.7万户，注册资本31.1万亿元；个体工商户4059.3万户，注册资本达近2万亿元②，民营经济城镇固定资产投资累计已达22万亿元，占全国城镇固定资产投资总额的60.4%。从产业结构来看，民营经济逐步实现产业升级，在过去占比较低的基础设施、公用事业等行业发展态势良好。③

（五）高质量发展阶段（2012年至今）

2012年，党的十八大报告强调："要毫不动摇鼓励、支持、引导非公

---

① 黄孟复. 中国民营经济发展报告 [M]. 北京：社会科学文献出版社，2008.10.
② 中华全国工商业联合会，中国民（私）营经济研究会. 中国私营经济年鉴（2010.6 – 2012.6）[M]. 北京：中华工商联合出版社，2011.
③ 庄聪生著；童孝华，邵亚楠译. 中国民营经济四十年 [M]. 北京：民主与建设出版社，2019.09.

有制经济发展,保证各种所有制经济依法平等使用生产要素",对民营经济从"继续鼓励、引导"到"毫不动摇鼓励、支持和引导"。党的十八届三中全会再次强调:"公有制经济财产权不可侵犯,非公有制经济财产权同样不可侵犯",同时,对混合所有制的内涵进行了系统阐述,提出在明晰产权的前提下,鼓励民营企业参与混合所有制改革,促进不同所有制经济合作,激发市场活力和创造力。2014年,党的十八届四中全会进一步提出,要健全以公平为核心的产权保护制度。2017年"两个毫不动摇"正式写入党的十九大报告,国家更加重视市场在资源配置中的作用,为民营企业发展提供更多的政策支持。2020年9月,中共中央办公厅印发《关于加强新时代民营经济统战工作的意见》,在很大程度上推动形成了鼓励支持民营经济从业主体干事创业的环境,民营企业创新发展氛围大大改善。2021年7月26日,国家发展改革委办公厅、教育部办公厅联合发布《关于印发产教融合型企业和产教融合试点城市名单的通知》,公布了21个国家产教融合试点城市名单和63家国家产教融合型企业,通过国家企业信用信息公示系统查询,入选的产教融合型企业中,其中国营企业24家,占入选企业的38%,民营企业39家,占比62%。可以发现,民营企业在职业教育产教融合方面发挥着不可忽视的作用。

国家政策支持下,民营经济为我国保持经济韧性和就业韧性发挥了重要作用。2012—2021年,全国民营企业数量从1085.7万户增加到4457.5万户,10年间翻了两倍,民营企业在企业总量中的占比也由79.4%提高到92.1%,2021年全国新增民营企业852.5万户,同比增长11.7%。当年全国注吊销民营企业390.0万户,新增退出比为2.2∶1,即每新增2.2户退出1户,继续保持稳中有进的发展态势。① 近年来,国家高度重视民营企业产教融合工作,2022年9月,为全面落实中央人才工作会议精神,搭建校企合作平台,进一步鼓励引导民营企业与高校开展合作,共同构建具有产业特点的产教融合新体系,为企业健康发展培育更多适用人才。全国工商联人才中心决定开展产教融合示范实训基地遴选和建设工作,计划从全国数千所职业院校中遴选60所建设产教融合示范实训基地,进一步夯实产教融合基础,培养更多适应新技术、新模式的高素质技术技能人才,推动

---

① 数据来源:国家市场监督管理总局.

职业院校与企业需求精准匹配。

第二节　中观模式：校企资源互动下的协同发展

职业教育与民营经济协同发展的理论基础是协同发展的。职业教育与民营经济协同系统作为运行的整体，发展过程中以逐渐形成政府引导、各级各类职业院校实施、行业企业参与的多主体协同发展模式，职业教育与民营经济同为系统内的子系统。职业教育与民营经济协同发展的必要性在于：一方面，职业教育具有与普通教育不同的类型特征，对外部因素的依赖性更大[1]，需要政府、社会、行业企业及其他要素合力塑造良好的外部环境；另一方面，在社会经济高质量发展的背景下，职业教育提供的教育、技术、人力等要素是行业企业转型所需的必要资源，行业企业参与职业教育是要素相融、供需同向的必然选择。

一、职业教育与民营经济协同发展的内在机理

（一）职业教育与民营经济协同发展的控制参数

控制参数是外界向系统内输入的信息、能量等要素的总称，对于系统而言，发生变化的前提是外界环境所提供的物质和能量。职业教育与民营经济的发展离不开外部要素的支撑、引导和推动。高质量发展是全面建设社会主义现代化国家的首要任务，从而推动职业教育、民营经济这两个子系统的发展；以管理机构的建设和法律法规的规范作为引导，把握协同系统整体的发展方向；注意评价考核系统反映系统运行中的"涨落"，即在控制参量的随机影响下，系统产生瞬时变动，"涨落"具有随机性、偶然性，若获得内部多数子系统的响应，"涨落"会被放大并成为推动现有系统进入新型有序结构的决定性力量。

1. 高质量发展的需求引发自组织演化

经济基础决定上层建筑，杨贤江在《新教育大纲》中对教育的本质进

---

[1] 丁雅诵. 推进职业教育高质量发展[N]. 人民日报，2021-02-26（07）.

行阐述,称"教育为'观念形态的劳动领域之一',即社会的上层建筑之一"①,民营经济是推进现代化发展的重要力量,高质量发展推动职业教育与民营经济协同系统进行自组织演化。具体表现在职业教育重在育人,即高技能人才队伍的建设。面对高技能人才短缺、人才供给错配等问题,数量上以"技能人才占就业人员的比例达到30%以上,高技能人才占技能人才的比例达到1/3"为目标②,质量上以优化专业布局、深化三教改革为方向,建立纵向贯通、横行融通的职业教育体系。通过建设"鲁班工坊",打造中国职业教育品牌,与国际交流的同时使职业教育理念深入人心。民营经济重在发展,即注重产业转型、升级。目前,我国过往发展依靠的人口红利、全球化红利明显衰退,内部供给和外部需求均不足,在新的发展形式下,需要从民企完善管理制度和治理结构入手,重视科技创新能力,加快推动数字化转型和技术改造,将民营企业发展融入国家发展战略之中。继续以新发展理念为指引、全面改革深化为抓手。③ 因此,高质量发展要求是职业教育与民营经济协同系统进行自组织演化的总引领。

2. 机构建设与法规完善引导发展

近年来党中央、国务院相关法案的修改和政策的颁布,体现出国家对职业教育与民营经济发展的重视,对协同发展系统有较大影响。将意愿落实到行动中,需要完善管理机构和法律法规,进而引导"序参数"(即协同发展系统内部的宏观要素)的运行。在管理机构的设定上,由国家教育部门牵头,联合职业院校和行业龙头企业组建校企合作委员会。在法律法规上,完善职业教育类型的立法、执法;在招生、培育、评价、就业等育人环节中,优化保障职业教育高质量发展的政策体系;在协同设计、运行、评价、改进等过程中创新立法、执法。此外,在区域协同发展方面,加强对江浙沪、粤港澳、京津冀等区域一体化地区发展的组织和协调,重视地区间的协同发展和优势互补。

3. 评价考核体系的组织保障

评价是对评价对象进行的价值判断。从哲学上看,价值属于关系范

---

① 中共教育科学研究所、厦门大学. 杨贤江教育文集 [M]. 北京:教育科学出版社,1982.
② 中共中央办公厅 国务院办公厅. 关于加强新时代高技能人才队伍建设的意见 [EB/OL]. (2022 – 10 – 07) [2024 – 01 – 12]. https://www.gov.cn/zhengce/2022 – 10/07/content_5716030.htm.
③ 朱鹏华. 民营经济高质量发展的基础、挑战与路径 [J]. 理论视野,2023 (4):45 – 51.

畴，是指客体能够满足主体需求的效益关系，表示客体的属性和功能与主体间的一种效用、效益或效应关系。① 故评价考核对职业教育实践具有重要指导作用。在评价对象上，既要完成对内部自组织的评价，如职业教育的育人本质、民营经济的发展成效，还要评估外部环境的具体影响。根据不同运行阶段的特点，选择恰当的评价工具，采用形成性评价、结果性评价等多种方式，完善评估指标体系。通过评价能够放大要素在具体运行过程中的作用，并对要素的选取有更为客观的整体性判断，提升对不同要素组合的把握度。

（二）职业教育与民营经济协同发展的序参数

职业教育与民营经济协同系统内部的决定因素即为序参数，其作为内部宏观要素，可以调控子系统的行动，也用于描述系统内部状态。当系统出现无序结构时序参数为零，当出现有序结构时序参数非零，并能支配系统行为。因此，职业教育与民营经济协同系统序参数的选取既要符合序参数的本身特性，也要符合现实供需平衡的发展要求，以下将从标准、师资、资源三个序参数的选择和共建进行分析。

1. 标准互通

标准互通是理论与实践互相指导，专业与产业发展、课程与岗位标准、教学与生产过程契合、知识与技能互融要求下的协同发展。目前，由于人才标准与市场需求的错配，存在标准体系不健全、实践性不足、地域建设差异明显等问题。因此，需要基于职业教育和民营经济的双重视角，通过对"知识本位"和"能力本位"构建，从教学和生产两个层面建立融合式发展标准体系。

专业发展与产业发展契合。职业教育专业发展应与产业发展同向，即根据产业结构的变化动态调整专业设置。职业教育以培养产业需要的高技术人才为目标，专业设置和产业发展的契合具有必要性。一是人才的培养方案作为职业教育开展的依据，必须符合产业发展对人才的需求，产业发展是专业发展的基础。二是专业人才的培养规格要从知识储备、专业能

---

① 靳玉乐，朴雪涛，赵婷婷. 笔谈：新时代教育评价改革与制度创新 [J]. 大学教育科学，2021（1）：13-25.

力、职业素养三方面培养符合产业发展需求的高技能人才。三是根据专业设置发展的核心需将产业发展要求嵌入专业发展中，形成专业发展的动力来源。

课程标准与岗位标准契合。课程体系的建设要满足岗位需求，因此课程标准应与企业岗位标准对接。一是课程开发需要行业企业的深度参与，从提供实际经验、反馈真实需求，使不同岗位的能力要求在课程标准中有所体现。二是课程标准与岗位标准对接时形成理实一体化的育人标准体系，注重课程设置的系统性，并随岗位实际内容变化而变动。

教学过程与生产过程契合。教学过程是生产过程在教学场所的复现，加强过程的连接需要从"教学"和"生产"两个角度入手。一是理解教学和生产的互通性，对"双元制"、产学研结合等典型多元育人模式进行分析与借鉴。二是强化现代学徒制的教学过程，将生产流程、标准、工艺与教学实际结合，增加学习过程的真实性和情境性。

2. 师资共建

师资与教学活动开展、育人成果产出直接相关，不论是"双师型"专任教师队伍建设，还是兼任教师队伍的完善，都离不开职业教育与民营经济的共同参与。一是需要建立校内外人才双向流动机制，一方面选择行业协会、科研院所的高水平专家、骨干作为校外兼职师资力量储备，完善教师引进、就职机制；另一方面学校选送教师进入行业企业顶岗锻炼。二是有针对性地提升教师能力，对企业兼职教师而言，明确基础教育教学能力要求，并安排相应训练，由浅入深地开展教学互动；对学校专任教师而言，了解技术的现实应用场景，提升实践水平和解决实际问题的能力。加强兼职和专任教师间的相互交流，共同指导学生发展，提升学生培养质量，加速产业技术革新和成果转换，从而推动产业发展。

3. 资源共享

在职业教育与民营经济协同发展过程中，系统内物资、信息的流动和匹配，是各类资源和要素相互整合、有序的过程，会受到产权与以产权为基础的资源流动、收益分配、管理权限等各方面的制约。因此，实现系统内的资源共享、要素互通，一是明确院校育人与产业发展的共同目标，二是提高政府、企业、学校、科研组织的系统观念和统筹能力，三是打破产权制约、规范各类资产的投入与流转，四是建立、规范资源交易平台（如用于行业产教融合共同体、市域产教联合体建设过程中的资源流动管理)。

二、职业教育与民营经济协同发展的要素分解与模式构建

(一) 职业教育与民营经济协同发展的要素分解

职业教育和民营经济属于不同领域,从利益诉求角度,双方有机融合发展能够实现共赢;从文化要素角度,双方融合具有可行性和必然性,但从实践角度,职业教育与民营经济的融合发展却存在现实困难。因此,需要对双方协同的要素进行解构,探究维持子系统运行和演进所需的动力机制。

1. 共同利益为基础

现代职业教育具有技术传承、人才培养、产教融合的跨界属性[1],其基本职能是培养社会发展所需的技术技能人才。研究表明,职业教育发展对提高劳动生产率具有很大的促进作用[2];1985—2017 年,我国职业教育对经济增长的贡献率为 7.428%,其中高职为 4.833%,中职为 2.595%,占整个教育贡献率的 49.3%,体现了职业教育与经济增长之间较强的关联性,职业教育对经济增长具有较为明显的推动作用。[3] 虽然职业教育与民营经济的直接利益诉求不同,但具有关联性,均以推动社会发展、创造财富价值为目标,是区域经济社会发展体系中的利益相关方。企业在价值生产活动中,人力资源管理和技术开发是重要的辅助活动,职业教育输出的人才和技术服务起到了支撑作用。同时,民营经济体制多样、充满活力、紧随市场发展等特征,为职业教育内涵的提升提供了土壤,高质量发展的民营经济与高水平的职业教育是相辅相成的。因此,区域内职业教育高质量发展与民营经济增长规律同向,符合民营企业发展利益。

2. 供需平衡为目标

按照民营企业对职业教育资源需求的内容来分,可分为人力资源、生

---

[1] 王忠昌. 现代职业教育与区域经济协同发展的"专业—产业"论 [J]. 教育理论与实践,2017,37 (3):29-31.

[2] ASHTON D N, GREEN F. Education, Training, and the Global Economy [M]. Cheltenham: Edward Elgar Publishing, 1996:169-201.

[3] 杨梓樱. 我国职业教育对经济增长的贡献率分析——基于 1985-2017 年教育及经济数据 [J]. 教育学术月刊,2020 (12):30-39.

产设备、技术研发、员工继续教育四种需求。按照民营企业对职业教育资源需求的时间长短，分为长期需求、中期需求、短期需求（或临时需求）。按照民营企业对职业教育资源需求的重要性来分，主要分为主要需求和次要需求。这些需求不存在层级关系，在民营企业发展的每个阶段，这些需求可能会同时存在或以不同组合形式存在，但一般在每个阶段都会有一个最需要职业教育满足的主要需求。主要需求会随着企业发展进程和规模大小而变化。

按照高职院校对企业资源需求的内容来分，主要有对企业资金、人才、技术、设施设备、文化等需求。按照职业教育对企业参与人才培养全过程的需求来分，主要有专业建设的需求、课程改革的需求、师资队伍建设的需求、实训条件建设的需求、学生顶岗实习的需求、社会服务的需求等。

可见，除利益相关外，职业教育和民营经济在供需角度也存在交叉性。职业教育培养体系中，将培养的人才作为企业所用作为逻辑起点，民营经济中以参与共建降本增效为实践指向，为子系统间的供需平衡提供了重要条件。

3. 过程协同为路径

在普通教育领域，有关社会生产的经验经过长期积累，通过口口相授、总结规律、构建模式、形成范式等一系列流程，才能形成用于教学的知识结构，从而编入课程标准、教学大纲。职业教育知识和技能要点的选择，主要是企业生产过程中提炼加工的要素，可以快速转化为教学资料。例如，车间工艺说明书向"工作手册式"教材的转化。又由于民营企业紧跟市场动态变化，拥有"船小好调头"的灵活特征，可以更快捕捉市场变化、明确市场和产业需求，企业拥有的新技术、新工艺、新方法是职业教育开发课程所需的资源，企业拥有丰富经验的科研人员、管理人才也是职业教育院校的师资来源。对于民营企业而言，校企协同育人是在真实项目、情境和载体中进行的人才培养，培养出的技术技能人才能够减少用人单位岗前培训投入的开支，迅速投入岗位工作，具有实用性；职业院校开展的流程优化、工艺改造也更容易转化为企业生产力。

（二）职业教育与民营经济协同的典型模式

职业教育与民营经济协同模式构建初期，办学主体总是"摇摆"于职业学校与企业之间；因科技人才短缺、传统学徒制改造，洋务企业办学拉开中国职业教育的序幕；随后癸卯学制推动，实业学堂成为职业教育的办学主体，企业、学校合作办学的格局开始出现；新中国成立后至20世纪末，由于教育理论聚焦学校为主体办学，80年代开始的经济体制改革，伴随企业办学职能的剥离，逐渐形成以职业学校为主体的办学形式。① 进入21世纪，职业学校为主体的校企合作承担职业教育办学的主要职责，同时随着企业办学的呼声越来越高，相关政策不断出台，在《现代职业教育体系建设规划（2014-2020）》《国务院关于加快发展现代职业教育的决定》等政策的推动下，职业教育和企业逐渐确立为发展的双主体，并以协同发展为路径，协同不仅说明了职业教育与企业的关系，还强调两者的功能分工和各自的发展，更包括在引入外界环境因素后各自和整体的创新发展。

1. 产业学院模式

（1）建设背景。"产业学院"一词最早于1996年首次提出，出现在英国公共政策研究所《产业大学：创建全国学习网》报告中，1997年时任英国财政大臣的戈登·布朗在政府报告中使用了"产业大学"这一概念，并于20世纪初建立了实体"产业大学"。我国对"产业学院"的研究在此基础上有进一步发展，一些地方高校于2003年开启了早期实践，2007年正式出现了产业学院研究。② 2017年，国务院办公厅印发《关于深化产教融合的若干意见》，明确指出"强化企业重要主体作用，拓宽企业参与途径，鼓励企业依托或联合职业学校、高等学校设立产业学院"。③ 2020年，教育部、工业和信息化部办公厅颁布《现代产业学院建设指南（试行）》，现代产业学院成为研究热点。产业学院处于产业链、创新链、教育链的交叉领域，多采用现代企业的管理方式，建设过程中侧重于企业主体力量的发挥。

（2）要素组合。现代产业学院的建设是融合地方政府、职业院校、行业协会、龙头企业和产业园区等相关方建立起来的利益共同体④，是校企

---

① 王筱宁，李忠. 现代中国职业教育办学主体的审视与前瞻 [J]. 高等工程教育研究，2019（5）：159-165，186.
② 李艳，王继水. 我国产业学院研究：进程与趋势——基于CNKI近10年核心期刊的文献研究 [J]. 中国职业技术教育，2020（3）：22-27.
③ 国务院办公厅. 关于深化产教融合的若干意见 [Z]. 国办发 [2017] 95号，2017-12-05.
④ 郑荣奕，蒋新革. 现代产业学院建设：发展历程、组织特征与改革路径 [J]. 职业技术教育，2021，42（30）：14-19.

协同的创新模式。产业学院建设所需资源大致可分为人、财、物三大类。人力投入一般依靠职业院校内部抽调或外部招聘,企业适当参与;财力投入由企业和学校共同承担,一方面企业拥有的产业资源、行业经验、实习岗位、生产工艺等要素,与职业学校的人才与科研要素结合,助力推动企业的升级发展;另一方面由职业院校下设的产业学院承担教学活动,以专业人才的培养为目标,同时促进区域产业、行业信息交流互换。

(3)协同路径。产业学院以资源共享、合作共赢为目标。现代产业学院的建设是产业与教育的融合,主体上不仅代表着市场与教育的合作,也是产业资源与教育资源的对接。以产业学院为载体的教育与产业协同路径有三方面的特性,一是深度参与,产业学院通过近距离对行业进行调研、企业进行实质性参与,进行校企深度协同,形成合适的专业人才培养目标,制定精准的职业人才能力标准,构建合理的能力培养课程体系,设计真实的学习任务。二是标准引领,育人标准对标行业标准和用人单位对学生的能力要求,根据运行机制的反馈结果,对已有课程进行动态调整和优化。教学方法的改革以学生基本能力和技能为核心,协助构建应用型人才培养目标和内容目标的体系。三是内容多元,根据合作的对象及功能需求,产业学院的建设有多种不同类型,例如:传统订单型。校企综合型以专业群与产业链对接为中心,除职业学校和企业参与外,区域内研究中心作为外部参数参与共建;校企合作型以专业共建、平台共享、人才共育、企业员工继续教育等方面开展合作;此外还有学校与地方政府、产业行业协会的共建。

(4)机制保障。产业学院运行的机制保障与内部职业教育、民营经济相关,更与外部国家和地方的政策法规关系密切。制度上,应建立对积极参与职业院校办学企业的激励机制,调整资源配置方式,更多向高层次办学领域倾斜,调整资源分布不均的弊端,以应用型人才培养和项目研发为导向,激发职业院校办学活力。[①] 组织上,要建立国家层面的校企合作协会或地区层面的校企合作组织,如成立体现政府主导、学校主体、行业指导、企业融入的"产教联盟",形成协同互动的"对话平台",对产教深度

[①] 李宝银,汤凤莲,郑细鸣. 产业学院的功能设计与运行模式[J]. 教育评论,2015(11):3-6.

融合重大问题整体统筹规划。

2. 市域产教联合体模式

（1）建设背景。2022年12月，中共中央办公厅、国务院办公厅印发《关于深化现代职业教育体系建设改革的意见》，强调市域产教联合体要兼具人才培养、创新创业、促进产业经济高质量发展等功能，明确市域产教联合体等建设要以产业园区为基础组织申报，以产业园所在地政府（管委会）、牵头学校、牵头企业为主要组织单位。2023年4月，《教育部办公厅关于开展市域产教联合体建设的通知》提出，2023年底前建设50家左右，2024年底前再建设50家左右，到2025年共建设150家左右的市域产教联合体。2023年10月，《教育部办公厅关于公布第一批市域产教联合体名单的通知》中共28家入选首轮获批的市域产教联合体建设，数量上虽与原计划的50家有所降低，但体现了国家层面统筹"两翼"的规模、结构、质量，遵循"坚持少而精、形成示范性"原则，有序务实推进现代职业教育体系建设改革的工作部署。

（2）要素组合。市域产教联合体的组建是深化产教融合、服务区域经济发展的重要途径。融合教育链、人才链、产业链、创新链，对不同参与主体提出不同的要求，省级教育行政部门切实推动地方政府对市域产教联合体的政策支持和保障制度，财政部门落实财政、土地、金融政策，相关园区创新工作机制有效整合资源，院校紧密对接产业需求，深度参与企业生产各环节并提高教学质量。市域产教联合体的服务对象以"块"为主，以产业园区为基础向外辐射，将服务园区内企业人员留存、技术升级、规模扩张等制定为重点任务，并向社会提供职前–中–后培训服务。

（3）协同路径。市域产教联合体是基于辖内参与者的价值互通而形成的共生系统，多元主体相互联接构成共生单元，各自贡献共生系统运行所需知识、技术、资金、管理等要素，保证整个系统有序运行、高效流动。因联合体自身体量较大，实际运作中需完善教育体系招生招工的规划与设计，保证各要素有效流动，提高人才专业教育与技能训练的匹配度。市域产教联合体的教育服务主要面向不同群体展开，对中小学生而言，是职业启蒙的黄金期，要加强学生的劳动教育与现场实践；对中高职学生而言，是理论与技能一体化培养的场所，又关乎求职、就业、终身学习的选择，要精心设计实践流程、建立高素质师资队伍、加大实践经费等资源投入，保证职前-职后贯通的连贯性；面向社会大众，加大公共实训基地等设施设备投入，开展继续教育学历和技能证书获取等服务，解决技能短缺的社会难题。

（4）机制保障。产教联合体的运行需要完善董事会（理事会）管理架构，规范一体化运行机制，开展中期评估与整体性发展评价，同时对深层次的人才培养标准、课程设置标准、"双师双能型"师资配备进行明确约定。尊重企业的利益优先原则，稳定教育的公益性内核，强化对联合体政策的整体统筹、系统规划、过程实施、经费支持、指导监督的平衡，建立权责对等的利益分配制度。

第三节 微观模式：内涵质量提升下的人才共育

数据显示，目前我国技能人才总量超过2亿人，高技能人才超过6000万人。但与推动高质量发展、构建新发展格局的人才需求相比，现有技能人才总量仍然不足，技能人才供需矛盾仍然存在。[①] 职业教育作为和民营经济联系最紧密的教育类型，深化人才培养模式改革是缓解技能人才供需矛盾、促进民营经济发展壮大、服务经济高质量发展的重要基础。职业教育服务民营经济发展，要秉持"素质为先，能力为本"的培养理念，坚持市场导向的原则，以培养高素质复合型技术技能人才为目标，构建能力本位的"拓展化递进式"课程体系，搭建虚拟仿真实训平台，进行理实一体化教学，健全人才培养评价机制，在政府、行业协会、职业院校和民营企业的共同推动下，形成卓有成效的人才培养模式，如图4-1所示。

一、秉持"素质为先，能力为本"的人才培养理念

（一）素质为先

进入21世纪，职业教育变革由能力本位向素质本位转变。现如今，全

---

① 尹双红. 培养更多高技能人才和大国工匠[N]. 人民日报，2023-10-13 (005).

第四章 职业教育服务民营经济高质量发展的模式构建

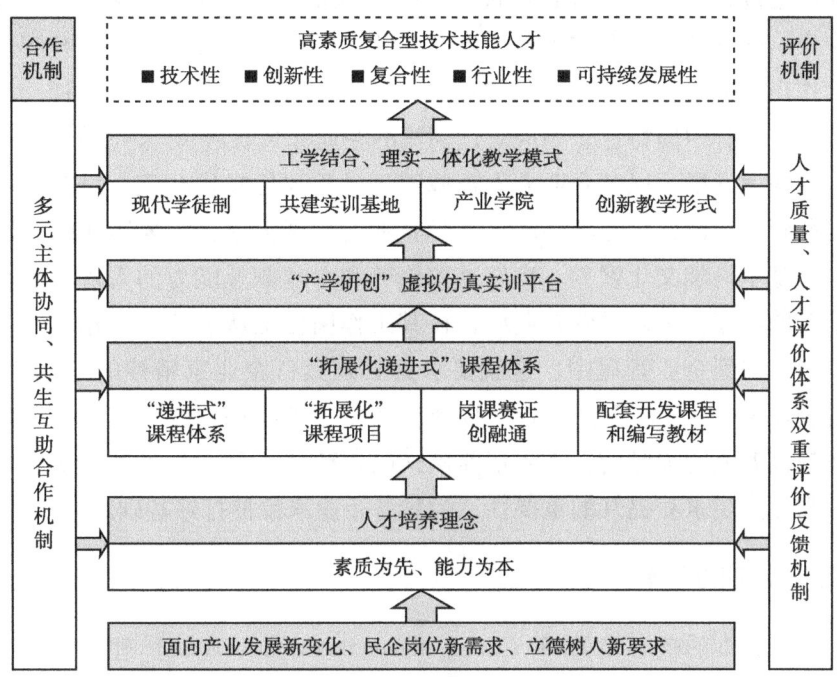

图 4-1 面向民营企业岗位需求的人才培养模式

球经济结构快速调整以及在新兴数字化技术的迭代下，各国纷纷出台相关政策，注重各级各类教育的贯通性、数字化、智能化与综合化特点。[1] 在此背景下，职业院校人才培养不能仅局限于个人能力，更要注重职业道德、责任感、人格以及创新创造意识，由"就业教育"向"生涯教育"转变，培养学生全职业周期发展所需的综合素质。职业教育为民营企业培养大批高素质复合型技术技能人才，有利于民企转变传统经营管理理念，特别是同质化的家族式管理、粗放的绩效考核制度以及单一的人力资源结构等，打破企业技术水平落后的僵局。

2023 年世界 500 强企业榜单中，我国企业有 142 家，入围数量位居榜首，其中民营企业 28 家，这些企业的发展壮大，离不开优秀企业家精神的激励。[2] 企业家精神的外延有三个层次，个人、组织和社会层次，其中组

---

[1] 王孙禺，张炜，丁雪梅等. 中国工程教育 2035：战略走向与政策选择：国际工程教育丛书 [M]. 北京：清华大学出版社，2022.

[2] 肖晋. 大力弘扬优秀企业家精神 [N]. 人民日报，2023-10-10 (009).

织层次强调企业家精神以企业价值观等形式扩展到整个企业和组织。《中共中央 国务院关于促进民营经济发展壮大的意见》对促进民营经济发展壮大作出新的重大部署，提出"在民营经济中大力培育企业家精神，及时总结推广富有中国特色、顺应时代潮流的企业家成长经验"。[①] 随着我国新经济的快速发展，民营企业人力资源管理的重要性越发凸显，民营企业人力资源管理粗放，普遍不能满足当代企业的发展需求，需要职业院校输出大量有基本科学文化素养、良好道德修养和卓越职业能力的人才。职业院校培养的毕业生进入民营企业后，在其工作岗位上从事劳动工作，并随职业发展参与到企业管理中，这就要求其必须具备企业家精神的基本共识，具备企业家个人基本素质特性。职业院校学生处在思想观念、行为习惯和职业规范养成的关键期，人才培养模式的构建应首要立足于基本素质的养成，强化素质素养提升的重要性，为具备企业家精神打好基础。

（二）能力为本

能力为本的核心是 CBE（Competence Based Education）理论，能力本位教育（CBE）源于第二次世界大战后，美国依据操作能力标准考核职业能力水平，培训跨职业领域转岗的技术工人。20 世纪 60 年代，能力本位教育被用于美国职业教育师资培训，后传到加拿大、欧亚及澳洲等许多国家和地区，也逐渐由教师教育领域扩展至职业教育领域。90 年代初，我国通过与加拿大高中后职业技术教育合作项目将其引入中国。CBE 强调通过对职业的分析确定学生毕业后应具备的技能和能力，以培养学生的职业能力作为职业教育根本目的。据中国信通院测算，2022 年我国人工智能核心产业规模达 5080 亿元，同比增长 18%，[②] 智能技术逐渐应用到各个产业领域。随着产业向高端化、智能化、绿色化发展，民营企业技术、工艺、方法和装备不断更新迭代，要求职业教育人才培养要与产业发展、企业研发、技术创新无缝对接，确保培养人才的不可替代性且符合产业转型升级需求。民营企业对技术技能人才需求不断提升，不但要求未来的企业员工拥有高超的技术操作能力，而且要有团队协作能力、岗位管理能力、技术

[①] 中共中央 国务院关于促进民营经济发展壮大的意见［EB/OL］.（2023-7-14）［2024-1-12］. http：//www.scio.gov.cn/zdgzjj/202309/t20230913_769050.html.

[②] 王政. 人工智能产业迎来发展新机遇［N］. 人民日报，2023-03-15（018）.

创新能力和职业迁移能力等。职业教育高质量发展阶段，职业教育要以能力为本，丰富教育内容、教学方法和互动形式，增强产教融合适应性，充分发挥组织协同能力和个体创造力，实现职业教育与民营企业的价值内涵统一。

二、基于民营企业现状，确定人才培养目标定位

培养目标是人才培养过程中最核心的要素，直接决定了校企合作育人的方向、标准及预期。据全国工商联发布的《中国民营企业发展报告》蓝皮书统计，全国60%的民营企业5年内破产，85%的民营企业10年内死亡，平均寿命仅有3.5年。民营企业发展除了受到市场和相关政策影响外，在很大程度上依赖企业自身的经营管理水平，现阶段民营企业在经营管理方面仍存在诸多问题。首先，多采用家族式经营模式，管理水平不高。据中信银行私人银行与胡润研究院联合发布的《2018中国企业家家族传承白皮书》（China Family Wealth & Succession Planning 2018）数据，截至2018年1月，我国高达千万资产的家族企业已达201万户，其中拥有千万可投资资产的家族企业数量为103万户，拥有亿万资产的超高净值家族企业数量为13.3万户。① 在社会市场经济环境下，这些家族企业经营模式存在产权不明确、管理者素养较低、企业文化建设水平亟待提升等问题，不利于家族企业进一步利用市场经济实现可持续发展。其次，企业人才瓶颈普遍存在，难以引进高层次研发型技术人才。2023年8—10月，民建中央企业委员会企业家精神研究分委会和中国企业家调查系统课题组组织实施了"2023·千户民营企业经营者问卷跟踪调查"，据回收的1213份有效问卷显示，"人工成本上升"作为民营企业经营发展中遇到的最大困难，占比64.3%，排在首位，有34.8%的企业认为民营企业发展缺乏人才。② 最后，企业创新能力不足，自主知识产权和核心技术缺失。以长三角地区国家级专精特新"小巨人"民营企业来看，截至2022年10月底，2678家

---

① 中信银行私人银行，胡润研究院. 2018中国企业家家族传承白皮书［EB/OL］.（2018 - 11 - 01）［2024 - 1 - 12］. https://www.hurun.net/zh - CN/Reports/Detail？num = 04413AF8A721.

② 中国企业家调查系统课题组. 当前民营企业发展的挑战与应对——2023年千户民营企业问卷调查报告综述［J］. 经济界，2023（6）：5 - 13.

企业平均发明专利申请占比仅为4成,① 民营企业主要从事较低层次的科技创新活动,整体创新能力有待提高。上述民营企业管理水平、人力资源、技术创新等问题,严重制约了企业的转型升级,解决这些问题最关键在于人才的不断供给,从而在企业内部建立合理、有效的人力资源结构。职业教育人才培养具有技术性、创新性、复合性、行业性和可持续发展的特点,结合民营企业存在的上述问题,职业院校人才培养模式的目标定位可确定为:培养具有扎实的专业知识与技术技能,具备较强的实践能力和创新能力,具有良好的职业道德、社会责任和工匠精神,能适应社会经济发展变化,服务区域民营企业发展需要的高素质复合型技术技能人才。在此基础上从知识、能力和素质结构三方面解构人才的培养标准,如图4-2所示。

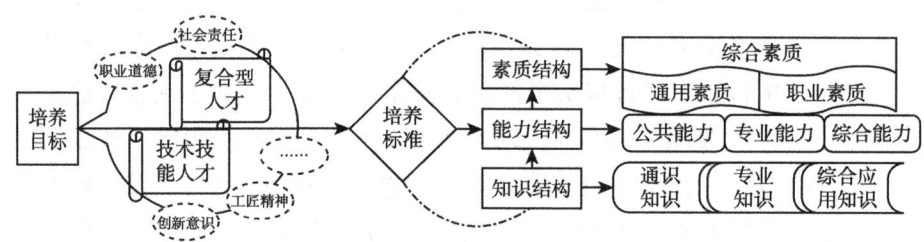

图4-2 职业教育服务民营企业中的人才培养目标、定位及标准

通识知识包括一般性科学文化和工具性知识,工具性知识指帮助学生掌握专业知识及综合应用知识的方法性知识,如外语、计算机和文献检索等技术性辅助工具的运用。通识知识涵盖学生的公共能力和通用素质培养。专业知识包括专业基础知识、专业核心知识和专业拓展知识,对应培养学生专业能力,即专业基本技能、专业核心技能和专业拓展技能。综合应用知识体现在跨专业、跨学科领域,旨在提升学生的综合能力,包括学生的创新能力、职业迁移能力和岗位管理能力等。综合素质由通用素质和职业素质两部分组成,其中通用素质是学生今后从事任何职业都必须具备的基本素质,涵盖思想道德、科学文化、沟通协调、生活习惯等各方面,如职业道德、团队协作和社会责任等,职业素质与职业岗位相关,如职业

---

① 诸竹君,袁逸铭. 民营经济助力中国高质量发展 [J/OL]. 中国社会科学网,2023-08-14.

规范、工艺方法和工匠意识等。职业教育为民营企业所培养的人才应具有知识上的通识性与专业性、能力上的综合性与发展性、素质上的通用性与专用性共融的特征。

三、基于多元主体，形成互利共生协作关系

职业院校与民营企业联合培养人才是多主体协同的结果。职业院校与民营企业共育人才涉及经济、政治和教育三个领域，是政府为解决经济发展问题，借助教育改革实现创新型人才培养，为经济发展注入新动能的过程，也是一个极不稳定的过程。政府法律滞后性与政策消费降低了政策实施的实效性，企业逐利理性与短视主义倾向以及职业院校公益理性与学科逻辑导致产教融合在实施层面困难重重，① 可见各主体间需要以互利共生协作为前提，进而形成稳定的产教融合长效机制，如图4-3所示。职业院校发挥课程、师资、教学等优势，吸引外部优质资源，提升人才培养质量和科研水平，向企业输出技能型人力资本并发挥社会服务职能；民营企业提供岗位需求，开展职业导向的教育实践，以面向实际工作的生产劳动和

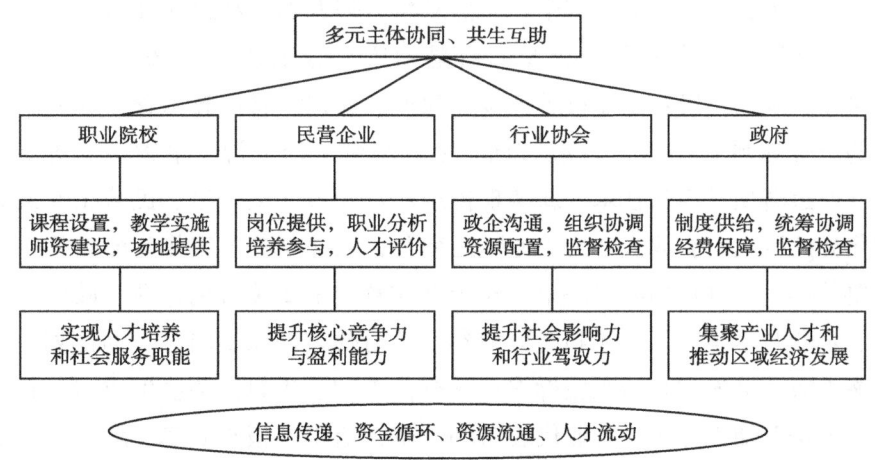

图4-3 职业教育服务民企中多元主体协同、互利共生合作机制

---

① 刘苹，张一，王亚男. 政府参与情境下高校产教融合稳定性研究——基于前景理论的演化博弈模型分析 [J]. 中国高校科技，2023（4）：73-80.

考核评价等方式渗入整个人才培养体系中，通过接纳吸收技能，学生能提升自身核心竞争力和盈利能力。除此之外，还涉及政府及行业组织等主体，政府通过政策供给、统筹协调、经费保障和监督评估等手段孵化产业工人，加快形成新质生产力，推动区域经济高质量发展；行业协会依托民营经济的独特优势，通过提供咨询、沟通、监督、协调等中介服务，发挥政府和企业间的桥梁和纽带作用，实现组织协调和资源配置。不同利益主体在各自诉求下发挥各自职能，促进信息传递、资金循环、资源流通和人才流动，进而产生相互依存、彼此协作和相互适应的关系，围绕技能人才培养形成合作共享的协同机制和人才培养生态。

四、基于企业需求，动态调整人才培养方案

职业院校人才培养方案应与人才培养目标定位契合。在培养方案制订过程中要充分考虑民营企业对学生专业知识、技术技能和综合素质等方面的需求。国家统计局数据显示，随着市场竞争的加剧，民营企业加快了产业转型升级的步伐。2022年，全国规模以上工业民营企业数量达到47.9万家，比2021一年增长了15.5%。其中，高新技术产业民营企业的数量和比重不断提升，战略性新兴产业民营企业的数量和比重分别达到11.6万家，占比41.4%。未来，民营企业将进一步优化产业布局，将高技术含量和高附加值的产业领域作为重点发展方向，如新材料、新能源、生物医药等。同时，通过转型升级和技术创新实现传统产业领域转型升级。民营企业发展变化如此巨大，企业人才需求亦随之变化，人才培养方案作为能力提升的重要载体，其制订的内容决定了校企合作育人的重要方向，涉及政府、学校、企业与学生多元主体利益的博弈。政府代表国家逻辑，借助计划、管控嵌入人才培养的政治利益诉求；学校代表知识逻辑，关注生成与创新形成人才培养知识体系；企业代表市场逻辑，追求回报与效率，趋向于人才培养效益最大化；学生代表个体逻辑，追求成才与发展，实现人才培养自我价值。多元主体的多重逻辑相互制约，并影响人才培养方案的制订。①

---

① 黄巨臣. 高校人才培养方案中的利益相关者逻辑及其作用机制 [J]. 北京社会科学，2021（10）：56-65.

多元主体逻辑下，人才培养方案的制订自然是一个动态过程，需要不断改进与完善，为使人才培养方案能满足相关行业和民营企业的发展需求，需要不断优化调整。人才培养方案的修订重点要进行相关行业及民营企业人才需求的调研，并召开专家指导委员会会议，进而完成岗位需求及职业能力需求分析，如图 4-4 所示。

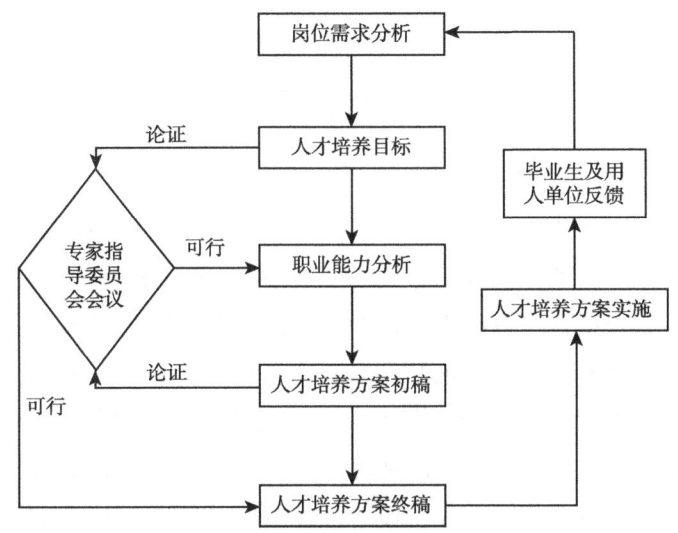

图 4-4 适应民营企业发展的人才培养方案优化调整机制

五、基于产业需求，构建"拓展化递进式"课程体系

职业院校开设的专业课程要随区域经济发展"动"、跟产业升级"走"、围绕企业人才需求"转"。首先，以企业岗位能力为基础，进行岗位群与专业群人才培养能力分析，形成区域特色专业群建设，其次，在组群基础上进行专业群内各自专业课程体系的优化调整，再次，各专业依据岗位—能力—课程的思路，设计能力本位的课程体系，最后，依据国家职业标准、岗位职业能力要求和人才培养目标，基于"基础—核心—复杂—综合"四级岗位任务建构以职业核心能力为导向，由专业基础课程、专业核心课程、专业拓展课程和综合应用课程组成"拓展化递进式"课程体系。

（一）"拓展化"工程项目

通过分析产业结构，打破传统专业、学科壁垒，以面向工作过程的岗位技能为依据，绘制专业知识和技能实践能力图谱，确定对应的工程实践项目并进行整理归类，形成 OBE 导向的多领域、项目化学习体系，以适应跨岗位、跨地域、跨学科的技术发展趋势。"拓展化"工程项目实践体系不仅可以满足面向民营企业人才培养的需求，也可满足社会人群的培训需求，使技能型社会下的劳动培训更具产业适应性。

（二）"递进式"课程体系

通过对民营企业岗位典型工作任务分析，归纳分解岗位所需的关键技能，根据技能之间的知识关联、工作任务的复杂程度建立知识层次图谱，遵循高素质复合型技术技能人才培养方案，构建阶梯化"递进式"课程体系。第一阶段面向通用素质提升设置通识文化课及专业基础课，开展基本知识和文化素养的学习，第二阶段面向专业核心能力提升开设专业核心课、专业拓展课，开展关键技能训练，第三阶段面向综合能力提升开设综合应用课，完成行业技能训练，通过"递进式"学习完成企业完整工作训练任务。

（三）以"岗课赛证创"融通开展课程体系建设

首先，以岗定课。对接行业、民营企业岗位标准，吸纳行业发展的新技术、新方法，持续更新教学内容。其次，以赛导课，以技能竞赛项目为载体，根据赛项标准、赛项任务、赛项设备、赛项评价，开展课程标准、课程模块、教学设施、课程评价的匹配度分析，形成赛、课、教三者有机协调的统一体系。再次，以证验课。推进技能证书与人才培养深度融合，促进证书技能和课程模块匹配。课程内容方面，引入企业真实项目，形成理实一体化项目教学模式；实习实训方面，基于共建的实训基地，利用企业真实项目开展教学；竞赛训练方面，采集企业真实加工过程、劳动情境、技能需求和分工模式等大数据，建立数字孪生下的技能竞赛学习情境；证书培训方面，结合企业实际工作案例进行技能鉴定/认证，模拟考证现场开展教学。最后，融创入课，课程融入学生职业生涯发展，培养学生的创新创业能力。

六、基于课程体系，配套实施专业课程与教材开发

（一）开发专业课程

在课程体系构建基础上，由课程负责人、企业负责人及一线教师组成专业课程建设团队，研究制定专业课程开发的原则、标准、流程，选择合适的教学内容，开发适合民营企业的专业课程。在教学内容选取上，专业核心课的教学内容直接匹配岗位职业核心能力，需要重点考虑的是，该部分教学内容既包含理论环节，也包含实践操作，既包括校内实施部分，也包括企业实践部分，要选择对职业核心能力提升最直接且可行的内容。在教学内容的安排上，职业资格认证所需的理论知识和技能实操也要融入专业课程中，以便学生考取职业资格证书或技能等级证书。在专业课程开发过程中，要注重岗位职业核心能力培养，突出"理实融合"与"课证融通"特色，充分体现专业课程的职业性和实践性。同时，专业课程建设也要有普适性，能帮助该专业学生获得从事所在行业职业岗位的通用知识与技术技能。

（二）编写教材

与民营企业共建教材是提高教学质量的基本环节，也是培养人才的主要落脚点。专业课程开发不能受限于师资、场地、软硬件设施等条件，要体现新工艺、新技术、新职业、新岗位的不同需求，对接岗位技能标准开发活页式、数字化、手册式、融媒体教材，满足项目式学习、案例式学习、模块化学习等不同的学习场景，使教材真正成为课堂与职业岗位之间联接的桥梁。聘请行业/企业专家参与到教材编写工作中，一是能及时快速地向教材编写团队反馈企业的真实诉求，二是能及时引进行业/企业的新知识、新技术、新工艺、新方法，紧跟行业发展趋势整合教材资源。教材的编写还需要注意以下三点，一是注重教材内容与职业资格认证有机结合，二是体现校企两用的教材特色，三是由于教材类型多样化，编写教材时不仅限于纸质书籍，还可以涵盖多媒体教材、微课网络视频、案例教材

和实践模拟教学软件,以及新型活页式教材、工作手册式教材以及融合"互联网+教学"的新形态教材等。

七、基于校企合作,推行理实一体化教学

为实现人才培养目标,结合专业特点和岗位需求,在教学实施过程中将教学实践与民企生产经营紧密结合,以"工学结合,理实一体"的方式开展职业技能训练,让学生在真实企业环境下学习知识和技能,形成符合职业能力养成规律的"产学研创"一体化教学模式。职业教育服务民营企业主要涵盖现代学徒制、共建实训基地和产业学院三大模式。

(一)现代学徒制

我国于2014年启动现代学徒制试点工作,截至2018年8月,已经分三批在全国布局了558个国家级现代学徒制试点项目,覆盖专业点1000多个,惠及学生10万余名,累计培养企业新型学徒超80万人,形成人才培养基本模式。现阶段,一方面,以订单班为基础,实施现代学徒制教育,实现"入校即入厂、招生即招工"相对应的校厂一体模式,推进工学结合,培养符合民营企业岗位需要、"留得住"的人才。另一方面,职业院校与民营企业实施现代学徒制人才培养,将现代学徒制与企业新型学徒制相结合,以"先招工后招生"的方式,逐步实现两种模式的融合,提高人才培养适应性。

(二)共建实训基地

民营企业参与职业院校共建实训基地,首先,通过投入资金,解决实训基地技术升级慢、设备价格高和后续维护难等问题;其次,以企业实际工作流程为主要教学内容,将企业加工项目、改革案例、工作任务向教学资源转化,有效解决职业教育实训教学中"三高三难"问题,即高投入、高难度、高风险及难实施、难观摩、难再现;最后,派遣行业企业的技术骨干与能工巧匠担任基地导师,促进实训教学中学生实践能力增长。

(三)产业学院

产业学院作为职业教育混合所有制办学模式中的典型办学形态,是民

营企业参与职业教育、推动校企共建共管的重要价值体现。产业学院以区域产业链、专业群为纽带，以能力培养为主线，以现代化治理结构为保障，以多方优质资源共享为核心共建"产学研创"一体化平台，通过合作充分利用双方物资、信息、人力和技术等资源，为区域产业经济发展提供专业化、创新性、综合型人才支撑，全面提升区域产业发展及民营企业核心竞争力。

（四）民营企业与职业院校其他合作教学形式

教学管理方面，以民营企业为主，学校为辅；教学组织形式方面，发挥企业精准培训优势，探索"特色小班化"培养；教学内容方面，引入国外培训课程，开展国际化教学；教学模式方面，专业交叉融合探索符合各自特征的工学交替模式，如"1.5+0.5+1"模式等。

八、基于技术变革，建立虚拟仿真实训教学平台

传统的实训基地在资金投入、规划设计、实训资源与师资队伍等方面受到不同程度的限制，导致人才培养的效果不佳。随着计算机技术、网络技术的发展，为虚拟仿真实训基地建设提供了条件。虚拟仿真实训基地建设以学生为中心、以服务区域产业发展为宗旨，立足相关专业群，在主体、功能和环境要素等方面赋予产教融合丰富内涵。围绕"产学研创"功能定位，对职业教育和民营企业协同共享的虚拟仿真实训教学平台进行整体设计。首先，建设虚拟仿真场景，以"产学研创"场景化设计为牵引，以需求为导向，根据民营企业规模小、技术密集程度低、工作迁移灵活等特点，创造低成本、模块化的智能制造模拟环境。其次，开发虚拟仿真资源，对接民营企业岗位群解析典型工作任务，提炼共性的关键技术应用能力，开发可用于虚拟仿真的技能训练资源。再次，强化基地师资队伍，发挥行业专家、教学名师和技术能手引领作用，利用数字化技术形成远程协同的工作机制，打破时间、空间对人力资源的限制。最后，优化运行管理机制，构建与虚拟仿真实训基地示范效应相适应的运行管理模式。《中国城市数字经济发展报告（2023）》显示，我国数字经济规模超过50万亿元，总量稳居世界第二，GDP比重提升至41.5%，数字经济与实体经济融

合越发紧密。在数字经济发展和信息技术变革的背景下，打造信息技术与教育教学深度融合的虚拟仿真实训基地恰逢其时。实训平台走向数字化和网络化，实现了物理空间向虚拟空间的拓展，避免了实训过程的时空限制，同时减少了真实设备耗损和维修成本以及可能带来的安全隐患，增强了学生的交互性和沉浸感，也加快了民营企业数字化转型步伐。

九、基于双向流动，打造高水平师资队伍

《国家职业教育改革实施方案》（国发〔2019〕4号）要求建立健全职业院校自主聘任兼职教师的办法，推动企业工程技术人员、高技能人才和职业院校教师双向流动。培养适用于民营企业发展的高素质复合型技术技能人才，需要民营企业与职业院校共建师资队伍，主要方式是通过"外引"和"内培"两条途径。"外引"即邀请民营企业高端技术技能人才和企业骨干担任兼职师资，参与人才培养全过程，包括人才培养目标和方案制订、专业与课程设置、教学改革和实习实训等，发挥其丰富的企业实践经验和熟练的生产操作技能等优势。"内培"即安排职业院校专业教师驻企研修、观摩和培训，了解本专业知识体系在生产、加工、工艺等方面的现状和发展趋势。同时，通过职业院校牵头，强化产学研创合作，服务地方民营企业技术研发，将科研成果迁移到民营企业，并引导企业加强关键核心技术攻关，提升企业技术创新水平，在推动企业科技成果转化的同时，以科研反哺教学，提高教师的教育教学水平，进而提升人才培养质量。

十、基于目标定位，构筑评价反馈体系

完善高素质复合型技术技能人才的质量评价，对优化人才培养体系、改进校企合作育人方式、提升职业教育服务民企能力等方面至关重要。建立一套基于区域产业经济迭代、技术优化升级与岗位供需匹配关系的评价体系，涵盖人才质量评价和人才培养体系评价两个维度。2021年教育部发布的《普通高等学校本科教育教学审核评估实施方案（2021—2025）》（以下简称《方案》）指出，高校专业评价指标体系将转向对学生

全面发展与学习过程的关注。①《方案》虽然针对普通高等本科院校提出，但同样适用于职业院校。在人才培养质量评价中，评价内容主要涉及与民营企业岗位需求匹配的知识、能力与综合素养，评价坚持"以学生为中心"，关注学生学习过程中主体性、完整性、实践性及个性发展，充分发挥评价的育人作用，推进高质量教育的发展。同时，有学者认为，现有工程教学评价机制一般仅仅以学生课程完成效果以及学分是否取得为评价标准，属于封闭而片面化、定量化的评价，欠缺行业认定。② 基于此，人才培养体系评价以契合度为指标，考查专业设置与区域产业需求契合度、人

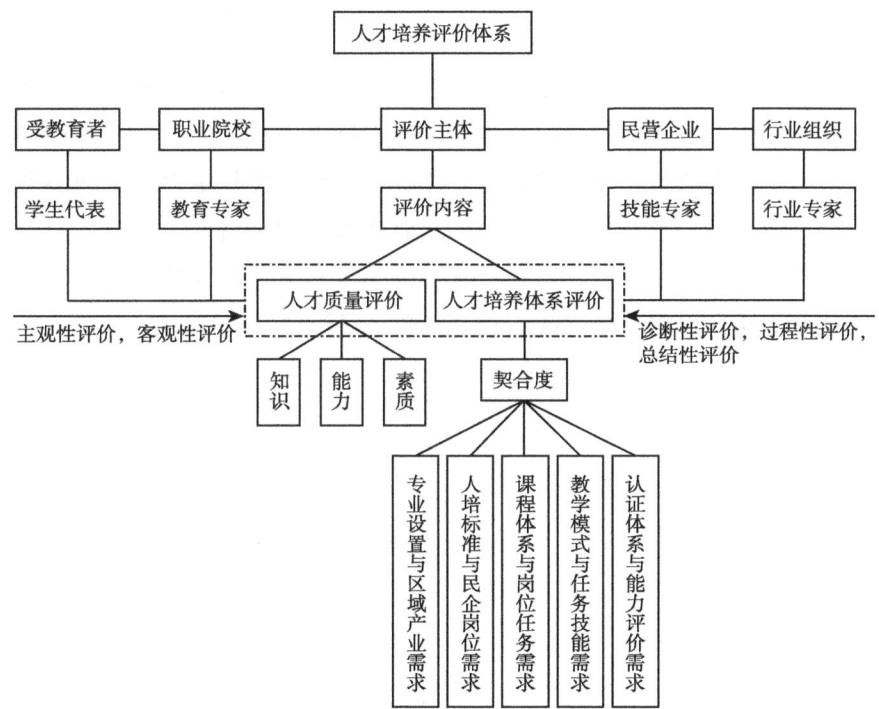

图 4-5 职业教育服务民企人才培养评价体系

---

① 中华人民共和国教育部. 教育部关于印发《普通高等学校本科教育教学审核评估实施方案（2021—2025 年）》的通知 [EB/OL]. （2021-02-03）[2024-1-16]. http://www.moe.gov.cn/srcsite/A11/s7057/202102/t20210205_512709.html.

② 祝士明，郭琰. 智能教育背景下新工科教学改革：框架设计与实施路径 [J]. 高等工程教育研究，2019（6）：155-161.

才培养标准与民企岗位需求契合度、课程体系与岗位任务需求契合度、教学模式与任务技能需求契合度、认证体系与能力评价需求契合度，在评价反馈基础上动态优化完善人才培养体系。MIT"项目中心课程"产出导向、多维评价①，引导院校教师、行业企业专家和学生等多方参与，强调项目全过程评价，实现评价全面综合化和可测量化，获得师生及用人单位认可。借鉴其多主体、全过程、全方位的评价特点，上述人才质量评价和人才培养体系由行业组织、教育领域专家、民营企业工程技术负责人以及受教育主体代表协同实施，采用诊断性评价、过程性评价与总结性评价相结合，主观性评价与客观性评价相统一的方式，不断推进人才培养模式的动态优化。

职业教育与民营企业产教融合下人才培养模式的构建，既体现人才培养在知识、能力与素质方面的整体要求，也反映出对学生整个职业生涯的关注。将推动专业与产业对接、专业课程内容与职业标准对接、教学环境与生产过程对接，同时实现课程思政与职业素养的结合，为职业院校立足产业需求、彰显办学特色、培养区域经济和民营企业所需的高素质复合型技术技能人才，提供了新经验、新方法和新路径。

---

① 朱伟文，李亚东. MIT"项目中心课程"人才培养模式解析及启示［J］. 高等工程教育研究，2019（1）：158-164.

第五章　共融共生生态系统的构建与实践

职业教育服务民营经济高质量可持续发展，关键在于不断增强职业教育适应性，发挥区域高等职业教育的优势，通过产业学院建设赋能区域民营经济高质量发展，构建共融共生生态体系。本章选取了浙江省温州和台州两个地区部分职业院校产业学院建设案例，结合实践经验，提出了混合所有制产业学院建设的相关建议。

第一节　增强职业教育适应性

2020年10月，党的十九届五中全会审议通过《中共中央关于制定国民经济和社会发展第十四个五年规划和二〇三五年远景目标的建议》，首次提出"增强职业教育适应性"。2021年4月，全国职业教育大会顺利召开，习近平总书记作出重要指示，再次强调"增强职业教育适应性"。2021年10月，中共中央办公厅、国务院办公厅印发《关于推动现代职业教育高质量发展的意见》，将"切实增强职业教育适应性"列为职业教育高质量发展的指导思想。增强适应性是职业教育赖以生存的基础，也是实现自身可持续发展的重要条件和手段。党和国家将增强适应性作为新时代职业教育的重点[①]，适应性是职业教育最大的质量标志之一。每当社会处于重大变革和转折时期，适应性问题就会成为人们关注的焦点。在立足新发展阶段、贯彻新发展理念、构建新发展格局的背景下，如何在厘清适应性的哲学逻辑与重要表征基础上，尽快找出增强职业教育适应性的关键突破点与实施路径，对于我国职业教育抓住提质培优、增值赋能、转段升

---

① 陈子季.增强职业技术教育适应性，开拓高质量发展新格局[J].教育家，2021（5）：4-6.

级的机遇期,推进内涵式高质量发展,具有非常重要的现实意义和战略意义。

一、增强职业教育适应性的哲学逻辑:适应与超越的辩证统一

适应指的是"生物的形态结构和生理机能与其赖以生存的一定环境条件相适合的现象"。达尔文从生物与环境相互作用的观点出发,认为适应性就是生物个体对它生活的环境表现出适应的现象,生物的变异、遗传和自然选择作用都能导致生物的适应性改变。《中国百科大辞典》(社会学卷)对适应的解释是"社会互动形式之一,在困难的社会环境中,通过努力获得生存与发展的条件,实现自我与他人、个人与群体之间平衡的过程"。适应性是一个复杂而系统且带有普适性的概念,是事物适应客观条件和内外部各种需要的能力,是通过互动而形成的。系统的适应性即系统的环境适应性,是系统通过调整自身和顺应、利用环境,应对与环境的关系,获得与之保持一致、协调发展的能力。生态学中认为完整的适应性包括三个时态:一是对过去时态的适应,是对外部客观存在的一种再生与复制,以及对原有状态的延续,即维持性适应。二是对现在时态的适应,是对当前自身状况及环境的一种调整和修正,即动态性适应。三是对未来时态的适应,是对将来变迁的一种主动性准备和应对,即前瞻性适应。①

人们对职业教育适应性的理解与坚持何种教育哲学观相关。因此,从其哲学根源进行分析,更有助于我们理解适应性的本质内涵与基本特征,找准增强职业教育适应性的策略与路径。以往我们在物质本体论哲学基础上认识教育,认为教育从属于社会系统,并受外部环境的制约,其任务指向是对已存在的环境给予适应性接纳和应对。自然主义教育主张教育要适应人的天性,而功用主义教育主张教育要适应政治、经济、文化需要,为国家发展服务。新时代,狭义上以适应为主的教育价值规定已经不能满足发展需要。一方面,变革已成为时代主题,迫切需要教育发挥改造社会、

---

① 谷建春,李明华. 对口·适应·超越——论产业结构与高等教育结构的关系[J]. 中国成人教育,2012(21):24-27.

引领社会和超越社会的力量。另一方面，教育具有相对独立性、自主性和主体性，同样对政治、经济、文化发展有制约作用。因此，亟须通过对教育"适应论"的再创新和对实践唯物主义的再延伸，重新确立教育与社会的关系，形成增强职业教育适应性新的哲学基础。

（一）增强职业教育适应性的哲学逻辑是对教育"适应论"的再创新

"适应论"的提出是我国探究高等教育发展规律过程中的一次理论突破，其认为培养德智体美劳全面发展的人是高等教育的内部规律，而受外部社会政治、经济、文化制约并为之服务，是高等教育的外部规律。外部规律通过内部规律实现，内部规律受外部规律制约，教育必须与经济社会发展相适应。"适应论"明晰了教育目的，厘清了教育与外部环境和内部要素之间的关系，具有一定的合理性，但遮蔽了高等教育的特殊性和人的创造性与超越性，人为地为高等教育设置了一个"天花板"，抑制了高等教育的作用与地位，从而在一定程度上制约了社会政治、经济、文化的发展。[1] 必须认识到增强职业教育适应性不是对高等教育"适应论"的简单继承与应用，而是新形势下的再创新。一是增强职业教育适应性认可教育受社会政治、经济和文化等因素的制约，但是不把适应作为职业教育的发展规律而是作为发展条件，通过适应性调整自身的状态、结构与层次，以获取更多发展动力。二是在人类步入知识经济时代、信息化时代的背景下，变革成为人类社会正常的存在方式。"教育与社会是互嵌的，且教育日益成为形塑社会的主导与根本制度而非后者的'随从'和'反应'"。[2] 在此教育与社会新关系背景下，教育发展不仅要从适应社会的路径着手，更要从引领、形塑社会路径着手。[3] 三是适应是一个客观事实，而"适应论"是一种主观建构，教育对环境的适应必须要有价值层面的考量作为基本遵循。高等教育既是一种人才培养的社会活动，又是一种"让人成为人"的精神活动，教育的适应性根源于人性的需要。不管外部环境如何发生变化，

---

[1] 李忠. 高等教育"适应论"的内在冲突及其应对 [J]. 社会科学战线, 2019 (4): 219 - 232.

[2] 程天君. 从"教育/社会"学到"教育社会"学——教育社会学研究范式的转换 [J]. 北京大学教育评论, 2017, 15 (2): 77 - 101, 189.

[3] 田尊道. 教育发展"适应论"的规律定位审视 [J]. 社会科学战线, 2021 (5): 235 - 241.

必须要牢牢把握教育"人本主义"的核心价值取向,将人的全面发展作为职业教育适应性的根本目的,才能体现教育实践活动的实际意义。

(二)增强职业教育适应性的哲学逻辑是对实践唯物主义的再延伸

马克思主义哲学创新性地将实践的观点与唯物主义思想相结合,建立全新的哲学世界观即实践唯物主义。实践唯物主义坚持世界的物质性、客观规律的先在性和人对客观规律尊重的必要性。认为"社会生活在本质上是实践的",人类的实践和主观能动创造构成了"现存感性世界的非常深刻的基础"。适应是正确认识客观环境和客观规律基础上的适应,是以实践为目的的适应,单纯强调对环境现状的适应是机械唯物主义。必须认识到增强职业教育适应性的要求是实践唯物主义哲学观的再延伸。一是要正确看待周围环境对教育发展的制约作用,社会环境对教育的客观制约性只是确立了教育能动性实践的"边界",职业教育要根据社会所赋予教育的目的,促进自身在"边界"内适应实践的长效性与多效性。二是实践唯物主义高度强调实践的作用,而人是实践创造的主体。基于人性的两重性,教育实践也兼有适应性与超越性。教育在适应性的基础上,通过培养社会实践的主体,充分发挥人的主观能动创造在人自身生产中的作用,实现对社会现实的改造和变革。因此,必须将适应与超越的辩证统一作为提高职业教育质量的根本出发点。三是对客观规律的尊重,按照规律办教育。教育规律是"教育发展过程中的本质联系和必然趋势",人只能认识规律和利用规律,而不能创造、改变或消灭规律,与自然科学中的规律不同,社会科学中的规律往往是特殊的、有条件的。因此,要充分认识到职业教育办学规律与中国特色社会主义事业现实需求之间的密切联系,具有一定的现实性和特殊性。[①]

二、增强职业教育适应性的重要表征:主动适应、全面适应与超越适应

对高等教育"适应论"的再创新和对实践唯物主义的再延伸,可以作

---

① 陈佑清. 从实践唯物主义看教育与社会之间的适应与超越 [J]. 江苏高教, 1999 (1): 15-18.

为增强职业教育适应性新的哲学基础。职业教育适应性是在新时代、新发展背景下，作为一种与经济社会发展紧密联系的重要教育类型，与经济社会发展形成更密切地互相支持、相互促进、融合共生的关系。根据生态学适应性的三个时态，结合"适应论"与"超越论"，职业教育适应性的内涵主要包括三个层面：一是职业教育根据政治、经济、文化因素形成我国特色的发展模式，并进一步增强从外部环境汲取发展动力的能力，不断彰显职业教育"职业性"与"教育性"跨界融合的类型特征，即实现维持性适应；二是职业教育通过自身体系构建、制度变革、范式确立及内涵建设，主动应对新发展格局、社会主要矛盾转变、高素质技术技能人才需求等外在环境的变化和影响，即实现动态性适应；三是职业教育通过面向产业的应用技术创新，完善"技术人""职业人"培养方法，更好发挥对于经济社会变革的支撑、促进和引领作用，即实现前瞻性适应或超越性适应。因此，职业教育适应性的重要表征主要包括以下内容。

（一）职业教育适应性是主动适应，不是被动适应

生物学领域的适应主要是同化和顺应两种不同的类型，是个体对环境的被动适应。而职业教育作为社会子系统，能够通过调整自身结构和顺应、利用环境，提高自身适应能力，具有主动适应性。能动性、选择性和实践性是职业教育主动适应的重要表征。一是适应的能动性。职业教育要善于识变、求变、应变，通过判断当前发展环境的变化，主动调整、顺应，乃至引领、超越，精准对接经济社会发展与产业转型升级的现实所需，以达到和谐共生的适应状态，从而实现自身的可持续发展。[①] 二是适应的选择性。职业教育有其存在的独特价值、使命与演进规律，利用价值判断与选择的主体自觉，对积极的、符合价值取向的选择接受，对于不适合自身发展要求的理智拒绝，而不是不加判别地、没有目的性地适应一切。三是适应的实践性。主动适应性重点在于职业教育实践所采取的策略与路径。一方面，以职业教育学科体系、学术体系和话语体系作为支撑，在深化中国特色职业教育基本理论研究、掌握职业教育类型教育核心特征

---

① 李洪渠，石俊华，陶济东. 协调共生：增强职业技术教育适应性的认知维度与价值指向[J]. 中国职业技术教育，2021（13）：26-33.

及发展规律基础上开展实践，保障实践的理论正确[①]；另一方面，在建立动态评价与反馈机制上开展实践，通过构建"确定指标—过程监督—质量考核—改进措施"的适应性评价闭环，保障实践的过程正确。

（二）职业教育适应性是全面适应，不是片面适应

职业教育与经济社会发展是全面的适应，不能只强调与某个方面适应而忽视与其他方面是否适应。所谓片面的适应，可能导致职业教育走向全面的不适应。广泛性、层次性和稳定性是职业教育全面适应的重要表征。一是适应的广泛性。经济需求、政治需求和文化需求为职业教育发展提供源动力，决定了职业教育的类型特征与演进基础。所以，职业教育的适应性涉及与三大需求密切相关的实践活动各要素，包括开展主体、运行机制、价值观、劳动力市场、人才评价制度等，具有广泛性。二是适应的差异性。文化因素对高等教育有直接制约作用，政治、经济因素往往要通过文化因素才能发挥作用，而职业教育作为一种面向群众、与职业和经济社会发展联系最为紧密、横跨产业界与教育界的教育类型，受文化因素和产业因素的影响最为直接，与普通教育存在明显差异。三是适应的稳定性。教育场域作为社会场域的子场域具有稳定性，职业教育对外部客观存在着一种再生与复制，其层次结构、规模布局、治理能力、质量水平等静态特征与一定时期的经济社会发展相适应，并对原有特征加以延续，具有相对稳定性。

（三）职业教育适应性是超越适应，不是跟随适应

按照职业教育适应性的哲学逻辑，职业教育与整个社会系统及其他子系统之间都是适应与超越的辩证统一，不能停留于或受制于对社会的适应，改造社会、引领社会和超越社会是其最终的价值取向，这也是职业教育作为一种独特教育类型的内在生命力。[②] 一致性、阶段性和现实性是职业教育超越适应的重要表征。一是适应的一致性。职业教育系统与整个社

[①] 王兴. 职业教育类型发展：现实必然、价值取向与强化路径 [J]. 中国职业技术教育, 2020 (16)：43-48.

[②] 张俊超, 陈琼英. 论高等教育对社会的适应与超越 [J]. 中国高教研究, 2015 (12)：54-57.

会系统及其他子系统之间相互适应,同时自身内部各个要素或各子系统之间相互适应。不能仅强调职业教育与外部环境的适应,而忽略内部要素或子系统之间的适应。确保内部与外部价值取向的一致性是超越的前提。二是适应的阶段性。外部环境、内部对象和人都是变化的,作为因变量的职业教育适应性不是一劳永逸的,而是相对的、阶段的、渐进的过程,只能在变化的过程中逐渐适应并寻求超越。按照勒温的三阶段模型,组织变革经历"解冻—变革—再冻结"三阶段,① 对于职业教育系统,外部环境发生重大变化时,需要经历"不适应—变革—适应—超越"四阶段螺旋上升。三是适应的现实性。教育实践是历史的、具体的,超越适应是以一定的社会历史条件为基础的,不能脱离现实。职业教育对社会改革和发展的需要采取适应的态度,对不符合发展要求和历史发展规律的现实状况采取改造、超越的态度。

三、增强职业教育适应性的实践机制:动因、原则与路径分析

研究增强职业教育适应性问题本质上是探究影响适应能力提升的关键因素,即对适应机制的探讨。"机制"在社会科学领域主要用来表征事物或系统的结构、功能及相互作用关系。要把握增强职业教育适应性的实践机制,需要首先明确以下两个方面:一是系统是机制存在的基础,厘清职业教育系统的构成要素是构建实践机制的前提与载体;二是构成要素之间的互动关系与变化是机制运行的核心与本质。因此,增强职业教育适应性的实践机制是在明确动因和目标的基础上,职业教育系统按照一定的原则,通过提升认知、多元协同、有效整合、评价改进,对构成要素及内外部环境的互动关系进行调整、协调、提升,提高自身适应能力,实现维持性适应、动态性适应与超越性适应的过程。主要包括适应主体、适应动因、适应原则与适应实施路径等内容,如图5-1所示。

---

① 唐瑗彬,石伟平,牟向伟. 路径演化视角下职教本科院校组织变革的风险与路径[J]. 中国职业技术教育,2021(15):21-28.

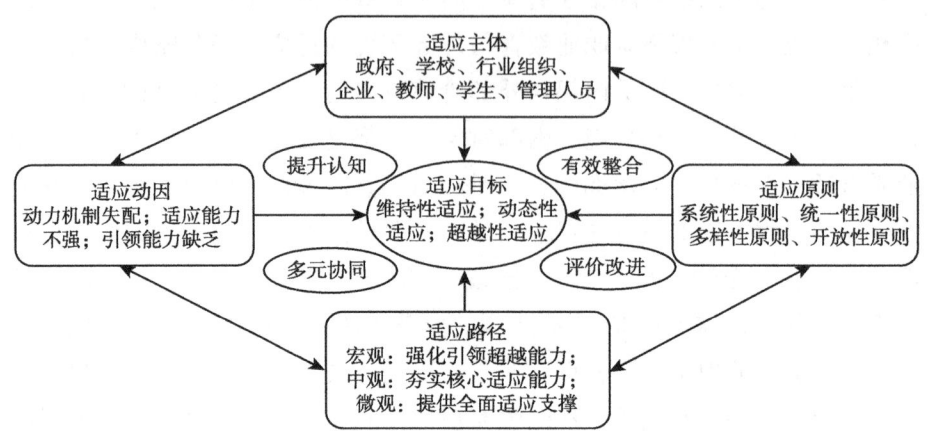

图 5-1　新时代职业教育适应机制的构建

（一）增强职业教育适应性的动因

1. 维持性适应与动力机制不匹配

职业教育是一个动态变化的复杂系统，其发展演进的动力机制是实现维持性适应的基本条件。当前，政治、经济、文化等外部社会因素为职业教育发展提供的动力不足，无法支撑其进行高质量内涵式发展。一是政府政策供给不足，存在一定程度的滞后性和路径依赖，且由于职业教育跨界的特性，导致制度设计存在复杂性、困难性和低效性。二是企业参与积极性不高，政校行企多元的利益主体没有形成合力，校企双主体育人格局尚未形成。三是职业教育社会认可度低，存在感与话语权双重缺失，从外部获取动力的能力偏弱，物质动力与精神动力都严重不足。

2. 动态性适应与发展需要不匹配

职业教育从属于社会系统，并与其他子系统不停互动融合，在满足国家战略需求与个人需求的过程中，不断扩充生存与可持续发展的有效边界。当前，职业教育人才培养、科学研究、社会服务与文化传承的供给能力与政治经济文化的高质量需求不匹配。一是职业教育的结构、层次不合理，现代职业教育体系不完善，不能满足当前以国内大循环为主体、国内国际双循环相互促进的新发展格局以及社会主要矛盾转变的需要。二是职业教育管理体制不顺、治理能力弱，部分主体地位弱化、元治理缺失，与类型定位不相符。① 三是职业教育内部相应机制缺乏，通过自我调节适应外部环境变化的能力不足、速率低下，导致动态性适应长期处于滞后状态。

3. 超越性适应与引领能力不匹配

职业教育实践要兼顾好适应性与超越性的关系，适应是对客观世界的尊重，是实践的客观条件而不是实践目的。增强适应性是为了更好地实现超越性的价值追求。一是职业教育对适应性与超越性辩证统一的关系认识不足，引领超越能力不强。二是职业教育专业内涵水平低，应用技术创新与引领能力弱，对外部产业链、创新链和价值链的支撑力不足。三是没有面向未来发展的需要，坚持"人本主义"导向，将从"技术人""职业人"到"完整人"逐层递进的人才培养、应用技术的创新引领，作为职业教育的价值原点和实践指向。②

（二）增强职业教育适应性的原则

1. 系统性原则

系统性原则要求将增强职业教育适应性作为一个系统工程，并贯穿适应机制的目标、对象、主体、路径等多个方面。从适应目标看，聚焦教育实践的"人本主义"价值取向，实现维持性适应、动态性适应与超越性适应。从适应对象看，主要有外部政治、产业、文化等社会系统因子，以及内部职业教育组成要素。从适应主体看，职业教育主体从类型上有教育主体、产业主体以及产教融合主体等，包括政府、高校、企业、行业组织、教师、学生、家长以及管理人员等。

2. 统一性原则

一是适应性与超越性的辩证统一。超越性是适应中的超越，适应性是超越中的适应，把握适应性与超越性的辩证统一关系是增强职业教育适应性的根本前提。二是内部与外部的目标统一。职业教育与外部社会环境的互动，同时内部系统要素的优化、重构、升级，都必须服务于共同的实践

---

① 荣长海，高文杰. 职业教育治理的现状、问题和对策 [J]. 教育与职业, 2020 (17): 5-11.

② 王兴. 本科层次职业教育人才培养的现实困境、目标定位与路径突破 [J]. 职业技术教育, 2020, 41 (34): 6-11.

目标。三是工具理性与价值理性统一。职业教育中"以促进就业为导向"和为经济社会发展提供高素质人力资源的工具理性，与立德树人、实现人的全面发展的价值理性统一，实现教育实践、目的与规律的和谐统一。

3. 多样性原则

在当前全球化和多元化并存的时代，职业教育需要通过不断分化后的多样性，构建一个层次分明、特征清晰、定位合理的教育系统，以适应外部不断增长的需求与自身有限反应之间的矛盾。特别是职业教育是由教育场域与产业场域融合共生形成，与普通教育相比，职业教育作为一种特殊的教育类型，要具备培养目标的多样性、教育层次的多样性、教育形式的多样性、教育载体的多样性、办学主体的多样性，并与适应对象的多样性、适应主体的多样性、适应环境的多样性、适应需求的多样性等相匹配。

4. 开放性原则

按照教育生态系统观，封闭孤立的系统不能从外部汲取能量，最终都会走向衰退直至瓦解。开放性是系统提高适应能力，保持旺盛生命力的重要指标。要秉持开放包容的发展理念，促进职业教育与国际社会、职业教育与产业场域、职业教育与普通教育、职业教育与终身教育的开放融合。职业教育在运行中通过与外部环境跨区域、跨文化、跨场域的广泛互动，将自身发展目标与适应对象目标、自身资源与外部环境资源、自身运行模式与职业系统等结合起来，获取足够的适应与引领动力，实现自身的实践使命，从而推动社会变革与演化升级。

（三）增强职业教育适应性的路径

1. 宏观层面：强化引领超越能力

一是厘清职业教育作为一种教育类型的本质特征与演进规律，按照适应与超越辩证统一的要求，重新确立职业教育价值取向。从促进就业和为产业发展提供高素质技术技能人才的工具理性，到促进人的全面发展和主体性发展的价值理性转变，实现适应性与超越性的辩证统一，打破职业教育发展的"天花板"，从教育性与职业性跨界融合的本质特性出发，构建遵循价值理性的职业教育话语体系，避免陷入工具主义而导致人文关怀和个体获得感、尊严感的缺失，避免对职业教育价值的否定以及自身主体能动性的丧失，从根本上提高职业教育的适应性。① 二是加强政策供给，确立职业教育作为同等重要教育类型的法律地位。按照习近平总书记提出"各级党委和政府要加大制度创新、政策供给、投入力度，弘扬工匠精神，提高技术技能人才社会地位"的要求，完善办学经费、产教融合、职业学位、职教高考等宏观政策，全面建立由学校、政府、社会等多元主体共同构成的资源投入、利益分配与质量保障运行机制。三是构建现代职业教育体系。完善以中职为基础、高职为主体、职业本科为引领的现代职业教育体系，打造"中高本硕"一体化人才培养体系。构建国家资历框架和"学分银行"，结合"1+X"证书制度，实现普职融通、职前职后、学历与非学历的衔接，扩大现代职业教育体系开放水平，适应不同人群的个性化教育、终身成长和泛在学习的多样性需要。

2. 中观层面：夯实核心适应能力

一是推进职业教育治理体系与治理能力现代化，增强自我调适的响应速率，夯实适应性的动态响应能力。在外部治理上，应进一步厘清各主体的权责清单，建立对外部环境变化的响应机制；在内部治理上，应确立动态的、主动的治理观，提高组织的适应力，决策的高效性、灵活性，通过治理机制变革激发职业教育内动力，② 实现从"经验办学"到"科学办学"的转变。二是深化产教融合校企合作，构建职业教育多元主体命运共同体，提升职业教育系统开放性，夯实获取外部资源的能力。加强体制机制创新，构建一个以政府主导，企业、学校、社会组织广泛参与，相互尊重、信任合作、共赢共生、包容开放的产教融合生态体系。通过产业学院、产教融合联盟等新型载体，大范围、深层次地整合政校行企资源，共同服务于职业教育高质量发展。三是建立动态评价机制，夯实适应性的保障能力。针对职业教育类型中独特的评价目标、评价主体、评价对象、评价内容，构建分层与分类、定量与定性、基础绩效与典型成果相结合的职业教育评价指标体系，③ 以及相匹配的评价结果动态改进机制，确保价值取向、发展规律与人才培养模式符合职业教育类型特征要求，确保各参与

---

① 周晶. 职业教育发展中工具理性与价值目标融合的逻辑与机制 [J]. 教育学术月刊，2019（9）：39-47.
② 张海水. 多样性共生视域下的高职院校治理 [J]. 职教论坛，2017（16）：41-45.
③ 庄西真. 职业教育评价要处理好六个关系 [J]. 职教论坛，2021（7）：27-31.

主体支持职业教育发展的积极性，确保职业教育实现适应性与超越性发展的统一。

3. 微观层面：提供全面适应支撑

一是加大质量工程实施力度，实现内涵式发展。将质量工程作为职业院校内涵建设的战略抓手和内部改革的指挥棒、风向标。对照国家和地方规划布局和指标要求，对标对表，重点在人才培养特色、人才培养方案、课程资源、"双师型"师资队伍、实践教学体系等方面实现突破。二是围绕人才培养目标和培养特色，构建"以学习者为中心"的教学生态系统。职业教育针对学习者个体差异和需求的多样性，致力于为不同类型学生提供适合的教育。通过对传统"以教师为中心"的教学理念、范式、路径与方法等实施变革，充分发挥学习者的主体地位，以及教师作为学习的引领者在"学习者"与"能力培养"之间充分沟通的桥梁作用，同时结合信息技术，构建新型育人生态。三是注重"技术人"到"职业人""完整人"的培养，强化职业教育的技术性，将培养目标从被动适应性的"技术人"转向主动设计性的"技术人"，使其能够面向未来、主动参与技术设计与创新，使职业教育的人才培养目标具有超越性。针对产业需求，加强针对性应用技术创新，政校行企整合资源，面向前沿技术领域，共建集人才培养、团队建设、技术服务于一体的创新平台，确保职业教育社会服务的载体、团队、能力和技术基础都具有超越性。

第二节　高等职业教育服务民营经济高质量发展的路径选择

民营经济是我国经济制度的内在要素，是推进供给侧结构性改革、推动高质量发展、建设现代化经济体系的重要主体，是我国经济发展不可或缺的力量。[①] 民营经济的高质量发展，需要一大批高素质的技术技能型人才支撑，急需职业教育的高质量供给。为此，教育部以省部共建的形式，选择民营经济较为发达的浙江温州、台州两地，通过国家、省、市三级推

---

① 黎昌晋. 推动民营经济高质量发展［N］. 光明日报，2020-11-16（06）.

动，开展国家职业教育改革创新高地建设试点，出台了《关于推进职业教育与民营经济融合发展 助力"活力温台"建设的意见》（以下简称"活力温台"），强化职业教育对民营经济高质量发展的支撑作用。① 作为试点主体的温台地区高等职业教育必将肩负起服务区域民营经济高质量发展这一历史使命。在这一背景下，梳理和分析区域高等职业教育服务民营经济高质量发展的时代价值、现实困境和路径选择，推动区域高等职业教育与民营经济融合发展，已经成为国家职业教育改革发展过程中亟待解答的重要理论与实践问题。

一、高等职业教育服务民营经济高质量发展的时代价值

"高质量发展"是党的十九大报告在经济领域提出的新表述。党的十九届五中全会，更是将"高质量发展"确立为新时代经济社会发展的指导思想之一。民营经济作为我国公有制为主体、多种所有制经济共同发展的重要组成部分，更需适应中国经济由高速发展向高质量发展的转变。职业教育与经济发展共生共融，如何发挥职业教育动能，服务民营经济高质量发展，首先应厘清其发展的时代价值。

（一）践行职业教育改革发展战略的重要举措

党的十八大以来，以习近平同志为核心的党中央高度重视职业教育发展，出台了一系列职业教育相关政策，助推职业教育高质量发展，国家对职业教育在国民教育体系中不可取代的地位认识是前所未有的。加强职业教育支撑区域支柱产业发展，与经济社会发展紧密结合，已成为发展的战略共识。《关于推动现代职业教育高质量发展的意见》，明确提出"到2035年，职业教育供给与经济社会需求高度匹配，在全面建设社会主义现代化国家中的作用显著增强"。② 这既是国家对职业教育提出的新目标，也对职

---

① 浙江省人民政府．教育部　浙江省人民政府关于推进职业教育与民营经济融合发展助力"活力温台"建设的意见［EB/OL］．（2021-01-29）［2024-04-10］．https：//www.zj.gov.cn/art/2021/1/29/art_1229019364_2229350.html．
② 中华人民共和国中央人民政府．中共中央办公厅　国务院办公厅印发《关于推动现代职业教育高质量发展的意见》［EB/OL］．（2021-10-12）［2024-04-10］．https：//www.gov.cn/zhengce/2021-10/12/content_5642120.htm．

业教育与经济社会融合发展提出了新的要求。而"活力温台"的核心内涵就是要创新体制机制，激发社会多元化办学的新动能，以制度创新推进温台职业教育与民营经济的融合发展。① 为此，教育部、浙江省政府各配套了5项、10项政策清单，温州市、台州市列出23项工作任务清单，通过三方协作，着力强化区域协同，全力打造职业教育发展的"温台样本"。因此，温台地区高等职业教育应主动适应区域民营经济发展新形势，激发活力，为经济社会高质量发展注入新动能，为国家职业教育改革发展提供可借鉴的发展思路与经验。

（二）加快区域民营经济转型升级的必然选择

对于民营经济，习近平总书记曾在不同时期、不同场合，反复强调民营经济的重要作用和重要地位。"民营企业是我们自己人""民营经济的地位作用不容置疑""落实支持民营经济发展的各项政策措施"。再从整个经济体系看，"我国民营经济贡献了50%以上的税收、60%以上的国内生产总值、70%以上的技术创新成果、80%以上的城镇劳动就业、90%以上的企业数量。"② 可见，民营经济发展事关国家发展，尤其是新冠疫情暴发以来，我国民营经济遇到了前所未有的挑战，转型升级的愿望比任何时期都更为强烈。若要再创民营经济发展新辉煌，实现高质量发展，关键还是需要人才的支撑。而职业教育作为与区域经济社会发展联系最密切的教育类型，理应把为区域民营经济培育高素质技术技能人才作为第一要素。以"活力温台"试点城市台州为例。台州市是民营经济大市，是中国民营经济发祥地、股份合作经济发源地、市场经济先发地，是我国民营经济最集中和最活跃的地方之一。台州市有中国第一家经工商注册的股份合作企业，出台了第一个支持股份合作企业发展的政策文件。但台州民营企业也普遍存在技术落后、人才匮乏、资金匮乏、管理水平低等问题，严重制约着企业的转型升级。因此，区域高等职业教育理应发挥自身优势，为区域

---

① 浙江省人民政府．教育部　浙江省人民政府关于推进职业教育与民营经济融合发展助力"活力温台"建设的意见［EB/OL］．（2021-01-29）［2024-04-10］．https：//www.zj.gov.cn/art/2021/1/29/art_1229019364_2229350.html．

② 夏梦瑶，李峻．我国高等职业教育高质量发展：应然维度、主要困境和驱动路径［J］．职教发展研究，2021（3）：21-29．

民营经济转型升级培养一大批高素质技术技能人才。

(三) 实现区域高等职业教育高质量可持续发展的迫切需要

经济学界普遍认为高质量发展应包含提升生产力和调整生产关系。经济发展与职业教育的联系最为紧密，职业教育本身就是生产力，它直接应用于生产并产生经济效益。抓职业教育就是抓经济、就是在扩大人力资本投资。从社会发展矛盾来看，人民对美好生活的向往包括了对个体生涯发展和技术技能教育的向往，简单的职业技能学习已经不能满足人民的需要。培养新时代的"大国工匠、能工巧匠"，提升社会生产力，促进经济发展已成为未来职业教育高质量发展的重点。从政策导向来看，国家对职业教育高质量发展提出了要求。"这些表述考虑到了职业教育的本质要求，又关照到了职业教育发展的现实诉求，将职业教育高质量发展的应然与实然有效地勾连起来。"从政府层面来看，各级政府对职业教育服务地方发展也充满了期待，如台州市就提出要围绕"服务民营经济高质量发展和共同富裕示范先行市"这一主轴主线，深入推进育人方式、办学模式、管理体制、保障机制改革，加快构建现代职业教育体系，推进职教"窗口"城市建设。从区域高等职业教育自身发展看，服务民营经济高质量发展离不开高等职业教育的高质量发展，民营经济的高质量发展必然涉及新技术、新业态、新岗位急需的高素质技术技能人才，高等职业教育肩负着人才培养的重任，亟须从注重规模扩张阶段向注重内涵式发展阶段转变。因此，区域高等职业教育对民营经济的支撑作用更为凸显，类型教育的地位更为彰显，其自身高质量可持续发展的愿望也更为迫切。

二、高等职业教育服务民营经济高质量发展的现实困境

高等职业教育服务民营经济高质量发展不仅受到国家政策、地方经济等外源力量的推动，还受到自身发展的内在诉求的驱动。但由于我国高等职业教育的发展历史不长，加之温台地区独特的民营经济环境，在服务民营经济高质量发展过程中面临诸多现实困境。

(一) 区域高等职业教育发展与经济社会发展不匹配

温台地区是我国民营经济发展的一面旗帜，两地民营企业产值占比均超过95%，具有全民经商、全民创业、全民富裕的特色。国家发改委从全国首批拟创建的八个民营经济示范城市中共选取72条典型做法进行推广。其中，温州市30条、台州市27条典型做法入选，数量位居首批拟创建城市前列。民营经济土壤如此肥沃，急需高质量高等职业教育的灌溉，在与高等职业教育融合发展上理应走在全省乃至全国前列。但目前，温台两地仅有8所高职院校（温州市5所，台州市3所），其中民办2所，高等职业教育发展也存在一些短板和不足。从学校办学定位来看，由于与职业教育类型发展相适应的政策制度体系尚未完善，高职院校会不自觉地向国家双高校或应用型本科高校学习，办学惯性导致办学定位发生漂移。一是表现在办学规模过于追求"大"。根据学校官网数据显示，5所学校在校生人数破万，相对上一年度，所有学校的在校生人数都在增加。办学规模的扩大，对办学资源的要求也随之提高，各个学校或多或少都存在资源不足现象。半数学校生均占地面积不足60平方米，7所学校生均教育辅助及行政用房面积不足20平方米，远低于全国24.7平方米的平均水平。二是表现在专业（群）设置过于追求"全"。中国职业教育质量年度报告显示，"专业设置是高职院校办学的逻辑起点"，5所学校专业数超过30个，专业设置专业（群）几乎涵盖所有产业。作为地方高职院校，专业设置毫无疑问要与地方产业发展相结合。一个地方的产业若有其特色性，如果过于追求产业全覆盖，反而会失去了自身特色，从而导致办学资源分配不均，影响人才培养与地方发展的匹配度。从办学综合实力来看，温台两地有2所学校与本科院校合作开展了本科层次职业人才的培养，但尚未有独立设置的本科层次职业学校；温州职业技术学院入选国家高水平学校建设单位；浙江工贸职业技术学院则入选国家高水平专业群建设单位和浙江省高水平学校建设单位；台州地区3所高职院校在浙江省高水平学校建设单位中均未上榜，仅2所入围高水平专业群建设单位。可见，温台高职院校办学定位需进一步明确，办学综合实力参差不齐，高等职业教育整体发展无法满足区域经济社会发展需要。

（二）"双师型"教师队伍水平与地方社会服务需求不匹配

建设高素质的"双师型"教师队伍是职业教育永恒的主题，也是高等职业教育服务民营经济高质量发展的关键所在。双师教师既要具备深厚的理论功底，还应具有扎实的技术技能实践能力。而高职院校的教师往往从学校毕业直接到学校就业，严重缺乏实践经验。2019年《国家职业教育改革实施方案》就提出，"职业院校、应用型本科高校相关专业教师原则上从具有3年以上企业工作经历并具有高职以上学历的人员中公开招聘，特殊高技能人才（含具有高级工以上职业资格人员）可适当放宽学历要求，2020年起基本不再从应届毕业生中招聘。"① 可见，国家鼓励学校从企业招聘教师，而将企业招聘教师的标准制定为"重技能，淡学历"，职业教育更要突出教师的技能水平，只要技能过关，对学历的要求可以降低。虽然国家政策有导向，但是现实操作起来非常困难，尤其对于高职院校而言，几乎无法执行。一方面，高职院校在上级部门各项发展考核指标中，对教师学历均有明确要求。如学校要升格为本科，就要求全校硕士及以上学位的教师占比不低于50%，职业本科专业甚至要求博士研究生学位不低于15%。从现有各校招聘数据来看，招聘门槛基本为硕士，不少岗位则要求博士，而对于招聘有企业经验人员的岗位，学历最低为本科，同时要具备高级职称。另一方面，在企业工作的高技能人才，往往地位较高，收入也不错。如果到高职院校工作，学历没有达到本科的，甚至无法取得高校教师资格，更何谈"双师"。而学校一般按照专业技术人员岗位定级，来自企业的教师定级低，收入将大幅减少。因此，高职院校很难吸引有企业工作经验的高技能人才加盟。中国职业教育质量年度报告显示：2020年，温台高职院校"双师"素质专任教师比例平均值为72.75%；具有高级职称的专任教师比例平均值为29.62%，均处于较低水平。①没有高水平的双师型教师团队，服务社会的能力就无法提升。而2020年，温台高职院校技术交易到款额平均值仅为317万元，4所学校技术交易到款额为0，而全国有80余所院校超过500万元；非学历培训到款额平均值为865万元，而全国有170余所院校超过1000万元。可见，温台高职院校"双师型"教师

---

① 国务院关于印发国家职业教育改革实施方案的通知［Z］.（国发〔2019〕4号）.

队伍建设乏力，其社会服务能力和层次尚有不足，为行业企业解决实际困难的数量和质量有待提高。

（三）人才培养质量与社会对职业教育的期望不匹配

自《国家职业教育改革实施方案》（以下简称《职教20条》）发布以来，职业教育发展驶入了"快车道"。但是我们也要清晰认识社会对职业教育的认可度仍不高。从职教生源来看，尤其是中考后，一大部分文化成绩低的学生进入中职学校，而高考后，无法进入本科院校的，大部分都进入了高职院校。因此，社会普遍认为职业教育地位低于普通教育，属于"次等教育"。从企业视角来看，规模大的企业对学历层次要求高，对高职院校的毕业生存在一定学历歧视，管理岗位普遍要求本科以上学历。而对于一些规模较小的企业，人力资源的缺口主要还是蓝领工人，与学校人才培养的定位和学生自身发展定位均存在偏差。从家庭需求来看，温台两地民营经济发达，学生家庭条件相对较为优越。一方面，不少家庭自身需要培养家族企业接班人，高考未上本科的，家长热衷于将孩子送到国外高校就读，把高职院校作为最后的选择。另一方面，学生家长希望孩子就业时首选国企、事业单位、公务员等，但高职院校毕业后，大部分毕业生进入民营企业工作。因此，不少人就认为就读职业院校与就业民营企业都属于最无奈的选择。要提升社会对职业教育的认可度，关键还是在于提升人才培养质量。在温台两地雄厚的民营经济保障下，中国职业教育质量年度报告显示，温台高职院校2020年毕业生初次就业率为97.07%，月收入为4895元，自主创业率为6.04%，均高于全国平均水平；但从就业去向和学生发展看，到中小微企业等基层服务人数占比高达73.06%，到500强企业就业比例仅为2.57%，而毕业三年职位晋升比例仅为45.02%。可见，温台地区高职毕业生就业竞争力及可持续发展能力仍有较大的提升空间，人才培养质量与社会对职业教育的期望还有一定距离。

三、高等职业教育服务民营经济高质量发展的路径选择

高等职业教育服务民营经济高质量发展，不仅体现了民营经济发展的目标，也凸显了高等职业教育发展的重要性，发展必须增强职业教育适应

性。"增强职业教育适应性,有利于职业教育在复杂多变的社会环境中实现持续健康的发展,也能因此反过来促进社会的进一步发展,实现职业教育与社会发展的良性循环。"① 同样,对于高等职业教育而言,需树立整体思维,推进职业教育与民营经济融合发展,通过增强职业教育适应性,破解高质量发展与现实困境之间的矛盾。

(一)增强办学定位适应性是服务民营经济高质量发展的关键

高职院校服务民营经济高质量发展是个系统工程,首要任务就是要进一步明确学校的办学定位,增强办学定位适应性。"定位的实质是高职教育价值追求及本质属性的直接反应。"② 通俗理解,就是要确定自身的位置,找准学校的发展方向。"职业教育要立足区域产业经济的发展特征来规划办学和育人定位。"③ 一要坚持面向市场,适应就业需求。办学规模适度,不盲目追求数量规模效益。要更加注重职业教育类型特征,坚持错位竞争,避免同质化发展。要突出市场需求对职业教育发展的引导作用,推动学校布局、专业设置、人才培养与市场需求精准对接,强化就业对人才供给结构的调节作用。专业(群)设置应结合区域民营经济发展需求,围绕产业链、技术链、创新链、人才链。同时,应加大投入,积极推动温台高职院校升格为本科层次职业学校,开展本科层次职业教育试点,支持省优势特色专业试办本科层次职业教育,培育民营经济高质量发展所需的高层次技术技能人才。二要坚持面向人人,适应终身教育。从社会属性上来看,职业教育是一种生命的教育,是面向人人开放式的终身教育。把职业教育作为服务全民终身学习的重要途径,突出职业培训在服务民营经济高质量发展中的重要作用,支持不同群体选择先学习再就业、先就业再学习、边就业边学习等不同途径,学习与就业相互促进,营造人人皆可成才、人人尽展其才的良好环境。三要坚持面向能力,适应实践教学。要始终坚持产教融合、校企合作、工学结合、知行合一的办学模式,把体育、

---

① 韦卫,姚娟,任胜洪.增强职业教育适应性的价值分析、理论基础与推进路径[J].中国职业技术教育,2021(22):34-42.
② 朱强,高月勤.高职院校专业设置与办法定位关系辨析与重塑[J].职业技术教育,2021(22):23-27.
③ 陈群.提质培优背景下增强职业教育适应性的出发点、难点与突破点[J].教育与职业,2021(11):5-12.

美育、劳动教育和社会实践融入人才培养过程，落实育训并举、践行知行合一。在实践教学过程中，促进学生身心健康，拓宽职业视野、增长社会经验，让更多青年能凭一技之长实现人生价值。四要坚持面向多元，适应社会发展。发挥各级政府规划指导、凝聚合力的作用，引导社会力量深度参与办学，形成各方主动作为、同向发力的良好局面。遴选地方优质民营企业合作办学，积极探索多元化办学体制，开展混合所有制办学试点。鼓励行业龙头企业举办职业教育活动，不断突出企业参与办学主体作用，激发企业参与职业教育新动能，推动区域高等职业教育与民营经济协调发展。

（二）增强"双师"建设适应性是服务民营经济高质量发展的核心

传统对于"双师"的要求，是从学校视角提出的。"师者，传道授业解惑"。来自行业企业的技术技能人才，也因视为"双师"队伍的重要力量。因此，应积畅通学校教师、企业师傅立体培育通道，提升"双师"社会服务能力，以适应民营经济高质量发展。一是畅通学校教师、企业师傅"多维培育"通道，适应区域发展实际。"双师"培育的主体除了学校之外，还应发挥政府、企业多维培育主体作用。要根据区域发展实际，政府层面建立学校"双师"和企业"双师"互通机制，出台相关办法，把政府所需传递到学校企业。学校层面要继续落实"五年一周期"的全员下企业制度，提升教师实际动手能力，把学校所需传递到企业；企业层面要定期输送企业师傅赴学校开展理论性学习，提升企业师傅学术素养，把企业所需传递到学校。二是畅通学校教师、企业师傅"交叉任职"通道，适应校企发展实际。构建校企人员双向交流协作共同体，输送优秀教师到优质民营大型企业任职。发挥技能大师工作室、名师工作坊等示范引领作用，聘请一批企业高技能人才到学校任教。形成校企人员双向流动相互兼职的常态运行机制。鼓励校企共建教师发展中心，在学校教师和企业员工培训、课程开发、实践教学、技术成果转化等方面深度合作，推动教师立足行业企业开展教学与科研，服务企业技术升级和产品研发。三是畅通学校教师、企业师傅"双向晋升"通道，适应个体发展实际。建立灵活的人事管理机制，探索"双师"双职称，允许学校教师晋升企业专业技术职称；对符合教师资格的企业师傅，允许其晋升高校教师系列职称。校企协同研制

"双师"标准,建立"双师"岗位分类分层考核办法,将体现技能水平和专业教学能力纳入"双师"考核评价体系。

(三) 增强产教融合适应性是服务民营经济高质量发展的重点

深化产教融合、校企合作是推动高等职业教育人才培养模式改革的重要途径,也是服务民营经济高质量发展,提升职业教育社会吸引力的重要举措。因此,必须以推进产教深度融合为主轴线,全面提升人才培养质量,提升社会认可度,增强服务民营经济高质量发展的适应性。一是以政校融合为纽带,适应产教融合向纵深化发展。在产教融合方面,民营企业更为追求经济利益,而学校追求社会利益,只有政府政策能够将两者之间的利益关系转化并协调一致。所以,必须以政府为桥梁纽带,尽快建立学校与企业之间共同交流、共同行动、共同繁荣的协同发展机制。政府要为学校教师进企业、教学进企业、学生进企业、技术进企业提供政策便利,促进学校与本地龙头民营企业在专业建设、人才培养等方面深度融合。同时,出台专项政策,鼓励毕业生留在产教融合企业工作,提升"留温(台)率"。二是以共建共享为目标,适应产业学院校企命运共同体建设。"职业教育具有连接教育与产业的跨界属性"[1],更加注重学校和企业"双主体"、教育和产业"双场域"的融合。现代产业学院在本质上不仅是教育组织形态的创新,更是职业教育提升人才培养质量的必然要求与现实选择。要进一步创新办学机制与人才培养模式,形成共建共享可持续化运行机制。学校要把注意力集中在政策引导、资源投入和责任落实上,扩大产业学院办学自主权。从组织架构创新入手,鼓励行业企业"反客为主",成为决策者,直接参与产业学院的建设发展和人才培养的全过程。要根据人才培养需求,积极吸纳区域产业链上下游行业企业,依托产业学院,建立"全人才链"的培养、培训和提升机制,实施以"全要素"为纽带的产教融合改革。同时,要与继续教育平台优势互补,逐步形成报名、培训、考试、考核、发证、就业等"一条龙"产业人才服务体系。三是以创新团队为抓手,适应校企协同育人培养模式。加强校企协同

---

[1] 张丽娜. 新时代增强职业教育适应性的任务方略与路径选择 [J]. 教育与职业, 2021 (15): 34 – 40.

创新团队的融合与共建，不断提升技术研发与产业需求的契合度，与优质民营企业开展现代学徒制、企业学徒制、"1+X"证书试点等合作。校企协同推进"三教"改革，完善校企师资培养和聘用制度，缩写凸显产业和区域特色的校企合作教材，运用信息化技术推进和创新教学方法创新。校企协同共建"专业—课程—课堂"系列教学标准，系统推进专业建设。重点加强与区域500强民营企业合作，提升学生就业率，聘请温台民营企业家担任就业创业导师，校企协同开拓创新创业资源，充分发挥温台创业基因，加强创新创业人才培养、初创项目帮扶和指导、企业创业孵化基地建设。校企协同共建人才培养质量评价体系，全过程关注学生在校和毕业后就业和职业发展质量，并及时反馈到人才培养体系各环节，促进人才培养质量不断提升。

第三节 本科层次职业教育试点"浙江样板"建设的路径选择

发展本科层次职业教育对我国建设现代职业教育体系意义重大，是实现职业教育"不同类型、同等重要"的一项重大举措。截至2023年6月，教育部已正式批准了22所高职院校升格为本科层次职业学校，10多所独立院校和高职院校转设职业技术大学，开展本层次职业教育试点。试点，顾名思义，就是在全面开展工作前，先在一处或几处试行，看看效果如何，为后续发展积累成功经验。浙江省作为我国经济较发达的省份，浙江教育在全国有着非常重要的地位。职业本科教育作为一个新生事物，浙江省理应积极响应加入试点行业，打造试点"浙江样板"。但目前浙江省仅有2所职业本科院校，1所为民办，职业本科教育发展与经济社会发展不匹配。因此，在"十四五"开局起步的重要阶段，梳理和分析试点"浙江样板"建设的时代意蕴，剖析试点现实困境，探索试点实践路径，对浙江省实现职业本科教育高质量发展、为本科层次职业教育试点提供范式指引具有重要启示意义。

一、本科层次职业教育试点"浙江样板"建设的时代意蕴

（一）是践行国家职业本科教育试点战略发展，推进现代职业教育体系建设的需要

党的十八大以来，我国陆续出台一系列紧扣服务国家战略、促进经济社会发展主线的职业教育政策，为我国职业教育的高质量发展指明方向。国家对职业教育在国民教育体系中具有不可取代的地位有清晰的认识。但长期以来，社会对职业教育的认可度不高，普遍认为职业教育地位低于普通教育。《职教20条》《国家职业教育改革实施方案》提出要"开展本科层次职业教育试点"[1]。《职业教育提质培优行动计划（2020－2023年）》又提出，"稳步推进本科层次职业教育试点，支持符合条件的中国特色高水平高职学校建设单位试办职业教育本科专业。"[2]《国民经济和社会发展第十四个五年规划和2035年远景目标纲要》又明确表示，"实施现代职业技术教育质量提升计划，建设一批高水平职业技术院校和专业，稳步发展职业本科教育。"[3] 习近平总书记在全国职业教育大会召开之际，作出"稳步发展职业本科教育"的重要指示。[4]《关于推动现代职业教育高质量发展的意见》的发布和实施，预示着职业本科教育高质量发展的时代已到来。当前，职业教育不再止于专科层次，"中职—高职—职业本科"的现代职业教育体系已初显雏形，未来专业硕士、专业博士将成为本科层次职业学校努力的方向，职业本科教育迎来了最好的发展时期。在这一背景下，浙江省理应在国家职业本科教育改革试点中创造出具有浙江辨识度的优异业绩，打造试点"浙江样板"，对推进现代职业教育体系建设具有重大示范和引领效益。

---

[1] 国务院关于印发国家职业教育改革实施方案的通知［Z］. 国发〔2019〕4号.（2019－1－24）.

[2] 教育部等九部门关于印发《职业教育提质培优行动计划（2020—2023年）》的通知［Z］. 教职成〔2020〕7号（2020－09－16）.

[3] 中华人民共和国国民经济和社会发展第十四个五年规划和2035年远景目标纲要［EB/OL］.（2021－3－12）. http：//www.gov.cn/xinwen/2021－03/13/content_5592681.htm.

[4] 习近平总书记对职业教育工作作出重要指示［EB/OL］.（2021－04－13）. http：//news.cnr.cn/native/gd/20210413/t20210413_525460604.shtml.

(二) 是推进浙江省"重要窗口""先行省"及"示范区"建设，走在职业本科试点前列的需要

当前，浙江省正围绕"八八战略"再深化、改革开放再出发，按照习近平总书记赋予浙江省"努力成为新时代全面展示中国特色社会主义制度优越性的重要窗口"的新使命，争创"社会主义现代化先行省"和"共同富裕示范区"。同时，浙江省把建设人才强省、创新强省作为首位发展战略，积极发展"八大万亿"产业，推进"两个高水平"建设。一直以来，浙江省文化教育实力在全国名列前茅，尤其在基础教育领域，各种教育措施落实，教育改革实施，也体现着浙江教育在全国有着非常重要的地位。而职业本科教育作为一个新兴事物，浙江必然也要走在前列。建设"重要窗口"需要职业本科教育提供强有力的人才支撑；建设"共同富裕"社会需要优质的职业本科教育供给；"争创社会主义现代化先行省"更需要高质量职业本科教育支撑。展望"十四五"，浙江省也提出了要探索完善职业教育体系，大力推进本科层次职业教育试点，在浙江省"重要窗口""先行省""示范区"建设中展现职业本科教育的担当作为。因此，开启试点"浙江样板"建设新引擎，干在实处、走在前列，对于浙江省而言有着非常重要的战略意义。

(三) 是服务区域经济社会发展，培养高层次技术技能型人才的需要

随着国家进入新的发展阶段，区域特色产业升级和新型经济结构调整不断加快，高校与劳动力市场之间的供求矛盾日益升级。人才是经济产业发展的重要支撑，也是推动高质量发展和转型升级的重要驱动。而职业教育作为与地方经济社会发展联系最密切、作用最直接的教育类型，则需提供更有力的技术技能人才支撑和技术支持。因此，通过职业本科教育培养大量高素质的劳动者、高层次的能工巧匠、高质量的大国工匠，为社会输送一大批高层次技术技能型人才，是加快区域现代化建设的必然选择。另外，由于科学技术水平的不断提升，科学技术转化为直接生产力的速度加快，科学研究朝着综合性方向不断探索，原本的专科层次职业教育已经不能满足科技发展的需要。为实现社会经济高质量发展，必须在技术技能人才培养上形成"职业本科—专业硕士—专业博士"纵向联通的脉络，为行业创新、社会发展培养可持续发展的高层次技术技能人才。从教育部批复

的试点学校要求看,明确指出"坚持高层次技术技能型人才培养定位",也就是说,职业本科教育的人才培养目标就是为区域经济社会发展培养高层次技术技能型人才。因此,举办与区域经济协同发展的职业本科教育,是服务区域经济高质量发展的必然需要,对试点"浙江样板"建设而言有着重大的意义。

二、本科层次职业教育试点"浙江样板"建设的现实困境

(一)政策困境:试点建设标准提高了,但缺乏专项政策扶持

为加强职业本科试点的宏观指导,教育部一方面出台了《本科层次职业学校设置标准(试行)》《本科层次职业教育专业设置管理办法(试行)》。从文件内容来看,职业本科教育的要求是高起点、高标志、高质量,各项办学指标远高于普通高校设置标准,如对职业本科专业要求15%的博士比例,而普通本科高校没有要求。而22所试点学校是按照普通本科学校的设置标准批复成立的,因此对于学校而言,要在未来通过本科评估,就要按照新标准来,但在短时期内达到该标准较为困难。另一方面,自试点建设以来,教育部与山东、江苏、甘肃、深圳多省市开展合作,落实了地方发展职业教育的主体责任,明确重点推进本科层次职业教育试点工作。可以说,各省市对于职业教育,尤其对职业本科试点都非常重视。但从现有政策看,对于民办职业本科高校的试点缺乏专项政策扶持,而试点对于民办高校而言,投入又是巨大的,如没有公共财政支持,仅依靠举办者投入和自身发展,很难满足试点高质量发展的要求。与此同时,《民办教育促进法》确立了对民办学校实施营利性与非营利性分类管理的法律构架。以浙江广厦建设职业技术大学为例,该校已明确选择非营利性,这就意味着举办者不能取得回报,但试点建设的经费投入又要不断加大,同时学校为了抓住试点契机,全方位提升办学质量,在办学条件、人才引进、教学改革等方面不断加大投入。对比公办学校,办学经费差距还将继续扩大。因此,当务之急要尽快研究出台试点专项政策,扶持民办试点学校创新发展。要打造试点"浙江样板",既要对标试点建设新标准,又要力争获得更多的政策支持,形成政策合力,提升试点的竞争力。

（二）地位困境：职业教育认可度低，职业本科地位没有根本性改变

从职业教育发展历程来看，我国在80年代开始调整中等教育结构，普通高中里一批相对较差的学校被转设成为中等职业高中。90年代重点建设中等职业教育学校，当时中专的分数线甚至超过了普通高中，成为初中毕业生首选。20世纪末，教育部又支持各地成立了一大批高职院校，大力发展高等职业教育。但是在长期发展的过程中，职业教育逐渐不被认可，尤其是对中考普职进行1∶1分流，分数高的学生才能进入普通高中，分数低的只能进入职业学校。再看，高考过后，未能进入本科院校的，基本都选择就读高职院校，所以职业教育"低人一等"的社会现象长期存在。随着国家对职业本科的重视，职业教育的地位似乎有了转机，教育部除了正式批准22所本科层次职业学校以外，也尝试通过独立学院与高职院校合并转设职业技术大学的方式扩大职业本科教育的规模。但是2021年6月，浙江省正在转设的几所独立院校纷纷宣布不再与高职院校合并转设职业技术大学。随后，江苏、山东、江西各省也随之跟进。被官方定位为职业教育改革方向之一的独立学院与职业院校合并转设职业技术大学的工作被教育部全面暂停，不少独立学院在公告中明确表示"学校办学性质不会转变为职业本科"。尽管目前一些纳入"双高"建设的高职学院录取分数线甚至超过了独立学院，毕业生的就业前景也比一般的独立学院更广，但从部分学生和家长的角度看，独立学院或是普通本科都可以接受，但与高职院校合并转为职业技术大学，就突然感觉学校"低人一等"了，可见社会对职业教育的认可度偏低，职业教育的社会形象还没有得到根本性的改观。从《职业教育法（修订草案）》看，国家在立法时还特别强调了职业教育与普通教育同等重要，这恰恰也是体现职业教育没有得到社会的认可。

（三）发展困境：职业本科范畴存在争议，诸多标准尚无先例可循

从国家顶层设计看，《教育部国家发展改革委财政部关于引导部分地方普通本科高校向应用型转变的指导意见》（教发〔2015〕7号）的正式颁布，标志着我国应用型高校建设进入全面发展阶段。《职教20条》又进一步明确了应用型高校的发展方向与路径，并指出应用型高校应属于职业教育的范畴。那么，应用型高校培养的人才与职业本科试点学校培养的人

才有何区别?为何又要强调开展职业本科试点?为此,学界讨论不断。"应用型本科是具有应用性质的学术教育或工程教育。"① "职业本科教育属于工程技术类和复杂技能类教育。"② 随着时代的发展,社会对高素质应用型人才需求更为强烈,"建设教育强国"是党的十九大提出的目标。以此视角来讲,职业本科培养出的复合型人才应当成为"教育强国"的标志性成果之一。在当今教育功利化问题变得极其尖锐的时期稳步发展职业本科,强化技术技能人才的培养也是我国教育身处"世界百年未有之大变局"和"实现中华民族伟大复兴战略全局"之中极具实践意义的举措。可见,开展本科层次职业教育试点是完善我国现代职业教育体系,提高职业教育适应性的重要举措。再从职业本科教育内部看,这是全新的类型和不同的层次,没有先例可循,诸多标准、制度、体系需要探索构建。开展本科层次职业教育试点,培养高层次技术技能人才,在人才培养模式、学科专业(群)建设、师资队伍建设等方面,要实现向职业本科转型,都需要深入探索,攻坚克难,故转型发展的条件约束是一大挑战。

三、本科层次职业教育试点"浙江样板"建设的路径选择

(一)出台专项政策扶持,破解发展困境

打造试点"浙江样板",急需各级政府的专项政策支持,省级政府层面应出台相关政策,破解发展困境。首先,要建立试点联席制度。将试点建设列入省政府重要议事日程。联席会议制度由省政府办公厅牵头,教育厅、市县政府、学校等参加,指导学校进一步厘清发展思路,明晰发展定位,协调试点建设发展,研究解决工作中重大问题,部署实施试点创新重大事项,每年召开1~2次会议,就试点建设发展规划、专业设置、经费投入等有关工作情况向联席会议报告,形成政策合力促进试点工作高质量发展。其次,要打造省市共建平台。学校升格更名后,各级政府虽给予了学

---

① 徐国庆,陆素菊,匡瑛. 职业本科教育的内涵、国际状况与发展策略[J]. 机械职业教育,2020(3):1-6.
② 匡瑛,李琪. 此本科非彼本科:职业本科本质论及其发展策略[J]. 教育发展研究,2021(3):45-51.

校一定的支持，但远不能满足学校高质量发展的需求。其次，建议省政府出台专项政策，与地方政府合力打造试点"浙江样板"省市共建平台。通过政策性补贴、税收优惠、融资支持、教育费附加减免、全面推广现代学徒制、开放人才服务中心资源库等手段拓宽政府、企业、社会参与办学的途径，助力职业本科样板建设，促进职业本科教育高质量发展。最后，应建立试点学校生均拨款制度。打造试点样板，需要学校在提升办学条件、人才引进、教学改革等方面加大投入，且投入巨大。对于非营利性的民办高校，也应尽快建立民办高校专项经费扶持政策。向非营利性的民办高校提供生均财政拨款，是实现浙江省职业本科教育走在前列的必然要求。因此，建议省政府出台试点相关办学经费政策，采取政府购买服务或政府补贴的方式向非营利性的试点学校提供生均财政拨款，拨款标准可按照公办高校生均标准的20%~30%拨付。

（二）提升办学综合水平，转变社会认知

要打造试点"浙江样板"，提升职业本科吸引力，关键还是要提升本科层次职业学校的办学质量和综合实力。首先，应不断优化专业结构，打造高水平专业群。完善专业动态调整机制，紧扣服务产业、服务区域经济发展，结合新基建相关行业领域、产业链技术发展，调整本科专科专业结构并完成迭代升级。优先发展区域经济社会发展急需的职业本科教育专业。按照产业链、岗位群，促进学科专业交叉融合，形成重点突出、集群发展的专业新体系。集中优势资源，重点围绕培养模式改革、实训基地建设、课程资源建设、新形态教材建设、课堂教学创新和产教融合等方面给予专项经费与政策扶持，提升专业群建设水平。其次，要立足"三高"，校企协同培养高质量职业本科人才。职业本科在人才培养过程中必须突出类型特征，要立足区域社会经济发展所需，基于OBE理念，依托产教融合、校企合作、"1+X"制度试点等方式，构建理论与实践有机融合的课程体系，努力培养适应岗位需要的高质量"职业人"。立足高起点、高标准、高质量的发展目标，在培养定位上，对应高级技术技能应用与管理相关岗位群，培养高层次技术技能人才；在培养规格上，知识水平达到本科层次，技能水平上高于高职专科；在培养模式上，坚持以更高层次推进产教融合、工学结合、校企合作、知行合一，打造协同育人新路径。另外，

要促进高质量就业，提升职业本科人才竞争力。改变社会对职业本科认知，最好的办法就是体现在就业上。一方面，要完善就业创业指导教育体系，提高毕业生就业质量，通过探索构建"面授+网络课程学习+实际操作"就业创业指导课程体系，引导学生树立正确的就业创业理念，自觉增强行业领域的技术本领，提升就业竞争力。另一方面，要建立职业本科人才培养质量评价体系，以评促教动态完善人才培养体系，通过全过程关注学生在校和毕业后就业以及职业发展质量，重视用人单位对学校人才培养的意见，委托第三方教育数据咨询和评估机构进行调查，并及时反馈到人才培养各环节，促进人才培养质量不断提升。此外，学校还要积极吸收更多优质企业，加强与500强企业合作，提升学生就业质量，用学生、家长和用人单位较高满意度的事实证明"职业本科"是大有可为的切实举措。最后，应做好宣传，提高社会认同感。当今作为全媒体时代，及时、积极、正面的宣传报道会产生令人意想不到的"宣传蝴蝶效应"。对职业本科教育进行有效、正面的宣传，是提高职业本科社会认可度的重要途径，可以改善学生、家长以及社会各界对职业教育的刻板印象。

（三）建立各项标准体系，探索试点经验

稳步发展职业本科教育是"十四五"时期职业教育改革发展的主要方向，在国家政策导向下各项改革试点任务需要全力提速。首先，要提升职业教育适应性，打造贯通式职业本科人才的培养体系。职业本科人才的培养要从人才培养的立体贯通性考虑，不能照搬照抄普通本科或者应用性本科的经验。"要建立自身内部升学通道，推进中高本贯通的高端技术技能人才贯通培养，保证职业本科人才培养的独立性，从而进一步理顺职业教育内部衔接通道。"[①]。其次，要制定系列教学标准，推进学科专业建设。要基于人才培养全过程，探索并制定职业本科教学系列标准。专业教学标准以人才培养方案为顶层设计，就人才培养定位、培养模式、课程结构、培养实施各环节做出系统性设计。课程标准要以实践课程标准建设为重点，融入"1+X"证书的相关要求，突出专业技术技能和实践能力培养。

---

① 王兴. 本科层次职业教育人才培养的现实困境、目标定位与路径突破［J］. 职业技术教育，2020（34）：6-11.

课程教材内容要对接主流生产技术，注重吸收行业发展的新知识、新技术、新工艺、新方法，通过校企双元合作开发专业课教材。创新教材形态编写可以选用科学严谨、深入浅出、图文并茂、形式多样的活页式、工作手册式、融媒体教材等，鼓励编写具有专业特色的职业本科校本教材。课堂教学标准要以打造"金课"为目标，合理提升学业挑战度、增加课程难度、拓展课程深度，切实提高课程教学质量。通过各类系列标准的制定，在专业、课程、课堂三个层面扎实、系统地推进专业建设。同时，要积极推进各专业课程思政建设，将课程思政融入人才培养全过程，重点打造一批思政融合课程、课证融合课程、校企合作开发课程、创新创业课程等高质量特色课程。最后，要构建以"双师"素质为导向的教师评价标准，增强师资建设水平。建设高水平"双师"团队是职业教育永恒的主题，职业本科的双师标准应更加体现技能水平和专业教学能力。因此，必须落实教师全员下企业进行实践轮训制度，对接"1+X"证书制度试点和职业教育改革需求，探索适应本科职业教育技能培训要求的教师分级培训模式，把"1+X"证书制度和相关标准纳入教师培训的必修模块。此外，要构建校企人员双向交流协作共同体，依托产教融合型企业，形成校企人员双向流动相互兼职的常态运行机制，发挥技能大师工作室、名师工作坊等示范引领作用，聘请一批企业高技能人才、能工巧匠兼职任教；鼓励校企共建教师发展中心，在教师和员工培训、课程开发、实践教学、技术成果转化等方面深度合作，推动教师立足行业企业开展教学与科研，服务企业技术升级和产品研发。同时，应分类制定教师专业技术职务认定与评聘标准，以教学科研实绩、岗位贡献为导向，以教学业绩、竞赛奖项等成果替代论文、课题要求，也可将教师技术技能和教学能力纳入分级评聘考核。

第四节 温台职业院校产业学院建设案例

一、"114"高精数字模具全链式产业学院

（一）基本情况

模具作为工业生产的基础工艺装备，素有"工业之母"美誉，是我国

制造业的根基。获批中国模具工业协会精模奖最多的浙江模具以完善的产业体系和市场体系有力地支撑起全省的制造业发展，促进我国工业市场发展繁荣。随着消费与制造业的双重升级，"中国制造2025"时代到来，模具的精密化、智能化、数字化大势所趋，并以产教融合校企合作的方式促进教育链、人才链与产业链、创新链有机衔接，能够有效提升行业现代化水平和国际竞争力，推动模具产业高质量发展。

台州科技职业学院（以下简称台科院）坐落于中国模具之乡——黄岩，是浙江省"双高计划"建设单位和教育部职业教育发展中心实验校。学校师资科研力量充沛，成果丰硕，产教融合工作机制完备，多次荣获省级科学技术一等奖、省级产教融合项目。学校与多家企业共建校内外基地、研究所等机构和组织64个，牵头成立长三角模具产教联盟，联合一批省级产教融合型企业和行业领军企业，依据产业链布局逻辑在校内分别与台州凌轩、凯华模具、北京精雕、施耐德电气和海天塑机5家企业建立了联系，共同形成"114"高精数字模具全链式产业学院（以下简称全链式产业学院，由1个长三角模具产教联盟，1个台州模具产业智能制造工程师协同创新中心和凯华模具产业学院、精雕产业学院、海天塑机产业学院和施耐德产业学院4个企业学院组成，见图5-2）。

图5-2　"114"高精数字模具全链式产业学院关联图

全链式产业学院覆盖全院80%以上的专业，提供实训工位200余个，充分满足高精模具的设计、制造、检测、注塑以及数字化的人才培养和社会服务需求。相关项目获批浙江省、"活力温台"、台州市"五个一批"产教融合项目及市智能模具工程师协同创新中心等多项成果,校企联合攻关的模具微孔发泡技术实现了产品应用,真正做到了产教融合,校企共赢。

(二) 主要做法

1. 主要措施：紧密型产教融合生态圈与产业链式实训建设模式

全链式产业学院融合了工业物联网、高精模具数控加工技术、自动化控制技术、智能装配、注塑、检测等先进技术,按照模具制造的全过程,匹配对应的先进设备及工具,针对每个环节进行典型工作任务的设计,按照模块化进行教学实训,让学员逐项掌握模具制造的全过程。全链式产业学院实现教学层级化、管理数字化、产线智能化,打破信息化系统间的孤岛,保证国内的领先性,为中国模具产业集群数字智能化转型升级提供"台科模式"。

2. 培养模式：探索"三领域、六平台、四精准"校企协同实践育人新模式

学校依托全链式产业学院建设,通过校企共创理论学习领域、校内实训领域、校外顶岗领域,共建认知实习平台、现代学徒制跟岗实习平台、岗位工匠班学习平台、高技能精准训练平台、校企协同多元评价平台、顶岗实习平台六个技能递进式的协同育人平台,将思政教育融入实践教学中,将企业案例融入专业课程中、将技能课搬到实训基地、研发中心、产业学院等企业生产场地进行沉浸式教学,从而实施思想精准对接、岗位精准选择、技能精准训练、人才精准评价的现代工匠"三领域、六平台、四精准"培养新模式（见图5-3）,从而培养出德技兼备、爱岗敬业、精益求精、技能精湛、企业急需的高端模具产业现场工程师。

3. 创新点

实施"2+0.5+0.5"人才培养方案,打造现场工程师立体式"三明治"人才共育模式。通过建立中高企一体化人才培养模式和"岗课证赛业"五位一体闭环式人才培养体系,在前2年,学生在校内完成理论课程学习,第五学期进入产业学院实习,第六学期到模具企业顶岗实习（见图5-4）,形成"上游企业+学校+下游企业"的链接,打造"三明治"中国特色学徒制高标准人才培养模式。培养"会互联、懂智造、精专技、有素质、可持续发展"的高精密数字模具制造业生产一线的现场工程师,

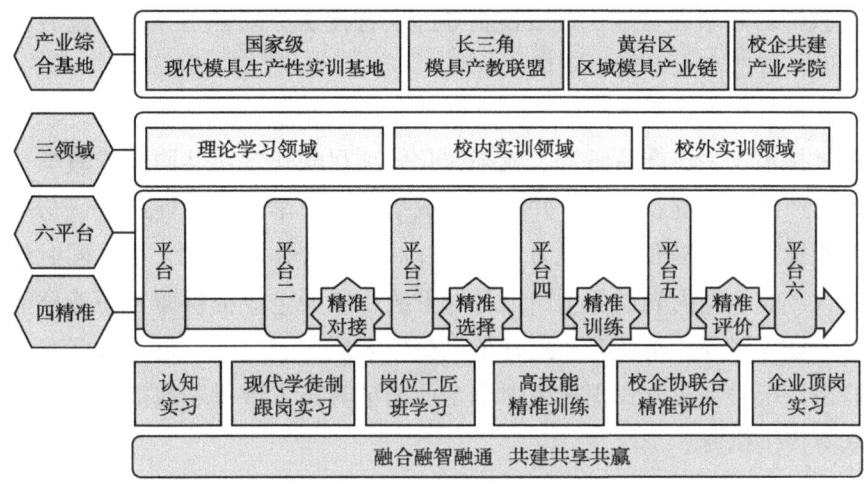

图 5-3 "三领域、六平台、四精准"的人才培养新模式

实现"企业能留人，学生愿留下"的"联姻式"就业，提高学生留台率，提升学生就业能力和收入水平。

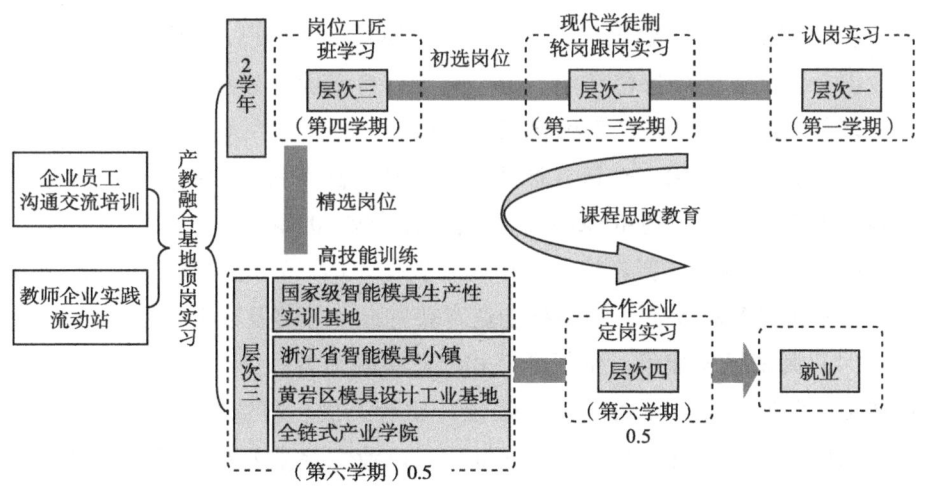

图 5-4 "2+0.5+0.5"人才培养实施路径

建设师资团队长效机制。依托全链式产业学院，校企双方共建人才双向流动机制，实施人才互聘，企业高级人才积极参与学院高水平模具专业群建设，并时常与学生互动讲座。加强教师培训，在产业学院内建立教师企业实践岗位，为教师提供下企业锻炼岗位，将基地建设成"双师双能

型"教师培养培训基地。开展校企导师联合授课、联合指导，实施教师激励制度，打造高水平教学团队。

产教互长为产业赋能。成立高精数字模具产教融合工程中心，联合开展模具技术攻关、产品研发、成果转化、项目孵化等，共同完成教学科研任务，产出科技创新成果，并将科技成果引入教学过程，促进科研与人才培养积极互动，提升服务能力，每年开展校企合作项目数十个。同时依托全链式产业学院内先进的生产设备与系统积极为企业提供职工职业技能培训、考证等服务，帮助企业提升员工整体素质。通过长三角产教联盟平台和联盟论坛大会等方式积极为中小企业的模具技术改进、智能制造、数字互联等提供赋能。

（三）主要成效

围绕全链式产业学院建设，台科院在双高专业群建设、产学研成果、人才培育创新、师资队伍建设、实训基地建设、社会服务等方面取得了长足进步和不俗成绩。

（1）**双高专业群建设**。近年来，学校模具专业群已成为浙江省高水平专业群、浙江省优势特色专业、中央财政支持专业并建设了中国模具高级人才培养基地、浙江省产教融合工程项目等。

（2）**产学研成果**。全链式产业学院获批浙江省科技厅高技能人才培养项目、省市级以上课题40多个，发表核心论文50多篇。

（3）**人才培育创新**。校企合作规划教材3本、开设5个岗位工匠班并开发校本视频教材5本，学生技能竞赛获省级一等奖及以上8项。

（4）**师资队伍建设**。依托全链式产业学院为教师下企业深入一线锻炼创造良好条件，促进学校"人才强校"工程开展，打造高素质"双师型"教师队伍。学校的机电与模具工程学院（产业学院主要承建者）实现全院"双师型"教师占比90%以上，并积极引入行业企业人才，以"百教千导"工程聘请校外人才担任客座教授36名，客座导师130名，丰富专业群师资力量。

（5）**实训基地建设**。围绕全链式产业学院建设和模具专业群建设，共建成120余个校内外实训基地/室，其中包含国家级现代模具生产性实训基地、工业机器人智能车间等56个校内实训室和64个校外现代学徒制实训基地，工位数近 3200 个，生均工位 1.6 个。

（6）**社会服务**。学校设有国家职业技能鉴定所，可鉴定职业（工种）8 个，获批 37 个"1＋X"职业技能等级证书试点。2020 学年对外培训累计 18192 人天次，是在校生规模的 2.05 倍。

（四）经验总结

全链式产业学院是依托长三角模具产教联盟，整合各方创新资源和行业优势共建共享的基地。基地的建设按照模具产业的工艺流程进行设计布局，对照模具产业未来的发展方向进行总体规划，为学校、企业、学生三方提供了沟通、融合、互利的平台，对于推动模具产业发展，提升浙江省职业教育产教融合工作具有十分重要的借鉴作用，在此总结以下五大经验：

1. **联盟整合行业、提供交流平台**

长三角模具产教联盟联合三省一市的模具行业资源，与全国模具行业企业进行沟通，引入国际模具行业先进经验，为基地的建设提供了十分宝贵的指导性意见。联盟所提供的平台促进政校行企的高效沟通和精诚合作，人才、技术等要素的精准流动，共同实现行业高质量发展。

2. **立地式产教融合和飞地式校企合作并举**

全链式产业学院的建设既引入了像凯华模具、海天塑机等学校所在地企业，与其建立起立地式合作，也积极引入像北京精雕、施耐德电气等外省高新企业，与其建立起飞地式合作。两种合作模式并举，实现优势互补。

3. **校企合作实施层面因企制宜，创新模式**

在立地式与飞地式校企合作的基础之上，与各个企业的合作依据实际情况采用不同的合作模式，实现共赢利益最大化。例如凯华模具产业学院采取"校中厂"模式，引入凯华公司一条完整的产品产线，为学生提供浸润式学习实践环境；精雕产业学院采取"引企入校"模式，将北京精雕黄岩分公司整体迁入全链式产业学院内部，让学生面对面感受真实的企业氛围。

4. **突破原有培养体制，重建教学方式**

通过建立中高企一体化人才培养模式和"岗课证赛业"五位一体闭环

式人才培养体系,结合"1+X"考证制度,打造"三领域、六平台、四精准"校企协同实践育人新模式,打破原有课堂教学体系,让学生充分融入专业、理解岗位、专注技术。

5. 师资团队建设的请进来与走出去

一方面,依托全链式产业学院便于校内教师开展企业锻炼、立地式科研工作等,提升教师素质;另一方面,基地内各产业学院内的企业工匠作为工匠班、订单班的教师对学生开展师带徒教学,开展"百教千导"等活动吸纳优秀的企业人员进入教学环节。当然产业学院的建设与运行过程中也存在着诸如基地各单元联系不够紧密、模具行业产业链环节涵盖不足、教师参与度低等问题,相信在后续的不断探索和建设过程中能够找到合适路径有效解决相关问题。

二、共建产业学院,共谋网络安全实战人才培养

(一) 基本情况

安恒信息产业学院是台州科技职业学院联合杭州安恒信息技术股份有限公司,重点围绕市特色高水平专业群——信息安全技术应用专业群,瞄准台州市数字产业结构升级的新需求,构建"内外联动、校企融通"产业学院建设路径,打造"政产学研用创、共建共享共治"的产业学院建设模式,共同探索实践"学生→学徒→准员工→员工"四阶递进分段式育人的新工科应用人才培养模式,进一步做实台州市网络空间安全生产教联盟。

(二) 主要做法

1. 校企合作建立工作室,创新人才培养

在专业教师、企业工程师指导下,校企合作建立信息安全协会和鸿鹄信息安全工作室,承接企业项目,师生共同参与,研究培养竞赛拔尖人才梯队模式。创新管理模式,工作室采用企业模式,形成以企业项目为主导,教师、学生共同参与,教师指导为辅,学生管理学生,学生培训学生。平时请企业工程师每周定期进行线上培训,工作室成员每月进行学习分享会,营造良好的工作室学习氛围。鼓励学生积极参加各类安全竞赛。

2. 深化产教融合、校企合作培养模式

与杭州安恒信息技术股份有限公司加强合作，利用该公司在省内网络安全系统的影响力，参考与其他优秀院校的校企合作模式，协助市委网信办处理台州市网络安全问题。校内建立生产性实训基地，采用校内岗位情景，校外实行顶岗实习，把工学结合作为人才培养模式改革的切入点，实现有专业特色地"校政行企合作、产教融合"的培养模式。

3. 资源整合，课程共建，校企"双元"合作开发活页式教材

根据行业需求，进行专业定位，确定职业能力，校企"双元"合作进行教学改革，开发新形态活页式教材，提高教师专业教学能力。

4. "校政行企"产学合作协同育人，积极开展社会服务工作

与台州市网信办合作，开展社会服务工作为台州护网工作贡献力量；鼓励教师参加各类专业培训和考取证书，提高教师专业能力。与杭州安恒信息技术股份有限公司和台州市网信办加强合作，建成台州市"网络安全知识培训基地"，提高教师的社会服务能力。

5. "校政行企"产教融合协同育人——合作共建校内实训基地

实现理实一体化，实操教学占总课时的三分之二，课程采用实践技能考核方式，实现考教分离。聘请安恒等企业工程师进行现场授课，与企业的岗位进行零距离无缝对接；聘请安洵公司入驻校园，建立台州反网络犯罪育训基地，培养公安红客队伍。

6. 校企合作，人才培养模式业务渗透研究

和杭州安恒进行深度的合作，通过教师访工、挂职锻炼、学生假期实习等方式，体验真实企业岗位，服务企业，收集行业资源和实践案例，进行资源整合和教材合作开发，从而培养适应社会需求的网安人才。主要内容如图5-5所示。

7. "学生→学徒→准员工→员工"四阶递进，分段式育人

改革专业群人才培养模式，从"学生→学徒准员工→员工"四阶递进，分段式育人，制订"一生一案"人才培养方案，注重学生实践技能培养与岗位素质提升。

学生——大一，专任教师培养（竞赛、扫漏洞），一徒多师；

学徒——大二，专任教师、政府、企业、行业工程师——"四元育

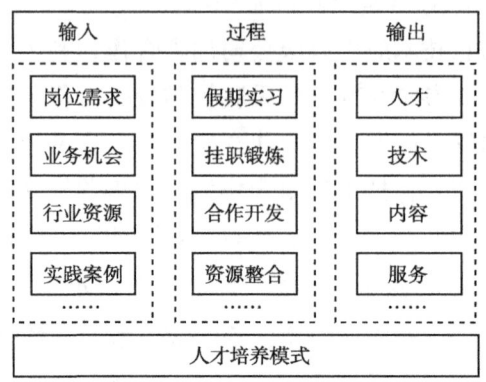

图 5-5 人才培养模式业务渗透

人"共同培养（竞赛、华三订单班、亚运会订单班、深信服订单班、hvv 行动、扫漏洞等），一徒多师；

准员工、员工——大三，企业培养，一徒一师。

（三）成果成效

1. 打造高水平教学创新团队

台州科技职业学院信息安全专业群以培养高技术技能型"领班"人才为目标，目前拥有一支素质过硬、技术技能教学精湛、结构合理、专兼结合的优质团队，并出版教材 21 本，2016 年获浙江省教学成果奖二等奖；团队成功申报 2019 年信息安全与管理专业为校重点专业、2020 年校教学创新团队和 2021 年台州市特色高水平专业群。

2. 校企协同育人，培养订单班高技术技能型人才

通过成立寻梦亚运会网络安全卫士班，贡献台科院力量（55 人，全省高职院校规模最大的安全队伍）。校警企合作建设台州反网络犯罪育训基地，成立红客队伍，并获批台州市网络与信息安全产教融合工程项目，台州市产学合作协同育人项目，浙江省产学合作协同育人项目。

校政行企合作，成立台州市网络空间安全产教联盟（包括全国知名网络安全企业、台州市大中专院校、台州市网信办、台州市公安局），举办 2021 年永宁论剑——网络安全论坛，2020 年 12 月举办活力温台首届大学生网络安全大赛，2021—2022 年举办台州市两届网络安全大赛。致力通过

校政警企多方合力，保障台州数字城市建设中的网络与信息安全。

淬炼以赛促学竞赛人才。学生技能竞赛成绩突出，近两年指导学生竞赛获职业院校技能大赛国家级二等奖 2 项，职业院校技能大赛省级（以下简称"省级"）一等奖 10 项，省级二等奖 13 项，省级三等奖 37 项，共 62 项。其中，2022 年获金砖国家技能大赛——网络安全赛项国家二等奖、2022 年大学生数学建模竞赛全国二等奖、2019—2022 年连续四年浙江省大学生网络与信息安全竞赛获一等奖（包揽技能赛项前三名）、2020—2022 年连续三年宁波市网络安全大赛一等奖（本专科同台竞技），2020 年"新华三杯"全国大学生数字大赛一等奖 3 人等。2019 年、2022 年两次参加"西湖论剑"全国网络信息安全大赛，均获三等奖，在这项全国著名高校、军事院校都参加的比赛中，是唯一进入决赛并获奖的高职院校。

信息安全技术应用专业 2017 级学生高昌盛被公安部确定为"公安部网络安全千人计划候选人"。在校期间他曾荣获 2019 年国家奖学金特别奖（全省 10 名），第 15 届、第 16 届全国大学生信息安全与对抗技术竞赛一等奖，国家网络安全宣传周"第五空间"网络安全创新能力大赛一等奖，全国高校"西普杯"信息安全铁人三项赛第十赛区二等奖，XCTF – SCTF 国际赛第一名等。2019 年参加"西湖论剑"全国网络信息安全大赛获三等奖。2022 年被评为浙江工匠。

3. 创新点

一是"校政行企"四元育人的培养方式，服务行业企业。信息工程学院学生参与台州市以及全省的网络安全运维服务，实现政校企合作培养人才。我院自 2021 年 3 月与安恒公司合作开展 hvv（护网）活动以来，到目前已经派出 8 个批次的 hvv 行动和 6 次网络检查，共有 92 人次，保障了很多重要部门的网络安全，脚步遍布北京、杭州、宁波、绍兴、舟山、温州、丽水、台州等地，横向技术服务获益约 15 万元。特别在建党百年网络安全重保活动中，我们派出了 34 位同学，大家争做网络安全卫士，为建党百年献礼，同时也为同学们提供很好的锻炼机会，使同学们更加明确将来的发展方向和职业生涯规划。培养"白帽黑客"，我院已走在全省同类学校前列。同时鸿鹄信息安全工作室师生为仙居中医院、仙居妇保院、仙居财政局、路桥图书馆、路桥医保局等多个单位系统检查漏洞。

二是"学生→学徒→准员工→员工"四阶递进的培养模式，服务学生发展。通过信息安全协会和鸿鹄信息安全工作室，通过"政校行企"四元育人的培养方式，将学生从大一（学生）、大二（学徒）到大三（准员工、员工）进行四阶递进培养，师生共同承接企业项目（扫漏洞、护网、攻防演练），形成竞赛拔尖人才梯队。学生通过各种订单班、竞赛、护网、扫漏洞等多方途径进行学徒的培养，直到变为企业的员工。鼓励学生积极参加各类安全竞赛，指导学生参加2019年、2022年"西湖论剑"全国网络安全对抗赛获团体三等奖，在这项全国著名高校、军事院校都参加的比赛中，是唯一获奖的高职院校；指导学生参加浙江省大学生网络与信息安全竞赛，连续4年均获一等奖。

在护网过程中表现优秀的学生，直接被安恒录用，使华三订单班学生高质量就业，大厂就业数量大幅增加。学生通过各种订单班、竞赛、护网、扫漏洞等多方途径进行学徒的培养，直到变为企业的员工。

（四）推广应用

台州科技职业学院信息工程学院立足于国家网络空间安全战略，聚焦工业4.0的战略部署，服务于台州湾区信息安全产业，联合杭州安恒、上海安洵、深信服等行业领军企业，共建安恒产业学院、深信服产业学院、台州反网络犯罪育训基地，搭建"政校警企"四元协同育人与协同创新平台；以立德树人为根本，培养一批具备合作创新意识和国际视野，满足网络信息安全产业职业技能要求并具备可持续发展能力的技术技能型人才，打造技术技能人才培养高地，引领省内外同类专业群高水平发展，在同行中具有辐射作用。具体表现如下：

一是教学团队素质优良、技术精湛。近年来出版教材21本，教材应用多个高职院校，团队2016年获浙江省教学成果奖二等奖，团队成员多次开展公开课和参加学术交流。

二是我校学生高昌盛入选《绽放吧！青春榜样——百名优秀高职学生党员风采录》。信安协会第一任会长——2020届优秀毕业生高昌盛同学，入选全国百名优秀高职学生党员风采录，2022年被评为浙江工匠，从少年"黑客"到"白帽"卫士的华丽转型，展现了我校学生厚德强技、积极进取、奋发向上的良好精神面貌，发挥了新时代大学生先进典型的示范引领作用。

三是汪国华院长参加 CCF YOCSEF 技术论坛。2021 年 12 月 12 日和 2022 年 10 月 28 日，CCF YOCSEF 杭州分论坛举办了题为"现代产业学院，高校向应用型转型的'必然之路'？"的技术论坛。论坛邀请了来自企业或高校与计算机学科评估密切相关的多位重量级嘉宾，我院院长汪国华也受到了邀请，此次论坛得到了全国各地学术界和教育界同仁的大力支持。

四是汪国华出席 2022"西湖论剑"决赛现场接受直播采访及"西湖论剑"网络安全论坛圆桌会议。西湖论剑·2022 中国杭州网络安全技能大赛于 2023 年 3 月 18～19 日在杭州电竞中心举办线下决赛，院长汪国华受邀参加承办方的直播采访。分享了网络安全人才培养经验，学院通过创建信息安全协会和鸿鹄信息安全工作室，强化校内教师、企业工程师以及学生之间的链接和交流，实现"政校行企"四元育人培育方式，辐射了全国高职院校。

三、经验总结

（一）存在的不足

一是在网络安全人才培养的过程中更应注重创新创业教育，探索网络空间安全中人才培养、人才选拔以及人才落地方面的应用研究；二是需尽快解决网络安全人才培养现存的问题，是高校师资不足还是人才培养的瓶颈，抑或是企业高技术人才没有时间和精力到学校长期入驻。只有与社会进步和技术更新同步，才能做到与时俱进、开拓创新。

（二）下一步工作计划

下一步安恒信息产业学院将聚焦网络安全实战人才的培养，校企组建实战型的师资队伍，开发相应的实战课程，搭建贴近实战的仿真实训室，继续推动学生参与护网和攻防演练，为国家培养出更多网络安全实战人才，维护国家安全。

(三) 凯华模具产业学院打造"政校行企"产教融合协同育人平台

1. 基本情况

近年来,全球模具工业发展迅猛,竞争激烈,预计2023年全球模具行业市场规模将达到1.5万亿美元。在这个庞大的市场中,由于中国模具工业突飞猛进,其市场份额将进一步扩大,并成为全球模具行业的领导者。而黄岩作为"中国模具之乡",模具产值约占全国十分之一,有着举足轻重的作用。然而,在黄岩,模具行业在快速发展中仍存在核心技术受制于人、重点行业需求不振、龙头企业引领性不强、经营成本居高不下、适用人才结构性不足等问题。人才是行业发展的根本,高校是人才培养的摇篮,如何加强产教融合、培养符合模具企业需求的人才,是当务之急。

前期,我校与浙江凯华模具有限公司多次到对方单位考察交流(见图5-6),达成共识建立凯华模具产业学院,2021年8月在黄岩区政府举办校地合作彩虹行动暨百名硕博人才黄岩行活动中,台州科技职业学院与浙江凯华模具有限公司、黄岩区人社局签订共建凯华模具产业学院协议,形成"政校行企"产教融合生态圈,打造高端模具技术技能人才培养高地与创新服务平台(见图5-7)。

图5-6 凯华模具产业学院建设校企双方考察交流洽谈会

2. 主要做法及成效

(1) 建立凯华模具班(简称凯华班),创新人才培养模式。

①共建凯华工匠型人才培养标准。校企协同制订基于企业工作任务的岗位技能标准。针对凯华公司高精塑料模具设计、模具加工、模具装配、

图 5-7 凯华模具产业学院签约仪式

模具试模等五大核心岗位的工匠型人才培养，及时整理典型工作任务，梳理岗位技能要求，植入"1+X"认证体系。

共育"双师型"师资队伍。依托凯华模具产业学院，与凯华建立校企人才双向流动机制，实施人才互聘，明确校企双方教师培养标准及路径，共建教师企业实践岗位，开展师资交流、研讨、培训等业务，提升教师技术技能，将凯华模具产业学院建设成"双师双能型"教师培养培训基地。开展校企"双导师"联合授课、联合指导，实施教师激励制度，打造高水平教学团队（见图5-8）。

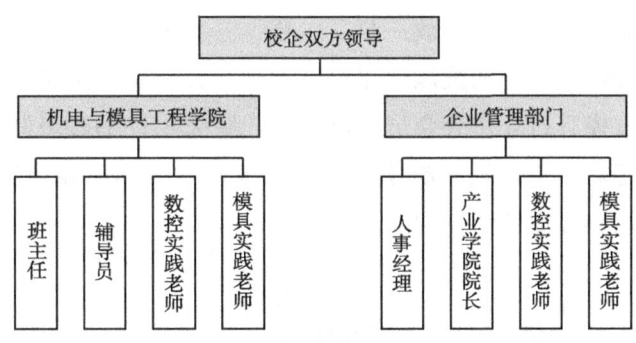

图 5-8 基地"双导师"制度建设

共建课程体系及资源。优化人才培养方案，重构课程体系及内容，编写及出版活页式教材，开发精品教学资源。

②**开发校企合作课程**。产业学院凯华班的专业核心课程和实训课程全部由乙方根据典型工作任务的岗位技能要求，设计课程体系、优化课程结构，推动课程内容与行业标准、生产流程、项目开发等产业需求科学对

接，由甲方模具专业教师和企业技术、管理、培训人员联合开发一批高质量校企合作课程、教材和工程案例集，并推广到非凯华班专业班级。具体合作课程如下：

课程名称	授课对象	授课老师	授课课时	学分
模具岗位综合实践	凯华班学生	凯华技术人才	64	4
塑料模具数字化设计	凯华班学生	凯华技术人才	64	4
模流分析	凯华班学生	凯华技术人才	64	4

③创新教学模式。紧密结合凯华模具产业实际创新教学内容、方法、手段，增加综合型、设计性实践教学比重，用真实项目、产品设计等作为毕业设计和课程设计等实践环节的选题来源。使用凯华高精模具智能制造生产线开展浸润式实景、实操、实地教学，实施轮岗、定岗、顶岗的"三岗"实践教学模式，着力提升学生的动手实践能力和解决复杂问题的能力。

④建立模具工匠型人才"星级"技能考核评价标准。坚持"德育为先，德技并举"的育人理念，联合台州市人力社保局、长三角模具产教联盟、地方模具行业协会、产业学院等，对所有凯华模具班学生在校三年所获得的理论知识和技能水平，在毕业前进行精准评价考核（见图5-9）。根据评价机制给每位学生发放一星、二星、三星等"星级"技能证书，与台州市人力社保局规定的技能"星级"互认，并在长三角模具产教联盟成员企业和地方模具行业协会会员企业实施"星级"证书薪级制，不同星级实施不同的起薪水平，提高凯华班学生的理论学习和技能训练的积极性，提升学生在模具行业的影响力。

图5-9 模具工匠型人才"星级"技能考核

（2）建立高精模具智能制造生产性实训基地。在学校 2 号实训楼一楼南边 1000 平方米左右的场地建设高精模具生产实训基地，由企业投入 13 台近 2000 万元高端模具制造设备和特种加工智能制造生产线，建立从任务下单、项目管理、模具设计、数控加工、特种加工、模具检测、模具装配、试模等整个模具设计与制造流程，满足学生在各个岗位的实训、实习、实践需求。

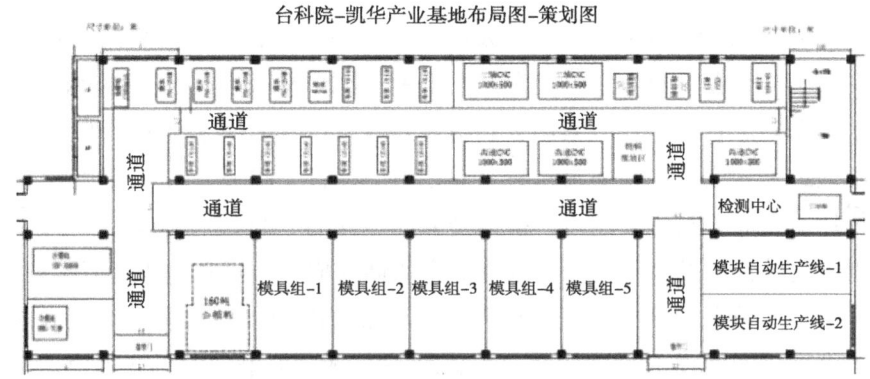

图 5-10　凯华模具产业学院生产基地布局图

企业投入的设备清单如下：

序号	设备名称	数量（台）
1	三轴 CNC	2
2	高速 CNC	3
3	镶块自动生产线	2
4	EDM	2
5	慢走丝线切割	2
6	三坐标测量机	1
7	合模机	1

（3）建立中高职一体的凯华人才培养模式。为提高毕业生留台率和留在凯华公司的就业率，每一届均与黄岩、路桥、椒江等中职学校合作开展中高职一体长学制人才培养工作，将浙江凯华模具有限公司列为长学制校企合作企业。

（4）搭建产学研服务平台和成立智能模具产业研究院，建立模具数字

化产业人才培养基地。校企合作成立高精模具研发中心和台州智能模具产业研究院，联合开展模具技术攻关、产品研发、成果转化、项目孵化等项目，推进数字模具建设，加快模具发泡技术研究应用，产出科技创新成果，并将科技成果引入教学过程，促进科研与人才培养积极互动，提升服务能力。建立模具数字化产业人才培养基地，能为台州及全国模具产业的升级贡献力量。

3. 经验总结

（1）与行业龙头企业合作，发挥龙头企业引领作用。黄岩以民营经济为主，中小企业种类繁多，差异巨大。浙江凯华模具有限公司是中国大型注塑模具重点骨干企业、国家级高新技术企业、浙江省技术研发中心，也是中国最大的汽车注塑模具制造企业之一。与凯华合作，就是要发挥其带头作用，开展模具相关论坛，搭建公共服务平台，促进各方交流，解决企业遇到的共性问题，最大限度地降低企业创新成本，提升企业创新能力。

（2）加强校企双方合作，提升研发项目力度和高校教学质量。引导企业联合高校开展模具技术攻关、产品研发、成果转化、项目孵化等项目，共同完成教学科研任务，产出科技创新成果，并将科技成果引入教学过程，促进科研与人才培养积极互动，提升服务能力。

（3）实施校企人才双向流动，成立产业学院，建立高水平教师队伍。依托凯华模具产业学院，建立校企人才双向流动机制，实施人才互聘。加强教师培训，依托产业学院，共建教师企业实践岗位，开展师资交流、研讨、培训等业务。

（四）下一步展望

1. 深化工作机制

以凯华模具产业学院为依托，加强双方联动，聚焦模具产业链"卡脖子"技术、共性技术和关键薄弱环节，着力解决模具相关重大项目关键核心技术攻关、创新平台和服务平台建设、创新产品推广应用、人才引进等方面的体制机制问题，推动黄岩模具产业高质量发展。

2. 加强要素保障

加大对模具研发设计创新人才引进和培养力度，共建人才培训基地，探索并建立浙江模具行业人才评价体系，制定行业标准和团体标准，推动模具行业新技术、新标准、新模式的应用。加快编制模具专业教材，加大对技能人才在岗培训和继续教育力度。

3. 强化宣传引导

加强对凯华模具产业学院中先进典型的宣传报道，充分利用电视、电台、网络、直播等多种类型媒体的舆论导向作用，广泛宣传凯华模具产业学院的发展、关键核心技术突破等成果，扩大社会影响，营造良好的社会氛围。

四、依托精雕产业学院的中国特色学徒制人才培养进行探索与实践

（一）基本情况

产业学院选址为台州科技职业学院，占地1200多平方米。北京精雕黄岩分公司整体（6~8台设备，22名工作人员）入驻。双方共同投入8台机床设备、1台三坐标测量机和1台空压机以及其他配套设施。其中，2台五轴机床、8套机床配套设施、1台三坐标测量机、1个气站和1套车间管理系统配套硬件设施由学校投入，总价值约420.4万元；另外的6台机床和1套车间管理系统软件等由企业投入，总价值约1174.9万元。

（二）主要做法

1. 构建"三明治"校企协同人才培养新模式

根据北京精雕科技有限公司（以下简称"北京精雕公司"）设置的五轴编程和操作学徒岗位，我校与该公司成立产业学院。按照校企协同、学岗对接、工学交替的指导原则，开展"上游企业+学校+下游企业"的"三明治"中国特色学徒制高标准人才培养模式的创新与实践。学校通过校企协同、人才培养、技术服务、职业培训等建设任务，完成上游企业对下游企业的技术升级改造、员工职业能力提升、技术技能人才供给，发挥桥梁作用。

北京精雕公司作为上游企业，协同学校联合实施现代学徒制人才培养方案，双方共同制订招生考试评价方案、人才培养方案，构建课程体系，创建教材及数字化资源，工学交替灵活组织教学，跟随北京精雕公司的数

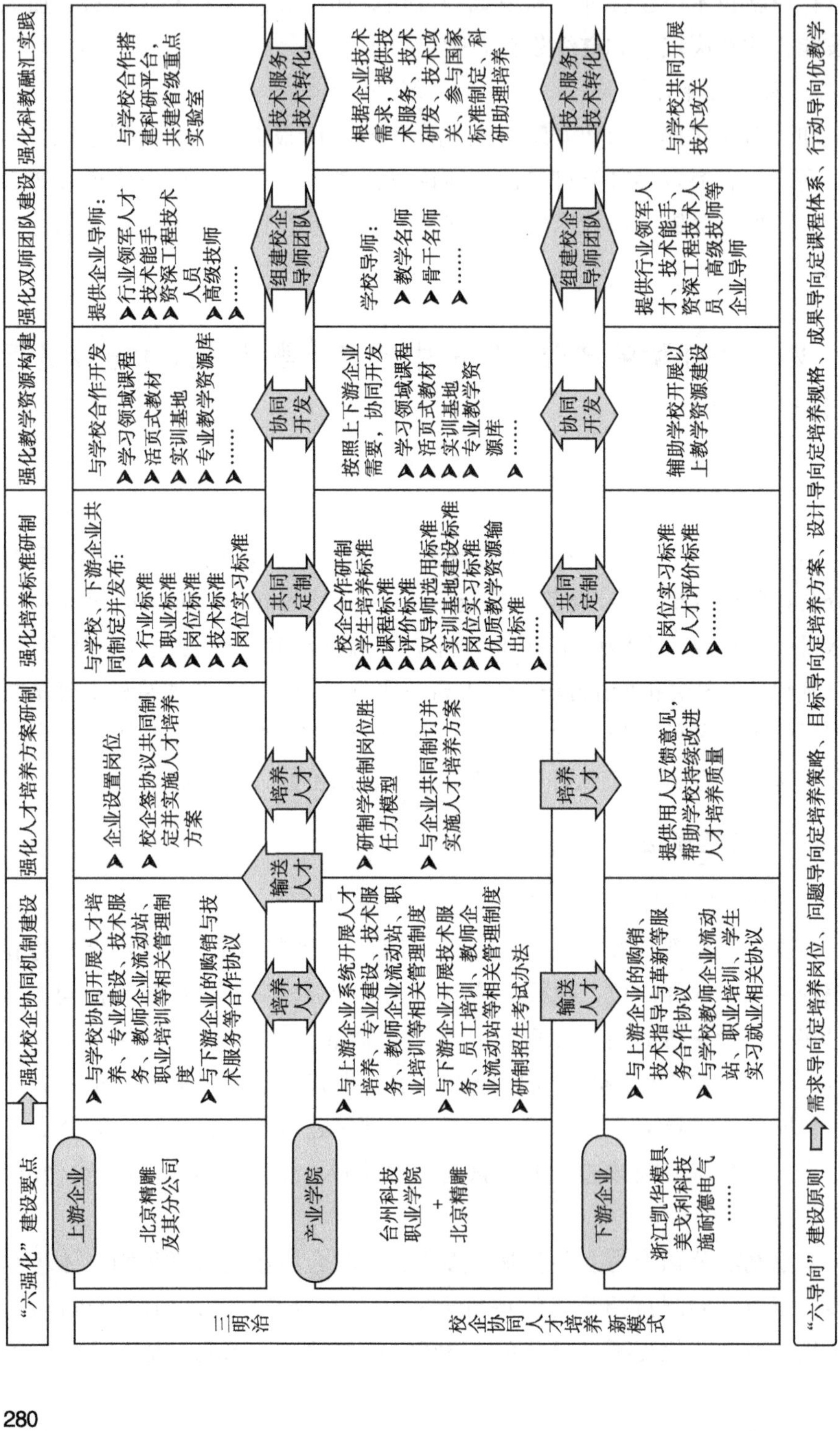

职业教育服务民营经济的逻辑进路与模式研究

"六强化"建设要点：强化校企协同机制建设 | 强化人才培养方案研制 | 强化培养标准研制 | 强化教学资源构建 | 强化双师团队建设 | 强化产教融汇实践

上游企业（北京精雕及其北京分公司……）
- 与学校协同开展人才培养、专业建设、教师培训等相关管理制度
- 与下游企业的购销与技术服务等合作协议

培养人才 / 输送人才

- 企业设置岗位
- 校企签协议共同制定并实施人才培养方案

共同定制：
- 与学校、下游企业共同制定并发布：
  ▶行业标准
  ▶职业标准
  ▶岗位标准
  ▶技术标准
  ▶岗位实习标准

协同开发：
- 与学校合作开发
  ▶学习领域课程
  ▶活页式教材
  ▶实训基地
  ▶专业教学资源库
  ……

组建校企导师团队：
- 提供企业导师
  ▶行业领军人才
  ▶技术能手
  ▶资深工程师技术人员
  ▶高级技师
  ……

技术服务技术转化：
- 与学校合作搭建科研平台，共建省级重点实验室

产业学院（台州科技职业学院 + 北京精雕……）
- 与上游企业系统开展人才培养、专业建设、技术服务、教师企业流动站、职业培训等相关管理制度
- 与下游企业开展技术服务、员工培训、教师企业流动站等相关管理考试办法

培养人才 / 输送人才

- 研制学徒制岗位胜任力模型
- 与企业共同制订并实施人才培养方案

共同定制：
- 校企合作研制
  ▶学生培养标准
  ▶课程标准
  ▶评价标准
  ▶双导师选用标准
  ▶实训基地建设标准
  ▶岗位实习标准
  ▶优质教学资源输出标准
  ……

协同开发：
- 按照上下游企业需要，协同开发
  ▶学习领域课程
  ▶活页式教材
  ▶实训基地
  ▶专业教学资源库
  ……

组建校企导师团队：
- 学校导师
  ▶教学名师
  ▶骨干名师
  ……

技术服务技术转化：
- 根据企业技术需求，提供技术服务、技术研发、技术攻关，参与国家、省标准制定，科研助理培养

下游企业（浙江凯华模具、美戈利科技、施耐德电气……）
- 与上游企业的购销、技术培训与学等新等服务合作协议
- 与学校教师企业流动站、职业培训、学生实习就业等相关办法

培养人才 / 输送人才

- 提供用人反馈意见，帮助学校持续改进人才培养质量

共同定制：
- 岗位实习标准
- 人才评价标准
……

协同开发：
- 辅助学校开展以上教学资源建设

组建校企导师团队：
- 提供行业领军人才、技术能手、资深工程师技术人员、高级技师等企业导师

技术服务技术转化：
- 与学校共同开展技术攻关

"六导向"建设原则：需求导向定培养岗位，问题导向定培养策略，目标导向定培养方案，设计导向定培养规格，成果导向定课程体系，行动导向优教学

图 5-11 "三明治"校企协同人才培养新模式

280

控机床设备销售,向下游企业输送具有设备安装调试、工艺开发、编程操作、设备维保等技术技能,并能解决现场生产问题的员工。

北京精雕公司的设备购买方企业作为下游企业,学校通过学生实习就业、技术服务、职业培训等,了解下游企业在员工招聘、员工培训、技术改造等方面的需求,并联合上游企业帮助下游企业解决实际问题。

2. 打造"1+2+4"产业学院校企协同运营管理新机制

为了实现人才培养的高效管理,学校与上游企业共同组建产业学院,设立一个理事会(决策机构),主要负责现代学徒制培养的相关工作决策。理事会下设两个议事机构,分别由学校和企业牵头,学校负责学徒的岗位安排、培养计划、技术指导、学徒管理以及能力评价等日常事务。企业负责专业能力需求分析,协同学校制定人才培养,岗位实习、学员专业能力评价等。根据建设要求,分设学徒培养小组、招生评价改革小组、师资建设小组、数字技能服务小组4个工作小组,负责现代学徒制人才培养具体建设任务。

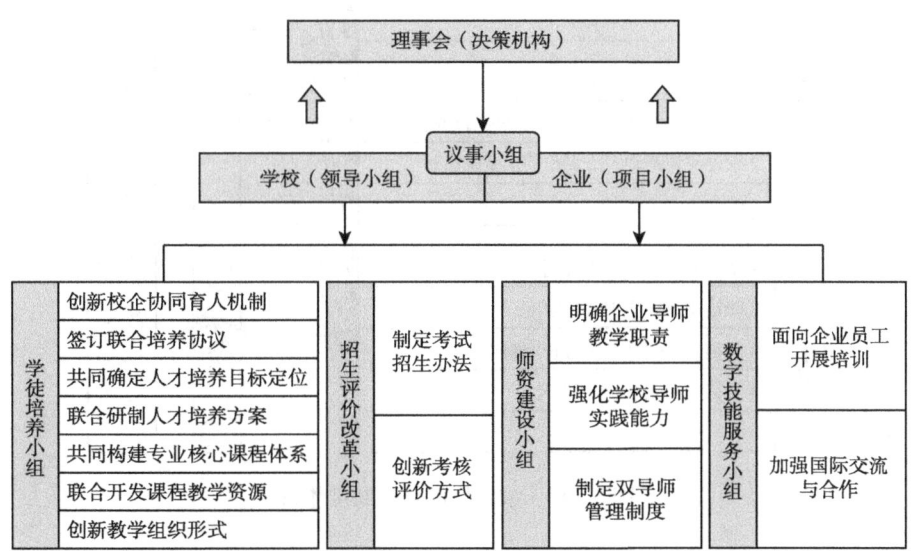

图5-12 "1+2+4"校企协同运营管理机制

3. 构建"三个共"产业学院校企协同管理制度新体系

构建产业学院校企合作的管理体制。按照人才共建、资源共享、发展共赢的"三共"建设理念,遵循问题导向、目标导向、成果导向,联合上下游企业构建现代学徒制学院校企协同管理制度新体系。共同制定了《现代学徒制人才培养质量保障机制》《现代学徒制学徒招生管理办法》《现代学徒制学徒管理办法》《现代学徒制学徒实习管理制度》《现代学徒制学徒实训考核制度》《现代学徒制岗位员工实习管理制度》《现代学徒制安全管理处理办法》等系列校企协同管理制度。

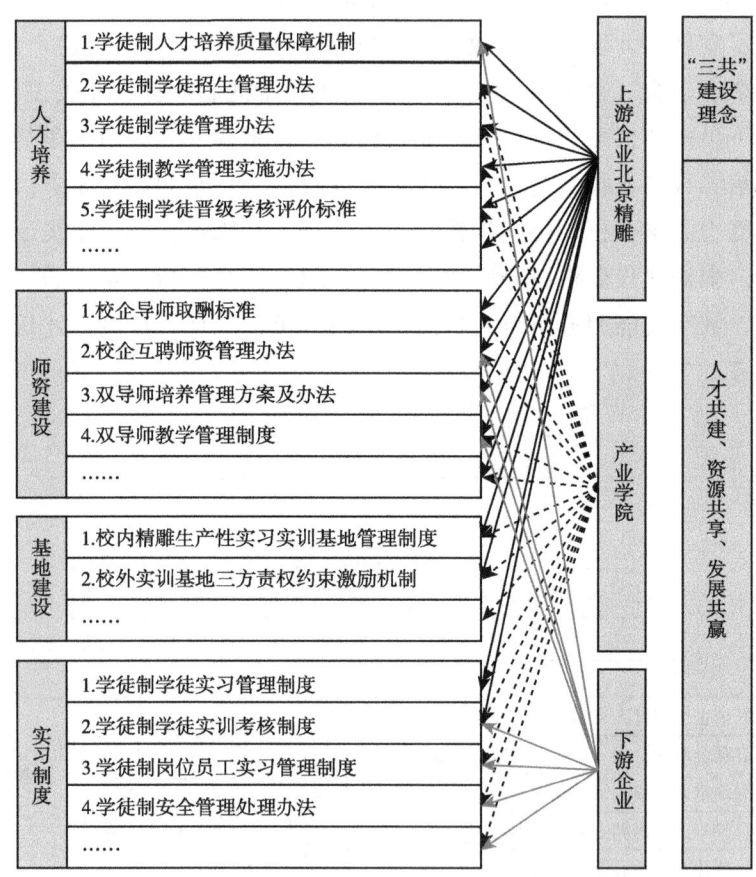

图 5-13 校企协同管理制度体系

4. 探索产业学院"校企"育人双主体

校企应有效协同、联动和同频共振，发挥最大体制效能。界定校企的职能分工，细化主体责任。第一，机电与模具工程学院和教务处等职能部门履行教育教学和管理职责，形成学校产业学院培养体系，构建学校产业学院教育管理格局。第二，北京精雕公司 HR 部门和生产部门履行合作育人职能，形成支持、参与职业教育的友好氛围。第三，产业学院作为学徒培养基地，建立协同沟通工作机制，每个星期讨论一次学徒制培养过程中学生、学院的技能落实情况，每个月召开一次论证课程体系的建设情况，每个季度讨论一次人才培养岗位技能的落实情况，每年提出、反馈一次学徒制人才培养和学徒管理问题和解决办法，形成校企命运共同体，协同做好规划设计、项目实施、课程开放、教学改革、人才管理等学徒制现场培养工作。

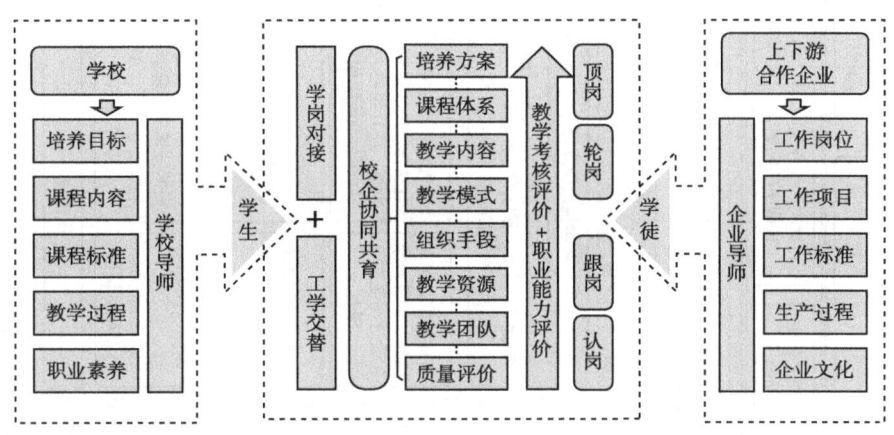

图 5-14 校企双主体

5. 基于产业学院构建专业核心课程体系

根据现代学徒制人才培养规格，落实"岗课赛证"要求，按照产业学院共研学习领域"职业岗位→典型工作任务→职业能力→课程体系"的开发逻辑，借鉴成果导向教育 OBE 理念，通过"反向设计、正向实施"的路径，研制学生培养标准，赋值培训课程教学目标权重，计算课程价值，建立课程对职业能力的支撑矩阵表，展开培训课程对培养标准达成供给的可量化适配性分析，重构成果导向现代学徒制培训课程体系；按照"工作领域→学习领域→工作领域"的工学交替形式，引入企业真实项目，重构基于工作过程系统化的课程教学内容。

根据现代学徒制人才培养规律、岗位典型工作任务及职业能力要求，按照"以岗定课、以赛导课、以证验课、以课育人"的形式，聚焦精密制造现代学徒制能力，以内容项目化、教学行动化、考核实践化，引入上下

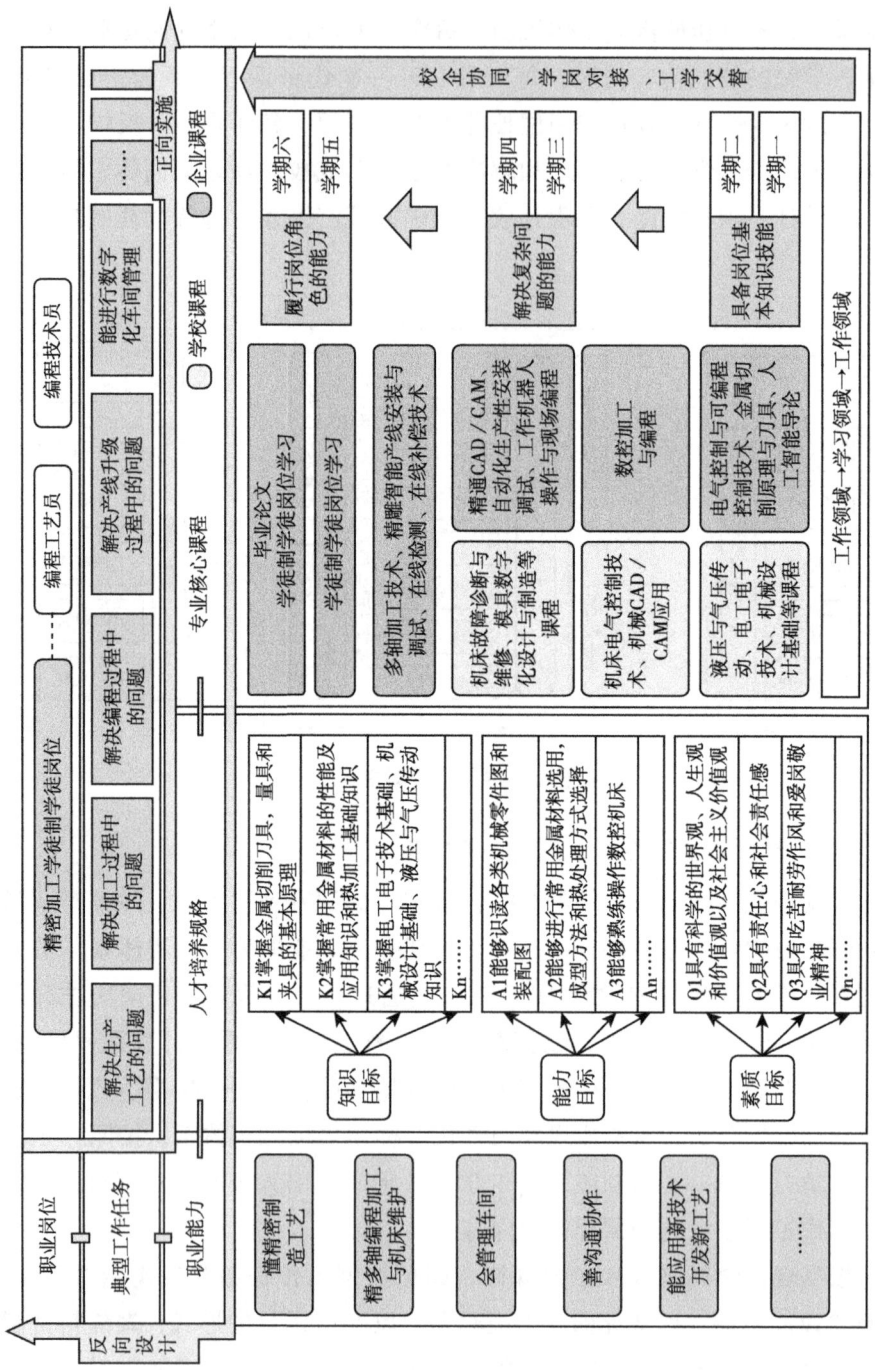

图 5-15 专业核心课体系建设

游企业产品工艺开发项目,基于工作过程系统化地建立"横向岗位融通、纵向能力贯通、功能模块可组"的专业核心课程体系,以支撑职业能力体系中行动导向的人才培养模式。

契合岗位职业能力,研制学生专业培养标准,量化赋能课程价值,建立"课程和能力支撑"矩阵,融入"岗赛证创"等载体,构建"能力契合岗位,功能模块可组"的课程体系;聚焦学生培养标准达成度,促进师生共长,重塑"五度课堂"教学场域,依托网络教学平台夯实"SPOC行动导向"六步教学法,编制教案指南,落实课程思政,开发学生画像评价系统,重视学情分析,实施差异化教学;围绕课程、专业、学校三个层级的目标达成度评价,建立系统化监测体系,通过评估培养过程的"四个度",持续改进学生培养标准。

以行动导向优化教学的建设思路,将校企双育人主体的现代学徒制课程体系划分为以学校导师为主的专业基础课、以学校和企业共同为主体的专业技能课程(专项)和以企业岗位实践为主的岗位/群能力实践课程(岗位)三大课程模块(其中,岗位/群能力实践课程、岗位/群专项技能课程两大模块属于企业课程),这些课程具有动态调整性,以适应企业产业升级、岗位变化的需求。

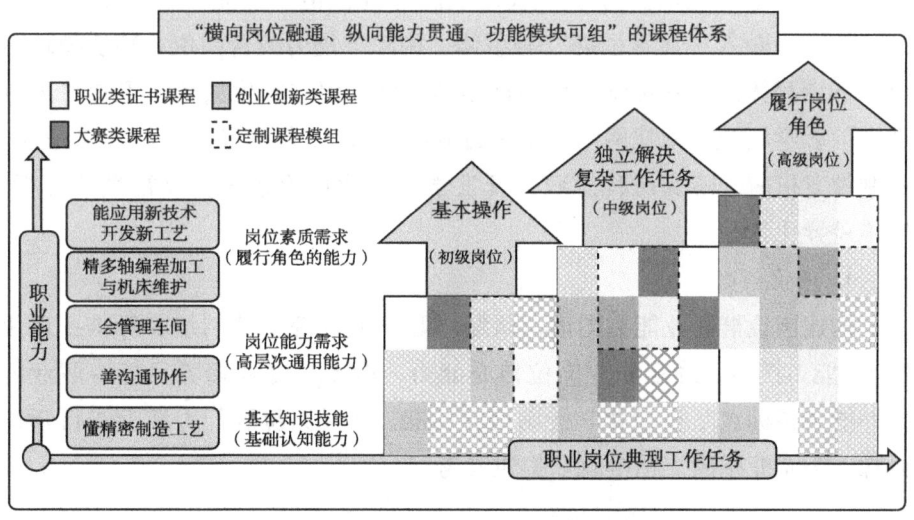

图 5-16 OBE 专业核心课程体系

（三）成果成效

1. 培养质量提高

我院在省级技能大赛获奖十余项、就业率提高 10%、成为 "1+X" 精密数控加工职业技能证书（高级）基地，学生获证通过率 100%。开发了 2 本核心岗位教材，五轴精密加工人才 100 余人和社会培训 100 余人次，形成"校企协同、学岗对接、工学交替、岗位成才、科教融汇、共生共长"的中国特色学徒制范式。

2. 模式创新

构建"三明治"产业学院校企协同人才培养新模式。对接高端精密制造产业转型升级的需求，联合国产高端数控机床龙头企业北京精雕公司，搭建由"北京精雕公司（上游企业）+ 数控技术专业（学校方）+ 浙江凯华等（下游企业）"的"三明治"产业学院校企协同育人新模式。形成"校企协同、学岗对接、工学交替、岗位成才、科教融汇、共生共长"的职业教育学徒培养范式。

3. 课程创新

提出了彰显产业学院"三性"的成果导向课程体系，分析岗位职业能力，研制专业学生培养标准，量化赋能课程价值，建立"课程和能力支撑"矩阵，融入"岗赛证创"等载体，构建"能力契合岗位，功能模块可组"的课程体系；聚焦学生培养标准达成度，促进师生共长，重塑"五度课堂"教学场域，依托网络教学平台夯实"SPOC 行动导向"六步教学法，编制教案指南，落实课程思政，开发学生画像评价系统，重视学情分析，实施差异化教学。

4. 评价创新

构建岗位群职业能力图谱，研制精雕产业学院学徒制培养标准：运用 PGSD 能力模型，确定职业岗位核心能力，形成"专业培养目标→职业能力→能力指标点"可量化学徒制培养标准。通过岗位胜任力模型进行学徒画像，为企业招聘、精准就业提供参考。

（四）下一步展望

（1）**员工培训**。满足上下游企业多样性培训问题。构建企业主体、社会共同参与的职业培训体系将是产业学院的面临的一大挑战。与上游企业共建台州市精密制造培训综合体，辐射下游企业，开展岗位适应能力培训、数字提升高级培训等。将共同开发岗前《精雕 surfmill 基础培训手册》、岗中《精雕在线检测技术培训手册》、岗后《精雕数字化车间管理培训手册》三本核心岗位培训手册。

（2）**国际合作**。"引进创生共享"国际优质资源。如何提升国际合作与加强交流能力，需要充分发挥精雕产业学院建设中的学校、企业资源作用。积极实施优质教学资源的引入与输出，成为国际交流重要载体。通过提升平台国际化水平与影响力，打造职业教育国际特色品牌是未来几年产业学院的重要方向。

（五）混合所有制办学模式的汽车学院

台州职业技术学院紧密对接台州"456"先进产业集群的民营汽车产业发展需要，整合政校企行多方资源，与两家民营企业共建混合所有制汽车学院，形成校企利益共同体，共同探索产教融合的新途径，形成"院司一体"合作办学新模式，有效提高了办学质量。通过四年改革创新，提高了育人效率和育人质量，形成混合所有制办学台职模式，得到了地方行业企业和国内同行的高度认可。

1. *基本情况*

为切实解决人才培养定位不清晰、师资结构不合理、实训基地不适应等问题，台州职业技术学院（以下称台职院）牢牢把握职业教育改革发展方向，参照"混合所有制"建设模式，从 2017 年 7 月开始，与珠海市欧亚汽车技术有限公司、浙江台州金桥集团有限公司先后正式签约成立混合所有制笛威金桥汽车工程学院和笛威金桥汽车技术服务有限公司。通过"混改"，创新混合所有制办学的体制机制，形成"院司一体"运行模式，解决公办院校混合所有制办学的政策瓶颈问题；探索混合所有制"混"的方式，解决产教融合不深不实问题，形成牢固长效合作机制；进行基于混合所有制的"三教"改革，打通人才供给侧与需求侧的衔接通道，解决人才培养质量问题。

2. *主要做法*

该汽车产业学院以二级学院作为办学载体，通过将部分办学资源市场化,从理论、实践、制度层面,探索混合所有制二级学院办学模式,通过五年的探索与实践,形成混合所有制二级学院人才培养"台职方案",取得了显著育人成果。

(1) **校企"混"办,办学投入多元化**。校企以用益物权、知识产权、现金等形式共同投入,共同创办笛威金桥汽车工程学院和笛威金桥汽车科技有限公司。构建专业同建、资源同用、文化同融、人才同育、就业同促、技术同研、服务同承、风险同担、成果同享、多方同长的"多元十同"办学机制,形成"一院一司,院司一体"运行模式,实行人才培养和技术服务"一体两翼,同步发展"的运行制度。

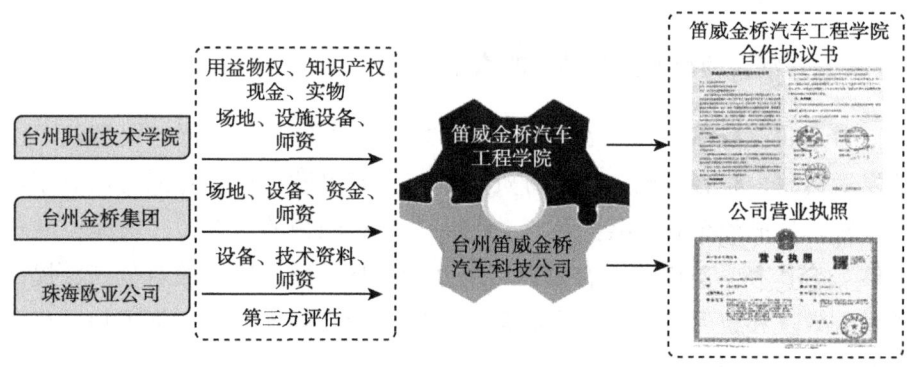

图 5-17 "院司一体"公办混合所有制二级学院建构路径

(2) **校企"混"管,管理模式集约化**。校企三方共同成立笛威金桥汽车工程学院理事会和台州笛威金桥汽车科技有限公司董事会,院长由学院派员担任、经理由企业派员担任,探索"司院一体、双会协同"的管理模式,形成学校党委统一领导,直属党支部前置酝酿,理事会和董事会决策,院长、经理层执行的内部治理架构。

(3) **校企"混"人,人员管理一体化**。深化产教人才互通机制,组建包括学校老师、企业驻校老师、学徒制企业师傅等组成的多师混编混岗教学团队。学院混编师资实行"混合共建,混编共管,同工同酬"管理模式,企业驻校老师入职混合所有制公司,学校按照在编教师的工资定级方式套算企业老师的工资等级,校企双方真正实现"身份互认、角色互通"。

(4) **校企"混"建,平台建设多样化**。共建校内实训基地,形成汽车整车、新能源汽车、整形涂装、汽车营销等12个一体化实训室;共建汽车

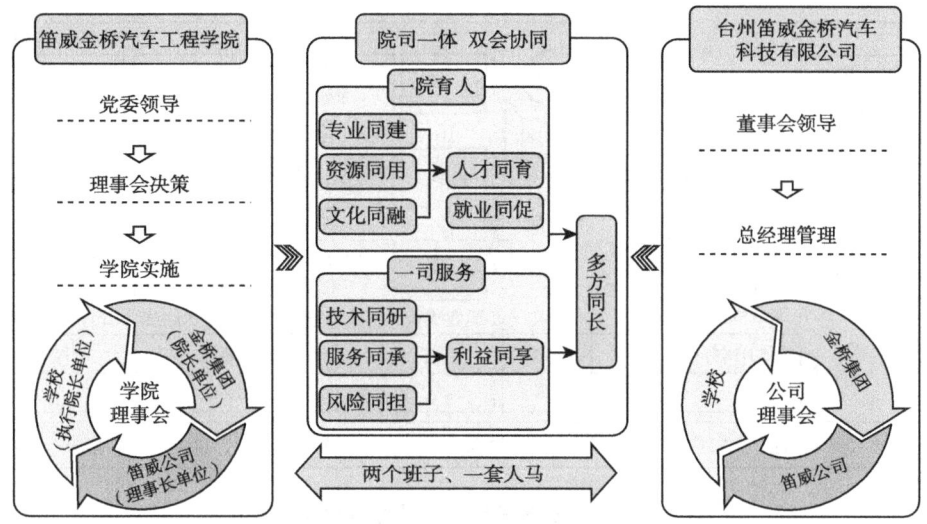

图 5-18 "司院一体、双会协同"的管理模式示意图

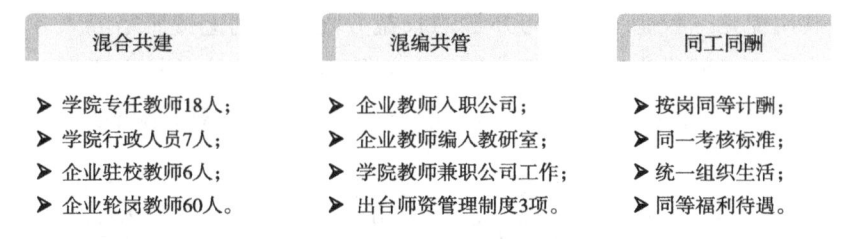

图 5-19 混编教师团队组成及管理

服务"校中厂",企业投资 3500 万元,共同建成了集汽车销售、维修、检测、教学培训为一体的校内综合汽车维修类生产性实训基地;共建品牌汽车人才培养基地,通过牵线搭桥,与一汽大众、保时捷等 4 家车企共建品牌合作培训中心。

(5) **校企"混"育,育人途径丰富化**。创新"多主体育人,多途径培养,多方向成长"的现代学徒制人才培养模式。形成"共基础,分方向,定岗位"的学习领域课程体系和"知岗,跟岗,顶岗"的实践育人体系,实施工学交替,对岗培养。校企共同研制人才培养标准、课程标准、模块标准的三级标准体系,重构模块化课程体系,联合开发模块化课程 16 门和 8 部新形态教材,由校企多师团队分工协作开展模块化教学。

(6) **校企"混"财,效益核算精细化**。建立独立共享的产权制度,明

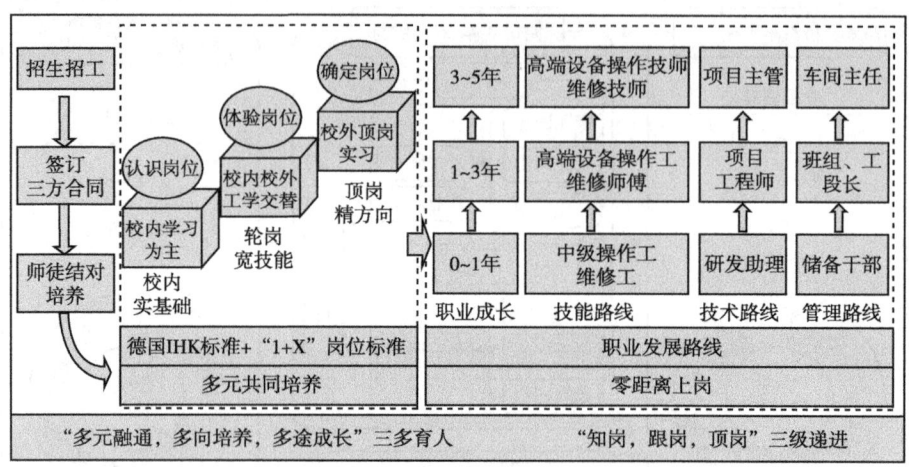

图 5-20 "三多三进"现代学徒制培养模式

确校企三方以资本、设施、设备、技术、管理等形式投入建设，实行资产独立共用原则。校企三方参与办学的收益分配，原则上按照培养人才的贡献大小及产出效果为标准进行核算。实施组合式企业收益核算机制，明确"标准课时费"收益、公私合作经营收益等各项收益核算分配明细。

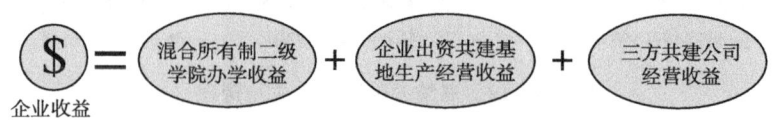

图 5-21 企业收益构成

3. 成果成效

（1）**利益共同体合作活力激发，学院办学实力提升**。目前为止拥有 4 个专业、在校生 900 人的混合所有制汽车学院，汽车专业群获得省高水平 A 类专业群立项，两家合作办学企业和 5 家学徒制合作企业成为省产教融合型企业。企业总投入超过 4000 万元，合作新建了产学研创一体的高水平立体育人实训基地，获得省"十三五"高等学校产教融合示范性基地表彰提名，大幅增强了办学实力。办学成果获得浙江省教学成果二等奖。

（2）**师资团队教研实力增强，社会服务成果丰硕**。形成校企混编高水平专业团队，汽车智能制造教学团队列入浙江省高水平教学团队建设项目。团队主持国家级项目 1 项，完成省级科技计划项目 5 项，省级教学项目 7 项，编著新教材 18 本；应用性研发 30 余项，发明专利 53 项，转让 113 项，横向到账 710.7 万元，公司服务收入 300 余万元。培训企业人员超过 20000 人次。

（3）**产教融合育人优势凸显，就业质量全面提升**。办学以来已为银轮股份、双环传动、浙江正裕工业股份有限公司、台州金桥、一汽大众、保时捷（中国）等企业单位输送了近千名专业人才，学生近三年就业率均在 99% 以上。据浙江省教育评估院 2020 届毕业生跟踪调查反馈数据，汽车制造与试验技术专业的主要就业质量数据居全省同类专业第 1 位，汽车检测与维修技术专业排名为全省 14 所院校的第 2~4 名，汽车技术服务与营销专业主要指标位居全省 17 所院校的第 1~2 位。

4. 经验总结

（1）**主动求变，追求实效**。为了解决混合所有制改革在具体落实上的问题，学校管理层形成共识，决定不等不靠、主动求变，在政策允许的范围内，集聚优势资源，将部分办学资源转向市场，创造一套符合市场规则的办学方法：既不增加政府的额外投入，也不会导致国有资产流失；既不增加学生的负担，又能更好地达到育人成效。为此，学校牢牢把握职教改革发展的方向，坚持问题导向，按市场规矩行事；以用益物权形式，但求所用、不求所有，在确保国有资产不增加不流失的情况下，提出了"合规，共赢，实效"的合作办学新理念。坚持专家论证、政府立项，确保合规；坚持育人优先、保障经营，实现共赢；坚持成果导向、质量为先，保证实效；突破职业教育供给侧与需求侧之间的阻碍，开辟合作办学的新路径。通过创立"院司一体，双会协同"合作办学机制，形成牢固的校企利益共同体，激活了办学活力。创新"多师融合，同工同酬"校企混编师资团队建构和管理机制，开拓了职业教育师资建设的新途径。

（2）**力求变革，继续探索**。一是从政府层面讲，重点解决政策落地问题。政府应该进一步解放思想，制定具体可操作的政策，对职业教育混合所有制办学的企业主体赋予"财政＋土地＋税收＋信用"的组合式激励，以地方性立法等方式对企业参与产教融合、校企合作的责权利予以法律界定，推动形成机制更加灵活、形式更加多样、主体更加多元、保障更加完善的混合办学体系。二是从学校层面讲，重点抓好体制机制完善问题。学校应该以市场化构建产教服务体系，对接供给侧需求推进供给侧改革，各方主体共享市场规则并获得合理的经济收益,以现代企业的人事、绩效、奖惩制度改革学校管理,解决参与办学企业的资产安全和资产增益问题。

(六)校内外"双学习型工厂"双循环协同育人模式的永高产业学院

2021年2月,台州职业技术学院中德学院与浙江省产教融合试点企业——浙江永高股份有限公司(以下简称"永高股份")合作共建了"永高产业学院",引入德国IHK(德国工商业联合会)标准的双元育人模式,创新校内外"双学习型工厂"双循环人才培养模式,形成了可复制可推广的现代学徒制人才培养模式。该人才培养模式被列为全国产教融合校企合作典型案例。

1. 基本情况

(1)永高股份的基本情况。永高股份是中国塑料加工工业协会副理事长单位、中国塑料加工工业协会塑料管道专委会理事长单位、全国塑料制品标准化技术委员会(SAC/TC48/SC3)主任委员单位。公司在全球建有十大生产基地,下辖十七家全资子公司和两家控股公司。产销量连续多年位列国内塑料管道上市企业第一,出口量连续多年居全国行业第一。

(2)台州职业技术学院中德学院的基本情况。2017年3月,台州职业技术学院联合德国BBW教育集团和苏州易北教育科技有限公司合作,共同成立了"中德学院",得到了台州市政府的大力支持。

(3)校企双方合作基础。2018年5月,中德学院与永高股份签署合作,分别在2017级、2018级两届在校学生组建"永高订单班",开展现代学徒制人才培养。2018年6月,德国莱比锡工商业联合会专家委员会实地考察,确定永高股份满足中德学院"双元"办学中的企业学习型工厂环节。2021年2月,中德学院与永高股份以理事会制度的形式,共建永高产业学院。

2. 主要做法

永高产业学院建成后,双方围绕"产、学、研、培、创"共建五位一体的生产性实训基地及样品展示空间,并共同制定运行管理机制,引进合作企业的资金、设备、技术、管理及人员实现共建基地、共享资源、共同育人。

(1)**探索多元合作办学机制,建立中德合作双学习型工厂**。学校联合德国 BBW 教育集团、苏州易北集团、永高股份，以物权、知识产权、现金等形式作为股权投入，建立了基于德国 IHK 标准打造的校内基地工厂化和企业车间教学化的"双学习工厂"。其中永高产业学院下设两个"双学习工厂"基地，探索"双元"育人模式，规范一系列完全企业化的考勤、考核、安全、保障等规章制度，创新现代理事会制度模式下的中德合作产教融合办学新机制，面向智能制造产业，开展"人才培养培训、职业体验、技术升级公共服务"等综合型服务。

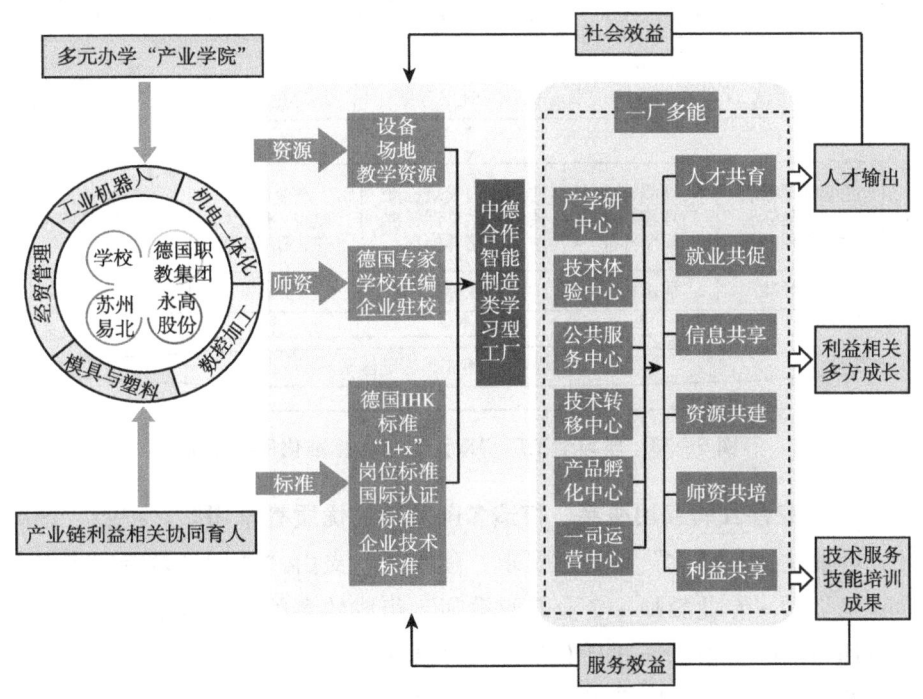

图 5-22 校内外中德双学习型工厂机制

（2）借鉴德国"行为导向"人才培养理念，校企重构能力本位课程体系。永高产业学院在进行专业课程体系建设时，充分借鉴德国相关专业的《框架教学计划》和《培训条例》，以教育部 IHK 考试中心为平台，建设以模具设计为核心，数控技术、机电一体化技术等为辅的智能制造专业群，借鉴德国《框架教学计划》和《培训条例》，与企业合作共同开发出了以项目课程为主题的"公共课程+核心课程+企业项目课程"的模块化专业课程体系，开发一批适应双学习型工厂的制度标准、场建标准、专业标准、师资标准、教学标准,并建立常态化周期性的绩效评估与运行监控制度,完善就业单位及行业协会,学生及其家长等利益相关方共同参与的第三方评价制度。

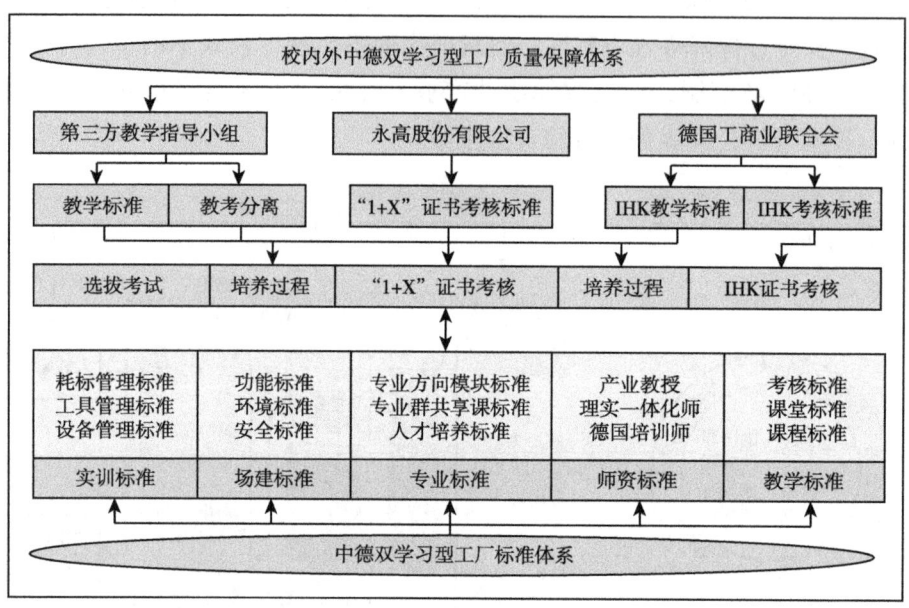

图 5-23　学习型工厂"双元"育人标准化保障体系

(3) **完善互聘互用机制,打造多师混编的优质教学团队**。按照"国际化、职业化和专业化"的建设要求,建立了一支由"德国外教专家+中方企业培训师+专业教师+企业兼职教师"组成的多师混编教学团队,打造具有通过国际资格认证并且专业技术过硬的高水平专兼职教师队伍。成立校企联合工作室,共同开展学徒制双课堂教学的各项工作。实行双导师制度,组织"教师+企业培训师"结对带教,共同开展学徒制双课堂教学和岗位课程开发,在企业车间和校内实训室实施教、学、做一体化教学,使学生动手、动脑、动心、主动、互动,在实践中感悟技能,提高学生的专业能力和技术水平,从而提升适应学徒制要求的教学能力。实施海培计划,组织教师参加德国 IHK 培训师及考官资质认定,打造"德国 IHK 学习领域课程教学团队"。

(4) **多元联动,上下游联通,实现"精准上岗、晋升通畅"高质量就业**。以产业学院专业群发展方向引领,依托产业学院校内外中德双学习型

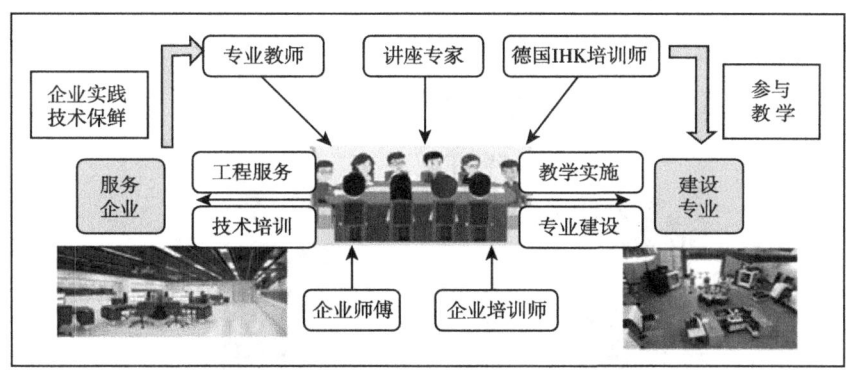

图 5-24 混编教师队伍提升服务企业能力

工厂平台，多元联动，使上下游企业联通，实现精准高质量就业。一是校企实现招生、培养、就业"三位一体"的良性互动机制，实现三者相互促进、相互渗透、协调发展；二是构建"生涯规划与职业发展＋求职就业实用技能指导＋就业实习实训＋职场适应"一体化课程体系，开设"就业大讲堂"，为学生提供全程化、系统化、专业化、实用化的指导服务"套餐"；三是联合 IHK 认证的学习型工厂企业，实现产业进校园，文化进课堂，定期开展以企业冠名的"企业文化周＋企业技能大比武"活动，建立企业奖助学金池，为学生精准就业提供便利；四是以 IHK 认证的学习型工厂所在企业为基点，以技术链上下游企业为主线，打通学生就业、晋升多元渠道。

3. 成果成效

（1）**学生实现高质量就业**。双元制班学生获企业奖学金 30000 元/生。首届 IHK 证书通过率近 95%，达到德国国内通过水平。起薪达 5696 元，高于省内地市级院校同类专业近 2000 元。学生受到跨国公司青睐，在 2020 届毕业生意大利商会专场招聘会和外资企业专场招聘会上，近三分之一学生与 20 余家外资企业现场达成就业意向。

（2）**学校专业建设得到明显提升**。专业群优势资源和平台建设成果喜人：设立国内首家 IHK 台州考试中心；获教育部 4 个项目建设立项："双师型"培养基地、骨干专业数控技术专业、机器人协同创新中心、高端装备开放性公共技能实训基地；成立浙江省产教融合示范基地—中德学习型工厂，浙江省模具产业技术联盟，2 个省级继续培训基地；创立 2 个省级

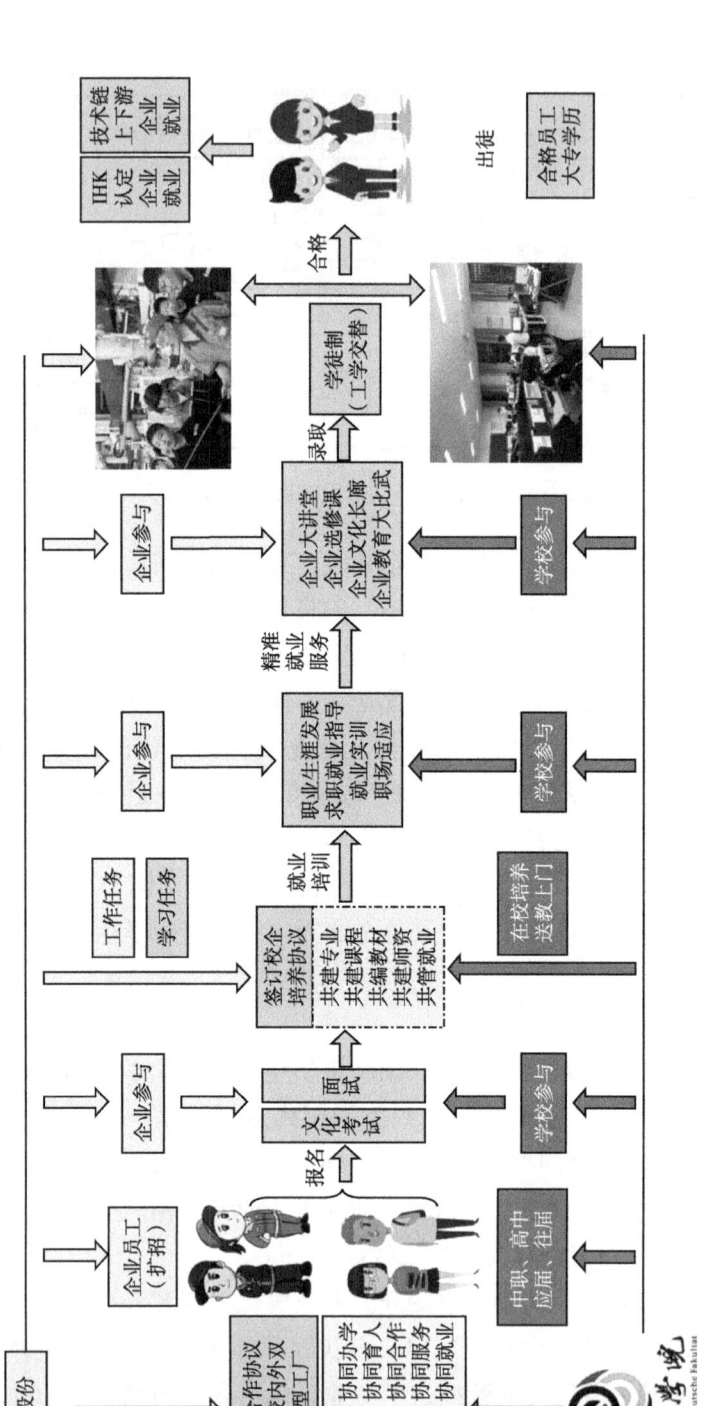

图 5-25 精准高质量就业体系

"十三五"优势特色专业和1个台州市"十三五"优势特色专业；通过德国标准本土化改造，制定专业标准3个、学习领域标准15个、实训项目标准30个、本土化证书考核标准1个。

（3）**教师素质得到明显发展**。打造了多元结构国际化混编教学团队，长期合作的德国教师3人，其中16名教师获得IHK培训师资质、9名教师获得IHK考官，境外进修培训20人次；获得省教师教学能力大赛三等奖1项，省级以上项目4项，省级教改项目4项，浙江省青年科学家培养对象1名，省级技能大师工作室考核优秀；开展各类培训5000人次以上。

4. 经验总结

（1）**成功因素**。依托中德学院、浙江省产教融合试点企业永高股份有限公司及其高水平产教融合平台，聚焦于"德国职业教育标准的本土化应用"，开展创新研究，在校企合作协同育人机制、工学结合教学标准、多岗递进培养路径等方面取得突破，构建了以"学习工厂运行模式"为牵引，"产、学、研、育、用、创"一体的产业学院多元协同育人机制，以"学习工厂教学需求"为导向的国际化教学标准，以"学习工厂多岗递进培养"为主线的人才培养路径。

（2）**存在问题**。"产教融合、校企合作"育人机制需进一步落实：合作中存在企业参与程度不深，"一头热""两张皮"等问题在个别科研项目、平台申报合作上依然存在。"精准上岗、晋升通畅"高质量就业需进一步落实：学生就业专业对口率有待进一步提升。

（3）**思考建议**。需要进一步提高校企合作的紧密度，形成校企合作命运共同体；需要进一步突出"为什么合作""与谁合作""形成哪些成果或者产生哪些变化"；在职业教育与民营企业融合，职业教育中外融合方面有哪些机制上的举措与突破点；可以为职业教育"浙江窗口"增添哪些可以借鉴的亮点。

（七）"医康养护教"：高职院校智慧健康养老专业产教深度融合新模式

医养教协同是实施"健康中国"的重要战略，是提升高职养老专业人才培养质量的重要途径。2013年，温州市民政局与浙江东方职业技术学院共建民政学院，针对养老专业面临人才培养方案适应性差、留行率低、产教融合不深入等问题，构建了集医疗、康养、养生、照护和教育等功能于一体的"医康养护教"产教融合实训基地，实现校内学习、院内实训、园内实习就业一体化，探索出一条富有温州特色的创新型养老服务人才培养路径。

1. 基本情况

2021年，浙江省委发布《浙江高质量发展建设共同富裕示范区实施方案》（2021—2025年），温州市提出构建幸福养老服务体系，大力发展健康养老新业态新模式，实现康养联合体覆盖所有县。温州市人口老龄化进程远超过全国平均水平。全国第七次人口普查数据显示，温州市65岁及以上人口为112.11万人，占总人口的11.71%。《温州生命健康产业发展"十四五"规划》布局了大罗山地区生命健康产业发展和高端康养产业，打造温州市特色康养服务，探索创新高品质、集约化的康养服务模式。

浙江东方职业技术学院作为一所国有民办高校，归口温州市现代集团管理，2013年与温州市民政局共建了温州民政管理学院，开设智慧健康养老服务与管理、民政服务与管理、健康管理和护理四个专业，这四个专业为浙江省最早的养老服务类专业，也是浙江省特色专业、温州市重点专业。为彻底解决人才培养针对性和对接性不强，服务能力和机制不健全等问题，现代集团投资8.7亿元，牵头引进民政学院、现代养老公司、绿城康养以及康宁医院，打造了集教育、康养、医疗于一体的康养综合体——金竹嘉园，建立并实践"医康养护教"五位一体的人才培养体系，通过"园中校、校中院"的实践，将医疗、康养、养生、照护和教育等养老服务功能进行融合，通过共同制订人才培养方案、实习岗位任务书、多向交叉任职、共建科研平台等方式，创建"医康养护教"产教融合新样本。

2. 主要做法

（1）模式提炼。

①**系统研究养老人才培养难题，构建"医康养护教"五位一体人才培养模式**。通过对历届毕业生、养老机构、居家养老服务中心以及医院的调研，针对之前养老专业人才培养模式单一，未能建立满足多元养老需求的复合型专业人才培养体系的问题，着力构建"医康养护教"五位一体人才培养模式。一是"医养教"结合，在养老院内开办学院、医院，将养老机构资源、学校资源和医院功能有效结合；二是"养护教"结合，学院与养

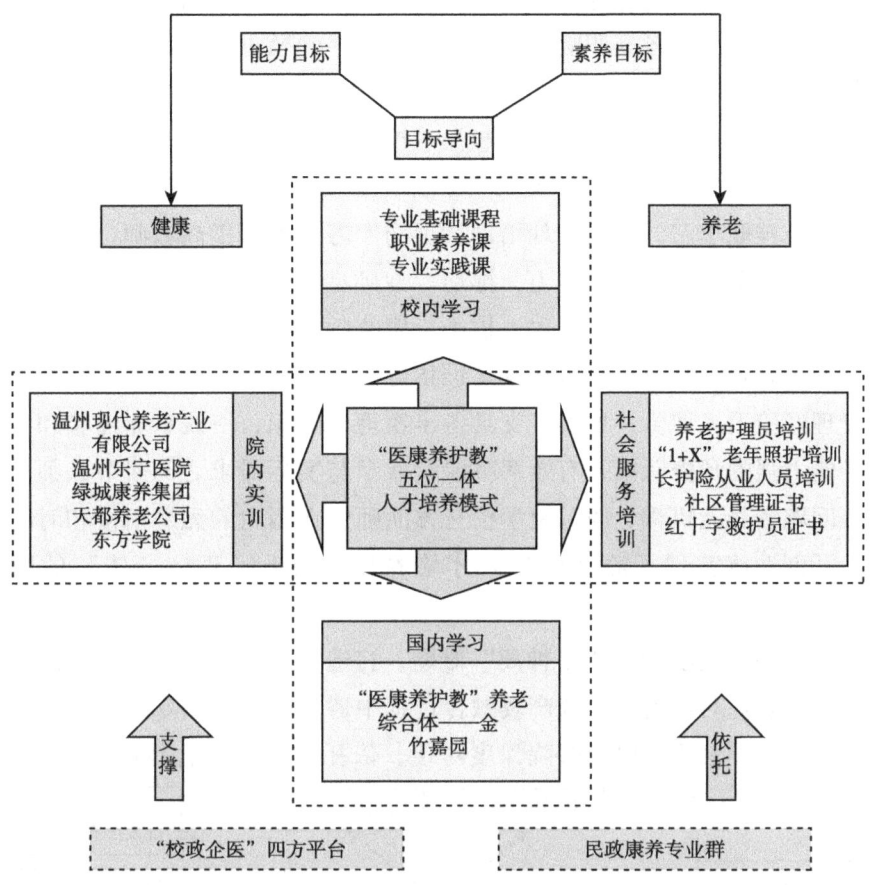

图5-26 "医康养护教"五位一体人才培养模式

老院和康复治疗中心深度融合,共建共享康复(实训)中心,实现老年人康复治疗与专业教学同步开展;三是"医教""教养""教康"互训,将理论授课教室、实训中心和实践基地安排在同一园区进行有机结合,交叉共享,便于学生在理论学习的同时开展老年人生活照料、基础护理、康复服务等多种实训项目的综合性实践。

"医康养护教"五位一体人才培养模式的实施,开创性地实现了校内学习、院内实训、园内实习的一体化运行,既加强了各个专业课程的整合与融通,又打破了"工学结合"在人才校内培养过程中难以彻底实行的困境,有利于培养出强理论、精技能的复合型劳服人才。

②聚焦教师专业实践经验缺乏,搭建"理实一体"的师资共享平台。

校内师资力量不足,任课教师缺乏一线从业经验,教学内容与实践联系不紧密等一直是困扰各高职院校的难题,而这些问题可能导致学生职业认同感低,留行率低,并影响养老人才培养质量,制约了养老机构的健康发展。通过校企共建,依托"园中校""校中院"的优势,学校与园区机构共同建立"理实一体"的师资共享平台。专任教师到园内养老院、康复中心和医院挂职学习,参与管理培训、顶岗实习,不断提高教师整体职业素养、教学水平和实训指导能力,推动"双师型"师资队伍建设。同时学校聘任园区内有经验的一线医生、护士、康复师、护理员和养老机构管理者作为兼职教师,从事理论讲授及实训指导工作,将临床照护经验、企业经营管理经验引入课堂,形成一支具备丰富理论知识、一线从业经验和实训指导能力强的师资队伍,有效解决课堂教学与实际需求之间脱节、师资不足等问题。养老机构、医院及学校三方面师资在园内的无缝衔接和时时互动,开创性地实现了养老服务人才培养在师资上"理实一体"的紧密结合。

③**破解产教融合"貌合神离"难题,打造"双平台、三阶段"的实践教学体系**。针对当前各高校产教融合过程中遇到的种种困难和问题,学校同民政局、养老机构以及医院深度对接,依托"民政综合技能实训基地"

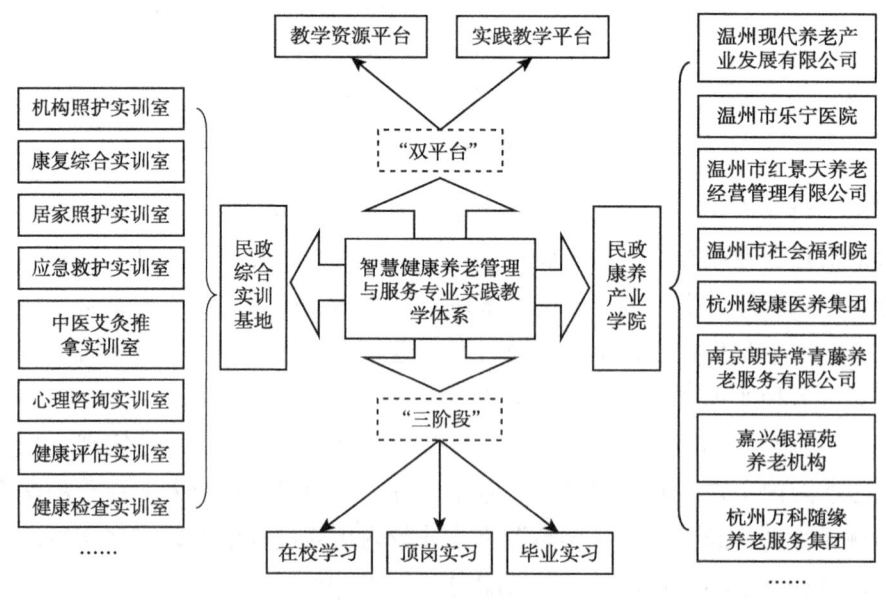

图5-27 专业实践教学体系

和"产业学院",实行实训基地与产业学院双联动机制,将产教融合贯穿人才开发培育的全过程,实行"工学交替"的现代学徒制培养模式。专业群与校企单位合作开发课程、校本教材,构建"开放型、共享型"教学资源平台,依托产业学院建设实践教学平台,实施"三阶段"培养(在校学习、顶岗实习和毕业实习),打造"双平台、三阶段"的实践教学体系。

(2) **具体做法**。

①**机制共建,联盟共享**。浙江东方职业技术学院、温州现代养老产业发展有限公司、绿城康养集团有限公司、瓯海怡宁医院有限公司等共同成立金竹嘉园协同发展中心,各单位共同参与、分工协作、协同管理。协同发展中心负责制定园区整体规划,全面统筹园区内外资源,充分发挥各单位在医养、康养、教养等专业领域的优势,积极争取相关行业扶持政策和各类资源,共同创建国内领先、全省一流的"医康养护教"示范标杆,做到社会效益与经济效益相结合,短期目标与长远发展相统一。

依托东方学院现有的民政管理学院和家政学院联盟体系,通过招生、校企校际校政合作交流、行业协会会长单位等多种途径,整合各方资源,助力"医康养护教"产教融合基地建设。

②**共建共育,融合协同**。以园区为总基地,在人才培养、师资团队、基地建设各方面全面交互融合。一是纵向梳理基地各专业人才培养方案,横向分类建设平台课程、共享课程、专业课程,对部分基础课进行融合,对课证进行融合。面向学生、企业以及社会人员,分类构建基地多元课程体系,形成基地资源聚集优势。二是依托基地形成一个结构合理的教学、培训及科研团队,实现园区内各单位人员、师资的现实共享。同时,通过大师工作室的建立,培养基地教师中医养生、推拿、按摩、针灸等相关技术、技能。三是调整、建设服务于产教融合基地的实践教学平台。一方面依托学校各专业实训室提升学生动手能力,同时为医院和养老院员工提供培训与实践场所,解决他们用工难的问题;另一方面,将医院和养老院的实操场所面向有基础的学生,实现学生全真操作,提升专业技能操作水平和医院、养老院工作人员的带教能力。

③**注重科研,引领行业**。通过搭建"理实一体"的师资共享平台,建立跨单位、跨部门科研联合体,致力于产学研的相互转化。基地各单位调动自身优势和资源,共同承接各类课题和开发任务,并成立研究成果和技

术转化中心，与企业共同研发健康食品、老年智能手环、智能检测护理床等老年产品与服务。

依托产教融合实训基地举办康养类讨论和研讨会，通过国外各类交流不断提升基地的影响力和辐射范围，例如成功举办2019年海峡两岸健康交流高峰论坛，并计划2021年底再次举办大型康养论坛。基地每年接待兄弟院校、科研院所、养老机构、医院、政府部门等的调研千余次，将学校人才培养、科学研究理念，以及产教融合理念向各个领域进行辐射。

充分利用现有师资团队，参与制定相关领域、相关行业的地方标准，为行业规范化、职业化、专业化和信息化的发展作出贡献。目前已经制定的标准包括：《瓯江红温州市党群服务中心建设与运行规范》《家政服务规范母婴护理》《家政便民服务点建设与服务规范》等，以标准为指导，不断引领行业发展。

④**大赛牵引，服务社会**。协同发展中心作为浙江省示范性实训基地、温州市高水平产教融合实训基地、温州市养老护理员培训和鉴定基地，先后承接了浙江省高职院校养老护理员大赛暨国赛选拔赛、温州市养老护理员行业赛暨省赛选拔赛、全国民政职业能力技能竞赛（社会工作赛项）、温州家政服务技能大赛等。通过承办各级各类比赛，一方面不断提升教师能力、促进专业发展、提升专业内涵，另一方面，不断扩大基地和专业知名度，提升行业影响力。

社会服务方面，基地建立以来紧密对接行业、企业，积极承担各类社会服务项目；员工培训方面，已培训养老护理员5000余名，母婴护理员2500余名，应急救护员2000余名，社会工作者近万名；教师团队通过课题委托、挂职锻炼等方式为政府、企业、机构提供各项政策建议、调研报告以及咨询服务百余次；学生团队通过组建"情暖夕阳"志愿服务队，扎实服务温州地区各养老机构和社区居家养老服务点。

3. 成果成效

（1）**协同育人成效显著，教研水平稳步提升**。学生在浙江省各中高端养老机构中的口碑极佳，毕业生已任养老机构院长3人、副院长9人、项目负责人若干人，成为养老机构骨干力量。在全国职业院校民政职业技能（养老护理员）大赛分别获得一等奖1名，二等奖5名，三等奖5名；2021年浙江省高职院校养老服务技能大赛获得一等奖。指导学生创新创业工作，申报新苗计划3项，创办温州市汇心养老服务有限公司，主要开展适老化改造、居家养老点运营等服务。

团队教师近五年立项课题省部级8项，市厅级15项，发表论文近30篇。其中《医养教一体化产教融合实训基地建设研究》项目由现代集团出资，委托基地四方科研团队共同完成，作为基地产学研融合课题；论文《媒体融合时代高职院校老年服务与管理专业教材改革框架研究》获第二届长三角养老行业人才培养与发展论坛征文一等奖。

（2）**产教融合助推发展，社会服务广受好评**。"医康养护教"产教融合实训基地的建立为"颐养温州"提供了高端养老的温州样本，推动了温州市养老服务机构档次的提升。另一方面基地为浙江省提供大量养老和护理人才，缓解机构用人难的问题。截至目前共培训养老护理员5000余名，育婴员2500余名，社会工作者近万名，同时开展养老机构"星级"评定、相关行业标准起草等工作，助推养老服务行业的专业化和规范化发展。

（3）**基地建设成果丰硕，成果辐射效应明显**。智慧健康养老服务与管理于2016年获批温州市重点专业、重点实训基地；2017年被授予浙江省普通高校"十三五"特色专业称号，民政管理综合技能实训基地获批浙江省示范实训基地；2018年建立口述史研究所与第三龄研究院两个校级研究平台；2019年获批温州市社会科学重点研究基地；2020年，"医养教"产教融合实训基地获批温州市高水平产教融合实训基地、民政康养专业群获批温州市特色专业群、学校获批温州市养老护理员培训基地；2021年获批成立温州家政学院。产教融合基地先后接待政府部门、兄弟院校、医院、养老院等的参观200余次。

4. 经验总结

（1）案例成功的关键要素。

国企参与办学，行业龙头引领。浙江东方职业技术学院归温州市现代服务业发展集团有限公司管理，国有资产的注入保障了办学的稳定性，企业的管理赋予了学校办学模式的灵活性和创新性，集团大力推进校企合作、产教融合办学和现代学徒制改革。"医康养护教"五位一体产教融合实训基地就是现代集团出资牵头，整合各方优质资源，打造的示范性康养综合体的行业标杆。

专业对接产业，学习就业一体。"医康养护教"产教融合基地将医院、养老院、康复中心与教学、科研、实训的有机结合，改革了教学方法和手段，深入开展了项目教学、现场教学、案例教学、模拟教学，并以"作"为核心，真正实现"教、学、做"合一，实现专业群与产业群精准匹配。

建立融合生态，健全制度保障。依托"医康养护教"五位一体的康养综合体，打造全新产业生态链，学校与民政局、养老院、康复中心、医院深入合作，以养老服务产业发展的现实需求为导向，围绕自理照护、失能照护、失智照护、残疾照护、安宁照护、现代养老产品研发，培养学生具备满足老年人日常生活服务需求、特殊生活用品需求、养老服务需求、医疗健康需求、金融保险需求、精神文化需求和生活环境需求等方面的职业能力和人文素养。

基地出台了《金竹嘉园"医康养护教"示范基地协同中心组建方案》，通过构建产教融合机制，使园区各单位通过过程互通，文化互融进行深度融合、协同育人、共同发展。

（2）**不足之处**。一是多主体治理的责权利机制不健全，校企两方资源有限、参与主体间权责关系模糊，需要统一、明确的法律法规和政策进行明确规定，因此推进管办评分离和"放管服"改革，加快教育治理模式转变至关重要。二是激发利益相关者的评价机制和内容体系亟待完善。《职教20条》强调要完善政府、行业、企业、职业院校等共同参与的质量评价机制，积极支持第三方机构开展评估，将考核结果作为政策支持、绩效考核、表彰奖励的重要依据。

（3）**下一步举措**。积极响应《温州市生命健康产业发展"十四五"规划》，立足环大罗山科创走廊，积极参与温州生命健康小镇布局，同时依托"医康养护教"产教融合实训基地二期工程，联合现代养老、绿城康养、康宁集团以及温州食品研究所共同打造温州智慧康养小镇。充分发挥基地的带动辐射作用，在人才培养、标准制定、行业大赛、国际交流、科学研究、创新创业以及社会服务等方面积极探索，不断完善"医康养护教"养老示范基地的服务模式，打造国内知名、省内一流的示范性产教融合实训基地。

（八）实行"中高企一体化"育人模式的华海学院

为解决台州医药医化企业人才短缺问题，台州职业技术学院与国家级产教融合型企业——浙江华海药业股份有限公司（以下简称"华海药业"）合作共建华海学院，整合浙江华海职业技术学校资源，打造"中高企一体化"协同育人体系。根据2019级学生数据统计显示，学生（员工）获职务晋升、专业技术岗位晋升及各类奖项比例分别是12.6%、58.11%和25.68%，均远高于华海药业员工平均值1.12%、2.25%和15.23%。

1. 基本情况

台州市医药产业情况。台州是全国唯一国家级化学原料药出口基地，化学原料药出口占全省三分之一、全国十分之一，已形成医药中间体、原料药和制剂一体化发展的完整产业链，制药设备、研发技术平台、专业技术服务（CXO）、药品物流销售等产业链配套体系在不断完善。产品品类齐全，是全国抗生素、抗肿瘤原料药最大生产基地，抗癫痫类、糖尿病类、维生素类产品市场占有率居全球前列。全市拥有国家高新技术企业81家。初步建成华海国际医药小镇、椒江绿色药都小镇、仙居医疗器械小镇等重点平台，为医药企业集聚发展提供了优质平台与服务支撑。医药产业数字化转型成果丰硕，拥有华海药业、君业药业2个省级智能工厂；乐普药业、司太立2个省级数字化车间；培育了华海药业1个省级工业互联网平台。产业的转型发展急需一大批专业技术技能人才。

华海药业基本情况。该公司创立于1989年，是融化学药、生物药、医药包装及贸易流通于一体的跨国制药集团，2003年在上交所上市。是国内通过美国、欧盟、WHO等国际主流市场官方认证较多的制药企业，在制剂出口及国际化发展领域走在了医药行业的前列，已成为国内拥有较多美国和欧洲药品文号的企业。公司拥有一支高学历、高技术、经验丰富的研发科研队伍，科研团队现有1900多人，其中博士80多人。公司形成了以华海（美国）为前沿技术信息平台、以上海张江研发中心为自主仿创平台、以临海总部技术中心为基础技术创新和科技转化平台的创新体系，具备缓控释、首仿和挑战专利产品等高端仿制药以及生物药、创新药的研发能力。2016年斥资近亿元创办了浙江华海技术学校，以校企一体、工学结合模式实施中职人才培养，现有在校生1200余人，并开设制药技术、药品食品检验等专业。

台州职业技术学院的药品生产技术专业群情况。该专业群紧密对接医药健康产业链的"产、销、服"全链条，为浙江省高水平专业群。核心专业药品生产技术专业有 20 年的办学历史，是省示范性专业、省优基础条件专业建设基础性专业，在全省同类专业中名列前茅，药品质量与安全专业是市特色专业。专业群师资力量强，拥有 2 支省级教学团队、1 支市级科技创新重点团队，共计 50 余名专任教师，其中博士 15 人，副高及以上职称 36 人，教师队伍教学经验丰富、科技能力突出、专兼结合素质高。

台州职业技术学院与华海药业前期建立了紧密的校企合作关系。2019 年，双方基于华海技术学校，决定共建华海学院，为台州医化产业和华海药业订单式培养急需的高素质技术技能型人才。

2. 主要做法

华海产业学院依托专业群内两大核心专业，"药品产生技术"专业"药品质量与安全"专业，着眼于药品研发领域，为医化企业培养研发助理、药品注册申报等技术技能人才；着眼于原料药和药物制剂生产领域，为药品生产企业培养生产操作、过程控制、质量控制等技术技能人才。

（1）**实行理事会领导下的院长负责制**。"华海学院理事会"是华海学院最高决策机构，华海学院在理事会指导下组建华海学院领导班子，对华海学院日常事务进行自主管理，制定了《华海学院教学管理制度》《华海学院经费使用办法》等各种管理制度。

（2）**探索"中高企一体化"办学模式**。以华海药业创办的中职校浙江华海技术学校"为基础，探索"1 所中职＋1 所高职＋1 家龙头企业"的"中高企一体化"协同育人模式。在合作过程中，由浙江华海技术学校提供教学场所和生活环境，实施日常管理和部分教学；台职院实施人才培养和教育教学改革，组建专兼结合的教师团队，开展教学和考核评价；华海药业提供国内领先的实训实习场所和岗位，解决人才出口问题。在教学过程中，校企协同开发课程、制定课程标准、实施课程考核，将企业的产品标准、生产标准、技术标准和规范标准融入人才培养计划中。实施"工学交替、育训结合"的现代学徒制人才培养体系，开展"模块化课程、进阶式实训"教学改革，建立弹性学制、学分银行及学分互换机制，打通技能证书、学习成果、工作成果与课程的学分互换渠道。

（3）**校企人员互融互用促进"双师型"队伍建设**。实行校企人员双向互聘互用机制，健全双导师的选拔、培养、考核、激励制度，建立由企业导师和学校老师共同参与的师资队伍。校企共同研制人才培养方案、开发课程和教材、实施教学、组织考核评价，共同加强过程管理和监控，有效提高人才培养质量。同时建立"华海学院企业教师流动站"，鼓励校内教师通过该平台积极进入企业锻炼，深入推进教师与企业职工之间的相互交流，加快了"双师型"队伍建设，最终达到企业推动学校建设、学校反哺企业发展的共赢局面。

（4）**实施高水平生产性实训工程**。把华海药业制剂分厂纳入人才培养教学资源，利用制剂分厂药物制剂生产线，建设制剂实训室和制剂仿真实训室，完善学生见习、实习、实训、入职培训、技术成长等体系。对标企业药物制剂职业岗位，以学生为中心，以能力为本位，以药物制剂基础知识、基本技能需求为主线，构建"贯通岗位、融通能力"的课程体系，共建模块化课程与教学资源，采用多种教学模式，侧重于生产过程相关的知识和技能的学习，培养学生具有药物制剂生产单元操作、生产过程控制、设备操控与维护等能力，实现课程体系对岗位、课程、竞赛、证书、培训的融合，满足对学生专业职业能力、自主学习能力、沟通协作能力、解决问题能力、责任担当能力、管理经营能力等核心能力的培养。

3. 实施效果

（1）**有效激发了企业作为办学主体的积极性**。华海学院的合作办学模式将原来的"以学校为主导"变为"以企业为主导"，极大提高了企业合作的积极性，使企业主动成为产教融合的引擎，促进了企业技术技能、工匠精神、先进管理、创新文化等要素融入学校人才培养、科学研究、创新创业全过程。2021年6月，浙江华海药业股份有限公司成为首批国家产教融合型企业。

（2）**有效提升了育人成效**。华海学院根据产业高质量发展对技术技能人才的新需求，培养德智体美劳全面发展，适应医药产业升级需要，具备相应素质、知识和能力，面向药品生产企业的复合型技术技能人才，三方已联合开展3年药品生产技术专业扩招学生培养项目，共招收华海药业员工292人，实施药品生产技术专业"3+2"培养2个年级，共计145人。根据2019级学生数据统计显示，学生（员工）获职务晋升、专业技术岗位晋升及各类奖项比例分别是12.6%、58.11%和25.68%，均远高于华海药业员工平均值1.12%、2.25%和15.23%。

（3）**有效实现共享人才资源**。通过华海学院，建立完善科技对接互访,互派双挂科技人员,共建平台载体等制度。与华海药业形成共生共长的办学优势,搭建产学研合作桥梁,学校优势学科和创新团队为企业的产品研发、生产工艺设计、生产组织、技术改造提供专业的技术咨询,为企业提供优质的技术服务。

（4）**有效促进校企文化融合**。不断探索工学结合、校企融合的校园文化育人路径,大力推行"产业文化进教育,工业文化进校园,企业文化进课堂",在专业教学中引入企业管理文化,在教学区域设立"企业文化长廊",通过企业文化浸润,渗透职业理念,培养学生的"工匠精神"。

（九）"一院两中心"构建校企协同育人新模式,助力工业互联网应用人才培养

1. 基本情况

施耐德产业学院于2022年12月完成基础建设,校企双方共同投入近700万元,建成后的产业学院包含有超融合服务器塔台控制中心、10套数字化生产控制系统、1套数字化糖果自动生产线、1套智能仓储物流系统以及工厂级工业互联网基础设施和相关教学设备。依托产业学院,目前工业互联网应用教研室广泛开展对第一届工业互联网应用专业学院的教学和实践工作,在2023年5月的浙江省职业院校技能大赛"工业互联网集成应用"赛项中获得二等奖的好成绩。除此以外,本专业师生紧密围绕产业学院开展课题研究与技术实践等工作,立项省部级课题两项、校级课题与乡村振兴课题各一项,签约横向课题四份共计61万元,与固高科技股份有限公司、河南乐工智能科技有限公司、上海碧海实业有限公司等多家企业开展合作。

2. 主要做法

施耐德产业学院在短短半年多时间里获得如此多的成绩实属不易,其中离不开校领导的支持和师生们的共同努力,更离不开产业学院在一步步地实践和探索过程中所形成的富有特色人才培育、师资建设以及校企合作模式在其中发挥的重要作用。

（1）**一个产业学院两个中心筑牢专业建设基础**。目前学校和学院基于施耐德产业学院进一步开展建设了工业互联网赋能中心和智慧装备协同创新中心,形成工业互联网应用专业"一体两翼"的格局。智慧装备协同创

新中心联合国高科技、河南乐工智能、汇博机器人等行业龙头企业为实践教学、企业自动化升级改造等提供技术支撑,为进一步的数字化转型升级和行业级工业互联网建设奠定基础;工业互联网赋能中心联合徐工汉云、用友科技、蓝卓科技等工业互联网行业企业,形成产学研生态,以黄岩模具行业的工业互联网赋能为基础,辐射温台地区,为本地制造企业的数字化转型升级赋能,助力数字台州、智慧台州建设。通过两个中心与行业企业以及各高校科研院所深度合作,为产业学院的人才培育、师资培育和产教融合工作提供了丰富的资源、搭建了桥梁。目前产业学院除了与上述企业合作外,还与本科院校建立联合培养本科生、研究生的模式,积极探索产业学院模式下的特色现场工程师培养,目前初步培养效果明显。

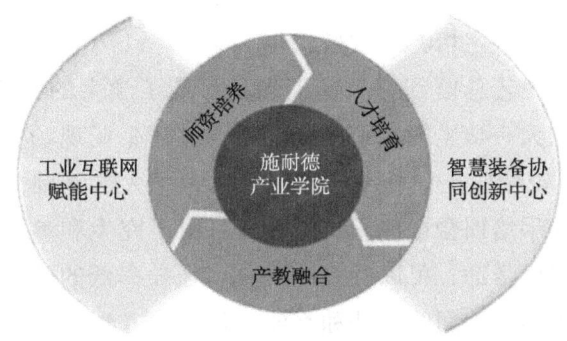

图 5-28 工业互联网应用专业一体两翼格局

(2)以校企合作项目为载体开展人才培育与师资建设。基于一个产业学院加两个中心的模式,产业学院与固高科技股份有限公司、河南乐工智能科技有限公司、上海碧海实业有限公司等多家高校和企业开展合作。目前自行孵化项目两个,对外签约项目两个,这些项目的签约,为学生提供了实训设备和企业真实的项目。项目的关键技术和方案由固高科技股份有限公司专家、学院教师以及研究生联合研究制定,实施工作在三方的指导下由专业学生开展。项目初期的元器件选型、实验搭建、编程调试等80%的工作由本专业的大一学生完成,学生参与度和积极性很高。这种模式将企业真实的项目纳入课程中,在很大程度上确保学生参与其中。采用启发式教学方式,让学生自主探索项目中问题的解决方案,而不仅依靠老师传授解决方案。解决学生缺乏双创意识、课程体系不全面、双创脱离当地经济发展、产教融合不深、项目资源不足、双创大赛教育功能不强等问题，搭建一座连接职业教育与企业需求深度融合的桥梁。与技术型、研发型企业合作，弥补了教师团队的弱项，为带动团队可以承接更大型和纵深型项目提供了可能，也极大地提高、锻炼了教师的科研、开发能力。

（3）**校企合作与专本研师生紧密合作**。通过和企业、高校资源有机整合，做到共赢、多赢，将行业专家、教师、研究生和本专科生聚集在一起，形成了一个完整的教育链、人才链和创新链。同时通过与江苏科技大学的合作引入研究生，既弥补了教师参与研发的时间问题，使得项目可以最大限度地保证其正常开展，同时给研究生提供了更多的锻炼机会，又弥补了高职生不能独立开展项目开发的断层问题，形成了有效的梯次组合。目前研究生已经深入参与到科研课题和项目的研究中，极大地提高了团队的工作效率和对专科生培养的效果。

金宇星公司工艺总监到学生实训现场参观了学生的实践动手成果后，当场表示，这些大一学生的水平已经能完全胜任企业现场的所有工作。有8名中专生到我校参加实训，由于这些学生缺乏大学基础，直接由教师进行理论和实践动手培训会让他们难以理解。由研究生和参与项目的专科生来传授知识和提供帮助，可以有效地解决沟通效率低的问题。这种传帮带的方式可以促进学生之间的互动和交流，帮助中专生更好地理解和掌握所学内容，从而提高实训的效果。

3. 下一步展望

产业学院下阶段将重点推进工业互联网赋能中心建设以及学院模具智能制造产线的赋能，计划实现社会服务产值300万元，完成社会培训400人次，并将牢牢抓住人才培育和师资培养两方面工作，以产教融合校企合作为具体实现路径，在课程共建、项目联合攻关等方面继续夯实基础。

（1）**工业互联网赋能中心建设**。基于施耐德产业学院现有基础，进一步整合工业互联网行业资源，打造地区性工业互联网赋能中心，用于支撑高精数字模具基地的数字化需要，尤其是在模具智能制造线的建设过程中提供数字化智能化能力。

（2）**校企课程共建**。通过调研国内可支撑工业互联网应用专业的高校、教育组织、协会、教育培训机构等，重新编排核心课程教材的开发工作，可采用购买、联合开发、引用等多种灵活方式完成整体课程的建设工作，其中以核心课程联合开发为主。

（3）**工匠班开班**。为第一届工业互联网应用专业大一新生开设工匠班，主要围绕工业互联网数据采集技术、数字孪生技术和工业 APP 三大专业技能和施耐德等相关行业企业联合培养。

（4）**充实师资力量**。向学校提交工业互联网应用专业带头人及教师的招聘申请，解决专业建设和教师资源问题，另外可通过聘用台州本地的兄弟院校、科研机构、企业等组织的技术人才为外聘教师来扩充师资，同时也让本专业授课更加接近产业一线。

（十）校企双元动态合作，建设产业学院打造人才培养高地——绿翼产业学院案例

1. 基本情况

绿翼公司登记于学校，是台州科技职业学院与台州市绿创环保科技有限公司（以下简称"绿创公司"）在互惠互利、共同发展的基础上建立以产学合作为纽带的第三方环境检测公司，是该校环境检测产教融合实训基地，也是该校率先探索多元办学、以混促改的实践典型。混合所有制基地建设于学校 2 号实训楼 3 楼，学校以无形资产出资占股 45%，企业以货币资金出资，占股 55%。企业拥有完善的财务管理制度，前期经营收益以购买设备、扩充基地检测能力、扩大企业经营范围为主。

绿翼产业学院（混合所有制基地）由管理决策层与运营层组成，实行学校领导下的经理负责制，其中管理决策层为公司股东会，包括学校指定人员及绿创公司派驻人员组成；决策层则由绿创公司指定人员担任企业总经理，负责业务承接和日常管理工作。同时公司还有监事一名，由学校指定，负责监管基地日常运营情况。财务管理由学校指定人员担任会计，绿创公司指定人员担任出纳，实现财务互相监督。基地采用闭环管理，相应制度完善，运行稳健。目前已出台一系列的基地保障性制度文件，如《台州科技职业学院科研项目管理办法》《台州科技职业学院横向项目管理办法》《台州科技职业学院环境检测产教融合实训基地实施方案》等。

2. 主要做法

（1）**多元合作、协同育人，打造人才培养高地**。通过构建"基地共管、专业共建、人才共育、课程共编、资源共享、技术共研"的协同育人模式，在环境检测人才培养、社会服务方面取得较为突出的成绩，服务台州和地方发展战略，为区域经济提供强力人才支撑；通过"融合共促"的合作模式，协助企业提升员工劳动素质与工作技能，产生较大的经济效益。

共同研究制订人才培养方案：在与企业管理者、技术人员深入交流的基础上，根据企业对人才培养规格、课程体系、课程建设、培养模式、岗位胜任能力等方面的诉求，梳理企业人才需求信息，紧跟信息化发展趋势，调整专业结构，深挖专业课程思政元素，修订人才培养方案，创新人才培养模式，形成与环境保护发展战略相适应、覆盖环境保护行业主要职业岗位群、具有鲜明环保特色的专业格局。

（2）**通过内培外训模式，加强师资队伍建设**。利用教师对理论和研究方面的优势和企业的实践平台，开展技术技能创新等研发项目的合作，有效节省企业研发成本，提升教师的研发能力，促进企业转型升级，并有效服务地方经济与行业企业发展。企业通过接受教师参与企业工作实践，将企业需要的技术技能要求通过教师纳入专业人才培养方案，将员工技术培训周期向学校延伸，专业学生毕业后就可以直接上岗工作，在一定程度上降低企业的成本。

同时，企业接收教师参与企业工作实践，让教师有机会充分了解行业现行的技术、技能、职业素质要求等情况，与时俱进地更新知识、技能、理念，从而引导学生熟悉掌握最新的知识和技能，毕业后零距离对接就业。教师基于企业实践过程开展科学研究，利用双方各自的优势，研究新工艺改造、新技术开发，其成果可以直接在企业得到检验和利用，实现研究成果的价值。

3. 成果成效

（1）**实施多元育人机制、校企动态合作模式**。现代学徒制"弹性制"学习打破传统的"2.5 + 0.5"的教学模式，采用"双向选择"的形式，实行现代学徒制。以项目为载体，学校教师和企业老师双导师共同指导学生，共同完成项目，共同对学生进行综合评价。部分课程在学习上实行"弹性制"，不拘泥于传统课程的授课计划，在时间、内容、对象等要素安排上，根据不同项目的企业对接情况进行动态调整，充分体现学习的开放性和灵活性。

人才拓展培养方面取得成效突出，环境专业 20 - 1 赵超越、许康平

2名同学以现代学徒制方式在企业进行弹性制学习，提高学生实际监测技能与水平；2022年有2名教师到企业进行技术实践、下企业锻炼，累计锻炼时间120天，专业教师的实操能力得到加强、实践经验得到丰富、技术能力得到增强、教学水平得到提高，"双师"素质得到提升；选派骨干教师参加"1+X"证书师资培训、考评员培训及考务技术员培训，积极组织学生报名，2022年10月，环境专业全体教师参与组织20名学生进行水环境监测与治理职业技能证书（中级）培训，全员通过考核。

（2）**深度开发教学资源，持续推进科研创新**。教学资源深度开发方面，云教材《环境监测实训指导》已基本编制完成，并在云班课上线，并投入用于环境20级、21级学生的课程教学，成立环境影响评价教材资源建设团队和2个课程思政示范团队；科研课题方面，2022年6月浙江省访问工程师校企合作项目《台州市医化行业VOCs排放特征研究》结题，2022年6月一项发明专利《一种同时测定食品模拟物中邻、间、对苯二甲酸二（2-乙基）已酯的方法》（专利号ZL 2019 10984248.9）授权公告。2023年5月台州市科技计划项目《市区环境空气中PM2.5和VOCs的组分特征及健康风险研究》结题。社会服务方面，环境应用技术研究所2022年承接横向课题4项，累计到账经费约10.4万元。

（3）**加大教育合作力度，实现资源创新升级**。构建思政案例资源库。积极申报与思政元素相关的教学改革项目、课程改革项目，深入研究思想政治理论课基本规律和重大问题，不断增强思政课的思想性、理论性和针对性。围绕教材知识点所需的案例资源，收集图片、人物传记、热点事件视频等多种形式的素材，准确对应支撑课程或专业知识点，经过内涵解读、对接、提炼、抽象等过程，对素材进行编辑，每个案例由素材、案例简介、案例与专业结合三部分构成，最终构建思政案例资源库。

校企合作开发云教材。利用开发合作的云教材《环境监测》开展教学，目前已在云班课上线云教材，易于碎片化学习与体系化学习场景融合切换，策划设计学习场景和学习路径，使知识碎片化、结构体系化，并融合微课、动画、音频等多媒体资源辅助教学，以游戏性、趣味性的练习和测试实现全交互，支持学生自主学习。

（4）**通过技能培训、服务，加强师资队伍建设**。开展职业技能培训。积极参与"1+X"证书试点工作，申报"水环境监测与治理"证书试3

点院校，目前已选派骨干教师参加 2023 年 6 月的"1+X"证书师资培训、考评员培训及考务技术员培训，后期将积极组织学生报名，整合培训内容，并安排学生进行相关课程培训学习，采用"理论+实操"相结合的方式，引入虚拟仿真软件，引导学生进行主动探究性学习。对考试合格的学生，发放相应的证书。

申报各级科研攻关课题。精密跟踪各类科研课题申报动态，组织团队围绕重点需求开展论证研究，积极联系院校内外专家学者对课题申报进行指导，精心选择研究方向，发挥学科建设团队力量，力求重大课题立项有所突破，发表高水平论文，申请发明专利。

服务地方企业技术：依托环境应用技术研究所，借助基地人力共享、资源共享，调研挖掘研究方向，充分发挥师资团队的科研技术优势，开展产业关键共性技术问题科技攻关和技术服务，服务企业解决产业共性的关键技术难题，逐渐扩大专业的影响力。

第五节　混合制产业学院建设的对策建议

2023 年 7 月 19 日，《中共中央　国务院发布促进民营经济发展壮大的意见》中指出民营经济是推进中国式现代化的生力军，是高质量发展的重要基础，要持续优化民营经济发展环境，加大对民营经济政策支持力度，依法保护民营企业产权和企业家权益。产业学院是一种新型办学组织，是混合所有制办学的重要形式。2017 年《国务院办公厅关于深化产教融合的若干意见》提出，鼓励企业依托或联合职业学校、高等学校设立产业学院。2020 年 8 月，教育部办公厅、工业和信息化部办公厅印发《现代产业学院建设指南（试行）》的通知，提出"经过四年左右时间，以区域产业发展急需为牵引，面向行业特色鲜明、与产业联系紧密的高校，重点是应用型高校，建设一批现代产业学院。"在政府大力倡导下，近年来各类产业学院如高职院校和应用型本科院校如雨后春笋般涌现，正在成为产教深度融合、培养工程技术人才和职业技能人才的新载体和新抓手，但同时存在法律地位不明、办学形式不规范、运行机制不畅、治理体系不完善等问题。

本次调研旨在全面深入了解温台中高职学校产业学院建设情况、职教资源配置现状；了解产业学院运行模式、面向产业、经费投入等情况；了解特色产业、重点行业和龙头企业的人才需求情况；梳理两地产业学院建设存在的问题，深入分析并提出有针对性的探索路径，推动职业教育人才培养供给侧与产业需求侧紧密对接，实现产业学院可持续、内涵式创新发展，促进职业教育高质量发展。

一、调研基本情况

（一）调研方式及范围

本次调研采取线上问卷调研方式。调研范围为温台中高职学校产业学院建设运行情况、成效及问题等。

（二）调研对象与内容

本次产业学院线上访谈的对象确定为温台中高职学校产业学院的负责人。从负责人视角对产业学院的基本情况进行具体了解，包括管理体制及机制、软硬件资源投入及支撑条件、师资队伍、人才培养与教学改革、产学合作成效、人才培养成效、存在的问题及政策建议等方面的情况。

（三）调研对象基本情况

本次调研的学校共15所，从学校所在地来看，46.67%来自温州市，共7所，53.33%来自台州市，共8所；从调研学校的层次来看，以高职专科为主，占比约93%，其中，省级"双高计划"专业群建设院校占比约为43%，国家"双高计划"专业群建设院校占比约为14%，中职院校占比约7%；从办学主体来看，10所院校的办学主体是地市级政府，占比66.7%，省级政府办学和企业办学的院校分别有2所，1所院校是县级政府办学；从学校性质来看，绝大多数为公办学校，占比80%；从在校生规模来看，60%左右的学校在校生规模在10000—15000人，三分之一的学校在校生规模小于10000人。

进一步了解可知，产业学院负责人，男性占比为73.33%，女性占比为26.67%；平均教龄为18.33年，平均年龄为45.47岁，年龄主要集中在34—

51岁。15所院校的产业学院负责人均具有高级职称,其中正高级职称占比40%。

二、调研发现

(一)办学规模庞大

职业学校产业学院蓬勃发展,目前形成了较大的规模。调查显示,平均每个产业学院涉及的在校生规模有1290人,最多一所产业学院在校生规模有5000人,是在2018年建立的产业学院,依托的主要专业有电气自动化技术、应用电子技术等,对接的主要产业是电力、软件和信息技术服务业。平均每所产业学院的合作企业有8.13家。

(二)办学形态多样

产业学院涉及多种建设主体,办学形式多样。对15所职业学校的调查显示,产业学院存在"校—企"型、"校—行"型、"校—行—企"型、"校—政—企"型、"校—政—行"型、"校—政"型等办学形式。

目前"校—企"型产业学院数量最多。在多种办学形式中,学校与企业联合共建的"校—企"型产业学院比例最大,约占73.33%,其次是学校与行业协会(或职教集团等)联合共建的"校—行"型,约占6.67%,学校与行业协会(或职教集团等)、企业联合共建的"校—行—企"型,约占6.67%,学校与地方政府(或部门)、企业联合共建的"校—政—企"型及其他均约占6.67%。具体参见图5-29。

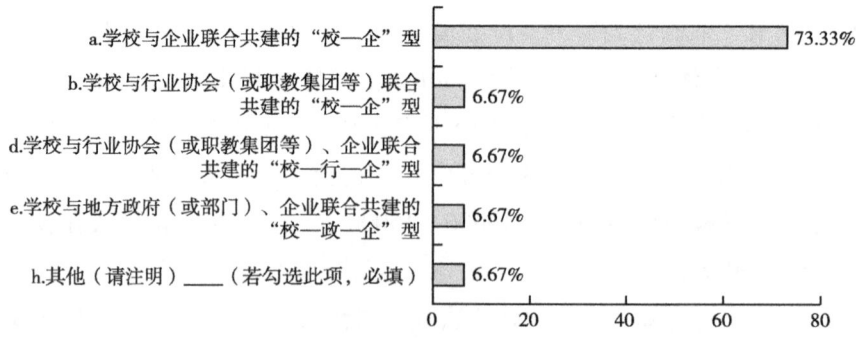

图5-29 产业学院办学形式统计

合作企业以私营企业为主。86.67%的负责人表示产业学院主要建立在学校，其余则表示产业学院建在合作企业；84.62%的负责人表示产业学院合作企业的性质是私营企业，其余则表示合作企业是国有企业；所有负责人表示产业学院合作企业属于行业龙头企业。

（三）管理模式多元

产业学院有多种管理模式，目前多数纳入二级学院管理。调查显示，66.67%的产业学院负责人表示，所负责的产业学院纳入二级学院管理；13.33%的产业学院负责人表示，产业学院由董事会（理事会）领导下的院长负责管理；13.33%的产业学院负责人表示，产业学院由学校直接统筹管理；6.67%的产业学院负责人表示，产业学院由"董事会"或"理事会"独立负责管理。具体参见图5-30。

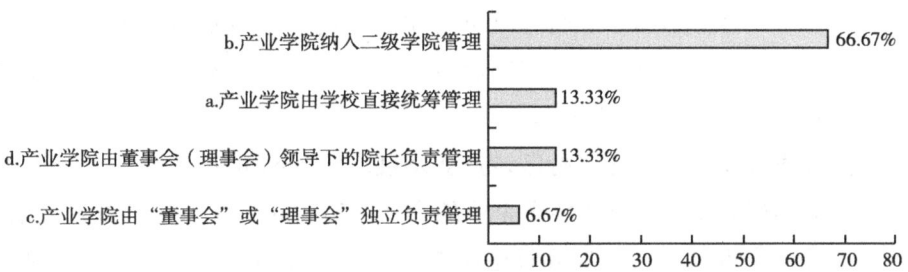

图5-30 产业学院治理模式统计

多数产业学院不具有独立法人资格。在对15所温台中高职学校的产业学院的调查中，所有产业学院负责人表示所负责的产业学院不具有独立法人资格。

产业学院的专职运用管理人员主要来自学校和合作企业。调查数据显示，80%的产业学院负责人表示，产业学院的专职运营管理人员主要来自学校；66.67%的产业学院负责人表示，产业学院的专职运营管理人员主要来自合作企业；13.33%的产业学院负责人表示，产业学院的专职运营管理人员主要来自社会招聘；6.67%的产业学院负责人表示尚未有专职的运营管理人员。具体参见图5-31。

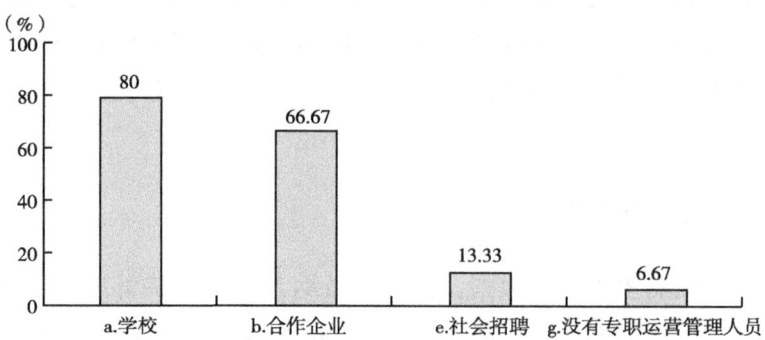

图 5-31 产业学院治理模式统计

（四）办学成效初显

产业学院对促进校企合作有积极的作用。 所有产业学院负责人认为，相较于以往的职业教育校企合作（如订单班、现代学徒制等形式）有实质性区别。其中，73.33%的产业学院负责人认为产业学院促使学校与企业或相关主体合作更加紧密和深入。

产业学院有助于促进服务区域产业发展。 53.33%的产业学院负责人表示，产业学院更注重与行业领先企业的合作；20%的产业学院负责人表示，产业学院更注重与地方政府和社会组织的沟通，服务地方经济发展；超过90%的产业学院负责人表示人才培养主要专业与区域产业发展具有高契合度。

产业学院增强了人才培养适应性，提高了学生就业能力。 超过40%的产业学院负责人表示，产业学院教学内容更加贴近实际需求、更注重培养学生的实践能力和创新能力、人才培养模式更加灵活多样；近50%的产业学院负责人表示，产业学院为学生提供的就业机会更多、更好；超过70%的产业学院负责人表示就业率、专业对口就业率、高薪就业率处于同类学校前列，形成突出的创新创业教育成果；超过50%的产业学院负责人表示，优秀毕业生成为行业领军人物、技术骨干和中层管理人员比例高。

产业学院孵化了较多教学成果。 调查数据显示，三分之一的产业学院在全国职业院校技能大赛教学能力比赛获奖（国家级）；26.67%的产业学院在全国职业院校技能大赛（学生）获奖（国家级）、在"互联网＋"大学生创新创业大赛获奖。详见图 5-33。

第五章 共融共生生态系统的构建与实践

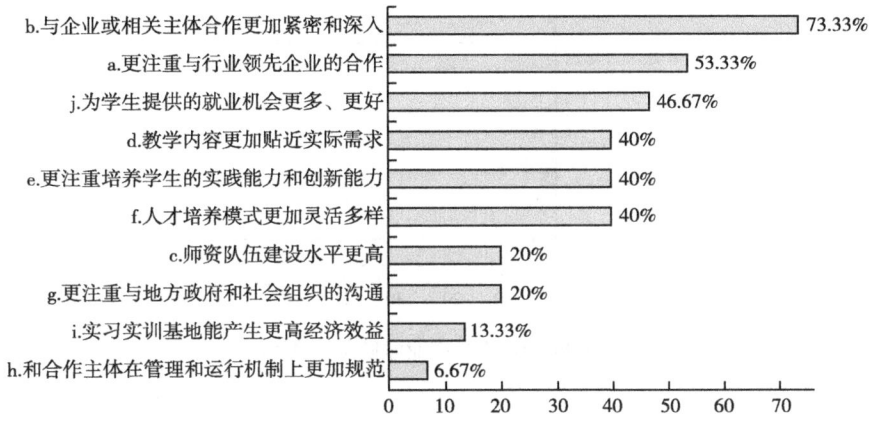

图 5-32 产业学院成效统计

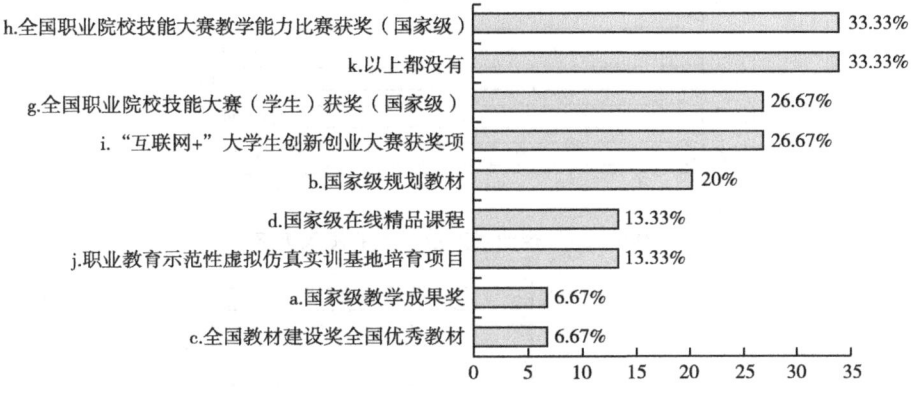

图 5-33 产业学院孵化的教学成果统计

（五）投入资源丰富

超过 70% 的负责人表示满意学校对产业学院的投入，超过 80% 的负责人满意企业对产业学院的投入，仅有 33.33% 的负责人表示满意地方政府对产业学院的投入。调查数据显示，86.67% 的负责人表示学校对产业学院投入了师资等人力资源，80% 的负责人表示学校投入了相对集中、面积充足的物理空间（详见图 5-34）。80% 左右的负责人表示企业对产业学院投入了企业师资和企业项目或案例，近 70% 的负责人表示企业投入了课程资源、实习实训基地及实习补贴等（详见图 5-35）。近一半的负责人表示地方政府对产业学院投入了项目资源，三分之一左右的负责人表示地方政府投入了专项资金和实习实训基地（详见图 5-36）。

319

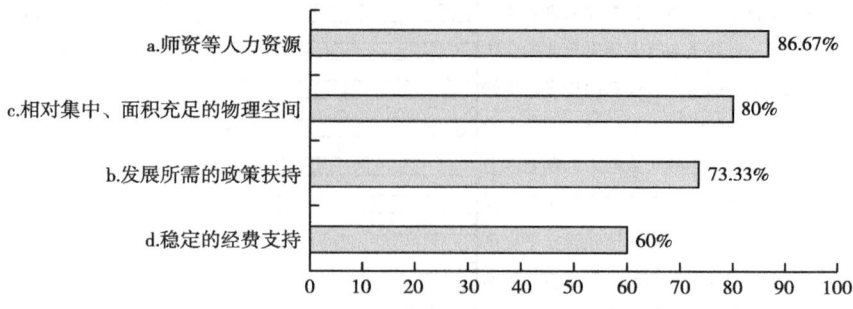

图 5-34　学校对产业学院的投入情况

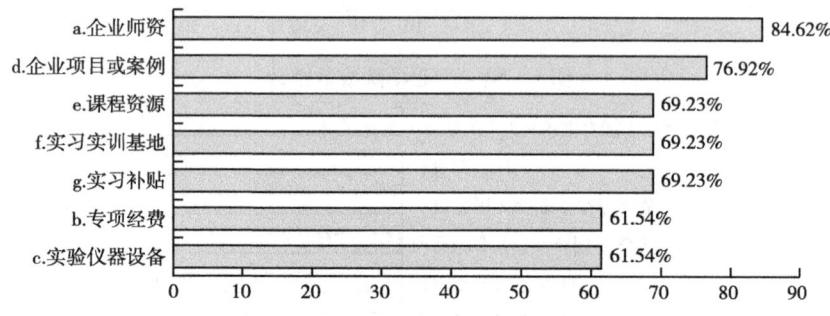

图 5-35　企业对产业学院的投入情况

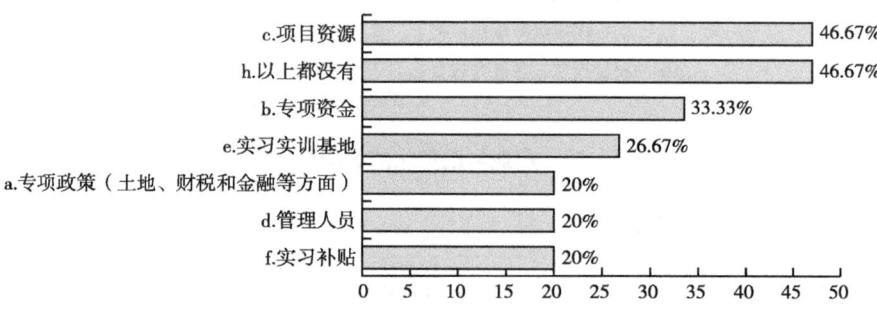

图 5-36　地方政府对产业学院的投入情况

三、调研结论

（一）缺乏适用职业教育的顶层设计

调研发现，在国家层面出台专门针对职业教育产业学院建设政策的需求**非常迫切**。其中，约 50% 的产业学院负责人认为教育部办公厅、工业和信息化部办公厅 2020 年印发的《现代产业学院建设指南（试行）》对产业学院建设有指导作用，但超过70%的负责人还是迫切希望在国家层面出台专门针对职业教育产业学院的建设政策。同时，超过90%的负责人认为最需要出台的政策是资金支持，包括设立专项资金、提供贷款优惠政策等；超过80%的负责人认为最需要出台的政策是产学研结合：加强校企之间的科技合作和成果转化，为企业提供技术咨询、产品开发、项目申报等服务；超过60%的负责人认为最需要出台的政策是明确产业学院的内涵、建设教学资源等。

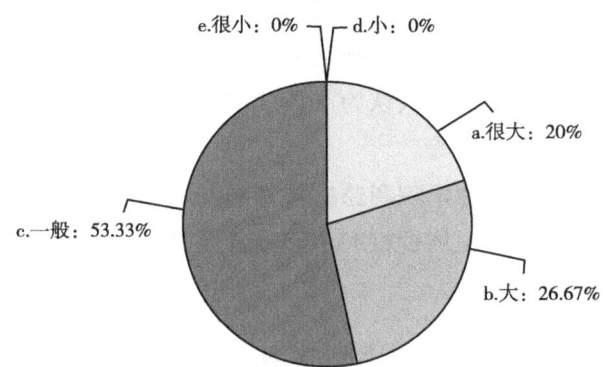

图5-37 《现代产业学院建设指南（试行）》的指导作用

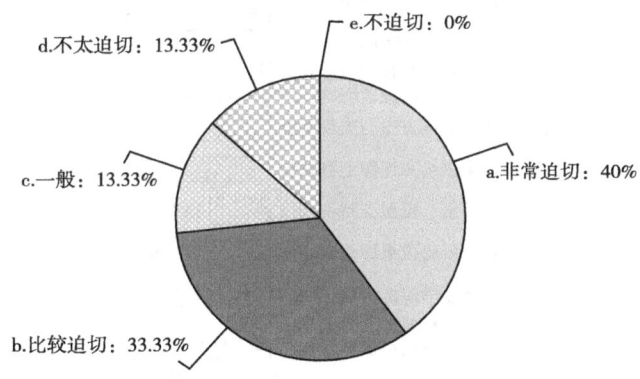

图5-38 出台专门针对职业教育产业学院建设政策的迫切程度

（二）组织架构不规范

调研发现，**产业学院的组织结构还有待完善**。被调查的产业学院均不具备独立法人资格，多数产业学院是纳入二级学院管理（66.67%），13.33%的产业学院由学校直接统筹管理，只有少数的产业学院（6.67%）建立了"董事会"或"理事会"，独立负责管理。超过70%的负责人认为产业学院没有建立起具有独立决策权的组织架构及高效的执行机构（73.33%）。近50%的负责人认为产业学院多方主体共建共管不够，产业主体方介入程度浅（66.67%）。

（三）保障机制有缺失

产业学院保障机制有缺失。调研发现，近三分之一（26.67%）的负责人认为产业学院在运行发展的过程中，政府在政策供给和保障上有缺位；40%的负责人认为产业学院缺乏科学、系统的评价机制和风险防范机制。此外，三分之一的负责人认为产业学院相关制度不健全，没有建立完备的协调机制和会议制度等。

此外，调研发现**产业学院利益主体权利尚不够明晰**。近三分之一的负责人认为产业学院各方主体责权利不清晰，尤其是在产权划分、利益共享方面缺乏明确界定。

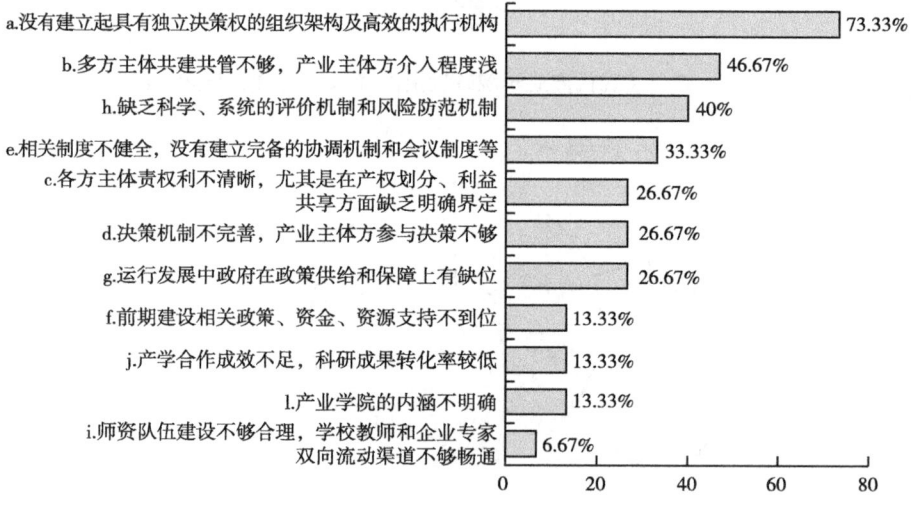

图5-39 负责人认为产业学院面临的主要问题

四、政策建议

（一）制定专门职业教育产业学院建设指南文件

建议教育部和相关部委联合出台职业教育产业学院建设指南，完善产教融合协同育人机制，建立新型信息、人才、技术与物质资源共享机制，培养适应和推动现代产业高质量发展的高素质技术技能型、复合型、创新型人才，重点突出服务产业发展、培养"双师型"教师、建设产教融合实训基地，促进校企协同育人等任务。

（二）规范组织架构

推进产业学院法治化，逐步探索基于独立法人视域来规划产业学院办学，条件成熟时，赋予产业学院独立法人资格。同时，组建理事会，逐步实行理事会领导下的产业学院院长负责制；建立理事会章程，明确理事会组织机构、性质、作用、权利和义务、活动方式等内容。

（三）强化保障机制

从国家层面来看，加快制定和细化推进职业院校产业学院建设的专项政策，便于地方政府落实。从地方层面来看，温台地方政府应因地制宜，出台本地区产业学院建设方案及相关配套政策，给予产业学院建设明确支持和指导。具体包括：一是政府要充分发挥主导作用，将产业学院直接建在产业园区或面向产业链，引导学校将专业群建在产业链上，使人才资源与产业资源高度集成并跨界融合；二是鼓励企业深度参与产业学院建设，落实《中华人民共和国职业教育法》等相关法律、文件规定，建立产教融合型企业认证制度，对认定为产教融合型企业给予"金融＋财政＋土地＋信用"的组合式激励，并按规定落实税费减免优惠等政策。

（四）明确利益主体责权利

一是明确产业学院与学校、企业的行政关系，重点解决产业学院的独立性问题。二是明确温台政府的责权利，重点明晰地方政府、教育主管部门、政府产业园区三个相关方的责权利。三是强化行业协会的责权利，建议重点明确行业协会在产业学院建设内容指导、行业内企业协调、行业内信息和技术资源分享三个方面的责权利。四是厘清学校和合作企业的责权利，重点针对产业学院建设任务逐一分解、认领。五是确认各利益主体责权利，完善产业学院合作协议、章程和事务清单三项文本。